LE GUIDE PARENTS DÉTACHABLE

Pour l'aider à se motiver
et à s'organiser

LE LIVRE DE VOTRE ENFANT

Pour réviser et s'entraîner
dans toutes les matières,
sur tous les thèmes du programme

Français

Tout Savoir
6e

Français Dominique Estève

Mathématiques Rémy Georges

Histoire-Géographie Françoise Sutour

Sciences de la Vie et de la Terre
Patrick Vermeulen

Anglais Corinne Touati

 – ISBN : 978-2-218-92733-1

HATIER

Sommaire

Français page 4

Mathématiques page 64

Histoire - Géographie page 124

Sciences de la vie et de la Terre page 174

Anglais page 198

Corrigés page 222

Index page 248

Français

1 Les constituants de la phrase simple : sujet, COD, COI

Je retiens l'essentiel

• **Une phrase simple est composée d'un sujet et d'un groupe verbal.**
Le collège de Pierre est très moderne.

Le sujet ne peut être ni supprimé ni déplacé sans changer le sens de la phrase. Il se place le plus souvent à gauche du verbe, sauf quand il est inversé. Il est inversé dans :
– les phrases interrogatives : *Quand **viendrez-vous** ?*
– les phrases affirmatives commençant par ***à peine, peut-être, aussi*** : *À **peine était-il** sorti qu'il se mit à pleuvoir.*
– les phrases affirmatives rédigées en langue soutenue commençant par un complément circonstanciel : *Dans ce palais **vivait un prince cruel**.*

• **Le groupe verbal est composé du verbe et de ses compléments essentiels : le complément d'objet direct (COD) et le complément d'objet indirect (COI).**
Ces compléments ne peuvent être ni supprimés ni déplacés sans changer le sens de la phrase. Le COD est construit directement sans préposition, alors que le COI est relié au verbe par une préposition : ***à, de...***

*Le soleil **darde ses rayons**.* (ses rayons : COD)

*Les hommes **se méfient de ses rayons**.* (de : prép. ; ses rayons : COI)

• **Attention**
Quand le COI est un pronom personnel, il est construit sans préposition.
*Ce VTT appartient **à mon frère**. Ce VTT **lui** appartient.* (à mon frère : COI ; lui : COI)

Le COD et le COI se placent le plus souvent après le verbe.
Mais ils se placent devant le verbe s'ils sont pronoms :
– personnels : *Jean **nous sourit**.*
– relatifs : *Les bonbons **que** tu m'**as offerts** sont excellents.*
– interrogatifs : *À **qui parles**-tu ?*

Le COD et le COI se placent après un verbe à l'impératif :

***Regarde-moi** !* (moi : COD)

***Donne-lui** ton jouet.* (lui : COI)

• Après un verbe d'état ou verbe attributif *(être, sembler, demeurer, devenir, paraître, rester, avoir l'air)*, on trouve un **attribut du sujet**.
*Cet homme **est un héros**.*

Je comprends comment faire

➤ pour améliorer mon orthographe

• Je retiens que **je dois toujours reconnaître le sujet d'un verbe** car il commande l'accord du verbe en genre et en nombre :
Tu chantes → *tu* = 2e personne du singulier, donc le verbe se termine par *-es*.

• **Je reconnais le sujet**, même s'il n'est pas placé juste devant le verbe.
Je peux utiliser l'expression " *C'est qui ?* " pour le trouver.
*Les livres que tu m'as offerts sont magnifiques. = Ce sont **les livres** qui sont magnifiques.*

OBJECTIF
Analyser les constituants essentiels d'une phrase simple.

Je m'exerce

1 Souligne les sujets.
★
Charpentier de talent, Ulysse construit avec ses soldats, en quelques heures, un immense cheval de bois. L'intérieur du cheval est creux. Ulysse, Ménélas et trente soldats grecs y prennent place. Pendant ce temps, suivant les instructions d'Ulysse, Agamemnon et toute l'armée grecque se rembarquent sur leurs vaisseaux. Les Troyens constatent le départ des Grecs. À peine aperçoivent-ils le cheval qu'ils poussent des cris de joie.

Les Dieux s'amusent.

2 Souligne les COD et les COI.
★★
Yahvé Dieu planta un jardin à Eden, à l'orient, et il y mit l'homme qu'il avait modelé. Yahvé Dieu fit pousser du sol toutes sortes d'arbres. [...] Yahvé Dieu prit l'homme et l'établit dans le jardin d'Eden pour le cultiver et le garder. Et Yavhé Dieu fit à l'homme ce commandement : « Tu peux manger de tous les arbres du jardin. »

D'après la Bible, *Genèse* 2, 7. 24.

3 Donne la fonction des mots soulignés.
★★
C'est alors qu'apparut <u>le renard</u>.

Bonjour, dit le <u>renard</u>.

Bonjour, répondit poliment <u>le Petit Prince</u>, <u>qui</u> se retourna mais ne vit rien.

Je suis là, dit <u>la voix</u> sous le pommier.

Le Petit Prince, Antoine de Saint-Exupéry.

4 Remplace les mots soulignés par un pronom personnel et réécris les phrases.
★★★
a. Je veux <u>des carottes</u>.

b. Je donne <u>des cadeaux</u> à <u>mon frère</u>.

c. Les chats se méfient <u>des chiens</u>.

d. Les parents autorisent <u>les enfants</u> à <u>sortir au cinéma</u>.

5 Souligne *que* pronom relatif COD.
★★★
a. Je crois que tu as beaucoup grandi.

b. Ces devoirs que tu n'as pas encore faits restent à faire.

c. Je souhaite que tu termines ton travail avant de manger.

d. Les héros des contes que nous lisons souvent et que nous aimons bien deviennent parfois héros de dessins animés.

e. Je souhaite que tu lises les livres que t'a recommandés ton professeur.

6 Indique la classe grammaticale et la fonction des mots soulignés.
★★★
Le paysage autour de la maison <u>m</u>'attristait. Mais au-delà coulait <u>une rivière</u>. On <u>en</u> parlait souvent, à la veillée, surtout l'hiver, mais je ne <u>l</u>'avais jamais vue. Elle jouait un grand rôle dans la famille, à cause du bien et du mal <u>qu</u>'elle faisait à nos cultures. Tantôt elle fertilisait la terre, tantôt elle <u>la</u> pourrissait.

L'Enfant et la rivière, H. Bosco.

Français

2 Les compléments circonstanciels

Je retiens l'essentiel

• Dans une phrase simple, les compléments que l'on peut supprimer et déplacer sans changer le sens de la phrase sont des **compléments circonstanciels** (CC). Ils indiquent dans quelle circonstance se déroule l'action du verbe et **répondent aux questions : *où* , *quand*, *comment*, *pourquoi*, *pour quoi* ?**
À la nuit tombée (quand), dans le village abandonné (où), ils parcoururent silencieusement (comment) *les rues* ***pour (pour quoi ?) trouver le trésor***.

• **Nature** et **fonction** des compléments circonstanciels

Nature / Fonction	Complément circonstanciel de temps	Complément circonstanciel de lieu	Complément circonstanciel de manière	Complément circonstanciel de cause	Complément circonstanciel de but
Il répond à la question	***Quand ?***	***Où ?***	***Comment ?***	***Pourquoi ?***	***Pour quoi ?***
Il peut être un groupe nominal construit sans préposition	***Le matin,*** *j'ai du mal à me lever.*				
Il peut être un groupe nominal construit avec préposition	***Après les cours,*** *je discute avec Nathalie devant le collège.*	***Dans ce pays,*** *les enfants sont rois.*	***Avec douceur,*** *il la ramena chez elle.*	*Je suis arrivé en retard* ***à cause des embouteillages.***	*Il travaille* ***pour le bonheur de ses enfants.***
Il peut être un infinitif construit avec préposition	***Avant de manger,*** *lave-toi les mains.*				*Il joue de la musique* ***pour gagner de l'argent.***
Il peut être un pronom construit sans préposition		*Sa maison est très belle, il* ***y*** *habite depuis un an.*			
Il peut être un pronom construit avec préposition	***Avant toi,*** *je n' ai aimé personne.*			***À cause de lui,*** *je suis coincée à la maison.*	*Tu étudies* ***pour toi.***
Il peut être une proposition coordonnée				*Pierre est content,* ***car il a remporté le tournoi****.*	
Il peut être un adverbe	*Il est* ***toujours*** *malade.*	***Ici,*** *nous pouvons rouler en rollers.*	*Il mange* ***lentement.***		
Il peut être une proposition subordonnée	***Quand tu rentreras,*** *téléphone-nous.*	***Où tu iras,*** *tu seras nécessairement content.*		*Il est essoufflé,* ***parce qu'il a beaucoup couru.***	*J'ai fait mon possible* ***pour que tu viennes.***

Je comprends comment faire

➤ pour utiliser les compléments circonstanciels

• **Lorsque je commence un récit,** je présente le personnage mais je le situe dans un cadre en donnant des **indications de temps et de lieu.** Si j'observe la première phrase de l'*Odyssée*, je repère un CC de temps et trois CC de lieu.
Un jour que *Poséidon était allé au bout du monde, les autres dieux se réunirent dans le palais de Zeus, le Tout-Puissant, qui tonne dans le ciel.*

OBJECTIF

Reconnaître et employer les compléments circonstanciels.

Je m'exerce

1 ★ **Indique si l'expression soulignée est un CC de temps, de lieu, de manière, de but.**

<u>Par un jour d'hiver</u> , la terre étant couverte d'une épaisse couche de neige, un garçon dut sortir <u>pour aller chercher</u> du bois en traîneau. <u>Quand il eut ramassé le bois et chargé le traîneau</u>, il était tellement gelé qu'il ne voulut pas rentrer <u>chez lui</u> <u>tout de suite</u>, mais faire du feu <u>pour se réchauffer</u> <u>un peu</u> <u>d'abord</u>. Il balaya la neige, et tout en raclant <u>ainsi</u> le sol, il trouva une petite clé d'or. Croyant que <u>là</u> où était la clé, il devait <u>y</u> avoir aussi la serrure, il creusa et trouva une cassette de fer.

« La Clé d'or », *Contes*, Grimm.

2 ★ **Souligne les compléments circonstanciels de temps, de lieu et de manière.**

Un jour, le Diable était bien content ; il venait de confectionner un miroir qui avait une merveilleuse propriété : le beau, le bien qui s'y réfléchissaient, disparaissaient presque entièrement ; tout ce qui était mauvais ou déplaisant ressortait immédiatement.

D'après *La Reine des neiges*, H. C. Andersen.

3 ★★ **Relève les compléments circonstanciels de temps et de lieu. Indique pour chacun sa classe grammaticale.**

a. Le train arrive à minuit.

b. Je reste chez moi, aujourd'hui.

c. Les oiseaux sont repartis vers les pays chauds quand les premières pluies sont arrivées.

d. La ville où nous habitons a beaucoup changé au cours de ces dernières années.

e. Avant de manger cette huître regarde bien si tu n'y trouves pas une perle.

4 ★★ **Relève les compléments circonstanciels de cause et de manière. Indique pour chacun sa classe grammaticale.**

a. En raison des conditions météorologiques, la fusée n'a pu décoller.

b. Je viendrais chez toi avec plaisir.

c. La souris trotte vite vers son trou, car le chat n'est pas très loin.

d. Avec ses doigts gelés, il n'arrive pas à reprendre ses bâtons de ski.

e. Il a quitté rapidement la salle.

f. Puisque tu marches lentement, nous partirons après toi.

5 ★★★ **Développe les phrases suivantes en ajoutant au moins deux compléments circonstanciels.**

a. Le professeur n'a pas vu l'heure.

b. Le coureur arrive.

c. Le cyclone approche des côtes.

d. Charlotte joue de l'harmonica.

e. La soucoupe volante s'immobilise.

6 ★★★ **Indique dans la parenthèse si le groupe souligné est un complément d'objet direct (COD) ou un complément circonstanciel (CC).**

a. Je n'aime pas <u>l'hiver</u> (..........).

En <u>hiver</u> (..........), je fais du monoski.

b. Tourne <u>à droite</u> (..........).

Lève <u>ta main droite</u> (..........).

c. Marie fait <u>des efforts</u> (..........).

<u>Grâce à ses efforts</u> (..........), Marie progresse.

d. Les hiboux n'ont pas peur <u>la nuit</u> (..........).

Ils n'aiment pas <u>le jour</u> (..........).

e. Ma voisine travaille <u>le samedi</u> (..........).

<u>Chaque samedi</u> (..........), je vais au marché.

Français

3 L'expansion du groupe nominal

Je retiens l'essentiel

• **Un nom ou un groupe nominal peut être précisé :**

– **par un adjectif qualificatif épithète**, qui se place immédiatement avant ou après le nom qu'il qualifie :

*Le **grand** **poète** Homère a écrit l'Illiade et l'Odyssée.*
fonction : adjectif épithète du nom *poète*

– **par un adjectif qualificatif épithète détaché du nom par une virgule :**

***Rapide**, **légère**, **Esméralda** traversa la place…*
fonction : adjectifs épithètes détachés du nom *Esméralda*

– **par un autre nom complément de nom introduit par une préposition :**

*La reine raffole des **truffes** **en chocolat**.*
fonction : complément du nom *truffes*

– **par un nom en apposition** qui désigne le même être ou le même objet que le terme complété :

*Je suis montée à la **tour** **Eiffel**.*
fonction : nom apposé au nom *tour*

– **par un nom, un groupe nominal ou un infinitif en apposition, séparé de lui par une virgule :**

***Hercule**, **valeureux héros**, accomplit douze travaux.*
fonction : groupe nominal apposé au nom *Hercule*

*Il n'avait qu'une **peur**, **perdre** son chat.*
fonction : infinitif apposé au nom *peur*

– **par une proposition subordonnée relative :**

*Les élèves **qui sont élus délégués** participent au conseil de classe.*
fonction : complément de l'antécédent *élèves*

• La **proposition subordonnée relative** appartient au groupe nominal. Elle est surtout placée après le nom qu'elle précise, elle est introduite par un **pronom relatif** (*qui*, *que*, *quoi*, *dont*, *où*, *lequel*, *auquel*, etc.). Le nom que remplace le pronom relatif est l'**antécédent**.

Je comprends comment faire

➤ pour enrichir un groupe nominal

• Quand j'écris un portrait ou une description, **les adjectifs qualificatifs ou les termes en apposition permettent au lecteur de se faire une idée plus précise de ce que je veux présenter.**

*L'Aurore **aux doigts de rose** fit poindre le jour.*

OBJECTIF

Préciser un groupe nominal avec un adjectif, un complément de nom ou une proposition subordonnée relative.

Je m'exerce

1 ⋆ **Encadre les compléments de nom et souligne les noms complétés.**

Au printemps de l'année qui suivit l'assemblée de Corinthe, Alexandre fit ses préparatifs pour passer en Asie et conquérir le royaume des Perses. Naturellement ce départ fut entouré de prodiges. On en signalait dans tous les grands sanctuaires de la Grèce. Tous n'ont pas laissé des traces de souvenirs. Deux seulement sont parvenus jusqu'à nous.

Contes et récits du temps d'Alexandre, P. Grimal.

2 ⋆ **Entoure les noms et les groupes nominaux en apposition.**

Je m'inquiétais pour ma famille, mais un messager de mon père, Protée, est arrivé ce matin du cap Sounion. Alors que mon père et Lysis se disposaient à rentrer à Athènes, un ordre de Périclès, le chef du gouvernement, leur a enjoint de continuer l'entraînement du quadrige. Le stratège Périclès qui a mis notre ville d'Athènes en siège contre Sparte pense encore à Olympie.

Le Soleil d'Olympie, Jean Séverin.

3 ⋆⋆ **Mets les relatives entre crochets et encadre les antécédents.**

On racontait que l'Inde regorgeait de richesses. Tous ces récits où se mêlaient la vérité et la légende donnaient aux soldats grande envie d'y aller voir de plus près. Alexandre était aussi très enthousiaste. Il n'y avait que les officiers du roi que la conquête de la Perse avait enrichis et qui avaient reçu quelque gouvernement dont ils auraient aimé jouir en paix, pour être moins ardents à tenter l'aventure. Mais Alexandre ne leur demanda pas leur avis et bientôt, il franchit la frontière.

Contes et récits du temps d'Alexandre, P. Grimal.

4 ⋆⋆ **Indique la nature et la fonction des mots soulignés.**

Alors éclata, sur ce tas de pavés, dans cette rue de la Chanvrerie, une lutte digne d'une muraille de Troie. Ces hommes hâves, épuisés, qui n'avaient pas mangé depuis vingt-quatre heures, qui n'avaient pas dormi, qui n'avaient plus que quelques coups à tirer, qui tâtaient leurs poches vides de cartouches, presque tous blessés, la tête ou le bras bandé dans un linge souillé et noirâtre, devinrent des Titans.

D'après *Les Misérables*, Victor Hugo.

5 ⋆⋆⋆ **Complète les phrases en précisant les noms soulignés à l'aide d'un groupe nominal ou d'un infinitif en apposition.**

a. Le dimanche matin, il n'a qu'une envie.

b. La Martinique produit beaucoup de bananes.

c. Il était obsédé par une seule préoccupation.

d. Pierre était très apprécié par ses camarades.

e. Je dois dessiner le plan d'Athènes pour demain.

6 ⋆⋆⋆ **Donne la fontion des adjetifs qualificatifs.**

C'est un large buffet sculpté ; le chêne sombre,
Très vieux, a pris cet air si bon des vieilles gens ;
Le buffet est ouvert, et verse dans son ombre
Comme un flot de vin vieux, des parfums engageants.

Illuminations, Arthur Rimbaud.

Français

4

Voix active et voix passive

Je retiens l'essentiel

• Un verbe est à la **voix active** quand **le sujet fait l'action.**

Ulysse tend son arc.
S V COD

• Un verbe est à la **voix passive** quand **le sujet subit l'action.**
C'est **le complément d'agent** qui **fait l'action.**

L'arc est tendu par Ulysse.
S V complément d'agent

• Pour transformer une phrase dont le verbe est à la voix active en une phrase dont le verbe est à la voix passive, il faut **obligatoirement un complément d'objet direct.**

Notre classe dessine une fresque.
S COD

Une fresque est dessinée par notre classe.
S complément d'agent

Le COD de la phrase à la voix active devient le sujet de la phrase à la voix passive. Le sujet de la phrase à la voix active devient le complément d'agent de la phrase à la voix passive. Le complément d'agent est introduit par ***de*** ou ***par***.
Le verbe est nécessairement conjugué avec l'auxiliaire ***être*** qui prend le temps du verbe à la voix active.

• **Seuls les verbes transitifs directs peuvent se mettre à la voix passive.** En effet, on peut classer les verbes français en trois catégories :

– les **verbes transitifs directs** qui appellent un COD :

Il plante des pivoines.
V COD

– les **verbes transitifs indirects** qui se construisent avec une préposition et appellent un COI :

Auguste a succédé à César.
V COI

– les **verbes intransitifs** qui s'emploient seuls sans aucun complément :

Tu pars.

Attention, les verbes d'état ne peuvent pas se mettre à la forme passive.

Je comprends comment faire

➤ pour mieux lire

• Dans un récit, **si un personnage est sujet d'un verbe d'action,** je repère qu'il joue un **rôle essentiel dans le déroulement des événements.** Au contraire, s'il est **sujet d'un verbe à la voix passive**, j'apprends qu'il a tendance à **subir les événements**.

Sans se rendre compte de ce qu'elle éprouvait, Cosette était saisie par cette énormité noire de la nature. Le verbe saisir est à la voix passive pour insister sur le complément d'agent *par cette énormité noire de la nature.*
Je comprends que Cosette a très peur, mais comme elle est très courageuse, Victor Hugo écrit deux lignes plus loin : *Elle se leva et s'enfuit.*
→ Cosette surmonte sa peur en s'enfuyant (sujet du verbe *se lever*).

OBJECTIF
Identifier les verbes à la voix active et à la voix passive.

Je m'exerce

1 Souligne les verbes à la voix passive.
* Une servante dit : « La maison est pourvue de toutes bonnes choses. Pourtant les cruches pour la bière n'ont pas été apportées. » Alors Roudidi gronda : « Pourquoi n'a-t-on pas apporté ces cruches ? » La servante dit : « Il faudrait brasser la bière tout de suite, mais tout le grain a été donné par ton mari à ces chanteuses et il est disposé dans une chambre dont la porte a été scellée avec leur sceau. »

D'après *Contes et légendes de l'Égypte ancienne*, M. Divin.

2 Écris ces phrases à la forme passive.
**
a. L'artisan a fabriqué des bijoux.
b. Un rideau dissimule une porte secrète.
c. Les esclaves rempliront les coupes dès le début du banquet.
d. Champollion déchiffra les hiéroglyphes.
e. Les scribes accomplissaient les travaux d'écriture du pharaon.

3 Réécris ces phrases à la voix active.
**
a. Julie est appréciée de tous ses camarades.
b. Les rencontres de volley ont été organisées par tous les élèves de 3e.
c. Les cyclones seraient peut-être provoqués par le réchauffement du climat.
d. Les nuages furent vite dispersés par le vent.
e. Ce professeur sera respecté de tous les élèves.

4 Souligne tous les verbes qui ne pourraient pas être mis à la forme passive et entoure les verbes intransitifs.
***

Comparé aux aventures de la nuit, le trajet en direction de la ville fut une vraie promenade. La charrette passa sans encombre les deux portes et remonta les larges avenues sans rencontrer le moindre obstacle. La ville désertée semblait livrée aux fantômes. Des rats couraient entre les palais de marbre, l'eau ruisselait dans les caniveaux. Même les mendiants, d'habitude omniprésents, avaient disparu. Devant une église chrétienne, Thonis remarqua quelques moines. Ils écoutaient la voix monotone d'un lecteur et ne prêtèrent aucune attention à la charrette.

Hypatia, A. Zitelman.

5 Indique la fonction du mot souligné.
*** La lagune tout entière est couverte de fleurs, de barques, de gondoles, tandis que les hauts navires font la haie de Venise jusqu'au Lido. Un coup de canon est tiré de l'Arsenal, les oiseaux s'enfuient en criant, tous les canons de tous les navires répondent, les trompettes sonnent la fanfare et les rames rouges du Bucentaure s'élèvent d'un même mouvement.

L'Arlequin de Venise, O. Weulersse.

6 Transforme les phrases actives en phrases passives et les phrases passives en phrases actives.
***
a. La locomotive tire les wagons.
b. Le missile est détecté par les radars.
c. Le film sera suivi d'un débat.
d. La chaleur accable les animaux.
e. Une foulque a traversé le canal.

Français

5 Phrase simple, phrase complexe : les diverses propositions

Je retiens l'essentiel

• **Une phrase qui a un seul verbe conjugué est une phrase simple.**
Les Troyens ne se méfièrent pas du cheval de Troie. (1)

• **Une phrase qui a plusieurs verbes conjugués est une phrase complexe.** Elle a autant de propositions que de verbes conjugués.
Les Martiens ont attaqué la planète, (1) *aucun satellite n'avait détecté leur approche.* (2)

• À l'intérieur d'une phrase, les propositions peuvent être reliées de trois manières :

→ **la juxtaposition :** les propositions sont séparées par une virgule, un point-virgule ou deux points.
Les fées se réunissent la nuit du premier mai, (1) *elles échangent leurs pouvoirs.* (2)

→ **la coordination :** les propositions sont liées par une conjonction de coordination (***mais, ou, et, donc, or, ni, car***) ou certains adverbes (***cependant, pourtant, puis, alors***, etc.)
Les fées se réunissent la nuit du premier mai (1) ***et*** *échangent leurs pouvoirs.* (2)

→ **la subordination :** la proposition qui est introduite par un pronom relatif ou une conjonction de subordination (***que, pendant que, comme***, etc.) est **une subordonnée dépend de la proposition principale.**
Quand (conj. de subordination) ***les fées se réunissent,*** (proposition subordonnée) *elles échangent leurs pouvoirs.* (proposition principale)

• La proposition subordonnée peut être :
– **relative,** introduite par **un pronom relatif**. Elle est complément de l'antécédent du pronom relatif :
Tu as terminé l'exercice de français (proposition principale) ***que*** (pr. rel.) ***t'avait demandé ton professeur.*** (sub. relative)
– **conjonctive** soit COD, soit CC du verbe de la principale.

• Les propositions conjonctives qui sont COD du verbe de la principale sont des **propositions complétives** introduites par la conjonction de subordination ***que***.
Je crois (proposition principale) ***que*** (conj. de sub.) ***tu vas bien réussir ta classe de 6e.*** (proposition complétive)

• Les propositions conjonctives, qui indiquent dans quelle circonstance se produit l'action du verbe de la proposition principale, sont des **propositions conjonctives circonstancielles**. Il existe des propositions circonstancielles de temps, de cause, de but, etc.
Quand (conj. de subordination) ***il y a trop de vent,*** (proposition subordonnée) *les bateaux ne sortent pas en haute mer.* (proposition principale)

Je comprends comment faire

➤ pour mieux rédiger

• **Quand je parle,** j'utilise souvent des **phrases simples** ou des **phrases complexes** avec des **propositions juxtaposées. Lorsque j'écris,** j'utilise des **phrases complexes** avec des **liens de subordination.**

OBJECTIF
Savoir décomposer la phrase en propositions.

Je m'exerce

1 ★ **Indique dans la parenthèse s'il s'agit d'une phrase simple (PS) ou d'une phrase complexe (PC).**

Le garçon laissa passer un silence, puis les yeux rivés sur le mur d'en face, il commença à parler. (..........)

– J'ai vu deux hommes qui se battaient. (..........)

Le garçon rectifia : (..........)

– Enfin, il y en avait un surtout qui battait l'autre. (..........)

– Tu les connaissais ? (..........) interrogea le chef de brigade. (..........)

– Sur le moment, je n'ai pas pu voir. (..........)

L'Inconnu de la Proiselière, Monique Ponty.

2 ★★ **Relève les propositions et indique leur nature.**

D'abord, quand on est un chien trouvé, on ne fait pas de manières ! C'est la Poivrée qui glapit. La Poivrée a une voix terriblement aiguë. Ses mots rebondissent contre les murs de la cuisine où ils se mêlent aux tintements de la vaisselle. Trop de bruit. Le chien n'y comprend rien. Le chien se contente d'aplatir ses oreilles et d'attendre que ça passe. Le chien en a entendu d'autres !

D'après *Cabot caboche*, Daniel Pennac.

3 ★★ **Indique la nature et la fonction des propositions subordonnées soulignées.**

Alexandre mit onze jours à parvenir à l'endroit <u>où campait Darius</u>. Il avançait à travers un pays <u>que Darius faisait dévaster à mesure par des troupes légères</u>. <u>Parce que la fumée était très dense</u>, elle formait comme un brouillard. Finalement <u>quand il arriva au Tigre</u>, il le franchit, non sans mal, <u>parce que le gué était extrêmement profond et le courant fort rapide</u>.

Contes et récits du temps d'Alexandre, P. Grimal.

4 ★★★ **Décompose les phrases en propositions. Souligne les principales en bleu et les indépendantes en rouge.**

Renart, auquel tout moyen de fuite était interdit, sent qu'il ne peut éviter le sort dont on le menace qu'en s'humiliant devant son redoutable ennemi. Il tombe à genoux, la queue entre les jambes, et dit d'un ton suppliant : « Oncle, il est usage en cour de barons d'offrir et prendre l'amende de ce qu'on a méfait. Vous pensez que j'ai méfait, dites donc quelle amende vous exigez de moi, et Dieu aidant, je vous satisferai. »

Le Roman de Renart.

5 ★★★ **Ajoute deux propositions subordonnées aux phrases suivantes. Indique la nature de ta subordonnée relative ou conjonctive.**

a. Je pars à la plage.

b. Votre magnétoscope est réparé.

c. Le film *Titanic* a battu les records d'entrée.

d. Le programme d'Histoire de la classe de 6e est passionnant.

e. Le sanglier a chargé les chasseurs.

Français

6

Les reprises pronominales

Je retiens l'essentiel

Pour éviter les répétitions et apporter un complément d'information, on peut utiliser des **pronoms**. Il existe sept sortes de pronoms mais les plus utilisés sont :

– les **pronoms personnels** :

Marie *adore lire.* ***Elle*** *a lu en une semaine l'*Odyssée.

Les pronoms de la 3e personne désignent des êtres ou des objets déjà connus.

– les **pronoms possessifs** qui précisent les rapports de possession :

Tes occupations préférées *sont des activités sportives,* ***les miennes*** *sont plutôt manuelles.*

			ce qui est possédé			
			singulier		pluriel	
	Pronoms possessifs		masculin	féminin	masculin	féminin
celui	singulier	1re personne	*le mien*	*la mienne*	*les miens*	*les miennes*
		2e personne	*le tien*	*la tienne*	*les tiens*	*les tiennes*
qui		3e personne	*le sien*	*la sienne*	*les siens*	*les siennes*
	pluriel	1re personne	*le nôtre*	*la nôtre*	*les nôtres*	*les nôtres*
possède		2e personne	*le vôtre*	*la vôtre*	*les vôtres*	*les vôtres*
		3e personne	*le leur*	*la leur*	*les leurs*	*les leurs*

– les **pronoms démonstratifs** qui permettent de distinguer un être ou un objet parmi d'autres :

Les Romains avaient ***des esclaves*** *pour assurer les travaux agricoles.* ***Ceux-ci*** *travaillaient durement.*

Pronoms démonstratifs	masculin	féminin	neutre
singulier	*celui, celui-ci, celui-là*	*celle, celle-ci, celle-là*	*ce, c', ceci, cela, ça*
pluriel	*ceux, ceux-ci, ceux-là*	*celles, celles-ci, celles-là*	

– les **pronoms relatifs** qui donnent des précisions sur l'antécédent :

Alexandre le Grand a conquis ***tous les territoires qui*** *longent le rivage oriental de la Méditerranée.*

Pronoms relatifs simples	Pronoms relatifs composés et variables			
qui	singulier		pluriel	
que	masculin	féminin	masculin	féminin
quoi	*lequel*	*laquelle*	*lesquels*	*lesquelles*
dont	*duquel*	*de laquelle*	*desquels*	*desquelles*
où	*auquel*	*à laquelle*	*auxquels*	*auxquelles*

Je comprends comment faire

➤ pour améliorer mon expression écrite

• **Quand je rédige, pour faciliter la compréhension**, je pense à utiliser des **pronoms possessifs** et **démonstratifs :**

Nos chiens s'appellent Borsalino et Malice. Il est vieux. Il est minuscule.

Cet énoncé n'est pas très clair, il le devient si j'écris :

Nos chiens s'appellent Borsalino et Malice. ***Le mien*** *est vieux.* ***Le tien*** *est minuscule.*

→ Je **différencie** les propriétaires des chiens et je les **identifie** plus clairement.

OBJECTIF

Savoir éviter les répétitions d'une phrase à l'autre.

Je m'exerce

1 Souligne tous les pronoms.
★ J'habite Ithaque, l'île qu'on voit de loin. Elle est hérissée de rochers mais c'est une belle nourrice de jeunes hommes et il n'est pas de terre qui me soit plus douce à regarder. La divine Calypso m'a retenu dans sa grotte profonde, brûlant de m'épouser ; Circé, la perfide, m'a retenu dans sa demeure en Aiaié, brûlant de m'épouser ; mais mon cœur ne s'est pas laissé convaincre.

Odyssée, Homère.

2 Remplace les mots soulignés par un pronom de ton choix.
★ Quand Hélène et Anne-Laure rentraient à la maison, <u>Hélène et Anne-Laure</u> trouvaient Julien charmant et attentionné. <u>Julien</u> racontait ses journées avec bonne humeur : <u>Julien</u> avait fait son jogging ; <u>Julien</u> avait bêché vingt mètre carrés de jardin pour agrandir le potager… Régulièrement, <u>Julien</u> aidait la petite à résoudre ses problèmes de fractions.

Crime de papier, R. Belfiore.

3 Complète les phrases avec un pronom possessif.
★
a. Pose tes gants à côté des ....
b. J'avais oublié mes skis, des camarades m'ont prêté ....
c. Mon stylo écrit plus fin que ....
d. Nos enfants sont insupportables, ... sont charmants.
e. Vos devoirs sont moins difficiles que ....
f. Pourquoi veux-tu porter mes lunettes ? .... sont identiques.
g. Monsieur, ici, les téléphones sont interdits. Si vous entrez, vous devrez éteindre ....

4 Précise la nature des pronoms soulignés.
★★ L'homme avait pris dans son sac de plage un vieux canif à manche rouge et <u>il</u> avait commencé à graver les signes des lettres sur des galets bien plats. En même temps, il parlait à Mondo de tout ce qu'il <u>y</u> a dans les lettres, de tout ce qu'on peut y voir quand on <u>les</u> regarde et les écoute. Il parlait de A <u>qui</u> est comme une grande mouche <u>dont</u> les ailes sont repliées en arrière.

D'après *Mondo et autres histoires*, J.- M. G. Le Clézio.

5 Indique, dans la parenthèse, si le mot souligné est un pronom relatif (PR) ou une conjonction de subordination (CS).
★★★ Oui, sans doute, par le temps <u>qu'</u>(..........) il fait, nous aurons nos gens aujourd'hui ; et un matelot <u>qui</u> (..........) vient de Tarente m'a assuré <u>qu'</u>(..........) il avait vu mon homme <u>qui</u> (..........) était près de s'embarquer. Mais l'arrivée de ma fille trouvera les choses mal disposées à ce que nous nous proposions, et ce <u>que</u> (..........) vous venez de m'apprendre de votre fils rompt étrangement les mesures <u>que</u> (..........) nous avions prises ensemble.

Les Fourberies de Scapin, Molière.

6 Remplace les pronoms personnels par d'autres pronoms ou par des expressions nominales.
★★★ L'enfant voleur hésite, tremble. Il avance, par amour-propre ; mais il a chaud, sa gorge brûle, il meurt de soif. Soudain, il découvre une chambre. Un vieil homme y dort sur le dos. Une veilleuse éclaire sa figure. Et, près de lui, à son chevet, sur une assiette peinte, se trouve une pêche juteuse. Il tend sa main vers le fruit, il porte ce fruit à sa bouche. Quel goût !

D'après *L'Enfant et la rivière*, H. Bosco.

Français

7

Les reprises nominales

Je retiens l'essentiel

• Dans un même texte, on peut désigner un personnage en répétant systématiquement le même nom.
Pierre est notre délégué de classe. Pierre assiste au conseil de classe.

• On peut aussi varier l'expression en utilisant :

– **le même nom précédé d'un déterminant différent.**
On classe les déterminants en deux catégories : ceux qui rappellent une information et ceux qui servent à introduire une information inconnue du lecteur ou de l'interlocuteur.
Les articles indéfinis (*un*, *une*, *des*), les adjectifs indéfinis (*plusieurs*, *quelques*, *certain*, *chaque*, *aucun*) et les adjectifs numéraux cardinaux introduisent un nom inconnu.
*Il était une fois, **une** princesse qui avait **deux** enfants.*
Les articles définis (*le*, *la*, *les*), les adjectifs possessifs (*mon*, *ton*, *son*, etc.) et les adjectifs démonstratifs (*ce*, *cet*, *ces*, etc.) donnent des informations sur des noms déjà cités.
*Il était une fois un petit garçon tout roux ; **ce** petit garçon s'appelait Poil de Carotte.*

– **le même nom précisé par un adjectif ou un complément de nom.**
*Milou est un chien. C'est **le chien de Tintin**.*

– **un synonyme.**
*J'aime beaucoup applaudir **les joueurs de foot** ; **ces champions** accomplissent de véritables exploits.*

– **un terme générique.** C'est un terme général.
*Jean fait toujours le pitre en cours ; **ce garçon** va finir par exaspérer ses professeurs.*

• On peut aussi jouer sur **l'alternance nom propre / nom commun.**
***Ulysse** partit pour Troie. Ce **valeureux héros** fit preuve de ruse et d'intelligence*

Je comprends comment faire

➤ pour varier la dénomination de mes personnages

• Je souligne dans ce paragraphe les expressions qui désignent Boucle d'Or.
Il y avait une fois une fille de roi qui était si belle qu'elle était la plus belle fille du monde. Elle se nommait Boucle d'Or. Cette princesse devait bientôt épouser un prince charmant.
• Je les analyse et je retrouve :
– *une fille de roi* = article indéfini + nom + complément de nom ;
– *la plus belle fille du monde* = article défini + nom générique + complément de nom ;
– *Elle* = pronom personnel ;
– *Boucle d'Or* = nom propre ;
– *Cette princesse* = synonyme.
→ Pour **désigner des personnages,** je peux **utiliser des noms** que je reprends par des **pronoms** ou par des **reprises nominales variées.**

OBJECTIF
Savoir désigner un personnage en variant les tournures.

Je m'exerce

1 ★ **Souligne les expressions qui désignent Circé.**

Circé dit et aussitôt l'aube parut sur son trône d'or. La divine disparut dans l'île. Je retournai au navire, j'ordonnai à mes compagnons d'embarquer, de détacher l'amarre [...]. Circé aux cheveux bouclés, la terrible déesse qui parle le langage des hommes, fit souffler un bon vent derrière la proue bleue du navire et la voile gonfla.

Odyssée, Homère.

2 ★★ **Lis le texte et remplis le tableau ci-dessous. Place une croix dans les cases.**

Il était une fois une veuve qui avait deux filles ; l'aînée lui ressemblait si fort et d'humeur et de visage, que qui la voyait, voyait sa mère. Elles étaient toutes deux si désagréables et si orgueilleuses qu'on ne pouvait vivre avec elles. La cadette, qui était le vrai portrait de son père pour la douceur et l'honnêteté, était avec cela une des plus belles filles qu'on eût su voir.

« Les Fées », *Contes,* Charles Perrault.

Questions	Les personnages		
	Une veuve	La fille aînée	La cadette
a. Qui est désigné par l'expression *sa mère* ?			
b. Qui est désigné par l'expression *deux filles* ?			
c. Qui est désigné par l'expression *elles* ?			
d. Qui est désigné par l'expression *une des plus belles filles* ?			

3 ★★ **Souligne en rouge tous les termes qui désignent Darius et en vert tous les termes qui désignent Alexandre.**

Darius s'était enfui vers l'Euphrate ; il considérait qu'il avait perdu une bataille, mais que la guerre n'était pas achevée. Alexandre n'occupait, en somme, que quelques provinces côtières et les ressources du grand roi n'étaient pas sérieusement amoindries. Il envoya au conquérant plusieurs lettres insolentes, mêlant aux outrages des offres de paix et même d'amitié.

Contes et récits du temps d'Alexandre, P. Grimal.

4 ★★★ **Remplace, quand c'est possible, le pronom par un substitut nominal.**

L'homme cherchait le trésor dans le château abandonné. Il escalada le vieux rempart et fut dans l'enceinte. Il s'assura qu'il était seul. Il chercha l'entrée du souterrain. Il erra parmi les broussailles, il ne voyait rien qui indiquât ce qu'il cherchait. Il ne se découragea pas ; il entreprit une recherche systématique.

5 ★★★ **Décris ce personnage en trois phrases. Donne-lui un nom propre dans la première phrase. Désigne-le par un nom commun dans la deuxième. Parle de lui avec un synonyme dans la troisième.**

....

....

....

....

....

....

....

Français

8 Les connecteurs

Je retiens l'essentiel

• **Un texte argumentatif sert à convaincre.** Pour bien se faire comprendre de son interlocuteur, on emploie des **connecteurs logiques** qui marquent :

– **l'addition** : *et , puis, de plus, en outre, par ailleurs.*
J'aimerais avoir un chien car il serait mon ami ***et*** *j'en serai responsable.*

– **l'opposition** : *or, cependant, pourtant, toutefois, mais, néanmoins.*
Tu es bien jeune pour être autonome, ***mais*** *tu peux commencer à prendre des initiatives.*

– **la cause** : *car, en effet, parce que.*
Ulysse a longtemps erré ***parce que*** *ses compagnons ont ouvert l'outre aux vents.*

– **la conséquence** : *ainsi, donc, par conséquent, c'est pourquoi.*
Il pleut ***donc*** *nous prenons un parapluie.*

• **Un texte narratif est rythmé par des connecteurs chronologiques.** Ils indiquent :

– **la succession des actions** : *d'abord, ensuite, plus tard, puis, enfin.*
D'abord*, il ne voulut pas se fâcher,* ***puis*** *comme rien ne se passait, il entra dans une terrible colère.*

– **la fréquence des actions** : *souvent, parfois, rarement, jamais, toujours.*
Hercule était ***rarement*** *au repos.*

– **la soudaineté de l'action** : *soudain, tout à coup, aussitôt, un jour, alors.*
Il plut pendant quarante jours et quarante nuits, ***soudain*** *la pluie cessa.*

Je comprends comment faire

➤ pour repérer la progression d'un récit

• J'observe cet extrait d'un conte japonais.

Un soir, alors que Kotaro se reposait après sa dure journée de labeur, l'humble Komatchi lui dit : « Tu travailles du matin jusqu'au soir, mais nous ne pouvons rien nous offrir. Si nous avions un commerce, tu ne serais pas obligé de courber le dos toute la journée. Je sais fort bien tisser et nous pourrions commencer par là. » Puis elle sortit quelques pièces de son baluchon et envoya Kotaro à la ville pour acheter ce qu'il fallait. Le lendemain, lorsque Kotaro eut fait à la ville tous les achats nécessaires, sa femme lui demanda d'installer le métier à tisser au grenier.

Contes japonais, Miroslav Novak et Zlata Cerna.

• Je relève **trois indicateurs de temps** : *Un soir, alors que ; puis ; le lendemain.* Ils indiquent la succession des événements. Ils permettent de comprendre qu'**un récit se déroule sur la durée**. L'enchaînement des événements permet au récit de progresser jusqu'au dénouement.

OBJECTIF
Savoir repérer et utiliser les connecteurs.

Je m'exerce

1 Souligne les connecteurs de temps.
* Au soir le Cyclope revient, ramenant son troupeau à la belle toison. Aussitôt, il pousse dans la spacieuse caverne les grasses brebis, toutes au complet ; il n'en laisse aucune dans la profonde cour, soit qu'il ait quelque idée en tête, soit qu'un dieu en ait ainsi ordonné. Ensuite, il place contre la porte la grosse pierre qu'il a soulevée. Puis, accroupi, il se met à traire les brebis et les chèvres bêlantes, chacune à son tour, et place le petit sous chacune. Quand il a fait rapidement son travail, il saisit encore deux de mes hommes ensemble, et prépare son souper.

Odyssée, Homère.

2 Souligne les connecteurs logiques.
* Le rôle des délégués de classe est très important. En effet, les délégués font le lien entre les élèves et l'équipe des enseignants. En outre, ils peuvent informer les professeurs des difficultés familiales de tel ou tel élève. Cependant, ils doivent rester discrets sur la vie de chacun. Enfin ils représentent leurs camarades au conseil de classe. Les élèves de collège, en élisant des délégués, s'initient donc à la vie de citoyen.

3 Complète ce texte en utilisant des connecteurs logiques.
** Lire des journaux pour enfants et adolescents est utile. ...., chaque jour, nous recevons beaucoup d'informations .... nous ne savons pas toujours en tirer profit. .... la lecture des articles permet d'avoir un œil critique face à ces informations .... lorsque nous regardons la télévision, nous sommes fascinés par l'image .... nous oublions de réfléchir. ...., ces journaux sélectionnent les sujets qui nous intéressent particulièrement.

4 Complète ce texte en utilisant des connecteurs logiques et chronologiques.
** Un âne portant du sel passait une rivière. il glisse et tombe à l'eau. .... le sel fond et l'âne se remet sur pieds allégé d'autant et se réjouissant fort de l'aventure. ...., comme il traversait .... une rivière, chargé cette fois d'éponges, il se dit qu'à tomber de nouveau il se relèverait bien plus à l'aise. Il se laisse exprès glisser. Qu'arriva-t-il ? L'eau gonfle les éponges, l'âne ne peut se remettre debout .... se noie sur place.

D'après *Fables*, Ésope.

5 Réécris ce texte dans l'ordre en t'aidant des connecteurs.
*** Il vous faut donc partir à sa recherche. Seigneurs, c'est d'une chose grave et sérieuse que j'ai à vous entretenir. Que chacun écoute avec grande attention. Il ne pourra toutefois être trouvé que par le meilleur chevalier du monde. Je vais vous dire comment vous allez faire. Il faut , en effet, que vous sachiez que le Graal, vase d'or dans lequel a été recueilli le sang du Christ quand Longrin l'a percé de sa lance, a été transporté en Bretagne.

Les Enchantements de Merlin : Les Chevaliers de la Table Ronde, François Johan.

Français

9

L'accord sujet / verbe

Je retiens l'essentiel

• **Le verbe s'accorde avec son sujet en genre et en nombre.**
Il rit tout le temps. Ils rient tout le temps.

• **Attention**, le sujet n'est pas toujours devant le verbe, puisqu'il peut être inversé.
Dans les fourrés, s'épanouissent de rouges framboises.

• Lorsqu'un verbe a **plusieurs sujets**, il se met au **pluriel**.
Les oiseaux, les insectes, le vent se taisent subitement.

• Il faut être attentif à **quelques cas délicats** :

– lorsque le sujet est le pronom relatif ***qui***, le verbe se met à la même personne que l'antécédent de ce pronom relatif :
C'est moi qui ai le maximum de points. C'est toi qui as le maximum de points.

– avec ***beaucoup de…, la plupart de…***, le verbe s'accorde au pluriel :
Beaucoup d'élèves ont reçu les félicitations, ce trimestre.
La plupart de mes amis sont venus à ma fête d'anniversaire.

– avec ***le peu de…***, le verbe s'accorde soit au singulier, soit au pluriel :
Le peu de jeux que nous avons encore est au grenier.
Le peu de jeux que nous avons encore sont au grenier.

– avec ***plus d'un…***, le verbe s'accorde au singulier :
Plus d'un a essayé d'aller sur la lune, il a fallu attendre le XXe siècle pour y parvenir.

– avec ***une foule de, une multitude de, une bande de,*** etc., le verbe s'accorde soit au singulier, soit au pluriel :
Une foule de touristes a envahi la plage.
Une foule de touristes ont envahi la plage.

Je comprends comment faire

➤ pour accorder le sujet et le verbe quand le verbe est précédé de plusieurs pronoms

• **J'observe bien la phrase.**

– *Je vous envoie des fleurs pour vous remercier de m'avoir si bien accueilli.*
Je sais que le pronom COD se place immédiatement devant le verbe qu'il complète.

→ **Je ne confonds pas le pronom COD et le pronom sujet.**
Dans cette phrase, j'accorde le verbe *envoyer* avec le sujet *je* qui est à la première personne du singulier.

– *Ces fleurs, elle les envoie pour vous remercier de l'avoir si bien accueillie.*

→ Je ne m'occupe pas du pronom *les* pour écrire la terminaison du verbe *envoyer* mais uniquement du pronom sujet *elle* qui est à la troisième personne du singulier.

OBJECTIF
Savoir accorder le verbe avec son sujet.

Je m'exerce

1 Souligne les sujets des verbes en gras.
★ Pharaon **quitta** le sanctuaire du dieu et tout de suite **publia** une ordonnance : il faisait au temple une donation magnifique, des terres, des champs, des trésors. Il **établissait** des lois qui **obligeaient** chaque fellah à servir une redevance aux prêtres. Chaque pêcheur et chaque chasseur **devaient** leur porter du poisson et du gibier.

Contes et légendes de l'Égypte ancienne, M. Divin.

2 Souligne les verbes qui s'accordent avec les sujets écrits en gras.
★ « La mer ! La mer ! » pensait **Daniel,** mais il n'osa rien dire à haute voix. Il restait sans pouvoir bouger. Il entendait le bruit lent des vagues **qui** se mouvaient sur la plage. Il n'y avait plus de vent, tout à coup, et le **soleil** luisait sur la mer, allumait un feu sur chaque crête de vague. **Le sable de la plage** était couleur de cendres, lisse, traversé de ruisseaux et couvert de larges flaques **qui** reflétaient le ciel.

D'après *Celui qui n'avait jamais vu la mer,* Jean-Marie Gustave Le Clézio.

3 Mets ces phrases au présent de l'indicatif.
★★ **a.** C'est moi qui (être) le plus rapide de la famille en rollers.
b. Beaucoup d'amateurs de BD (participer) au festival d'Angoulême.
c. Plus d'un joueur d'échecs (rêver) de battre Kasparov.
d. Ce groupe de musiciens (jouer) de la viole ancienne.
e. Vous qui (paraître) si contents des plaisanteries de votre camarade, passez donc au tableau.

4 Accorde les verbes avec leurs sujets.
★★ **Emploie le temps qui convient le mieux.**
a. Elle nous les (offrir).
b. Je vous (transmettre) toutes ses salutations.
c. Aucun conseil ne le (faire) changer d'avis.
d. Les articles qui me (plaire) le plus dans ce journal (concerner) tous le surf.
e. J'ai revu Isabelle qui (skier) de mieux en mieux.

5 Souligne les sujets de tous les verbes.
★★ Malgré la lumière violente qui régnait dans la salle, je trouvai Chloé encore plus exquise que la veille. Elle ne ressemble pas aux jeunes filles que j'ai approchées à Athènes. Ses cheveux blonds surprennent dans notre pays de soleil ; elle a les yeux bleus où s'allume une petite flamme d'ironie. Son visage doré par le vent de la mer a des grâces fragiles, mais le nez droit, les lèvres pleines dont je ne connais pas encore le sourire indiquent la volonté et l'amour de la vie.

Le Soleil d'Olympie, Jean Séverin.

6 Accorde à l'imparfait les verbes avec leurs sujets.
★★ Croc-Blanc assouvit avec délectation la vengeance qu'il (nourrir) à l'encontre de ses congénères. Il (s'agir) de chiens ordinaires qui n'(être) pas sur leurs gardes. Ils n'(préparer passif) pas à sa rapidité. Ils ne (pouvoir pas savoir) qu'ils (avoir) affaire à un tueur. À son approche, ils se (hérisser), (raidir) leur démarche, (prendre) une allure provocante, alors que lui, sans s'attarder en vains préliminaires, (jaillir) en avant.

Croc-Blanc, Jack London.

10 L'accord du participe passé

Je retiens l'essentiel

• **Employé avec l'auxiliaire *être* le participe passé s'accorde en genre et en nombre avec le sujet du verbe.**
Ces tables sont couvertes de nappes blanches.

• **Employé avec l'auxiliaire *avoir* le participe passé ne s'accorde jamais avec le sujet.**

– Si le verbe n'a pas de COD, le participe passé reste invariable.
Elle a beaucoup ri à ce spectacle.

– Si le COD est placé après le verbe, le participe passé reste invariable.
Elle a trop regardé la télévision.

– Si le COD est placé avant le verbe, le participe passé s'accorde en genre et en nombre avec le COD.
Elle aime les disques qu'elle a achetés.

• **Attention,** les verbes conjugués au passif sont systématiquement conjugués avec l'auxiliaire *être* et donc **le participe passé s'accorde toujours avec le sujet.**
La souris a été attrapée par le chat.

Je comprends comment faire

➤ pour accorder le participe passé des verbes conjugués aux temps composés

• Dans une phrase avec un verbe conjugué à un temps composé, **je commence par repérer l'auxiliaire.**

– **Si c'est l'auxiliaire *être*,** je cherche le **sujet** – il répond à l'expression " ***C'est qui*** ? " – et **j'accorde** en genre et en nombre **le participe passé avec ce sujet** :
Elle est partie en Laponie.

– **Si c'est l'auxiliaire *avoir*,** je cherche le **COD** et je repère sa place.
→ **S'il n'est pas devant le verbe , je n'accorde pas.**
→ **Si le COD est devant le verbe, j'accorde** en genre et en nombre le **participe passé avec celui-ci.**

• Je me souviens que le pronom relatif ***que*** et que les pronoms personnels sont toujours devant le verbe.
*Les marins **que** j'ai rencontrés sont sympathiques.*
*Ces champignons, elle **les** a trouvés dans le jardin.*

• Je fais aussi attention aux phrases interrogatives où le sujet est inversé.
***Quelles chaussures** as-tu mises aujourd'hui ?*

OBJECTIF
Accorder le participe passé employé avec les auxiliaires *être* et *avoir*.

Je m'exerce

1 ⋆ **Souligne les participes passés conjugués avec l'auxiliaire *être* et encadre les participes passés conjugués avec *avoir*.**

Mais enfin, a dit maman à papa, sois un peu patient avec le petit. Tu sais comment sont les enfants quand ils sont revenus de vacances. Et puis maman m'a embrassé, elle m'a mouché et elle m'a dit de m'amuser gentiment. Alors moi j'ai dit à maman que je voulais bien, mais que je ne savais pas quoi faire.

D'après *Les Vacances du Petit Nicolas*,
Sempé et Goscinny.

2 ⋆⋆ **Réécris ces phrases au pluriel.**

a. Le joueur est rentré victorieux.

b. La forêt a été ravagée par l'incendie.

c. Cette tasse est décorée à la main.

d. Cet oiseau est parti vers des pays plus chauds.

e. Un élève est invité par son correspondant anglais.

3 ⋆⋆ **Conjugue les verbes à l'infinitif au passé composé.**

a. Elle (perdre) son chien dans le bois.

b. Elles (mettre) leurs jeans neufs.

c. Les films que tu (voir) dernièrement étaient très bons.

d. Les fleurs que maman (planter) ont bien poussé.

e. Quelle belle maison vous (acheter) !

f. Quels livres (choisir) Marie ?

g. Quels amis (inviter) vous ?

4 ⋆⋆ **Réécris ce texte au passé composé et remplace *François* par *Françoise*.**

François reste seul. Il attend un long moment. Quand il est sûr que les Jaouen sont au lit, il saisit au portemanteau son imperméable, le boutonne étroitement à cause du vent. La main sur la poignée de la porte, il hésite encore, regarde l'heure à sa montre : une heure ! Le creux de la nuit.

Sans atout et le cheval fantôme,
Boileau-Narcejac.

5 ⋆⋆ **Remplace le COD par le pronom personnel qui convient. Fais l'accord s'il le faut.**

a. Nous avons planté deux sapins.

b. Elle a reçu une lettre.

c. L'artiste a vendu ses sculptures.

d. Julie a croqué tous les chocolats.

e. Pierre a attendu Julie pour aller au cinéma.

f. Pascal a acheté une nouvelle voiture.

g. Daniel a pêché des harengs.

6 ⋆⋆⋆ **Accorde le participe passé dans les phrases suivantes.**

a. Céline a (trouver) une montre qu'elle a (rapporter) au bureau des surveillants.

b. Marc a (vendre) la collection de timbres qu'il a (rassembler) depuis qu'il est tout petit.

c. Le papillon que nous avons (attraper) est un papillon de nuit.

d. Quel joueur Claire a-t-elle (expulser) du terrain ?

e. Quels gâteaux nous avez-vous (préparer) ?

Français

11 Les accords délicats dans le groupe nominal

Je retiens l'essentiel

• **Dans le groupe nominal, le déterminant et l'adjectif qualificatif s'accordent en genre et en nombre avec le nom auquel ils se rapportent.**

• **Genre des noms**
Il existe deux genres : le **masculin** et le **féminin**. Le genre du nom est indiqué par le dictionnaire. Le **déterminant** indique la variation du genre.
Un *chat /* ***une*** *chatte*
Certains noms peuvent être masculins au singulier et féminins au pluriel.
Exemples : *amour, orgue, gens.*
Pénélope aimait Ulysse ***d'un grand amour****.* (masculin)
Les amours *de Didon pour Enée furent* ***malheureuses****.* (féminin)
Employé seul ou suivi d'un adjectif, le nom *gens* est au masculin pluriel. Il est au féminin quand il est précédé d'un adjectif.
Ces gens-là *étaient très* ***accueillants*** *avec les étrangers.*
Ah ***bonnes gens****,* ***bonnes gens****, un prodige est arrivé dans notre bonne ville !*

• **Nombre des noms**
Le pluriel se forme en ajoutant un ***-s*** ou un ***-x*** au nom singulier. Le déterminant s'accorde avec le nom et indique son genre et son nombre.
La *mouette est* ***un*** *oiseau. →* ***Les*** *mouette****s*** *sont* ***des*** *oiseau****x****.*

• **Pluriel des noms propres**
Les noms propres ne prennent pas la marque du pluriel.
Les ***Durand*** *partent avec nous en vacances cet été.*
Exceptions :
– les noms de dynastie : *Les* ***Césars*** *furent des empereurs souvent sanguinaires.*
– les noms de pays ou les départements : *Christophe Colomb s'embarqua pour les* ***Indes*** *et découvrit les* ***Amériques****.*
– les noms d'habitants : *Les* ***Égyptiens*** *vénéraient leurs morts.*

• **Accord du nom sans déterminant**
Le complément de nom se met au singulier s'il désigne :
– un nom qui est singulier par son sens : *Un oiseau* ***de nuit*** *→ des oiseaux* ***de nuit*** *(qui vivent la nuit).*
– un nom indénombrable : *Il a souvent des gestes* ***de colère*** *(provoqués par la colère, on ne peut pas compter la colère).*
– un nom de matériau : *Ces tables* ***en plastique*** *résistent bien à la pluie.*
Le complément de nom se met au pluriel s'il désigne un nom dénombrable.
J'aime la confiture ***de myrtilles*** (il faut beaucoup de myrtilles pour fabriquer cette confiture).

Je comprends comment faire

➤ pour accorder l'adjectif qualificatif

• **Dans un groupe nominal, je cherche le déterminant qui m'indique les genre et nombre du nom.**
J'aime ***cette*** *chaude journée de juin.*
Cette est un déterminant féminin singulier car le nom ***journée*** est au féminin singulier. Je repère l'adjectif ***chaude*** et je l'accorde avec le nom au féminin singulier. Je fais attention à ajouter la marque du genre et du nombre pour l'adjectif. *J'aime* ***ces*** *chaud****es*** *journées de juin.*

OBJECTIF
Approfondir les connaissances sur les accords à l'intérieur du groupe nominal.

Je m'exerce

1 ★ **Encadre le mot avec lequel s'accordent les adjectifs en gras.**

Verte m'a ouvert la porte de l'appartement. Elle était **vêtue** et **coiffée.** Son visage lisse évoquait la fraîcheur **ravissante** du printemps. Ursule, elle, évoquait plutôt les rigueurs de l'hiver. Hirsute, **enroulée** dans sa vieille robe de chambre, les traits **tirés** par la fatigue, elle semblait de fort **méchante** humeur.

Verte, Marie Desplechin.

2 ★ **Écris les expressions soulignées au pluriel.**

a. Quasimodo éprouve un fol amour pour Esméralda.

....

b. Cette église a un petit orgue.

....

c. Le cyclope poussa un grand cri de douleur.

....

d. Les chevaliers combattaient avec une épée en fer.

....

e. Ce coffret en or appartient à ma grand-mère.

....

3 ★★ **Écris ces groupes nominaux au pluriel.**

a. Un bocal rempli de bonbons

....

b. Une grande étendue vaseuse et herbue

....

c. Un journal quotidien

....

d. Une grosse baleine bleue

....

e. Un chou rouge et frisé

....

4 ★★ **Accorde les mots entre parenthèses.**

Juste en face de lui il vit, au pâle clair de lune, un vieillard d'aspect terrible. Il avait des yeux (rouge) pareils à des (charbon incandescent) ; une (long) chevelure (gris) lui tombait sur les épaules en tresses (emmêlé) ; ses vêtements, d'une coupe ancienne, étaient (sale et élimé). De (lourd) menottes et des (fer) rouillés lui pendaient aux (poignet) et aux (cheville).

Le Fantôme de Canterville et autres contes, Oscar Wilde.

5 ★★ **Accorde les adjectifs entre parenthèses et souligne le nom auquel ils se rapportent.**

Le diable habitait une (humble) chaumière sur la côte ; mais il possédait les prairies (baigné) d'eau (salé), les (beau) terres (gras), où poussent les récoltes (lourd), les (riche) vallées, et les coteaux (fécond) de tout le pays.

Contes normands, Guy de Maupassant.

6 ★★ **Souligne les compléments de nom et orthographie-les comme il convient.**

a. Les jours de pluie, les paysans se hâtent de ramasser les bottes de paille de peur qu'elles ne s'abîment.

b. Les jours de grand froid, cet homme se promène avec une superposition de bonnet sur le crâne.

c. Tu devrais aider ton frère à porter sa part de bagage.

d. Ton chat te donne des témoignages de tendresse en ronronnant.

e. Son manque d'attention lui a encore joué des tours : il vient d'embrasser les branches du sapin.

f. Marie a pris un panier à provision pour transporter son chaton.

Français

12 Les homophones grammaticaux

Je retiens l'essentiel

- **Je ne confonds pas**

A / as = verbe *avoir* ***À*** = préposition.	*Il* ***a*** *un beau bateau. Tu* ***as*** *un beau bateau.* *Il va* ***à*** *la chasse au tigre.*
Ont = verbe *avoir* ***On*** = pronom personnel	*Les poules n'****ont*** *pas de dents.* ***On*** *a toujours besoin d'un plus petit que soi.*
Sont = verbe *être* ***Son*** = déterminant possessif	*Les mouettes* ***sont*** *des oiseaux marins.* ***Son*** *lapin a tout grignoté.*
Es / est = verbe *être* ***Et*** = conjonction de coordination	*Tu* ***es*** *en retard. Il* ***est*** *en retard.* *Les élèves* ***et*** *les professeurs partent au ski.*
Ces = déterminant démonstratif ***Ses*** = déterminant possessif	***Ces*** *princesses sont délicates.* *Elle garde* ***ses*** *bijoux dans un coffret de jade.*
Ce = pronom démonstratif ou déterminant démonstratif ***Se*** = pronom réfléchi	***Ce*** *n'est pas évident de garder ce chat à la maison.* *Il* ***se*** *regarde dans la glace et se trouve très beau.*
C'est = *cela est* pronom démonstratif et verbe *être.* ***S'est*** = *se* réfléchi et verbe *être.*	***C'est*** *une belle histoire.* *Il* ***s'est*** *trompé de chemin.*
Si = *très, tellement* ***S'y*** = *se y*	*Ulysse fut* ***si*** *rusé qu'il put entrer dans Troie.* *Énée fut convoqué aux Enfers, il* ***s'y*** *rendit courageusement.*
Quand = *lorsque* ***Quant*** = *en ce qui concerne* ***Qu'en*** = *que en*	***Quand*** *il fait nuit, le hibou hulule.* ***Quant*** *à moi, je préfère les vacances au soleil.* *Ce livre est passionnant,* ***qu'en*** *penses-tu ?*
Ou = *ou bien*, conjonction de coordination ***Où*** = pronom relatif	*Veux-tu du chocolat* ***ou*** *du café ?* ***Où*** *as-tu rangé les documents ?*
Leur = pronom personnel ***Leur, leurs*** = déterminant possessif	*Je* ***leur*** *offre des chocolats.* *Il ont mis* ***leurs*** *chaussettes et* ***leur*** *écharpe.*
Sans = préposition ***S'en*** = *se en*	*Une amitié* ***sans*** *nuages.* *Il* ***s'en*** *va à la chasse.*

OBJECTIF

Orthographier les homophones grammaticaux.

Je m'exerce

1 Complète ces phrases avec *a, as, on, ont, à*.
★ Il .... froid. Il mange une tarte .... la rhubarbe. Les souris .... peur des chats. Cette maman .... beaucoup .... faire avec ses six enfants. C'est toi qui .... obtenu le meilleur score. .... encouragé les élèves qui .... participé au match professeurs / élèves.

2 Complète ces phrases avec *ce, se, ceux*.
★ **a.** Les concurrents .... sont battus jusqu'au bout.

b. .... qui ont aimé les récits de la mythologie retrouveront les personnages dans ces tableaux.

c. Ils .... sont réfugiés sous .... porche comme tous .... qui étaient sortis sans parapluie ; or, dans .... pays tropical les averses trempent jusqu'aux os .... qui ne .... sont pas abrités dès la première goutte.

3 Complète ces phrases avec *sans, s'en, quand, qu'en, quant*.
★ **a.** Si nous allions à l'Opéra ? .... dis-tu ?

b. Tu es très fière de tes résultats, ... à lui, il ne .... soucie guère.

c. Il .... va .... dire un mot.

d. .... pourrons-nous sortir .... nos blousons ?

4 Barre les mots qui ne conviennent pas.
★ Cette nuit, je ne peux pas dormir. Le mistral (est / et / es) en colère (est / et / es) les éclats de sa voix me tiennent éveillé jusqu'au matin. Balançant lourdement (ses / ces) ailes mutilées qui sifflent (as / à / a) la brise comme les agrès d'un navire, tout le moulin craque. Des tuiles (s / c) envolent de la toiture en déroute. Au loin, les pins serrés dont la colline (est / et / est) couverte s'agitent (et / es / est) bruissent dans l'ombre.

D'après *Les Lettres de mon moulin*,
Alphonse Daudet.

5 Indique la classe grammaticale des mots soulignés.
★★ Ces animaux sont des ruminants. Il aime beaucoup ses frères et sœurs. Ils cherchent leur chat. Ces hommes célèbres ont donné leur nom aux rues de notre ville. Où se trouve la plus belle collection de papillons et de hannetons ?

6 Retrouve les mots qui manquent.
★★ Cette princesse paraissait belle mais .... cheveux étaient verts, et .... yeux , tout comme .... bijoux, brillaient d'un éclat moisi, mélancolique ; les pans de sa robe s'effilochaient, de même que .... pieds que l'.......... apercevait lorsqu'elle la soulevait pour ne pas la salir dans les flaques.

Le Bal autour du diamant magique, Virgil Tanase.

7 Réécris ces phrases au pluriel.
★★ **a.** Cette information est à prendre avec réserve.

b. Il a oublié son vêtement.

c. Pour son anniversaire, son ami lui a offert un jeu d'ordinateur.

d. Cette fleur s'est fanée. Il ne lui a pas laissé assez d'eau.

e. J'ai un frère qui est au CP.

f. Il est le premier qui a obtenu le bac dans son village.

Français

13

L'imparfait et le passé simple

Je retiens l'essentiel

- **Conjugaison de l'imparfait**

Pour tous les verbes, les terminaisons de l'imparfait sont : ***-ais, -ais, -ait, -ions, -iez, -aient.***
Pour les verbes du 1er groupe, en ***-cer***, il ne faut pas oublier la **cédille** : *Je lançais.*
Pour les verbes du 1er groupe, en ***-ger***, il ne faut pas oublier le ***e*** **muet** : *Je rangeais.*
Pour les verbes du 1er groupe, en ***-ier, -yer***, il ne faut pas oublier de **redoubler le *i*** à la première et à la deuxième personne du pluriel : *Nous nettoyions ,vous criiez.*

lancer	nettoyer
je lançais	je nettoyais
tu lançais	tu nettoyais
il / elle / on lançait	il / elle / on nettoyait
nous lancions	nous nettoyions
vous lanciez	vous nettoyiez
ils / elles lançaient	ils / elles nettoyaient

- **Conjuguaison du passé simple**

Les terminaisons des verbes du 1er groupe sont : ***-ai, -as, -a, -âmes, -âtes, -érent.***

être	avoir	chanter	aller
je fus	j'eus	je chantai	j'allai
tu fus	tu eus	tu chantas	tu allas
il / elle / on fut	il / elle / on eut	il / elle / on chanta	il / elle / on alla
nous fûmes	nous eûmes	nous chantâmes	nous allâmes
vous fûtes	vous eûtes	vous chantâtes	vous allâtes
ils / elles furent	ils / elles eurent	ils / elles chantèrent	ils / elles allèrent

Au passé simple, le verbe *aller* se conjugue comme un verbe du 1er groupe.
Pour les verbes du 2e groupe, les terminaisons sont : ***-is, -is, -it, -îmes, -îtes, -irent.***
Pour les verbes du 3e groupe, les terminaisons varient. Elles peuvent être formées à partir de *-i*, *-u*, *-in*. Il faut les apprendre par cœur. Voici quelques exemples.
Verbes *dire*, *faire*, *prendre*, *voir* : ***-is, -is, -it, -îmes, -îtes, -irent.***
Verbes *connaître*, *croire*, *devoir*, *pouvoir*, *vouloir* : ***-us, -us, -ut, -ûmes, -ûtes, urent.***
Verbes *tenir*, *venir* : ***-ins, -ins, -int, -înmes, -întes, -inrent.***

finir	faire	pouvoir	venir
je finis	je fis	je pus	je vins
tu finis	tu fis	tu pus	tu vins
il / elle / on finit	il / elle / on fit	il / elle / on put	il / elle / on vint
nous finîmes	nous fîmes	nous pûmes	nous vînmes
vous finîtes	vous fîtes	vous pûtes	vous vîntes
ils / elles finirent	ils / elles firent	ils / elles purent	ils / elles vinrent

Je comprends comment faire

➤ pour ne pas confondre la première personne de l'imparfait et du passé simple

- Je dis : *Chaque année, je changeais de voiture.* (imparfait)
Le mois dernier, je changeai de voiture. (passé simple)
- **Pour ne pas confondre les terminaisons, *-ais* et *-ai*** des verbes du premier groupe, je conjugue la phrase à une **autre personne** :
Chaque année, tu changeais de voiture. (imparfait)
Le mois dernier, tu changeas de voiture. (passé simple)

OBJECTIF
Réviser les conjugaisons des temps du récit.

Je m'exerce

1 Écris les verbes suivants à la 1re personne du pluriel de l'imparfait.
★
Faire – voir – appuyer – commencer – crier – jouer – associer – bégayer – bénéficier – courir.

2 Écris les verbes suivants à la 1re personne du singulier de l'imparfait.
★
Nager – commencer – créer – déloger – dénoncer.

3 Relie chaque pronom à sa forme verbale.
★

Je •	• vînmes
Nous •	• changeai
Vous •	• tinrent
Ils •	• vîtes
Tu •	• pus

4 Réécris ces formes verbales au passé simple.
★
a. Nous devions → ....
b. Il pouvait → ....
c. Vous disiez → ....
d. Ils faisaient → ....
e. Tu croyais → ....

5 Écris les verbes entre les parenthèses au passé simple ou à l'imparfait comme il convient.
★
Sur la place du village, ce (être) une sortie en masse de toutes les maisons en émoi, et devant l'attroupement grossissant les vieux Boitelle (prendre) la fuite et (regagner) leur logis, tandis qu'Antoine soulevé de colère, sa bonne amie au bras, (s'avancer) avec majesté sous les yeux élargis par l'ébahissement. Il (comprendre) que c'(être) fini, qu'il n'y (avoir) plus d'espoir, qu'il n'épouserait pas sa négresse ; elle aussi le (comprendre) ; et ils se (mettre) à pleurer tous les deux en approchant de la ferme.

Boitelle, Guy de Maupassant.

6 Accorde les verbes entre parenthèses à l'imparfait.
★
Le malheureux, saisi par le tentacule, (se balancer) dans l'air au caprice de cette énorme trompe. Il (râler, étouffer, crier) : « À moi ! À moi ! » Ces mots prononcés en français me causèrent une profonde stupeur ! J'(avoir) donc un compatriote à bord ! L'infortuné (être) perdu. Qui (pouvoir) l'arracher à cette puissante étreinte ? Cependant le capitaine Nemo (se précipiter) sur le poulpe, tandis que son second (lutter) avec d'autres monstres qui (ramper) sur les flancs du *Nautilus*.

D'après *Vingt mille lieues sous les mers*, Jules Verne.

7 Réécris ce texte au passé simple.
★★
Une armée qui se débande, c'est un dégel. Tout fléchit, se fêle, se hâte, se précipite. Désagrégation. Ney emprunte un cheval, saute dessus, et, sans chapeau, sans cravate, sans épée, se met en travers de la chaussée de Bruxelles, arrêtant à la fois les Anglais et les Français. Il tâche de retenir l'armée, il la rappelle, il l'insulte, il se cramponne à la déroute. Il est débordé.

Les Misérables, Victor Hugo.

Français

14

L'emploi des temps du récit

Je retiens l'essentiel

• Lorsqu'un narrateur raconte des **événements passés**, les temps les plus utilisés sont : **l'imparfait, le passé simple** et **le plus-que-parfait**.

– Le **passé simple** est employé pour exprimer les **actions principales** d'un récit dont la **durée est déterminée.**

– L'**imparfait** s'applique pour présenter des **actions secondaires**, en arrière-plan, dont la **durée est indéterminée.**
*Les proches de Darius **se lamentaient** car ils **croyaient** que leur roi **était** mort. Quand Alexandre **vint** les trouver, ils **se jetèrent** à ses pieds.*
L'imparfait sert aussi dans les descriptions, les portraits ou pour marquer la répétition.
*Ulysse **était** courageux et rusé.*

– Le **plus-que-parfait** s'utilise pour marquer l'**antériorité** par rapport à des actions passées.
*Alexandre était fier car il **avait vaincu** Darius, roi de Perse que personne avant lui **n'avait pu** vaincre.*

• Dans un **récit au passé**, on trouve des verbes au **présent**.

– Ce présent peut exprimer **des généralités**, **un fait toujours véridique** comme on en rencontre dans les proverbes.
*Les Anglais occupèrent le campement des Français, **c'est la constatation habituelle de la victoire : coucher dans le lit du vaincu**.* Victor Hugo.

– Le présent dans un récit au passé peut aussi être un **présent de narration** qui insiste sur le **caractère dramatique ou intense d'une action.**
*Il tomba à quatre pattes, le sol se sauvant sous ses genoux. Épouvanté, il chercha la fenêtre des yeux. **La façade se contracte, ondule, se plisse autour de l'ouverture**.* Andrée Chedid.

Je comprends comment faire

➤ pour rédiger un récit

• **À l'écrit, j'utilise le passé simple** et non le passé composé.

• Quand je **commence une histoire,** je mets en place le décor et je présente les personnages, **j'utilise de préférence l'imparfait**.
*Il **était** une fois une princesse qui **habitait** au fond d'une contrée sauvage. Elle **était** grande, fine et intelligente.*

• Lorsque je **décris les actions** qui permettent au récit de progresser, j'utilise le **passé simple** que j'associe souvent à des **connecteurs de temps** (*soudain*, *alors*, *un jour*...).
***Un jour**, elle **eut** envie de partir en voyage.*

• Je fais bien attention à la concordance des temps. **J'utilise le plus-que-parfait**, c'est-à-dire l'auxiliaire *être* ou *avoir* conjugué à l'imparfait et suivi du participe passé, **pour marquer l'antériorité**.
*En effet, elle n'**avait** jamais **quitté** son château.*

OBJECTIF
Savoir employer les temps du récit.

Je m'exerce

1 Indique le temps des verbes soulignés.
*
À travers la fumée, il ne voyait pas bien la bouche de la grand-mère, mais il réussit à vider le quart de la cruche dans le gosier de Grandma. L'estomac de la vieille femme grésilla comme lorsqu'on fait couler de l'eau froide dans une poêle brûlante. La sorcière hennit et piaffa comme un cheval. Elle haleta, gloussa et cracha des trombes d'eau. Puis la fumée disparut.

La Potion magique de Georges Bouillon, R. Dahl.

2 Indique le temps des verbes et justifie leur emploi.
**
Deux jours et deux nuits, Ulysse erra par les flots sombres ; il vit souvent la mort en son cœur. Mais quand l'aube aux cheveux bouclés amena le troisième jour, le vent retomba. Ulysse aperçut alors la terre toute proche. Il entendit la mer gronder contre les rochers. Les vagues se brisaient, effrayantes sur la côte. Il n'y avait ni port, ni abri pour les navires ; rien que des écueils et des récifs.

Odyssée, Homère.

3 Souligne les verbes au présent et justifie l'emploi de ce temps.
**
Il pleuvait à verse à Paris. Les caniveaux débordaient et le zouave du pont de l'Alma faisait allègrement trempette, jusqu'à la ceinture. Pour nous autres, les clochards, la pluie c'est la pire des calamités. Quand vous passez la journée dehors, même si vous dégotez un abri de temps en temps, vous vous retrouvez mouillé comme une vieille chaussette oubliée dans la machine à laver. Je poussais mon landau qui contient mes couvertures, mon Butagaz, bref tous mes trésors, et chaque fois que je croyais avoir un peu de répit, je me faisais chasser.

D'après *Lapoigne et la fiole mystérieuse*, Thierry Jonquet.

4 Complète ce texte en conjuguant le verbe entre parenthèses au temps qui convient.
**
Il y avait une fois un prince qui (vouloir) épouser une princesse, mais une princesse véritable. Il (faire) donc le tour du monde pour en trouver une, et, à la vérité, les princesses ne manquaient pas ; mais il ne (pouvoir) jamais s'assurer si c'étaient de véritables princesses ; toujours quelque chose en elles lui (paraître) suspect. En conséquence, il (revenir) bien affligé de ne pas avoir trouvé ce qu'il (désirer).

« La Princesse au petit pois », *Contes*, Hans Christian Andersen.

5 Indique le temps des verbes et justifie leur emploi.
**
Alors Jody restait là à observer le poney et il voyait des choses qu'il n'avait jamais remarquées sur aucun cheval, les muscles des flancs lisses et mobiles, les saillies des fesses qui se contractaient comme un poing qui se ferme, l'éclat que le soleil mettait sur la robe rouge. Ayant vu des chevaux toute sa vie, Jody ne les avait jamais observés très attentivement jusque-là.

Le Poney rouge, John Steinbeck.

6 Continue le texte précédent en rédigeant cinq lignes environ. Utilise au moins trois verbes à l'imparfait, un verbe au plus-que-parfait et un verbe au passé simple.
***

Français

15 Le subjonctif présent

Je retiens l'essentiel

• **Conjuguaison du subjonctif**
Il faut apprendre par cœur le subjonctif présent des **auxiliaires**.
Pour tous les autres verbes, les terminaisons du subjonctif présent sont toujours : ***-e, -es, -e, -ions, -iez, -ent.***
– Le radical des verbes du premier groupe est le même au subjonctif présent qu'à l'indicatif présent :
*Je mange des cerises → Pourvu que je **mange** des cerises.*
– Le radical des verbes du deuxième groupe se termine par ***-iss*** :
*Pourvu que je **finisse** mes devoirs avant d'aller à la piscine.*
– Le radical des verbes du troisième groupe peut varier entre les personnes du singulier et celles du pluriel, mais ce n'est pas systématique :
*Il faut que je **dise** la vérité → Il faut que nous **disions** la vérité.*
*Il faut que je **veuille** réussir → Il faut que nous **voulions** réussir.*

être	avoir	chanter	finir
que je sois	que j'aie	que je chante	que je finisse
que tu sois	que tu aies	que tu chantes	que tu finisses
qu'il / elle / on soit	qu'il / elle / on ait	qu'il / elle / on chante	qu'il / elle / on finisse
que nous soyons	que nous ayons	que nous chantions	que nous finissions
que vous soyez	que vous ayez	que vous chantiez	que vous finissiez
qu'ils / elles soient	qu'ils / elles aient	qu'ils / elles chantent	qu'ils / elles finissent

• **Les emplois du subjonctif**
Dans une **indépendante** ou une **principale**, on emploie le subjonctif **pour exprimer un souhait, un ordre, une prière.** ***Vivent** les vacances !*
Dans une **subordonnée complétive**, on emploie le subjonctif après les tournures impersonnelles comme *il faut que, supposons que* et après les verbes qui expriment :
– un **souhait** : *Nous souhaitons que vous **veniez** nous voir bientôt.*
– un **sentiment** : *Je suis contente que vous m'**ayez** écrit.*
– une **volonté** : *Ils veulent que vous **relisiez** soigneusement votre dictée.*
– un **regret** : *Je regrette qu'il **soit** parti si loin.*
– une **obligation** : *Il faut que vous **soyez** plus attentifs.*
– une **supposition** : *Imagine que tu **sois** un prince charmant.*
• **Attention** aux verbes dont le radical se termine par la lettre ***i*** ou ***y*** : *que nous épiions, que vous épiiez, que nous appuyions, que vous appuyiez.*

Je comprends comment faire

➤ pour ne pas confondre le présent de l'indicatif et le présent du subjonctif

• Quand j'entends les deux phrases : *Je **cours** très vite pour remporter la victoire. Il faut que je **coure** très vite pour remporter la victoire*, je ne distingue pas ***cours*** et ***coure***.
• À l'écrit, le présent de l'indicatif du verbe *courir*, verbe du 3e groupe, se termine par un ***-s***, le subjonctif par un ***-e***. Je reconnais le subjonctif parce qu'il est précédé de la formule d'obligation ***il faut que***.
• Si j'ai un doute, je reformule la phrase avec le verbe *être* qui a des formes au subjonctif très reconnaissables sur le radical ***soi***. Je ne dis pas *il faut qu'il est* mais *il faut qu'il soit*. Donc après *il faut que*, j'utilise le subjonctif.

OBJECTIF
Savoir conjuguer et utiliser le subjonctif présent des auxiliaires et de tous les verbes.

Je m'exerce

1 Souligne les verbes au subjonctif.
★ « Il faut que je te quitte et que je parte revoir mon père malade », dit le prince à sa bien-aimée. Il part. Il se hâte car il craint que son père soit déjà mort quand il arrivera. Il le trouve très affaibli.
« Il fallait que je te voie avant de mourir, mon cher fils, afin que tu me promettes de t'occuper de ta plus jeune sœur avant de te marier à ton tour », lui dit le vieux roi.

2 Conjugue les verbes entre parenthèses.
★★
a. Il faut que tu (aller) plus vite.
b. Il faut que vous (faire) attention au passage piétons.
c. Il faut que nous (prendre) une douche.
d. Il faut qu'ils (venir) chez monsieur le principal.
e. Il faut que vous (apporter) un mot d'excuses.

3 Écris à la première personne du subjonctif présent les verbes suivants.
★★ *Crier – payer – nettoyer – oublier – voir.*
que je crie, que je paye, que je nettoie, que j'oublie, que je voie

4 Barre l'intrus.
★★
a. Je chante – j'aime – ~~je marche~~ – ~~je croie.~~
b. Tu vois – tu bois – ~~tu sois~~ – tu dois.
c. ~~Il coure~~ – il coud – il court – il finit.
d. Ils ont – ils vont – ~~ils veuillent~~ – ils sont.

5 Indique si la subordonnée est à l'indicatif ou au subjonctif.
★★
a. Je sais que tu travailles très bien.
b. Je souhaite que tu travailles très bien.
c. Je veux que tu manges de tout.
d. Je vois que tu manges de tout.

6 Réécris ces verbes qui sont à l'indicatif au subjonctif.
★★
a. Je vois → que je voie
b. Tu rougis → que tu rougisses
c. Ils croient → qu'ils croient
d. Vous venez → que vous veniez
e. Nous sommes → que nous soyons

7 Réécris ces phrases en commençant par *supposons que.*
★★★
a. Tu suis la recette de ce gâteau.
b. Il va se coucher.
c. Nous lisons un chapitre de l'*Odyssée* chaque soir.
d. Vous courez le plus vite possible.
e. Ils font de leur mieux.

8 Écris au moins quatre commandements du bon délégué en commençant chaque phrase par *il faut que*.
★★★ *ex : Il faut que le délégué soit le représentant de tous les élèves de la classe.*

Je retiens l'essentiel

• **Pour former le conditionnel présent, on prend le radical du verbe au futur de l'indicatif auquel on ajoute les terminaisons de l'imparfait.**

être	avoir	finir	venir
je serais	j'aurais	je finirais	je viendrais
tu serais	tu aurais	tu finirais	tu viendrais
il / elle / on serait	il / elle / on aurait	il / elle / on finirait	il elle / on viendrait
nous serions	nous aurions	nous finirions	nous viendrions
vous seriez	vous auriez	vous finiriez	vous viendriez
ils / elles seraient	ils / elles auraient	ils / elles finiraient	ils / elles viendraient

• **Pour former le conditionnel passé, on prend l'auxiliaire *être* ou *avoir* au conditionnel présent et on ajoute le participe passé.**

j'aurais été	j'aurais eu	j'aurais fini	je serais venu
tu aurais été	tu aurais eu	tu aurais fini	tu serais venu

• **Le conditionnel marque une action qui ne se réalisera que si une condition est déjà remplie.** Cette condition est introduite par ***si*** et exprimée par un verbe conjugué à l'imparfait de l'indicatif ou au plus-que-parfait.
On applique la concordance des temps selon la règle suivante :
– *si* + imparfait = conditionnel présent.
Si *les contes n'****existaient*** *pas, les enfants* ***grandiraient*** *moins bien.*
– *si* + plus-que-parfait = conditionnel passé.
Si *Ulysse* ***n'avait pas tendu*** *son arc, Pénélope ne* ***l'aurait pas reconnu****.*

• **Le conditionnel exprime :**
– un **souhait** ou un **regret** :
J'aurais aimé *être un grand chanteur.*
– une **incertitude** :
On ***aurait vu*** *une soucoupe volante dans le champ voisin.*
– une **demande avec formule de politesse** :
Pourriez-vous *me prêter votre parapluie, s'il vous plaît ?*

• **Le conditionnel présent exprime le futur dans un contexte au passé.**
Je pense que nous irons voir ce film.
Je pensais que nous ***irions*** *voir ce film.*

Je comprends comment faire

➤ pour utiliser les modes

• Quand j'affirme la **réalité d'un fait, j'utilise l'indicatif.**
*Il m'****a*** *écrit une longue lettre.*
• Quand j'ai un **doute** ou quand j'exprime un **souhait, j'utilise le subjonctif.**
*Pourvu qu'il m'****ait*** *écrit une longue lettre.*
• Quand **je donne un ordre, j'utilise l'impératif.**
Écris*-moi une longue lettre.*
• Quand **j'atténue un ordre,** j'utilise le **conditionnel.**
Pourrais*-tu m'écrire une longue lettre ?*
• Quand je fais une **supposition**, j'utilise le **conditionnel.**
*M'****aurais****-tu écrit une longue lettre ?*

OBJECTIF
Conjuguer et utiliser le conditionnel présent et passé.

Je m'exerce

1 ** **Souligne les verbes au conditionnel et encadre les verbes à l'imparfait qui marquent une condition.**

Mais les épines entrelacées ne permettaient pas à Renart de franchir la palissade. Il entrevoyait les gelines (poules) mais ne savait comment les joindre. S'il quittait l'endroit où il était tapi, et si même il osait tenter de bondir par-dessus la barrière, il serait vu sans aucun doute, et pendant que les gelines se jetteraient dans les épines, on lui donnerait la chasse, on le happerait, il n'aurait pas le temps d'ôter une plume au moindre poussin.

Le Roman de Renart.

2 ** **Remplace les verbes à l'infinitif par leur forme conjuguée.**

a. Si un prince ne l'avait pas réveillée, Blanche-Neige (dormir) encore.
b. Si tu (être) magicien, que (faire)-tu ?
c. Si tu (travailler) davantage ce contrôle, tu aurais eu une meilleure note.
d. Si nous (gagner) ce tournoi, nous serions allés en finale.

3 ** **Écris ces formes verbales à la même personne au conditionnel présent et au conditionnel passé.**

a. Je criais → ....
b. Tu viendras → ....
c. Elle dit → ....
d. Nous faisions → ....
e. Je commence → ....
f. Vous pouvez → ....
g. Ils boivent → ....
h. Elles mangèrent → ....
i. Il court → ....

4 ** **Réécris ces phrases au passé.**

a. Je sais que tu finiras par acheter une moto.
b. Les oiseaux se taisent car ils savent que la tempête éclatera bientôt.
c. Il dit qu'hier il n'a pas eu le temps de ranger sa chambre, mais qu'il le fera demain.
d. Les Anciens pensent que le dieu des Enfers pèsera leur âme quand ils arriveront devant lui.

5 *** **Justifie l'emploi du conditionnel dans les phrases suivantes.**

a. « Ça devrait marcher entre nous, pensait le chien, on a les mêmes habitudes. »

Cabot caboche, Daniel Pennac.

b. « J'ai vu certaines choses qui feraient dresser les cheveux sur la tête de n'importe quel chrétien. »

Le Fantôme de Canterbury, Oscar Wilde.

c. « Si c'était un arbre, ce serait un palmier à cause des poils fauves qui en couvrent le tronc. Si c'était un oiseau ce serait le corbeau du Pacifique à cause de son cri rauque et aboyant. Si c'était une partie de mon corps ce serait ma main gauche à cause de la fidélité avec laquelle elle aide ma main droite. Qu'est-ce ? »

Vendredi ou la vie sauvage, Michel Tournier.

6 *** **Écris un portrait sous forme d'une devinette. Commence chaque phrase de ton texte par *Si c'était*. Rédige au moins trois phrases.**

....
....
....
....
....
....
....

17 La concordance des temps

Je retiens l'essentiel

• Dans un **discours au présent**, on utilise le **présent** pour une action qui se passe au moment où l'on parle, le **passé composé** pour une action qui est terminée au moment où l'on parle, le **futur** pour une action qui se passera après le moment où l'on parle.
Aujourd'hui, j'ai douze ans.
J'ai eu douze ans, hier.
Viendras-tu en vacances avec moi, l'été prochain ?

• Dans un **contexte au futur**, on utilise le **futur antérieur** pour une **action passée**.
Quand il aura compris la leçon, il fera les exercices.

• Dans **un discours au passé**, on utilise **l'alternance imparfait / passé simple.**
L'imparfait est employé pour décrire des événements en train de se dérouler.
Le passé simple est utilisé pour décrire les événements essentiels et d'une durée déterminée.

• Pour exprimer une **action qui se passe avant une action à l'imparfait**, on utilise le **plus-que-parfait.**
Il jouait de l'accordéon quand il avait fini ses devoirs.

• Pour exprimer une **action qui se passe avant une action au passé simple**, on utilise le **passé antérieur.**
Dès qu'Astérix eut bu la potion magique, il put échapper aux Romains.

• Pour exprimer une **action future dans un contexte au passé**, on utilise le **conditionnel**.
Il pensait qu'il serait bientôt en vacances.

• Le passé composé, le plus-que-parfait, le futur antérieur et le passé antérieur sont des **temps composés de l'indicatif**. Ils sont formés de l'auxiliaire *être* ou *avoir* et du participe passé :
– auxiliaire *être* ou *avoir* au présent + participe passé = passé composé.
Il est parti et il a emporté mes clés dans sa poche.
– auxiliaire *être* ou *avoir* à l'imparfait + participe passé = plus-que-parfait.
Il était parti et il avait emporté mes clés dans sa poche.
– auxiliaire *être* ou *avoir* au futur + participe passé = futur antérieur.
Il sera parti et il aura emporté mes clés dans sa poche.
– auxiliaire *être* ou *avoir* au passé simple + participe passé = passé antérieur.

j'eus aimé	je fus allé
tu eus aimé	tu fus allé
il / elle / on eut aimé	il / on fut allé / elle fut allée
nous eûmes aimé	nous fûmes allés
vous eûtes aimé	vous fûtes allés
ils / elles eurent aimé	ils furent allés / elles furent allées

Je comprends comment faire

OBJECTIF
Appliquer la concordance des temps.

➤ pour utiliser les temps composés

• Je retiens que les **temps composés indiquent souvent qu'une action a lieu avant l'action exprimée par le temps simple correspondant.**
Quand il avait ramassé beaucoup de coquillages, il les vendait dans les restaurants.

Je m'exerce

1 Indique le temps des verbes soulignés.
★
Alexandre comprit qu'il avait commis une lourde erreur en négligeant de se faire protéger par les éclaireurs. La longue suite de ses succès l'avait aveuglé, en lui donnant trop confiance dans sa fortune. Et maintenant son armée risquait d'être détruite dans ce défilé ! Il ne restait qu'une solution : revenir en arrière. C'est ce qu'il fit avec des larmes de dépit. Il ordonna à ses hommes de se couvrir, comme ils le pouvaient, avec leurs boucliers.

Contes et récits du temps d'Alexandre, P. Grimal.

2 Conjugue les verbes entre parenthèses au futur ou au futur antérieur.
★★
a. Quand il (jeter) l'ancre, le bateau (s'immobiliser).
b. Quand il (attraper) sa proie, l'aigle (cesser) de planer au-dessus de nous.
c. J'(acheter) ces chaussures quand je les (essayer).
d. Quand nous (dépasser) le phare, nous (être) en pleine mer.

3 Conjugue les verbes entre parenthèses au passé simple et au passé antérieur.
★★
a. Quand le soleil (se lever), ils reprirent leur randonnée.
b. Quand j'eus fini mon livre, je le (ranger) dans bibliothèque.
c. Quand il (faire) un tour de piste pour s'échauffer, il se (mettre) sur la ligne de départ.
d. Quand il eut parcouru la Méditerranée, Ulysse (revenir) à Ithaque.

4 Conjugue au temps qui convient les verbes entre parenthèses.
★★★
Il y avait jadis, un village, où (vivre) une femme dont tout le monde avait peur. Elle possédait à elle seule plus de la moitié des terres du village. Elle y (faire) travailler des journaliers qu'elle (payer) fort mal et qu'elle (renvoyer) sans scrupules dès qu'ils tombaient malades. Elle ne se souciait pas de savoir s'ils (retrouver) un emploi, s'ils (parvenir) à nourrir leurs enfants et à leur donner un toit.

D'après *Légendes des lacs et rivières*, Bernard Clavel.

5 Relève les verbes conjugués à un temps composé. Indique quels sont ces temps.
★★★
Ébloui par la majesté de l'ours, je me suis avancé sans faire trop attention où je posais le pied. Le grizzli a mis une seconde pour me découvrir. Lorsqu'il a tourné la tête, je courais déjà comme un fou. Je suis sorti du bosquet, j'ai descendu la pente en direction de la jeep. J'ai couru comme je n'avais jamais couru auparavant. En bas de la pente, l'ours était dans mon dos.

Le Pisteur, Tom Brown.

6 Complète le tableau suivant.
★★★

Infinitif	Passé composé	Plus-que-parfait	Futur antérieur	Passé antérieur
aller	Je suis allé	…………	…………	…………
…………	…………	Tu avais pris	…………	…………
…………	…………	…………	…………	Il eut fait
…………	Nous avons dit	…………	…………	…………

7 Indique le temps de chaque verbe.
★★★
Papa m'avait affirmé que les sirènes n'existent pas. Pourtant, les peintres les ont représentées avec des queues de poisson et de longs cheveux.
Nous ne sommes pas venus ici pour faire les boutiques, mais pour visiter les monuments. J'aimerais pourtant savoir ce que les gens d'ici achètent. Quand nous aurons fini notre visite, nous jetterons un coup d'œil dans la galerie marchande.

Je retiens l'essentiel

• **Plusieurs mots différents peuvent avoir un sens proche : ce sont des synonymes.**
Même s'ils ont un sens voisin, deux mots ne se recouvrent jamais entièrement.

Parfois l'un des deux mots a un sens plus fort que l'autre. On parle de **connotation**. Certains mots sont plus neutres que d'autres. Certains mots ont une forte connotation.
Le mot ***rage*** est beaucoup plus fort que le mot ***colère.***

Des synonymes peuvent appartenir à des **niveaux de langage différents.**
Le mot ***meuf*** ne peut être utilisé que dans la cour du collège. Il appartient à la **langue familière.** On emploie le mot ***femme*** dans le **langage courant.**
Selon le contexte, on choisit parmi des synonymes, des termes plus techniques ou plus précis.
En géographie, on parlera de paysage ***rural,*** et non de paysage ***campagnard.***

• **Des mots peuvent être de sens opposé : ce sont des antonymes.**
Ils sont alors formés soit :
– sur des **radicaux différents** : ***un gendre / une bru.***
– sur le **même radical**, mais avec des **préfixes** de sens contraire : ***monter / démonter.***

• **Des mots peuvent être proches par la prononciation, mais ne pas avoir le même sens : ce sont des paronymes.**
L'***avènement*** désigne le moment où un personnage devient roi. L'***événement,*** c'est quelque chose qui arrive.

• **Attention à l'orthographe,** une modification sur une seule lettre change complètement le sens d'un mot.
Il a fait ses confidences, il a ***épanché*** *son cœur.*
Elle a mis du citron dans l'eau pour mieux ***étancher*** *sa soif.*
Épancher = répandre, se confier. *Étancher = arrêter, apaiser.*

• Les synonymes, les antonymes et les paronymes appartiennent à la même classe grammaticale.

Je comprends comment faire

➤ pour utiliser le mot qui convient

• Un mot prend **son sens** par rapport à **son contexte**. La majorité des mots ont plusieurs sens. Quand je cherche le synonyme d'un mot, je consulte un dictionnaire. Je dois faire attention à choisir le synonyme qui corresponde à son emploi dans le texte :
Un ***gros*** *dindon = un dindon* ***dodu.***
Il a conclu un ***gros*** *marché. = Il a conclu un marché* ***important.***
• Quand je ne comprends pas le sens d'un mot, je peux essayer de le saisir en employant son contraire :
Un animal ***sauvage*** *est un animal* ***qui n'est pas domestique.***
• Quand j'écris, j'utilise un antonyme, plutôt qu'une formule négative :
Il n'est pas très courageux. → Il est lâche.

OBJECTIF
Enrichir son lexique.

Je m'exerce

1 Forme des paires de synonymes.
★ *Obtenir – vouloir – pâle – serein – acquérir – tranquille – désirer – blême.*

2 Donne un synonyme en langue soutenue des mots suivants.
★
a. Un pote → ……
b. Une baraque → ……
c. Du boucan → ……
d. La téloche → ……

3 Forme des paires d'antonymes.
★ *Gracieux – laid – petit – immerger – beau – immigrer – grand – disgracieux – émigrer – émerger.*

4 Écris l'antonyme des mots suivants.
★ *Juste – logique – buvable – vraisemblable – possible – vieux – beau – gentil – lent – riche – souple.*

5 Remplace le mot souligné par le paronyme qui convient.
★★
a. Dans son expression écrite, il a fait <u>illusion</u> aux héros de l'Antiquité.
b. Sa plaie s'est <u>infestée</u>.
c. Face à un danger <u>éminent</u>, l'autruche met la tête dans le sable.
d. Les mouettes se reproduisent au bord de la <u>lacune</u>.
e. Le roi tient son <u>spectre</u> à la main

6 Réécris ce portrait en imaginant un personnage qui soit l'opposé de celui-ci.
★★
Pierre est nouvel élève. Il est petit, dodu, sportif. Ses cheveux roux, bouclés, lui descendent sur les épaules. Il rit toujours et n'écoute pas très attentivement les professeurs. Pierre n'est pas un très bon élève, mais il a toujours de drôles d'idées pour faire rire toute la classe.

7 Le même mot est utilisé dans deux phrases différentes. Propose, pour chaque phrase, un synonyme.
★★
a. Les étoiles brillent dans le ciel. Marc croit en sa bonne étoile.
b. Ma viande est tendre. Pierre dit des mots tendres à son amie Julie.
c. L'air est vif ce matin. Il siffle un air d'opéra connu.
d. Il est au chômage, son patron l'a remercié hier. Je te remercie pour ton cadeau.

8 Propose un synonyme pour les mots soulignés.
★★
Le premier mois de son <u>existence</u>, le petit loup gris avait passé <u>la majeure</u> partie de son temps à dormir. Maintenant qu'il pouvait voir, il restait <u>éveillé</u> plus souvent et commençait à <u>se familiariser</u> avec son univers. C'était un univers <u>obscur</u>, mais il ne le savait pas, puisqu'il n'en connaissait pas d'autre. Faute de pouvoir comparer, il <u>s'accommodait</u> fort bien de la faible lumière qui y régnait.

Croc-Blanc, Jack London.

19 La notion de champ lexical

Je retiens l'essentiel

• **Dans un texte, l'ensemble des mots qui se rapportent à la même idée, la même notion, forment un champ lexical.** Pour déterminer un champ lexical, seul compte le **sens des mots,** toutes les classes grammaticales étant mélangées.
*Nous avons vu à travers les écrans **des oiseaux**, des milliers **d'oiseaux** fous, **ailes** brunes, **ailes** noires, **ailes** blanches, qui **battaient** des **ailes** dans l'atmosphère striée de pluie. Des **oiseaux** libres, qui prenaient peut-être la mesure de leur nouvel univers. Moi, j'ai préféré penser qu'ils nous souhaitaient bon voyage.*

La dernière pluie, J. P. Andrevon.

→ Ce paragraphe est entièrement consacré aux **oiseaux**.

• **Dans un texte explicatif,** on emploie un **vocabulaire précis et technique** qui forme un champ lexical qu'il faut maîtriser pour bien lire et bien écrire.
*Une bande dessinée est composée de **vignettes**. Chaque page regroupe ces vignettes en **bandes**. L'ensemble des bandes forme pour chaque page, une **planche**.*
→ Les trois mots *vignette*, *planche*, *bande* forment **le champ lexical de la bande dessinée**.

• **Dans une description**, on utilise le **champ lexical de la forme ou de la couleur.**
*Nous marchons au versant des collines **courbes**. Le sol est composé de sable entièrement recouvert d'une seule couche de cailloux **brillants et noirs.** On dirait **des écailles de métal**, et tous les **dômes** qui nous entourent **brillent comme des armures**.*

Terre des hommes, Antoine de Saint-Exupéry.

→ **Champ lexical des formes :** *courbes*, *écailles*, *dômes.*
→ **Champ lexical des couleurs :** *brillants et noirs*, *brillent comme des armures.*

• **Dans un récit,** le **champ lexical du lieu et du temps** permettent de situer le cadre de l'action.
Chaque année, vers le mois de mai**, le vieux Nicolaïu quittait **le village de Conca**, où il vivait **dans une maisonnette**, pour gagner **la montagne** et y laisser paître ses troupeaux **jusqu'à la fin octobre.
Champ lexical du lieu : *le village de Conca, dans une maisonnette, la montagne.*
Champ lexical du temps : *Chaque année, vers le mois de mai, jusqu'à la fin octobre***.**

• **Dans un poème,** le champ lexical dominant donne souvent le **thème du poème.**
*Homme libre, toujours tu chériras **la mer** !*
***La mer** est ton miroir ; tu contemples ton âme*
*Dans **le déroulement infini de sa lame**,*
Et ton esprit n'est pas un gouffre moins amer.

Les Fleurs du mal, Charles Baudelaire.

Je comprends comment faire

➤ pour utiliser un champ lexical

• Quand j'étudie une nouvelle leçon en histoire, en géographie, en biologie, etc., j'apprends de nouveaux mots. Ils portent souvent sur la même notion. Je dois bien les comprendre pour mémoriser ma leçon.
*L'armé romaine était formée de **légions** commandées par un **consul**, divisées en **centuries** commandées par un **centurion**.*
→ Je mémorise le **champ lexical de l'armée romaine** : *légion, consul, centurie, centurion.*

OBJECTIF
Acquérir la notion de champ lexical.

Je m'exerce

1 ★ Souligne les mots qui appartiennent au champ lexical du lieu.

L'île d'Éole était un pays étrange. Une sorte de pic noir sur lequel, tout au sommet, se dressait une cité entourée de murailles si hautes qu'elles touchaient presque les nuages. Les bateaux accostèrent au bas des falaises, sur le sable, et les marins entreprirent de gravir la montagne.

Odyssée, adaptée par Henriette Bichonnier.

2 ★★ Relève le champ lexical de la couleur et celui de la forme.

On sentait qu'il y avait un peu de vent en bas, parce que les arbres frissonnaient comme la fourrure qu'un chat qu'on caresse à rebrousse-poil. Et, à l'ouest, s'étendaient des collines avec des champs, découpés en carrés, en triangles, des champs de blé, des champs de luzerne, vert clair des prés, plus foncés, des champs de tulipes de toutes les nuances imaginables, roses, bleues, jaunes, rouges.

La Maison qui s'envole, Claude Roy.

....

3 ★★ Quel est le champ lexical qui domine ? Souligne les mots qui justifient ta réponse.

La horde humaine progressait avec lenteur vers le sommet de la colline. Tout était gris dans ce pays glacial, dépourvu de neige : le ciel, les buissons épars, le sol inégal et rocheux, le squelette des arbres rares malmenés par la tempête. Un vent fou éparpillait des volées de brindilles et de feuilles mortes. Ses tourbillons déséquilibraient les marcheurs, faisaient trébucher les plus faibles.

Histoires de la Préhistoire, Jean-Luc Déjean.

....

4 ★★ Souligne les mots qui appartiennent au champ lexical de la liberté.

Quand Diane fut en âge de satisfaire ses goûts d'indépendance, elle alla trouver son père, lui fit part de ses intentions, le pria d'en favoriser l'essor. Jupiter l'écoute : « D'abord, dit-elle, ne me parlez pas mariage ; je n'en veux en aucun prix. J'entends garder mon libre arbitre et circuler à ma fantaisie, à travers les forêts et les plaines, gravir les monts escarpés, franchir les rivières profondes. »

Contes et légendes mythologiques, Émile Genest.

5 ★★ Quel est le champ lexical qui domine ? Souligne les mots qui justifient ta réponse, puis donne la définition des mots en gras.

Tante Martine m'apporta des gâteaux au miel. Elle m'**administra** du **séné**. L'**administration** de cette **médecine purgative**, bien loin de me **ragaillardir**, me plongea dans une **langueur** inexplicable. Chacun voulut l'expliquer à sa façon. Pour mon père, c'était le foie. Pour ma mère, la rate. Pour Tante Martine, le poumon : « Il respire mal, disait-elle. Écoutez-le bien. Pascalet n'est plus qu'un soupir. »

L'Enfant de la rivière, H. Bosco.

6 ★★ Complète ce début de liste qui évoque le champ lexical de la nourriture.

Gâteaux – chocolat – confiseries – charcuterie – ....

....

7 ★★★ Utilise les mots que tu as soulignés dans l'exercice 4 ou les mots *indépendance, liberté* et *autonomie* pour rédiger un texte court dans lequel tu expliques à tes parents ta conception d'une vie libre.

Français

20

Les familles de mots

Je retiens l'essentiel

• **La langue française possède des mots simples, des mots composés et des mots dérivés.**
Des **mots simples** : *nuit, jour, mois…*

Des **mots composés** : *chou-fleur , pomme de terre.* Le mot composé est formé d'au moins deux mots séparés par un trait d'union ou une préposition.

Une famille de mots regroupe tous les mots qui ont le même radical (racine). On les appelle des **mots dérivés**.
Neige, enneiger, enneigement sont des mots de la famille de ***neige***.

• **Un mot peut être formé de différents éléments :**

– le **radical**, auquel on peut ajouter un préfixe ou un suffixe ;
– le **préfixe** qui modifie le sens d'un mot et se place devant le radical : *trouver / retrouver.*

Certains préfixes ont toujours la même signification.
anti- = *contre* → *antibiotique.*
in- ou ***im-*** ou ***intra-*** = *dans* → *immigrer, intraveineuse.*
é- ou ***ex-*** = *hors de* → *émigrer, exporter.*
pré- = *devant* → *précéder.*
re- = *à nouveau* → *renaître.*

– le **suffixe** qui change souvent la nature du mot ou en modifie parfois le sens et se place après le radical : *ski, ski**able**.*

Le suffixe permet à partir d'un radical de créer des mots qui appartiennent à des classes grammaticales différentes.
À partir du radical *vie,* on forme l'adjectif *viv**able**,* le verbe *viv**re**.*

Le suffixe permet aussi à partir d'un radical de créer des mots qui appartiennent à la même classe grammaticale et qui ont un sens voisin mais une connotation différente.
Les suffixes en *-âtre, -asse, -aud,* ont une **connotation péjorative**.
*Vert / verd**âtre**, fade / fad**asse**, rouge / roug**eaud**.*
Un suffixe comme *-elle, -et, -ette* sert à former un **diminutif**.
*Fille / fill**ette**.*

Je comprends comment faire

➤ pour comprendre le sens d'un mot

• Quand je ne comprends pas le sens d'un mot, je peux essayer de le trouver en **décomposant** le mot.

1. J'observe par exemple l'expression : ***une piqûre intradermique***. Le mot *intradermique* est un mot savant.

2. Je peux le décomposer en **un préfixe** *intra-* **+ un radical** *derme* **+ un suffixe** ***-ique*.**

3. Je sais que ***intra*** veut dire *dans*, que la peau est formée du *derme* et de l'épiderme. J'en conclus qu'il s'agit d'une piqûre que l'on fait juste dans la peau.

4. Je vérifie dans le dictionnaire que j'ai trouvé le sens qui convient. Le suffixe *-ique* est juste une terminaison qui permet de former un adjectif à partir d'un nom.

OBJECTIF
Enrichir son expression en utilisant les mots d'une même famille.

Je m'exerce

1 **Donne un adjectif formé à partir du radical**
* **des noms suivants.**

a. Année → ……………………
b. Commerce → ……………………
c. Ventre → ……………………
d. Pot → ……………………
e. Famille → ……………………

2 **Souligne le préfixe dans les mots suivants.**
* *Surmonter – relire – emporter – déjouer – importer.*

3 **Souligne le radical des mots suivants.**
* *Durable – pharmacien – gourmandise – violoniste – chaufferette.*

4 **Retrouve les adjectifs qui ont servi à former**
* **ces adverbes.**

a. Lentement → ……………………
b. Courageusement → ……………………
c. Élégamment → ……………………
d. Vraiment → ……………………
e. Brillamment → ……………………

5 **Entoure les mots de la famille de *lune.***
* *Lundi – lunettes – lunaison – lunetier – alunir.*

6 **Donne un mot de la même famille que les**
** **mots soulignés.**

Après, j'ai demandé au cuisinier comment ça se faisait que les poissons de la soupe étaient si gros et si nombreux. Alors, le cuisinier s'est mis à rigoler, et il m'a expliqué que les poissons, ça gonfle à la cuisson. Et comme il est chouette, il m'a donné une tartine de confiture.

Les Vacances du Petit Nicolas, Sempé et Goscinny.

7 **Retrouve les trois familles de mots.**
** *Camp – campagne – capitale – décamper – campagnard – décapiter – capital – campement.*

8 **Retrouve le sens des suffixes des mots**
** **suivants.**
Antivol – intersaison – rétrograder – transatlantique – extraordinaire – préhistoire.

9 **Donne cinq mots de la famille du nom *bois.***
** ……………………

10 **Supprime le suffixe de ces mots pour**
** **former des noms.**

a. Campagnard → ……………………
b. Vital → ……………………
c. Confortable → ……………………
d. Raisonnable → ……………………

11 **Ajoute un préfixe pour former le contraire**
** **des mots suivants.**
Favorable – moral – lisible – responsable – espoir – loyal – légal – honnête – habile – content.

Français

21 L'origine latine et grecque de certains mots

Je retiens l'essentiel

• Le français est une **langue romane** comme l'italien, l'espagnol, le portugais, le roumain. Les langues romanes sont issues du **latin**.
Une grande partie des mots français vient donc du latin. À partir des **racines latines**, on a formé les mots français de deux manières :
– certains mots ont été formés à partir de la **langue populaire parlée**, sous l'empire romain, par la majorité des Gallo-Romains.
Caballus → ***cheval.***
– certains mots ont été formés par les **érudits à partir du latin classique** ; on parle de formation savante.
Equus, qui veut dire ***cheval*** en latin classique, a donné la famille des mots de ***équitation***.

• Enfin certains mots savants ou scientifiques ont été formés à partir de **racines grecques**.
Voici quelques racines grecques qui ont permis d'obtenir des mots français :
Télé = *loin* → *un **télé**phérique*
Poly = *plusieurs* → ***poly**valent*
Graph = *écrire* → *ortho**graphe***
Mono = *seul* → ***mono**logue*
Phone = *voix* → ***phoné**tique*
Biblio = *livre* → ***bibl**e*

• Pour certains mots, on a utilisé des **racines latines et grecques**.
Par exemple, les mots que le français utilise pour désigner les quatre éléments *l'air, l'eau, le feu, la terre* sont issus de racines grecques et latines.

Racine grecque	Racine latine	Mots français
gé = la terre	*terra* = la terre	*géologie* = étude de la terre *terrien* = habite sur terre
aero = l'air		*aérien*
pyro = le feu	*igni* = le feu	*pyromane* = qui allume des incendies *ignifugé* = qui ne peut pas prendre feu
hydro = l'eau	*aqua* = l'eau	*hydraulique* = qui marche avec l'eau *aquarium*

Je comprends comment faire

➤ pour trouver le sens et l'orthographe de certains mots

• Les racines grecques ont donné en français des **mots savants**, j'apprends à les orthographier pour pouvoir les utiliser :
Par exemple, *morpho* = *forme* a donné *morphologie* qui est l'apparence, la forme de quelqu'un ou de quelque chose.
• Je ne confonds pas deux racines proches mais différentes.
Par exemple, *hippo* = *cheval* a donné *hippique, hippodrome.* Je ne confonds pas ce radical avec *hypo* = *sous*. Une *hypothèse* est *sous* un raisonnement.
• Je retiens que certains mots contiennent les lettres *ch*, *ph*, *th*, parce qu'ils ont été formés à partir du grec : *chronologie*, *philosophie*, *théâtre*.

OBJECTIF
Reconnaître quelques racines grecques et latines.

Je m'exerce

1 ★★ **Replace les mots dans les phrases : *polythéistes – polychromes – alphabétique – chronomètre – icônes*.**

a. Dans un dictionnaire, les lettres sont classées par ordre ....

b. Dans l'Antiquité, les hommes croyaient en plusieurs dieux, ils étaient ....

c. Les statues du Moyen Âge étaient...........

d. Un .... sert à mesurer le temps.

e. L'empire byzantin a développé l'art des ....

2 ★★ **Trouve le radical commun à ces familles de mots et indique son sens.**

a. Bibliographie, bibliothèque, bibliophile.

....

b. Biologie, biographie, antibiotique.

....

c. Orthographe, graphisme, graphologie.

....

d. Microbe, micro-informatique, microscope.

....

3 ★★ **Complète les phrases avec les mots suivants : *omnipotent – omnivore – novembre – décennie – diurne*.**

a. La clarté nocturne est bien moins brillante que la clarté ....

b. L'année chez les Romains commençait au mois de mars, le mois de .... était le neuvième mois.

c. Le cochon mange de tout, il est ....

d. Tous les dix ans, c'est-à-dire chaque ...., il changeait de voiture.

e. La mythologie parle de Jupiter .... car il a tous les pouvoirs.

4 ★★ **Lis ce texte latin et sa traduction. Devine le sens des mots latins suivants : *perire, currere, videre, tenere*. Quels mots français sont directement issus de ces mots latins ?**

Perii, interii, occidi.
Je suis perdu, je suis mort, je suis assassiné.
Quo curram ? Quo non curram ?
Où courir ? Où ne pas courir ?
Tene, tene ! Quem ? Quis ?
Tiens, tiens ! Qui ? Qui tient ?
Nescio, nihil video, caecus eo.
Je ne sais pas, je ne vois rien, je marche en aveugle.

Aulularia, Plaute.

5 ★★ **Lis cet extrait de *L'Avare* de Molière qui s'inspire directement du texte de Plaute et souligne les passages identiques.**

« Au voleur ! Au voleur ! À l'assassin ! Au meurtrier ! Justice, juste ciel ! Je suis perdu, je suis assassiné ! On m'a coupé la gorge, on m'a dérobé mon argent ! Qui peut-ce être ? Qu'est-il devenu ? Où se cache-t-il ? Que ferai-je pour le trouver ? Où courir, où ne pas courir ? N'est-il point là ? N'est-il point ici ? Qui est-ce ? Arrête ! »

6 ★★★ **À l'aide des définitions suivantes, trouve la signification des autres mots.**

Géologie = science de la terre.
Orthographe = bien écrire.
Téléphone = parler loin.
Aquatique = qui vit dans l'eau.
Hydroglisseur = qui glisse sur l'eau.
Cinéphile = qui aime le cinéma.
Hippodrome = endroit où courent les chevaux.

Géographie – Orthophoniste – Télévision – Aquarium – Hydraulique – Bibliophile – Philippe.

7 ★★★ **Que soignent les médecins suivants ?**

a. Le dermatologue : ....

b. L'oto-rhino : ....

c. Le pédiatre : ....

d. L'ophtalmologiste : ....

Français

22 Les situations de communication et les niveaux de langue

Je retiens l'essentiel

• **Dans toute situation de communication orale ou écrite, celui qui parle, l'émetteur, s'adresse à un récepteur. Il lui envoie un message.**
L'émetteur emploie **le registre de langue** qui convient le mieux à la situation de communication dans laquelle il se trouve. Il existe trois registres de langue qui sont définis par le niveau de correction et de recherche du langage : le registre **familier**, le registre **courant**, le registre **soutenu.**

• **Le registre familier**
Les règles de grammaire ne sont pas toutes respectées. Le vocabulaire est abrégé ou relâché. Il peut être imagé. L'émetteur connaît bien le destinataire, ils ont une relation proche.
– Je n'ai pas d'appareil de photo, moi ? a dit Crépin. Laisse-moi rigoler ! Chez moi, j'en ai un plus chouette que toi d'appareil de photo, alors.

Les Vacances du Petit Nicolas, Sempé et Goscinny.

L'expression *un plus chouette que toi* appartient à la langue familière.

• **Le registre courant**
Les règles de grammaire sont respectées. Le vocabulaire est courant. L'émetteur et le récepteur peuvent facilement se comprendre.
Un ours avait planté un champ de melons. Cela lui avait demandé beaucoup de travail. Il ne regrettait rien. La récolte était excellente. Chaque jour, il ramassait une grosse quantité de melons.

Dix-neuf fables de singes, Jean Muzy.

• **Le registre soutenu**
Les règles de grammaire sont respectées. Les tournures syntaxiques sont soignées. Le vocabulaire est recherché. L'émetteur témoigne du respect envers le récepteur. L'émetteur est soucieux de son style.
Jupiter est représenté dans la solennelle majesté de son omnipotence : assis sur un trône d'ivoire incrusté d'or et de pierreries, il s'appuie de la main gauche sur un sceptre d'or massif que surmonte un aigle hautain, symbole de la force et de l'autorité.

Contes et légendes mythologiques, Émile Genest.

Vocabulaire recherché : *solennelle majesté de son omnipotence.*
Tournure syntaxique recherchée : *que surmonte un aigle hautain* → le sujet est inversé.

Je comprends comment faire

➤ pour reconnaître la situation de communication

• **Je choisis le registre de langue adapté** à la situation de communication dans laquelle je me trouve. Je prends en considération **l'identité de mon récepteur, la familiarité que je peux avoir avec lui** et **la situation de communication.**
Monsieur prendra-t-il son dîner sous la véranda ?
→ Je comprends vite que l'émetteur de ce message est un serviteur qui s'adresse avec respect à son patron.
Un élève de 6e dirait à son copain de vacances :
Tu veux dîner dehors ?
→ Je remarque le tutoiement et la question marquée uniquement par l'intonation.

OBJECTIF
Reconnaître les situations de communication.

Je m'exerce

1 ★ **Souligne les termes qui appartiennent à la langue soutenue.**

« Étranger, les dieux m'ont ravi ma valeur et ma beauté du jour où les Argiens sont partis pour Ilion, emmenant avec eux mon époux, Ulysse. S'il revenait, s'il prenait soin de ma vie, ma gloire serait plus grande et plus belle. Maintenant je gémis ! Tous les seigneurs de Doulichion, de Samé, de Zanthe et ceux d'Ithaque même, tous me harcèlent et ruinent ma maison. Je regrette Ulysse dans mon cœur qui gémit, et eux, ils pressent mon mariage ! Mais je trame des ruses. »

Odyssée, Homère.

2 ★★ **Souligne les termes familiers et donne un synonyme en langue courante.**

a. Ce film est un vrai navet. → ....

b. Tu as du toupet. → ....

c. Tu crânes tout le temps, mais t'es pas cap de nager jusqu'à la bouée. → ....

d. Il m'a collé une claque. → ....

e. Il sort d'où, ce bouffon. → ....

3 ★★ **Qui peut prononcer ces phrases ?**

a. « Milou, suis-moi ! » → ....

b. « Ils sont fous, ces Romains ! » → ....

c. « Encore deux tours de stade et vous pourrez souffler. » → ....

d. « Maman, où as-tu rangé mes chaussettes ? » → ....

e. « Vous prendrez un cachet d'aspirine matin et soir. » → ....

4 ★★ **À qui s'adressent ces phrases ?**

a. « Pourriez-vous m'enlever la peau de ces soles, s'il vous plaît ? »

b. « As-tu reçu ma carte postale? »

c. « Prenez votre livre à la page 100. »

d. « Vous ferez trois longueurs en crawl et deux longueurs en brasse. »

5 ★★ **Réécris ces phrases en langage courant. Précise si tu as fait un changement grammatical et/ou lexical.**

a. J'irai pas.

b. Ta sœur, elle sera jamais une bonne élève.

c. Tu veux jouer avec nous ?

d. Marc rigole doucement au lieu de travailler.

e. Cette flotte est dégueulasse.

6 ★★★ **Entoure, parmi les termes proposés entre parenthèses, celui qui te paraît convenir le mieux dans le contexte.**

Le vieil homme les regarda, puis eut ce geste qui (étonna / surprit / stupéfia) son petit-fils car il savait à quel point (le grand-père / l'aïeul / le vieillard) avait du mal à se tenir debout : il se leva. Il souriait de toutes ses rides et Pierre-Édouard n'en crut pas ses yeux lorsqu'il constata que les paupières du vieillard (se frangeaient / étaient mouillées / étaient humides) de larmes. Et son étonnement (grandit / augmenta / s'accrut) lorsqu'il parla, non en patois, qui était sa langue habituelle, mais en français, ce français dont il (ne se servait, n'usait) qu'en des circonstances exceptionnelles.

Des Grives aux loups, Claude Michelet.

Français

23 Le récit et le discours

Je retiens l'essentiel

• **Dans un texte narratif, on distingue le récit du discours.** Dans le **récit**, le narrateur **raconte les faits.** Dans le **discours**, le narrateur **rapporte les paroles des personnages.**

Delphine et Marinette jouaient aux osselets devant le fourneau. Marinette, qui était la plus petite mais aussi la plus blonde, disait à sa sœur Delphine : « Quand on est que deux, on ne s'amuse pas bien. On ne peut pas jouer à la ronde. »

Les Contes du chat perché, Marcel Aymé.

• Quand les **paroles sont rapportées directement,** on est au **discours direct.**
Le gardien du zoo explique : « Le boa avale un poulet par jour. »
Lorsqu'**elles ont été modifiées pour être intégrées au récit,** on est au **discours indirect.**
Le gardien du zoo explique que le boa avale un poulet par jour.

• Dans le **discours direct,** les paroles sont rapportées comme elles ont été prononcées. Elles sont signalées par une **ponctuation forte :** deux-points ; guillemets qui encadrent les paroles rapportées ; tirets annonçant les changements de locuteur dans le dialogue.
« Comment allez-vous ?
– Très bien, merci. Et vous ? »

• Dans le **discours indirect,** on **supprime la ponctuation.**
– Les paroles sont transcrites dans des **subordonnées complément d'objet** ou des **interrogatives indirectes.**
Je me demande si vous allez bien.
– Les **pronoms personnels** et les **déterminants possessifs** à la première personne peuvent passer à la troisième personne.
*Il dit : « **J'**ai peur des vampires. » → Il dit qu'**il** a peur des vampires.*
– On applique les règles de la **concordance des temps**.
*Il **disait** qu'il **avait** peur des vampires.*
– On modifie les **adverbes de temps**.
*Il dit : « **Hier**, j'ai assisté à un grand concert de hard rock. » → Il dit que **la veille**, il avait assisté à un grand concert de hard rock.*
Aujourd'hui → ce jour-là ; hier → la veille ; demain → le lendemain.

Je comprends comment faire

➤ pour passer du discours direct au discours indirect

• Je lis ce dialogue.
« C'est à vous, ce cabot ? hurla le marchand de fruits en jetant sa tête cramoisie par-dessus le comptoir.
– Pas du tout ! protesta la passante.
– Il vous suit depuis le bout de la rue ! »

Cabot caboche, Daniel Pennac.

• Je réécris des passages au **style indirect.**
*Le marchand demanda en hurlant **si** ce cabot **était** à **elle**. Elle répondit **que** pas du tout. Il affirma **qu'**il **la suivait** depuis le bout de la rue.*
• J'ai **supprimé la ponctuation** propre au dialogue. J'ai introduit des **subordonnants :** *si, que, qu'.* J'ai **modifié les temps des verbes** des subordonnées pour suivre la concordance des temps : *était, suivait.* J'ai **modifié les pronoms personnels :** *elle, la.*

OBJECTIF
Savoir distinguer le récit du discours.

Je m'exerce

1 ★ **Trouve la phrase de discours dans cet extrait de récit et place-la entre guillemets.**

On fit encore quatre ou cinq pas en montant toujours, puis Dantès sentit qu'on le prenait par les bras et qu'on le balançait. Une, deux, trois dirent les fossoyeurs. En même temps, Dantès se sentit lancé, en effet, dans un vide énorme.

Le Comte de Monte-Christo, Alexandre Dumas.

2 ★★ **Encadre les passages de narration et souligne les passages de discours.**

« Oh ! le pauvre petit ! » s'apitoya une jeune femme qui parlait avec Mme Klara. Le garçon était reconnaissant. Il leva les yeux, éperdu d'amour. Il avait toute l'amère solitude d'une créature fragile, innocente, humiliée. Pendant un instant – ce fut la dernière fois – il fut un petit garçon doux, tendre qui ne demandait au monde environnant qu'un peu de bonté. « Allons, Dolfi, viens te changer ! » fit la mère en colère. Alors le bambin se remit à sangloter, un rictus dur lui plissa la bouche.

« Oh ! Ces enfants ! Quelles histoires ils font pour rien ! » s'exclama l'autre dame. « Au revoir madame Hitler. »

D'après *Le K,* Dino Buzzati.

3 ★★ **Retrouve les phrases de discours dans cet extrait de récit et mets la ponctuation qui convient.**

Les loups sont à nos trousses, Bill, dit l'homme qui ouvrait la marche. Sa voix rauque paraissait irréelle et il parlait au prix d'un visible effort. Le gibier se fait rare, répondit son compagnon. Voici des jours que je n'ai pas vu la moindre trace de lapin. Après quoi, ils cessèrent de parler, mais demeurèrent attentifs aux hurlements de la poursuite qui continuait derrière eux.

Croc-Blanc, Jack London.

4 ★★ **Transpose ces phrases du discours indirect au discours direct.**

a. Le professeur explique que les leçons doivent être apprises par cœur.
b. Maman demande si quelqu'un a laissé un message pour elle.
c. Il répéta qu'il était innocent.
d. Sophie se demande si elle sera assez tenace pour gagner ce tournoi.

5 ★★ **Transpose ces phrases du discours direct au discours indirect.**

a. Le médecin dit : « Cet enfant sera vite guéri. »
b. Il affirme : « Je serai très vite de retour. »
c. Les élèves hurlaient dans les tribunes : « Les sixièmes sont les plus forts. Ils vont gagner. »
d. Il demandait : « Où est-elle allée hier ? »

6 ★★★ **Réécris ce monologue intérieur au style indirect.**

Il se dit : « Si je ne vais pas chercher la tribu de ce grand chef, il sera tué par ses ennemis qui viennent de tous côtés avec des lances. Je vois pourquoi le grand chef faisait semblant de ne pas me voir. Il avait peur que ses ennemis soient cachés dans la brousse et le voient me donner un message. C'est pourquoi il me tourne le dos, afin de laisser à la sage et merveilleuse enfant la terrible image qui me montre ses dangers. »

Histoires comme ça, Rudyard Kipling.

Français

24 Le dictionnaire

Je retiens l'essentiel

• On trouve un mot dans un dictionnaire, à sa place dans l'**ordre alphabétique**. Le dictionnaire permet de vérifier l'**orthographe** du mot. Sa prononciation est donnée entre crochets en **alphabet phonétique**. *Nasal [nazal]*

• Des **abréviations** indiquent la **nature**, le **genre** et le **nombre** de certains mots.

Abréviation	Signification de l'abréviation	Exemple
n.m. Subst.	nom masculin substantif = nom	*nez*
n.f.	nom féminin	*morale*
adj.	adjectif	*nasal*
adv.	adverbe	*assez*
v.	verbe	*dénicher*
prép.	préposition	*dans*

• Différents **codes** permettent de repérer les **synonymes**, les **contraires**, les **mots de la même famille**…

Code	Signification du code	Exemple	
ll contr. ll	mot de sens contraire	*pluvieux*	ll contr. *sec* ll
▶	mot de la même famille	*pochette*	▶ *Empocher*
♦ homonymes :	mots qui se prononcent de la même manière, mais qui ont un autre sens	*poids*	♦ *homonymes : pois, poix.*
—>	synonymes	*poignant*	*—> déchirant, émouvant, pathétique.*

• Le **dictionnaire donne tous les sens d'un mot.**
Un même mot peut avoir **plusieurs sens.** Le dictionnaire utilise alors des **numéros** pour les indiquer.
Selon le dictionnaire *Robert Junior*, le mot ***poche*** a trois sens :

Sens 1	Partie d'un vêtement dans laquelle on peut mettre des objets que l'on porte sur soi.
Sens 2	Compartiment d'un sac, d'un cartable, d'un portefeuille.
Sens 3	Petite déformation en forme de bosse.

Je comprends comment faire

➤ pour choisir le sens du mot que je cherche

• Lorsque j'ai trouvé le mot que je cherche dans le dictionnaire, il faut choisir la définition qui convient, **selon le sens du mot dans le texte** (son contexte). Je cherche le sens du mot ***prise*** dans la phrase :
Éviter que le bébé mette ses doigts dans la prise.

• Je cherche dans le dictionnaire *Robert Junior* : le mot ***prise*** a sept sens.

→ Je choisis le sens 6.

prise n. f. **1.** Action de prendre. *Le 14 juillet 1789 est la date de la prise de la Bastille,* c'est le jour où le peuple s'est emparé de la Bastille. **2.** *Le pêcheur a fait une belle prise,* il a attrapé un gros poisson. **3.** *Yves vient d'apprendre une nouvelle prise de judo,* une nouvelle façon d'attraper son adversaire. **4.** *L'alpiniste cherche des prises sur la paroi à pic,* il cherche des appuis. *Il ne faut pas lâcher prise,* cesser de tenir ce à quoi l'on se tient. **5.** *Ces enfants sont si désinvoltes que l'on n'a pas prise sur eux,* on n'arrive pas à agir sur eux. **6.** *Branche la lampe dans la prise (de courant),* dans le dispositif qui établit un contact électrique (→ aussi **multiprise**). **7.** *On a fait une prise de sang à Flora,* on lui a pris un peu de sang pour l'analyser.

OBJECTIF
Trouver le sens d'un mot dans le dictionnaire.

Je m'exerce

1 ★ **Classe les mots suivants par ordre alphabétique.**

Féodal – fenêtre – fermement – fermer – férir – fer.

…………………………………………

…………………………………………

…………………………………………

…………………………………………

2 ★ **Pour chaque série, barre le mot qui n'est pas à sa place dans l'ordre alphabétique.**

a. Homicide – homme – hommage – homologue – homonyme.

b. Lombago – long – longtemps – longer – longueur.

c. Merlan – merle – merveilleux – messe – message.

d. Pâtissier – patraque – patte – patron.

3 ★★ **Quel est le genre des noms suivants ?**

a. format : …………………………

b. forme : …………………………

c. lignage : …………………………

d. ligne : …………………………

e. névé : …………………………

f. neige : …………………………

g. ordonnée : …………………………

h. ordonnance : …………………………

4 ★★ **Donne deux sens pour chaque mot.**

a. éveiller : …………………………

b. immeuble : …………………………

c. planche : …………………………

d. soif : …………………………

e. supérieur : …………………………

5 ★★ **Voici l'article du mot *implicite* dans le *Larousse maxi débutants*.**

> **Implicite** adj. Puisqu'il n' a pas protesté, c'est qu'il nous donne son accord **implicite**, un accord qu'il n'exprime pas mais qui va de soi (≠ explicite).

a. Quel est l'antonyme d'*implicite* ?

b. Quel est la classe grammaticale d'*implicite* ?

c. Entoure le synonyme d'*implicite* dans la liste suivante : impliqué – tacite – formulé.

d. Rédige une phrase où tu emploieras ce mot.

6 ★★ **Voici l'article « heu » dans le *Petit Robert*.**

> **Heu !** ['ø] *Interj.* (xve ; onomat.). Interjection qui marque l'embarras, le doute, et *spécialt.* la difficulté à trouver ses mots — Subst. *« Les mots ne venaient pas, il poussait des heu ! heu ! sans jamais pouvoir finir ses phrases. »* ZOLA. ◈ HOM. *Eux, œufs.*

a. Que signifie ['ø] ?

…………………………………………

b. Que signifient : *Interj.,* Subst. et HOM. ?

…………………………………………

…………………………………………

7 ★★★ **Trouve le sens des mots soulignés d'après le contexte. Vérifie ton hypothèse dans un dictionnaire.**

On dénicha une pierre à fusil dans la barque. Mais pas d'*amadou*. Gatzo tordit des fibres de massette morte et à force de patience finit par y piquer une étincelle. On souffla dessus. Le cœur nous battait. Il nous fallait du feu. Sans feu, impossible de vivre, comme nous l'avions résolu. Enfin, la fibre pétilla et on communiqua le feu à un tas d'herbes sèches. Placées sous une hutte de brindilles, elles l'enflammèrent peu à peu.

L'Enfant et la rivière, H. Bosco.

Français

25 La lecture d'un tableau

Je retiens l'essentiel

• Un tableau qui présente une scène réelle est **figuratif**. Un tableau où l'on ne reconnaît pas la réalité est un tableau **abstrait**.

• **La composition** d'un tableau s'organise autour de plans :

– ce qui figure sur le devant du tableau constitue **le premier plan** ;

– ce qui figure à l'arrière du tableau constitue **l'arrière-plan**.

• **La perspective** organise l'espace pour donner l'impression de profondeur.

• On distingue les couleurs chaudes et froides.

Les couleurs chaudes sont : le jaune, l'orange, le rouge.

Les couleurs froides sont : le bleu, le vert, le mauve.

• Un tableau peut être structuré par des **lignes verticales, horizontales** ou **obliques**.

→ Les poissons rouges sont mis en valeur parce qu'ils sont au centre. Les couleurs chaudes attirent l'œil par rapport au vert en arrière-plan.

Henri Matisse (1869-1954), *Les poissons rouges,* 1911, Issy-les-Moulineaux, (huile sur toile, 1,40 x 0,98 m) ; Musée des Beaux-Arts Pouchkine, Moscou.

• Les **légendes** sous les reproductions des tableaux donnent des **indications sur** :

– le **nom du peintre** avec les **dates de sa naissance et de sa mort** ;

– le **titre** du tableau ;

– la **date de sa production** et parfois son **lieu** d'exécution ;

– le **support utilisé** (toile, bois, papier…) et le **format** du tableau ;

– le **nom du musée** où il est exposé.

Je comprends comment faire

➤ pour lire la légende d'une reproduction de tableau

Ce tableau a été peint par Frida Kahlo. Cette femme est née en 1907. Ce tableau est un autoportrait. Il a été exécuté en 1940. Il a été peint au Mexique. Il n'est pas visible dans un musée, car il appartient à une collection particulière.

Frida Kahlo (1907-1954), *Autoportrait avec un singe,* 1940, Mexique (peinture) ; collection particulière.

OBJECTIF

Savoir lire une image.

1 ★ **Observe ce tableau et sa légende, puis réponds aux questions.**

Louise Moillon (1610-1696), *Corbeille de prunes, corbeille de fraises,* 1632, France (peinture, 0,44 x 0,58 m) ; Musée des Augustins, Toulouse.

a. Qui a peint ce tableau ?
b. Quel est le titre de ce tableau ?
c. Quelles sont les dimensions du tableau ?
d. Où peut-on voir ce tableau ?

2 ★★ **Observe ce tableau et réponds.**

Auguste Renoir (1841-1919), *Les Parapluies,* 1881-1886, France (huile sur toile, 1,80 x 1,15 m) ; National Gallery, Londres.

a. Qui est au premier plan ?

....

b. Quels sont les personnages à l'arrière-plan ? ....

....

c. Trouve un élément qui ressort, car il est peint en couleur chaude.

....

....

3 ★★★ **Observe ce tableau et sa légende, puis réponds aux questions.**

Frantisek Kupka (1871-1957), *Femme cueillant des fleurs,* 1910-1911 (aquarelle et pastel sur papier, 45 x 47,5 cm) ; (Collections du Centre Georges Pompidou Musée national d'art moderne, Paris.)

a. Quel est l'effet du passage de la couleur plus foncée à la plus claire ?

....

....

....

b. Quel est l'effet du passage des couleurs chaudes aux couleurs froides ?

....

....

....

26 Le portrait

Je retiens l'essentiel

• **Lorsque l'on décrit un personnage, on fait son portrait.** Le portrait peut être **physique** ou **moral**. Il permet de dégager une impression du personnage qui est sympathique, antipathique, drôle, triste, etc.

• Le portrait s'ordonne **du général au particulier** ou **du particulier au général**, mais il est ordonné.

Au physique, Grandet était un homme de cinq pieds, trapu, carré, ayant des mollets de douze pouces de circonférence, des rotules noueuses et de larges épaules, son visage était rond, tanné.

Eugénie Grandet, Honoré de Balzac.

→ Balzac commence par la silhouette générale de son personnage : *de cinq pieds, trapu, carré.* Puis, il donne des détails du bas du corps jusqu'au visage. Il commence par les jambes : *ayant des mollets de douze pouces de circonférence, des rotules noueuses.* Il continue par les épaules et termine par le visage.

• Les **temps** les plus employés dans le portait sont le **présent** et l'**imparfait**.

La tante Mélina était une très vieille très méchante femme.

« La Patte du chat », *Les Contes du chat perché,* M. Aymé.

• On emploie beaucoup d'**adjectifs qualificatifs** pour caractériser un personnage.

Ah ! Gringoire, qu'elle était jolie la petite chèvre du Monsieur Séguin ! qu'elle était jolie avec ses yeux doux.

« La Chèvre du Monsieur Seguin », *Lettres de mon moulin,* A. Daudet

• On utilise beaucoup de **comparaisons** dans le portrait.

Il avait les cheveux blonds comme les blés.

Je comprends comment faire

➤ pour décrire un portrait

François Gérard (1770-1837), *Napoléon Ier en habit de sacre,* France, (peinture 2,23 x 1,43 m) ; Château de Versailles.

• Certains tableaux représentent des portraits. Pour les décrire, j'utilise les procédés de la langue écrite que je viens d'étudier.

• Je choisis un **ordre de description.** Par exemple, du général au particulier.

Ce portrait représente Napoléon Ier en majesté. Le personnage est vêtu d'un manteau d'apparat blanc et pourpre. Il est debout devant son trône. Sa tête est ceinte d'une couronne de lauriers. Son visage est grave, pâle. Son front est largement dégagé comme les têtes de statues d'empereurs romains.

• J'utilise des **verbes au présent.**

• J'emploie des **adjectifs** pour mieux caractériser les détails : *blanc et pourpre, grave, pâle…*

• J'utilise une **comparaison :** *comme les têtes de statues d'empereurs romains.*

→ Je dégage **l'impression dominante** du portrait : **la majesté du couronnement**.

OBJECTIF

Savoir lire et rédiger un portrait.

Je m'exerce

1 ⋆ **Souligne tous les termes qui décrivent la saleté du personnage.**

Il était sale. Il portait son pantalon gris, toujours le même, tire-bouchonné et taché. Sa canadienne était graisseuse et ses chaussures crottées. Mais plus que ses vêtements, le négligé de sa personne me frappa quand il se mit à l'aise pour s'asseoir. Il avait une barbe de plusieurs jours et des couches de crasse derrière les oreilles.

Élise ou la vraie vie, Claire Etcherelli.

2 ⋆⋆ **Souligne les termes qui tracent le portrait physique du Silène, et entoure ceux qui caractérisent son portrait moral.**

Silène était un vieux satyre qui ne payait pas de mine. Gros, lourd, bedonnant, à la face rubiconde, on aurait de prime abord hésité à lui confier l'éducation d'un fils ; mais son extérieur engageant était amplement racheté par sa valeur intellectuelle et morale. De plus, bon et gai, il avait promptement acquis l'affection du nourrisson, au point que celui-ci ne voulut jamais s'en séparer.

Contes et légendes mythologiques, Émile Genest.

3 ⋆⋆ **Quel ordre suit ce portrait ? À quel temps sont les verbes ? Tante Martine est-elle vraiment sévère ?**

Mes parents gardaient avec eux une grand–tante maternelle, Tante Martine. C'était une femme à l'antique avec la coiffe de piqué, la robe à plis et les ciseaux d'argent pendus à la ceinture. Elle régentait tout le monde : les gens, les canards et les poules. Quant à moi, j'étais gourmandé du matin au soir… C'est que, m'adorant en secret, elle cachait en grondant ce sentiment d'adoration qui jaillissait, à la moindre occasion, de toute sa personne.

L'Enfant et la rivière, H. Bosco.

4 ⋆⋆⋆ **Continue sur deux lignes le portrait de ce personnage.**

Pâris grandit au milieu des bœufs, des génisses et des moutons dans l'atmosphère vivifiante d'une luxuriante forêt. Il se livre en même temps à tous les exercices du corps qui l'ennoblissent et le fortifient. Il devient ainsi le plus vigoureux et le plus accompli des adolescents.

Contes et légendes mythologiques, Émile Genest.

....

....

....

....

5 ⋆⋆⋆ **Décris ce masque africain. Relis ton travail à l'aide de la grille suivante. Quelle impression se dégage du masque ?**

a. Je vais du général au particulier ou du particulier au général.

b. J'utilise des verbes au présent ou à l'imparfait.

c. J'utilise des adjectifs de forme et de couleur.

Français

27 Commencer un récit

Je retiens l'essentiel

• Le **début d'un récit** s'appelle **la situation initiale**.
On y donne des informations qui répondent aux questions :
– ***Où ?*** Quel est le cadre de l'action ?
– ***Quand ?*** À quelle époque se situe l'histoire ?
– ***Qui ?*** Quels sont les personnages ?
– ***Quoi ?*** De quoi va-t-on parler ?

Dans une lointaine contrée, au-delà du Dniepr, vivait une sorcière à la réputation redoutable qui s'appelait Baba Yaga. Elle avait construit son isba à l'entrée du village dont elle aimait à persécuter les habitants.

Le coq à la crête d'or, M. Honaker.

• L'**imparfait** est le temps le plus employé au début d'un récit.

• Le **narrateur** parle à la troisième personne.

• Mais un récit peut commencer par **un dialogue**.
« Eh bien, je crois que c'est tout », dit l'homme. Il s'adossa à la colonne et demanda : « As-tu déjà écrit la formule de salutation ? »

Hypatia, A. Zitelman.

• Enfin, au début d'un récit, **le narrateur peut s'adresser directement au lecteur**.
On trouve des verbes à la deuxième personne du pluriel.
Seigneurs, vous ne connaissez pas la grande guerre qui ne finira jamais de Renart et de son compère Ysengrin. Si vous voulez, je vous dirai comment la querelle prit naissance et avant tout, comment vinrent au monde les deux barons.

Le Roman de Renart.

Je comprends comment faire

➤ pour repérer un début de récit

• Je lis ce début de récit.
Il était une fois, une fée, une gentille petite fée, qui vivait dans une source, pas très loin d'un village. Vous savez, n'est-ce pas, que la Gaule autrefois n'était pas chrétienne, et que nos pères les Gaulois adoraient les fées.

La Fée robinet, Gripari.

• Je réponds aux questions :
– *Où ?* En Gaule.
– *Quand ?* Au temps des Gaulois.
– *Qui ?* Une fée.
– *Quoi ?* Cette fée est gentille.
– *Qui raconte ?* Le narrateur interpelle le lecteur (*Vous savez...*).

• Temps des verbes : imparfait (*était, vivait, était, adoraient*).

→ Quand j'écris un récit, je mets d'abord en place le cadre de l'action en donnant des indications de lieu et de temps, puis je présente le personnage principal.

OBJECTIF
Lire et écrire un début de récit ou de conte.

Je m'exerce

1 ★★ **Voici le début du roman *Les Misérables* de Victor Hugo. Lis-le attentivement et réponds aux questions.**

En 1815, M. Charles-François-Bienvenu Myriel était évêque de Digne. C'était un vieillard d'environ soixante-quinze ans ; il occupait le siège de Digne depuis 1806. Mgr Myriel était fils d'un conseiller au parlement d'Aix ; noblesse de robe. On contait de lui que son père, le réservant pour hériter de sa charge, l'avait marié de fort bonne heure, à dix-huit ou vingt ans suivant un usage assez répandu dans les familles parlementaires. Charles Myriel était bien fait de sa personne, quoique d'assez petite taille, élégant, gracieux, spirituel.

a. Quand se déroule l'action ?
b. Où se passe l'action ?
c. Quel est le personnage principal ?
d. Quelle est son origine sociale ?
e. Qui raconte l'histoire ?

2 ★★ **Même consigne pour le début du roman *Jacquou le Croquant* d'Eugène Le Roy.**

Le plus loin dont il me souvienne, c'est 1815, l'année que les étrangers vinrent à Paris, et où Napoléon fut envoyé à Sainte-Hélène, par-delà les mers. En ces temps-là, les miens étaient métayers à Combenègre, mauvais domaine du marquis de Nansac, dans le haut Périgord. C'était le soir de Noël : assis sur un petit banc dans le coin de l'âtre, j'attendais l'heure de partir pour aller à la messe de minuit dans la chapelle du château.

3 ★★ **Remets les phrases de ce début de conte dans l'ordre.**

Ses fils, les Nuages, tourbillonnaient et roulaient au ras du sol, s'accrochant aux branches d'acacias. En ce temps-là, le Ciel vivait sur la Terre. D'ailleurs, en bons voisins, le Ciel et la Terre se rendaient de menus services. Sa fille, la Pluie, adorait arroser le monde du haut des grands palmiers et son plus grand plaisir était de se mêler aux eaux joyeuses du fleuve.

Le Sorcier de Niamina et autres contes de l'Afrique de l'Ouest.

4 ★★ **Indique, dans ce début de récit, qui parle. Souligne toutes les indications de lieu et de temps.**

J'avais loué, l'été dernier, une petite maison de campagne au bord de la Seine, et j'allais y coucher tous les soirs. Je fis, au bout de quelques jours, la connaissance d'un de mes voisins, un homme de trente à quarante ans, qui était bien le type le plus curieux que j'eusse jamais vu.

Sur l'eau, Guy de Maupassant.

....

5 ★★★ **Quels sont les personnages de ce début de récit ? Quelles sont leurs relations ?**

– Faisons la course jusqu'au coin, Ellen !
Anne-Marie ajusta son gros cartable en cuir sur ses épaules, pour que ses livres de classe se balancent sans à-coups.
– Prête ? dit-elle en regardant sa meilleure amie.
Ellen fit une grimace.
– Non, dit-elle en riant. Tu sais que je ne peux pas te battre, mes jambes ne sont pas aussi longues que les tiennes. On ne peut pas marcher tout simplement comme des personnes civilisées ?

Compte les étoiles, L. Lowry.

6 ★★★ **Continue l'histoire.**

Est-ce qu'il avait tiré sur mes paupières pour voir ce qu'elles cachaient ? Je n'aurais pu le dire avec certitude. J'avais bien eu le sentiment, au sortir du sommeil, qu'un pinceau léger et râpeux s'était promené le long de mon visage, mais quand je m'éveillai vraiment, je le trouvai assis, très attentif, au niveau de l'oreiller, et qui m'examinait avec insistance.

Le Lion, Joseph Kessel.

....

....

....

28 Terminer un récit

Je retiens l'essentiel

• **La situation initiale** d'un récit est modifiée lorsqu'un événement vient rompre l'équilibre d'origine. On parle alors **d'élément perturbateur**. Cet événement est souvent indiqué par un **adverbe de temps** : *soudain, brusquement, alors, tout à coup.* Dans un récit au passé, le **passé simple** succède à l'imparfait.

Il était une fois un roi qui avait une grande forêt près de son château, où courait du gibier de toutes espèces. ***Un jour****, il* ***envoya*** *un chasseur tirer un chevreuil, mais il ne revint pas.*

Contes, Grimm.

• **L'enchaînement des actions** ou **péripéties** permet la progression du récit jusqu'à la **situation finale** ou **dénouement**. Le dénouement est heureux ou malheureux, mais il marque un retour à l'équilibre.

Voici la fin des *Misérables* de Victor Hugo.

Jean Valjean était renversé en arrière, la lueur des deux chandeliers l'éclairait ; sa face blanche regardait le ciel, il laissait Cosette et Marius couvrir ses mains de baisers ; il était mort. La nuit était sans étoiles et profondément obscure. Sans doute, dans l'ombre, quelque ange immense était debout, les ailes déployées, attendant l'âme.

• Un **récit peut s'achever** par une **réplique** ou des **réflexions d'un personnage**.

Voici la fin des *Vacances du Petit Nicolas* de Sempé et Goscinny.

C'est vrai, quoi, à la fin, qu'est-ce qu'elle a Marie-Edwige à me raconter des tas de blagues sur ses vacances ? D'abord ça ne m'intéresse pas. Et puis, son Jeannot, c'est un imbécile et un laid !

• Un **récit peut se terminer** par un **commentaire du narrateur**, par une **morale** ou par une **vérité générale**.

Les deux frères regagnent la maison. Le voleur montre à son frère son butin. Ils ont bien ri, bien plaisanté. Le rire, naguère perdu, leur était rendu.
En peu de temps, Dieu fait son œuvre. Tel rit le matin, le soir pleure ; et tel est le soir chagriné qui le matin fut en gaieté.

D'après *Estula* in *Fabliaux du Moyen Âge.*

Je comprends comment faire

➤ pour écrire un récit

• Quand j'écris une histoire, je n'oublie pas qu'il y a au moins trois parties : **un début, une action, un dénouement**. Je prévois au moins trois paragraphes.

• Quand j'ai mis en place le **cadre de l'action** et présenté les **personnages,** j'introduis un **élément modificateur**. Je n'oublie pas que je peux utiliser un **adverbe de temps** pour bien marquer cette rupture.

• Je raconte les **péripéties** qui ont été entraînées par cet élément modificateur. Puis, je rédige la **conclusion** qui marque l'**aboutissement de l'action.**

OBJECTIF
Lire et écrire la suite et la fin d'un récit ou d'un conte.

Je m'exerce

1 ★★ **Souligne en bleu la phase initiale du récit, en rouge, l'élément modificateur et en vert, le début de la première péripétie.**

Les deux partis ennemis se faisaient face, de chaque côté de la rivière, et s'invectivaient, incitant l'adversaire à prendre l'initiative de l'attaque. Le chef pawnie ne fut pas long à découvrir que l'habile Maltoree était plutôt satisfait de voir traîner les choses en longueur. Il changea ses plans en conséquence et s'éloigna de la rive afin d'engager les Sioux, plus nombreux, à traverser. Le défi ne fut pas accepté et les Loups furent obligés de chercher un autre moyen pour arriver à leurs fins.

15 histoires d'Indiens.

2 ★★ **On a mélangé deux extraits de récit. Sépare-les et remets-les dans l'ordre.**

A Et tout à coup, pendant que le coucou faisait entendre la demie passé minuit, une clameur désespérée partit de la « Chambre jaune ». C'était la voix de mademoiselle qui criait : « À l'assassin ! À l'assassin ! Au secours ! »

B Il semblait qu'on ne sortirait jamais de cette forêt. Les voyageurs avaient perdu conscience de toute durée. Ils se taisaient et regardaient de tous leurs yeux par-dessus les oreilles du cheval qui bondissait.

C À un tournant, le cheval, au lieu de suivre la route, fonça droit dans la forêt. Ce fut comme un mur d'ombre. Tous s'attendaient à être jetés contre les arbres.

D Aussitôt, les coups de revolver retentirent et il y eut un grand bruit de tables, de meubles renversés, jetés à terre, comme au cours d'une lutte.

Le Pays où l'on arrive jamais, A. Dhotel.
Le Mystère de la chambre jaune, Gaston Leroux.

Phrases du premier récit dans l'ordre :

....

Phrases du deuxième récit dans l'ordre :

....

3 ★★ **Voici une fin de chapitre. Quels sont les personnages ? Imagine ce qui a pu se passer avant.**

Au sommet de la colline, les chiens épuisés s'avouent vaincus. Ysengrin en profite pour déguerpir à toute allure vers le bois, sans cesser d'être sur ses gardes. Une fois arrivé, il jure qu'il se vengera de Renart, son ennemi à jamais.

Le Roman de Renart.

4 ★★★ **Imagine deux péripéties à partir de la situation initiale suivante.**

Marie a invité ses amies pour fêter son anniversaire. Sa cousine Anne sonne à la porte, alors que Marie s'est bien gardée de lui dire de venir.

5 ★★★ **Rédige la suite et la fin de ce conte.**

Par un matin d'été, un petit tailleur, assis sur sa table, près de la fenêtre, était de bonne humeur et cousait de toutes ses forces. Et voici qu'une paysanne descendit la rue en criant : « Marmelade, bonne marmelade à vendre. » Ce fut bien agréable à l'oreille du petit tailleur.

Contes, Grimm.

6 ★★★ **Invente le milieu de cette histoire.**

Mon père prit sa retraite en 1762 dans la campagne russe. Nous étions neuf enfants. Personne n'allait à l'école. Une jeune fille nous apprit à lire et écrire en russe. Mais elle se maria et partit. Mon père embaucha alors un précepteur français. Ce jeune homme aimait les femmes et la bouteille. Il s'appelait Durand. Notre entente fut vite parfaite. Je lui apprenais quelques mots de russe, il m'apprenait quelques mots de français et chacun s'occupait à ce qui lui plaisait. [...]
Mon père entra dans ma chambre, vit Durand qui ronflait comme un bienheureux. Il le secoua et le mit dehors d'un grand coup de pied dans le derrière. Je regagnai quelques jours plus tard le collège de la ville voisine.

Journal d'un fou, Gogol.

Je retiens l'essentiel

• Un récit met en scène des personnages. Le **personnage principal** est le **héros.** Il est entouré de **personnages secondaires** qui l'aident (les **adjuvants**) ou qui s'opposent à lui (les **opposants**). Le héros peut agir pour son propre compte ou pour le compte d'autrui (le **destinataire**).

Quand Geronimo se rendit, il ne lui restait plus que trente-six guerriers. Le visage émacié, creusé de rides profondes, il dut pour ne pas mourir de faim vendre des souvenirs indiens aux touristes yankees ; il n'y avait plus d'Apaches. Théodore Roosevelt pouvait entrer à la Maison-Blanche.

→ Le héros est **Geronimo**.
Ses adjuvants sont les guerriers apaches.
Ses opposants sont les Blancs d'Amérique.

• **À certains genres narratifs, correspondent des types de personnages.**
– Dans un **conte**, on trouve des fées, des sorcières, des enchanteurs.
– Dans un **roman policier**, on rencontre un détective, une victime, un coupable.
– Dans un **roman de science-fiction**, on découvre des êtres étranges.

• Quand le **narrateur** fait le portrait d'un personnage, il le rend plus ou moins sympathique. Il donne quelques traits physiques ou moraux caractéristiques. Un personnage **se définit par ce qu'il est** ou **par ce qu'il fait.**

– Exemple d'un personnage décrit par ce qu'il est : *Il était très grand, très fort. Tous ses amis l'adoraient.*

– Exemple d'un personnage décrit par ce qu'il fait : *Il avait parcouru toutes les mers, connu toutes les cours de l'Orient. Il avait amassé bien des fortunes et tout perdu dans d'horribles tempêtes.*

– Exemple d'un personnage réduit à quelques traits : *Elle est très coquette et s'habille avec soin.*

Je comprends comment faire

➤ pour utiliser le nom d'un personnage

Le **nom** ou le **surnom d'un personnage** peuvent aider à le définir.

• J'imagine les **traits physiques** d'un personnage à partir de son surnom.
J'ai connu Joseph Rouletabille quand il était petit reporter [...]. Sa tête était ronde comme un boulet, et c'est à cause de cela, pensai-je, que ses camarades de presse lui avaient donné ce surnom de Rouletabille.

Le Mystère de la chambre jaune, Gaston Leroux.

• Je détermine **l'âge, la nationalité** et / ou **la profession** d'un personnage à partir de son nom ou de son surnom.
Le commissaire Maigret → c'est un homme, un policier, donc sûrement un héros de roman policier.

• **Je retiens** les noms des personnages d'œuvres célèbres.
Ainsi j'associe Cosette et *Les Misérables,* Pénélope et l'*Odyssée,* etc.

OBJECTIFS
Reconnaître le rôle de chaque personnage dans un récit ou dans un conte.
Créer un personnage de fiction.

Je m'exerce

1 ★ **Souligne les expressions qui évoquent les ancêtres d'Ulysse. Encadre les expressions qui évoquent une qualité d'Ulysse. Quelle est la principale qualité de ce héros ?**

a. Ulysse issu de Zeus.

b. Ulysse aux mille ruses.

c. Ulysse, fils de Laërte.

d. Ulysse l'avisé.

e. Ulysse aux mille expédients.

Principale qualité : ....

2 ★★ **Quelle caractéristique le narrateur met-il en valeur chez son personnage ? Quels sont ses surnoms ? À qui est-il comparé ? Quelle impression produit-il sur le lecteur ?**

Toute sa personne était une grimace. Une grosse tête hérissée de cheveux roux ; entre les deux épaules, une grosse bosse dont le contrecoup se faisait sentir par-devant ; un système de cuisses et jambes si étrangement foudroyées qu'elles ne pouvaient se toucher que par les genoux. […] On eût dit un géant brisé et mal ressoudé. Quand cette espèce de cyclope parut sur le seuil de la chapelle, immobile, trapu, […] la populace le reconnut sur-le-champ, et s'écria d'une voix : « C'est Quasimodo, le sonneur de cloches ! C'est Quasimodo le bossu de Notre-Dame ! Quasimodo le borgne ! »

Notre-Dame de Paris, Victor Hugo.

3 ★★ **Relie les noms des héros aux titres des ouvrages.**

Ulysse	•	•	*La Bible*
Esméralda	•	•	*Odyssée*
Noé	•	•	*Notre-Dame de Paris*
Énée	•	•	*Le Roman de Renart*
Ysengrin	•	•	*Énéide*

4 ★★ **Combien y a-t-il de personnages ? Quel est le métier de Sherlock Holmes ? En quoi le visiteur est-il mystérieux ?**

Sherlock Holmes, morose, était assis d'un côté de la cheminée, répertoriant ses rapports criminels, alors que moi, de l'autre côté, j'étais plongé dans une de ces belles aventures en mer de Clark Russell. Le mugissement du vent semblait se mêler au texte et les rafales de pluie prolongeaient le clapotis des vagues.

« Tiens ? dis-je, en levant les yeux vers mon compagnon, on a sonné. Qui peut venir par cette soirée ? Un de vos amis peut-être ?

– À part vous, je n'en ai pas, répondit-il. Je n'encourage pas les visiteurs.

– Un client, alors ?

– Si c'en est un, il faut que l'affaire soit sérieuse pour faire sortir un homme de chez lui par un temps pareil et à cette heure-ci. »

Les cinq pépins d'orange, Conan Doyle.

5 ★★★ **Explique le nom de la petite fille. Imagine une suite à cette histoire où tu incluras deux autres personnages qui l'aideront à voler un écureuil et une fée. Invente un opposant.**

Il était une fois une petite fille très gentille, et si légère, si légère que, lorsqu'elle naquit, sa maman s'étonna de ne pas la sentir peser dans ses bras. Aussi l'appela-t-elle d'un nom léger : Grain d'Aile.

6 ★★★ **Invente un héros ou une héroïne.**

a. Décris en une phrase son physique.

b. Écris une phrase où tu présentes son caractère moral.

c. En une ou plusieurs phrases, invente une situation où ton héros ou ton héroïne doit être courageux.

d. Crée un personnage pour l'aider.

e. Si tu en as le courage, termine l'histoire à ta façon.

30 La poésie

Je retiens l'essentiel

• La poésie **joue sur les mots, les sons et les rythmes**.

• La poésie s'exprime souvent en **vers**.

• La répétition d'un même son en fin de vers est une **rime**. Les rimes sont féminines quand elles se terminent par un **e** muet, elles sont masculines dans tous les autres cas.

Le vent a laissé son ***manteau***
De vent, de froidure et de ***pluie****,*
Et s'est vêtu de ***broderie***
De soleil luisant et ***beau****.*

Chansons et rondeaux, Charles d'Orléans.

→ Le mot *manteau* rime avec le mot *beau*, et le mot *pluie* rime avec le mot *broderie* : ce sont des rimes féminines.

• Chaque vers se décompose en **pieds**. Une syllabe = un pied. Attention à bien compter les pieds.
Le **e** en fin de vers ne compte pas.
Quand le **e** est suivi d'une voyelle, il ne compte pas ; il compte lorsqu'il est suivi d'une consonne.
Les deux vers qui suivent sont des **alexandrins,** car ils ont 12 pieds. Un poème peut aussi avoir des vers de 10 pieds (**décasyllabe**) ou de 8 pieds (**octosyllabe**).

De/main,/ dès/ l'au/be, à/ l'heu/re où /blan/chit/ la /cam/pa/gne
Je /par/ti/rai. /Vois-/tu,/ je/ sais / que/ tu /m'at/tends.

Les Contemplations, « Pauca meae » XIV, Victor Hugo.

• Il existe des poèmes en **prose** qui servent à exprimer des sentiments ou qui jouent avec les mots.

À mi-chemin de la cage au cachot, la langue française a cageot, simple caissette à claire-voie vouée au transport de ces fruits qui, de la moindre suffocation, font à coup sûr une maladie.

Le Parti pris des choses, Francis Ponge.

Je comprends comment faire

➤ pour apprécier la poésie

La poésie joue avec la langue.

• Je sais reconnaître un texte poétique, parce qu'il **joue avec les sonorités.**

Il pleure dans mon cœur
Comme il pleut sur la ville ;
Quelle est cette langueur,
Qui pénètre mon cœur ?

in *Romance sans paroles,* Paul Verlaine.

→ Je remarque l'abondance des sonorités douces en ***eu*** et ***eur*** qui marquent la tristesse.

• Je reconnais un texte poétique, parce qu'il **joue avec l'ordre des mots.**

De sa fourrure blonde et brune
Sort un parfum si doux, qu'un soir
J'en fus embaumé, pour l'avoir
Caressée une fois, rien qu'une.

« Le Chat », *Les Fleurs du mal,* Charles Baudelaire.

→ Je remarque que la phrase commence par un complément de lieu, le sujet est inversé. Ce n'est pas l'ordre habituel des phrases.

OBJECTIF
Lire et écrire des poèmes.

Je m'exerce

1 Continue le texte.
★
Il y a des petits ponts épatants
Il y a mon cœur qui bat pour toi
Il y a une femme triste sur la route
Il y a un beau petit cottage dans un jardin

Poésie, Guillaume Apollinaire.

2 Lis ce poème, puis réponds aux questions.
★★
Comme un vol de gerfauts hors du charnier natal,
Fatigués de porter leurs misères hautaines,
De Palos de Moguer, routiers et capitaines
Partaient, ivres d'un rêve héroïque et brutal.

Les Trophées, José-Maria de Heredia.

a. Quels sont les mots à rime ?
b. Combien y a-t-il de pieds dans chaque vers ?

3 Lis ce poème, puis réponds aux questions.
★★★
Écureuil de printemps, écureuil de l'été, qui domine la terre avec vivacité, que penses-tu là-haut de notre humanité ?
– Les hommes sont des fous qui manquent de gaieté.
Écureuil, queue touffue, doré trésor des bois, ornement de vie et fleur de la nature, juché sur ton pin vert, dis-nous ce que tu vois ?
– La terre qui poudroie sous des pas qui murmurent.

Ballades françaises, Paul Fort.

a. Ce poème est-il en vers ou en prose ?
b. Relève des répétitions. À quoi servent-elles ?
c. Cherche le sens des expression et mot : *ornement de vie, poudroie.*
d. Pourquoi l'écureuil peut-il être un *doré trésor des bois* ?
e. Que symbolise l'écureuil face aux hommes ?

4 Lis cette chanson, repère la structure de chaque phrase, puis essaie d'écrire la suite en deux ou trois phrases.
★★★
Mon pays ce n'est pas un pays c'est l'hiver
Mon jardin ce n'est pas un jardin c'est la plaine
Mon chemin ce n'est pas un chemin c'est la neige
Mon pays ce n'est pas un pays c'est l'hiver.

« Le Grand Cerf volant », *Contes et chansons,* Gilles Vigneault.

....
....
....
....

5 Lis ce poème, puis réponds aux questions.
★★★
Tout n'était que lumière, poussière, joie, tumulte ; les uns dépensaient, les autres gagnaient, les uns et les autres étaient également joyeux. Les enfants se suspendaient aux jupes de leurs mères pour obtenir quelque bâton de sucre ou montaient sur les épaules de leur père pour mieux voir quelque escamoteur éblouissant comme un dieu. Et partout circulait, dominant tous les parfums, une odeur de friture qui était l'encens de cette fête.

Petits poèmes en prose, Charles Baudelaire.

a. Ce poème est-il en vers ou en prose ?
b. De quoi parle ce poème ?
c. Cherche la signification du mot *escamoteur.*
d. Explique l'expression *une odeur de friture qui était l'encens de cette fête.*
e. Quels sont les trois plaisirs offerts à cette fête ?
f. Relève une comparaison et explique-la.
g. Quelle impression générale se dégage du poème ?

Mathématiques

1 Les nombres décimaux

Je retiens l'essentiel

millions	centaines de mille	dizaines de mille	unités de mille	centaines	dizaines	unités	dixièmes	centièmes	millièmes	dix-millièmes	cent-millièmes	millionièmes
		3	7	5	4	0 ,	8	5				

- On lit : 37 540 virgule 85 ou 37 540 unités et 85 centièmes.
- On écrit : $37\,540{,}85 = \underbrace{37\,540}_{\text{partie entière}} + \underbrace{0{,}85}_{\text{partie décimale}}$
- Un nombre entier est un nombre décimal particulier : sa partie décimale est nulle. 38 = 38,0 = 38,00
- Un nombre décimal peut s'écrire sous forme de **fraction décimale :**

$4{,}72 = \frac{472}{100}$ (472 centièmes) ou $4{,}72 = \frac{4\,720}{1\,000}$ (4 720 millièmes)

- **Attention**

Ne pas confondre chiffre et nombre.

Dans 37 540,85 le chiffre des dizaines est 4, mais le nombre de dizaines est 3 754.

Je comprends comment faire

➤ pour multiplier par 10, par 100 ou par 1 000

- Quand **je multiplie** un nombre par 10, par 100 ou par 1 000, je décale la virgule de 1, de 2 ou de 3 rangs vers la droite.

64 × 10 = 640
23,6 × 100 = 2 360
0,07 × 1 000 = 70

➤ pour diviser par 10, par 100 ou par 1 000

- Quand **je divise** un nombre par 10, par 100 ou par 1 000, je décale la virgule de 1, de 2 ou de 3 rangs vers la gauche.

53,2 : 10 = 5,32
6,4 : 100 = 0,064
5 140 : 1 000 = 5,140

OBJECTIFS

Lire et écrire les nombres décimaux.

Je m'exerce

1 ★ **Écris en chiffres.**

a. Dix mille deux

....

b. Cent mille vingt-trois unités et douze millièmes

....

c. Trois millions deux mille cent

....

d. Trente mille quatre cent trois unités et huit centièmes

....

e. Six mille deux cent quatre centièmes

....

2 ★ **Entoure les nombres égaux à 7,02.**

a. $0{,}702 \times 100$

b. 7,020

c. $7 + 0{,}002$

d. $7 + \frac{20}{1\,000}$

e. 7 020 millièmes

f. $\frac{702}{1\,000}$

3 ★ **Place la virgule pour que le chiffre 6 représente le chiffre des centièmes dans les écritures suivantes.**

a. 8 0 6 4

b. 7 6 0 0 0

c. 6 5 0

4 ★ **Supprime les zéros inutiles.**

a. 05,02 = ...

b. 860,0400 = ...

c. 0009,00 = ...

5 ★ **Combien ajoutes-tu à la partie entière de chaque nombre pour obtenir le nombre donné ?**

a. 4,58

b. 140,9

c. 32 400,780

d. 0,803

6 ★★ **Pour afficher 5,2 sur ta calculatrice, tu appuies sur les touches :**

5 . et 2

Sans se servir de la touche . , Sophie affiche ce nombre en tapant :

5 2 : 1 0 =

Utilise cette méthode pour afficher les nombres suivants.

a. 8,05

b. 6,300

7 ★★ **Complète ces phrases par un nombre.**

a. *Tout savoir en 6*^e^ pèse 0,490 kg.

Un paquet de 10 livres pèse .... kg.

b. La voiture de M. Dupont consomme en moyenne 12 litres de super aux 100 km.

La consommation pour 1 km est .... L.

c. Une bouteille contient 0,75 L de sirop.

100 cartons de 10 bouteilles contiennent .... L de sirop.

8 ★★★ La masse d'une pièce de 1 € est 6,9 g.

a. **Quelle est la masse d'un tas de 1 000 pièces ?** ....

b. **Combien de billets de 10 € représente ce tas de pièces ?** ....

c. **Sachant qu'une liasse compte 10 billets, combien de liasses faudra-t-il ?**

....

9 ★★★ **Devinette.**

Je suis un nombre décimal.

Ma partie décimale est la même que celle de 3,08.

Mon nombre de dizaines est 52.

Mon chiffre des unités est égal au chiffre des millièmes.

Qui suis-je ? ....

Je retiens l'essentiel

• **Règle de comparaison de deux nombres décimaux**

1er cas : les deux nombres ont des parties entières différentes. Le plus petit nombre est celui qui a la plus petite partie entière : 7,52 < 12,3 (car 7 < 12).

2e cas : les deux nombres ont des parties entières égales.
Il faut comparer leurs parties décimales.
Exemple : 78,35 et 78,329

Première méthode
On compare chiffre par chiffre :

7 8, 3 5
7 8, 3 2 9

comme 5 > 2

→ donc : 78,35 > 78,329

Deuxième méthode
On complète par des zéros « inutiles » pour avoir le même nombre de décimales :
78,35 = 78,350.
Puis, on compare les parties décimales :

78, 350
78, 329

comme 350 > 329

→ donc : 78,35 > 78,329

• **Rangement de nombres**

Par ordre **croissant :** c'est les écrire du plus petit au plus grand.
Par ordre **décroissant :** c'est les écrire du plus grand au plus petit.

• **Encadrement**

15 < 15,38 < 16 est un encadrement de 15,38 à l'unité près.

Remarque :
15,3 < 15,38 < 15,4 est un encadrement au dixième près de 15,38.

Je comprends comment faire

➤ pour donner la troncature à l'unité d'un nombre

• Je coupe 5,|62. La troncature à l'unité de 5,62 est 5 : c'est sa **partie entière.**

➤ pour trouver l'arrondi à l'unité d'un nombre

• J'écris l'encadrement : 22 < 22,8 < 23

Je choisis la valeur approchée la plus proche de 22,8. C'est 23.
→ 23 est l'arrondi à l'unité de 22,8.

• Lorsqu'on a 22 < 22,37 < 23, on dit que 22 est l'arrondi à l'unité de 22,37.

OBJECTIFS

Comparer et encadrer des nombres.

Donner la troncature et l'arrondi à l'unité d'un nombre.

Je m'exerce

1 Complète par < ou >.
★
- a. 67,080 67,8
- b. 7 860 500 .... 7 860 055
- c. 802 801,99
- d. 657,09 657,1

2 Complète par un mot (troncature ou arrondi) ou par un nombre.
★
- a. La troncature à l'unité de 25,9 est ....
- b. .... à l'unité de 80,90 est 81.
- c. L'arrondi à l'unité de 7,09 est ....
- d. .... à l'unité de 59,65 est 59.

3 Complète par l'un des nombres suivants.
★
68,02 58,2 0,1 8,2 158
- a. 87 < ....
- b. 0,108 > ....
- c. 58,200 = ...
- d. .... < 58,20

4 Écris tous les nombres entiers compris entre 39,02 et 44,07.
★

....

5 a. Entoure le plus grand de ces deux nombres.
★★

trois cent dix-huit millièmes

trente centièmes

b. Entoure le plus petit de ces deux nombres.

$\frac{580}{100}$ dix mille millièmes

6 Dans l'écriture de 8643, place une virgule pour avoir :
★★
- a. un nombre inférieur à 10.

....

- b. un nombre compris entre 100 et 1 000.

....

7 Complète toujours par le même chiffre pour obtenir des nombres rangés par ordre décroissant.
★★

_ 81,5 > 7_ 5 > 776, _ 7 > 776,8 _

8 Quelle est la valeur approchée par excès de la surface de bureaux en m², sur un étage ?
★★

À LOUER

1578 m² de bureaux sur 5 étages

La surface est la même à chaque étage.

9 Devinette.
★★★

Je suis un nombre décimal écrit avec quatre chiffres.

Ma troncature est 13. Mon arrondi à l'unité est 14. Mon chiffre des centièmes est le même que celui des unités, et mon chiffre des dixièmes est plus petit que 6.

Qui suis-je ? ....

10 Les nombres de ce tableau indiquent le poids et la taille de quatre amis.
★★★

Amis	Poids (kg)	Taille (m)
Mathias	44,5	1,45
Aurélien	40,0	1,30
Benoît	41,5	1,38
Samuel	32,0	1,05

Quel est celui qui mesure plus de 1,35 m et qui pèse moins de 42 kg ? ....

Je retiens l'essentiel

- **Additionner**

les termes

315,76 + 7 + 37,6 = ...

somme non effectuée — somme effectuée

			u			
		2	1			
	3	1	5	,	7	6
			7	,		
+		3	7	,	6	
	3	6	0	,	3	6

On vérifie le résultat :

– en recomptant de bas en haut ;

– en calculant un **ordre de grandeur** du résultat :

315,76 + 7 + 37,6 = 360,36

c'est 300 + 10 + 40 = 350 semble vrai

– ou encore en utilisant l'**écriture fractionnaire** des nombres décimaux :

$$\frac{31\,576}{100} + \frac{700}{100} + \frac{3\,760}{100} = \frac{36\,036}{100} = 360,36$$

- **Soustraire**

plus grand terme — plus petit terme

92,88 − 8,275 = ...

différence non effectuée — différence effectuée

	9	$_1$2	,	8	8$_1$	0
−	$_1$	8	,	2	7$_1$	5
	8	4	,	6	0	5

Pour calculer plus facilement, on complète la partie décimale avec des zéros.

On vérifie le résultat :

– en effectuant 8,275 + 84,605 = ... ;

– en calculant un ordre de grandeur du résultat : 90 – 10 = 80 ;

– ou en utilisant l'écriture fractionnaire des nombres décimaux :

$$\frac{92\,880}{1\,000} - \frac{8\,275}{1\,000} = \frac{84\,605}{1\,000} = 84,605$$

Je comprends comment faire

➤ pour résoudre un problème d'addition ou de soustraction

- Dans un énoncé, les expressions ***de plus que*** ou ***de moins que*** peuvent être trompeuses et entraîner une solution erronée.

Kevin dit à Mathieu : « Je pèse 58,3 kg. »

Mathieu répond : « Alors, tu pèses 15 kg de plus que moi. »

Combien pèse Mathieu ?

- Pour éviter de me tromper, je fais un schéma :

- Ici, il ne faut pas faire une addition (mauvaise utilisation du mot ***plus***), mais une soustraction : 58,3 – 15 = 43,3.

➔ Mathieu pèse 43,3 kg.

OBJECTIFS

Revoir et maîtriser les techniques d'addition et de soustraction de nombres décimaux.

Identifier les problèmes nécessitant ces opérations.

Je m'exerce

1 ★ **Effectue les additions suivantes.**

a. 103,45 + 5 271 + 0,786 = ...

b. 2 352,09 + 374,910 + 9,9 = ...

c. 35,08 + 609,7 + 37,275 = ...

2 ★ **Effectue les soustractions suivantes.**

a. 362,45 – 53,8 = ...

b. 800,37 – 23,6 = ...

c. 2 050,6 – 65,37 = ...

3 ★★ La différence entre deux nombres est 65,08. L'un de ces nombres est 80.
Quel est l'autre nombre ? Combien y a-t-il de solutions ?

....

....

4 ★★ Christophe a tapé sur sa calculatrice 738,2 au lieu de 73,82.
Quel nombre doit-il ajouter ou retrancher pour obtenir 73,82 ? ....

5 ★★ 32 livres *Tout savoir en 6ᵉ* pèsent 15,680 kg et 33 livres pèsent 16,170 kg.
Sans effectuer de division, calcule le poids d'un livre.

....

....

6 ★★ Dans son addition, Rémi a oublié d'écrire les virgules.
Place-les pour que l'addition soit juste.

362 + 88 + 7218 = 1638

7 ★★ Dans sa tirelire, Guillaume a 62,40 €. Il a 18,65 € de moins que sa sœur Aude.
Combien d'argent possède Aude ?

....

....

8 ★★★ Deux barres de fer ont pour longueur 1,32 m et 0,78 m. On les soude de façon à ce qu'elles se recouvrent sur une longueur de 0,10 m.

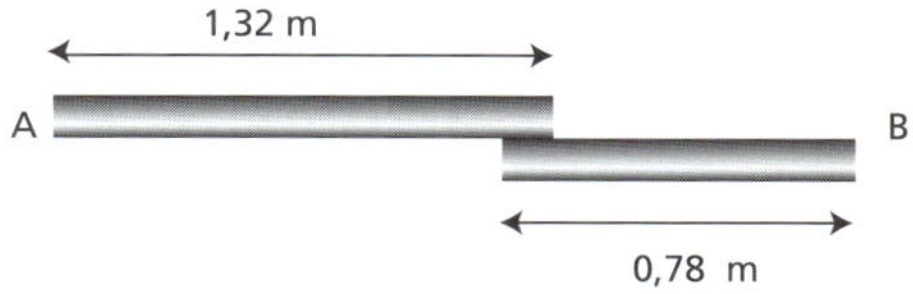

Calcule la longueur de AB.

....

9 ★★★ Une veste et un pantalon coûtent ensemble 272 €. M. Durand choisit la veste, mais prend un autre pantalon. Il paie 20,65 € de moins.
Quel est le prix du pantalon choisi, si la veste seule coûte 160,50 € ?

....

10 ★★★ Deux panneaux indicateurs sont placés au bord de la route.

a. **Calcule la distance Paris-Reims.**

....

b. **Calcule la distance Metz-Reims.**

....

11 ★★★ Mathieu est né lorsque son père avait 29 ans. En 2010, Mathieu aura 14 ans.
Calcule :

a. **l'année de naissance de Mathieu ;**

....

b. **l'âge de son père en l'an 2000 ;**

....

c. **l'année de naissance de son père.**

....

Je retiens l'essentiel

• **Multiplier des nombres décimaux**

Les facteurs

2,48 × 8,5 = ...

produit non effectué — produit effectué

```
        2, 4 8   → 2 décimales
  ×        8, 5  → 1 décimale
     1, 2, 4 0
   1 9, 8, 4 .   → décalage de 1 rang
   2 1, 0 8 0    ← 3 décimales (1+2)
```

On effectue la multiplication **sans tenir compte des virgules.** Puis, on place la virgule dans le résultat, **en comptant le nombre de décimales** comme indiqué dans la pose de l'opération.

On vérifie le résultat :

– en calculant un ordre de grandeur du résultat :

2,48 × 8,5 = 21,08

2 × 10 = 20 (semble vrai)

– ou en utilisant l'écriture fractionnaire des nombres décimaux :

$$\frac{248}{100} \times \frac{85}{100} = \frac{21\,080}{1000} = 21{,}08$$

Je comprends comment faire

➤ pour calculer rapidement

• 444 × 85,9

Je pose l'opération comme indiqué ci-contre.
Ainsi, j'écris les trois mêmes calculs intermédiaires.

```
      8 5,9
    × 4 4 4
    3 4 3 6
  3 4 3 6
3 4 3 6
```

• 275 × 30,6

J'effectue la multiplication comme indiqué ci-contre.
Le **décalage supplémentaire** est dû au 0 de 30,6.

```
    2 7 5
  × 3 0, 6
  1 6 5 0
8 2 5 . .
8 4 1 5 0
```

décalage supplémentaire

• 2,5 × 13 × 4

Je change l'ordre des facteurs : 2,5 × 4 × 13,
ce qui simplifie les calculs.
2,5 × 13 × 4 = (2,5 × 4) × 13 = 10 × 13 = 130
Je dois retenir ces produits particuliers :
2 × 0,5 = 1; 2 × 5 = 10; 4 × 2,5 = 10; 4 × 25 = 100.

• en multipliant par 5

Je multiplie ce nombre par 10, et je divise le résultat par 2.
8,6 × 5 = (8,6 × 10) : 2 = 86 : 2 = 43
344 × 5 = (344 : 2) × 10 = 172 × 10 = 1 720

OBJECTIFS

- Revoir et maîtriser la technique de multiplication des nombres décimaux.
- Calculer rapidement un produit.

Je m'exerce

1 ★ **Calcule.**

a. 56,2 × 7,3 = 410,26

b. 7,82 × 0,350 = 2,152640

c. 4 730 × 70,6 = 298336,0

2 ★ Voici une multiplication :
208 × 715 = 148 720.
Utilise le résultat pour compléter, sans poser les multiplications, les égalités suivantes :

a. 2,08 × 71,5 = ...

b. 2 080 × 0,715 = ...

c. 0,0208 × 7,15 = ...

3 ★★ **Complète cette multiplication et place la virgule qui manque.**

```
      □, □  9
   ×     □  □
   ----------
      3  □  9
□  □  3  □
   ----------
□  □, 6  6  □
```

4 ★★ **Multiplie le nombre 407 par 34 dixièmes, puis retranche 34 dizaines au résultat. Quel nombre obtiens-tu ?**

....

5 ★★ Un paquet de 100 enveloppes pèse 230 g.
Quel est le poids d'un tas de paquets de 100 enveloppes représentant 2 700 enveloppes ?

....

6 ★★ **Devinette.**
En multipliant un nombre par 8, on trouve le même résultat qu'en multipliant ce nombre par 7 et en lui ajoutant 13,4.

Trouve ce nombre.

....

7 ★★ **Quel est le prix d'un rôti de bœuf de 800 g à 14,85 € le kg ?**

....

8 ★★★ M. Toncle a planté 12 thuyas distants chacun de 1,5 m.
Calcule la distance entre le premier thuya et le dernier.

....

9 ★★★ Un camion vide pèse 3,5 t. Il transporte 46 sacs de ciment de 50 kg chacun et 1 500 briques creuses pesant chacune 1,7 kg.
Ce camion pourra-t-il passer sur un pont limité à 10 t ? (On rappelle 1 000 kg = 1 t.)

....

10 ★★★ C'est l'anniversaire de Laurent. Son grand-père lui envoie un colis contenant :
– une voiture téléguidée pesant 1,300 kg et coûtant 26 € ;
– 3 bandes dessinées pesant chacune 330 g et coûtant 8,42 € chacune ;
– 2 tablettes de chocolat de 125 g chacune et coûtant 1,50 € l'une.
Il met le tout dans un emballage postal qui pèse 176 g et dont le prix est de 2 €.
En utilisant le tarif postal ci-dessous, calcule la dépense totale du grand-père de Laurent.

Poids en g	Prix
0–500	5,00 €
500–1 000	6,00 €
1 000–2 000	6,80 €
2 000–3 000	7,40 €
3 000–5 000	8,60 €

....

....

....

....

....

Mathématiques

5 La division

Je retiens l'essentiel

1 0 2 8	4 3
− 8 6	2
0 1 6	

• Il y a deux chiffres au diviseur. On prend donc deux chiffres au dividende, mais étant donné que 10 est inférieur à 43, on prend alors 102.
Et on dit : « En 102, combien de fois 43 ? »
ou « En 10, combien de fois 4 ? » Réponse : 2 fois.
2 × 43 = 86 et on soustrait 86 à 102.

dividende	diviseur
1 0 2 8	4 3
− 8 6 ↓	2 3
0 1 6 8	quotient entier
− 1 2 9	
0 3 9	
reste entier	

• Ensuite, on abaisse le 8. On effectue alors la division de 168 par 43. « En 168, combien de fois 43 ? »
ou « En 16, combien de fois 4 ? » Réponse : 4 fois.
Mais comme 4 × 43 = 172, c'est trop grand (172 > 168), on essaie avec 3. On a 3 × 43 = 129, etc.
On vérifie : 43 × 23 + 39 = 1 028

En calculant le quotient entier et le reste dans une division de deux nombres entiers, on effectue une **division euclidienne.**
dividende = diviseur × quotient + reste (avec reste < diviseur)

1 0 2 8, 0	4 3
− 8 6	2 3 , 9
0 1 6 8	quotient au dixième
− 1 2 9 ↓	
0 3 9 0	
− 3 8 7	
0 0 3	

• On peut continuer la division en abaissant le chiffre des dixièmes du dividende, soit **0**.
Et on n'oublie pas de placer une virgule au quotient.
« En 390, combien de fois 43 ? », etc.
Le reste est égal à 3 dixièmes ou 0,3.
On vérifie : 1 028 = 43 × 23,9 + 0,3

Dans cette division du nombre décimal 1 028,0 par le nombre entier 43, la division ne s'arrêtera pas.
Le quotient obtenu n'est pas décimal, c'est un **quotient approché.**

• **Remarque**
On n'est pas obligé de faire apparaître les soustractions intermédiaires, notamment dans les divisions par un nombre d'un chiffre où le calcul de la différence peut se faire mentalement.

• **Cas particulier :** quotient entier et reste nul.

9 8	7
2 8	1 4
0	
reste = 0	

On écrit : 98 = 7 × 14 ou 98 : 7 = 14

On dit : 98 est un multiple de 7,
98 est divisible par 7 ou 7 est un diviseur de 98.

Je comprends comment faire

➤ pour multiplier par 0,1, par 0,01 ou par 0,001

• Quand je multiplie un nombre par 0,1, par 0,01 ou par 0,001, **cela revient à le diviser par 10, par 100 ou par 1 000.** Donc, je déplace la virgule de 1, de 2 ou de 3 rangs vers la gauche.

83,2 × 0,1 = 8,32 ou 83,2 : 10 = 8,32
500 × 0,01 = 5 ou 500 : 100 = 5

OBJECTIF
Revoir la technique de division entre deux entiers avec quotient décimal.

Je m'exerce

1 ★ Dans une division, le reste est égal à 14, le quotient à 405 et le diviseur à 29.
Quel est le dividende ? ....

2 ★ **Effectue les divisions suivantes.**
a. (à l'unité)

```
7 6 2 5 | 3 7
        |_____
```

b. (au dixième)

```
3 0 6 0 , 7 | 5 8
            |_____
```

3 ★ En observant l'égalité suivante
307 = 13 × 22 + 21 ,
Marc dit : « 21 est le reste de la division euclidienne de 307 par 13 » ;
Laura dit : « 13 est le quotient de la division euclidienne de 307 par 22 » ;
Marie dit : « 21 est le quotient de la division euclidienne de 307 par 22 ».
Qui a raison ? Laura

4 ★ **Calcule les quotients suivants avec une calculatrice et complète avec le signe qui convient = ou ≃. (Si c'est ≃, écris le résultat au dixième.)**
a. 48 : 36 1,33 ≃
b. 82 : 205 0,40 =
c. 325 : 57 ≃ 5,70
d. 2813 : 116 ≃ 24,25

5 ★★ M. Desvignes range 238 bouteilles dans des cartons de 12 bouteilles.
a. **Combien de cartons faut-il ?** 19,8 cartons
b. **Combien de bouteilles y a-t-il dans le dernier carton ?** 4 bouteilles

6 ★★ **Complète cette division.**

```
  8 2 □ 0 | □ 6
- □ □     |______
  □ □ □   | 5 □ □
  - □ □
      5 □
    - □ □
      □ □
```

7 ★★ L'épicier propose un lot de 3 boîtes de tomates pour 4 € et un lot de 5 boîtes de tomates, de même marque et de même qualité, pour 7 €.
Quel est le lot le plus avantageux ?

8 ★★ Le quotient exact de deux nombres est 42. L'un de ces nombres est 966.
Trouve l'autre nombre. Donne toutes les solutions.

9 ★★★ M. Madus achète un ordinateur à 2 145 €. Il paie uniquement avec des billets de 200 €.
a. **Combien de billets doit-il donner ?** ....
b. **Combien lui rend-on ?** ....

10 ★★★ Pierre pèse 2 fois plus que Louise et Jacques 6 kg de moins que Pierre. Ensemble, ils pèsent 139,5 kg.
a. **Fais un schéma.**
b. **Calcule le poids de Louise, puis le poids des autres personnes.**

11 ★★★ Anne achète des abricots pour garnir des tartelettes. En mettant 6 abricots par tartelette, il n'en reste aucun. De même en en disposant 5, il n'en reste aucun. En garnissant les tartelettes, Anne compte plus de 50 noyaux et moins de 80 noyaux.
Combien y avait-il d'abricots ? ....

Mathématiques

6 Le quotient de deux nombres (1)

Je retiens l'essentiel

• Le quotient du nombre a par le nombre b peut se noter : $\frac{a}{b}$ (a → numérateur ; b → dénominateur)

C'est une **écriture fractionnaire.**

Exemples : $\frac{3,2}{7}$ (on lit 3,2 sur 7) ; $\frac{25}{0,5}$

• Si les nombres a et b sont des entiers, l'écriture fractionnaire $\frac{a}{b}$ s'appelle une **fraction.**

Exemple : $\frac{15}{6}$ (on lit 15 sur 6 ou quinze sixièmes.)

• **Attention**

Certaines fractions sont des **nombres entiers.**

$\frac{18}{2} = 9$ car $18 : 2 = 9$

Certaines fractions sont des **nombres décimaux.**

$\frac{15}{6} = 2,5$ car $15 : 6 = 2,5$

Mais la fraction $\frac{17}{6}$ n'est pas un nombre décimal.

1 7	6
5 0	2,833…
2 0	
2 0	
2	

→ La division ne s'arrête pas.

On peut donner :

– la troncature à l'unité : $\frac{17}{6} \simeq 2$

– la troncature au dixième : $\frac{17}{6} \simeq 2,8$

– l'encadrement à l'unité : $2 < \frac{17}{6} < 3$

– l'arrondi à l'unité : $\frac{17}{6} \simeq 3$

– la valeur approchée par excès au centième : $\frac{17}{6} \simeq 2,84$

Je comprends comment faire

➤ pour placer un quotient sur une demi-droite graduée

• Exemple : $\frac{8}{3}$

1. Je **trace une demi-droite.**

2. Je **choisis une unité** pouvant facilement **se partager en 3 parties égales** (par exemple : 3 cm, 6 cm, etc.) et **je gradue.**

3. Je **compte de** $\frac{1}{3}$ **en** $\frac{1}{3}$ jusqu'à $\frac{8}{3}$ et je place $\frac{8}{3}$.

OBJECTIF

Utiliser l'écriture fractionnaire pour écrire le quotient de deux nombres.

Je m'exerce

1 ★ **Complète quand c'est possible.**

Écriture en lettres	Écriture décimale	Écriture fractionnaire
sept dixièmes		
		$\frac{8}{4}$
		$\frac{4}{3}$
douze cinquièmes		
cinq demis		

2 ★ **Quelle est la fraction coloriée de chaque dessin ?**

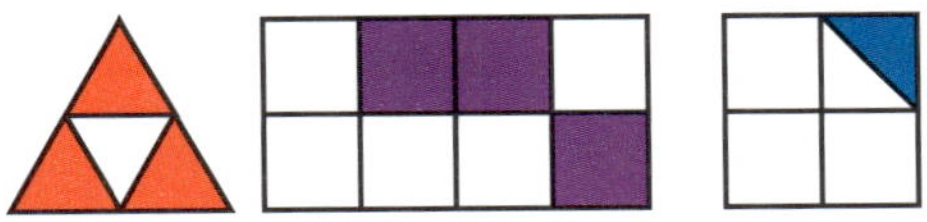

a. .... b. .... c. ....

3 ★ **Si c'est possible, écris chaque quotient sous forme de nombre décimal, sinon, sous forme de fraction.**

a. 28 : 4 = ...
b. 6 : 5 = ...
c. 8 : 3 = ...
d. 27 : 75 = ...
e. 11 : 7 = ...
f. 1 : 100 = ...

4 ★ **Quelle fraction de semaine représente deux jours ?**

....

5 ★★ **Complète les fractions suivantes.**

a. $\frac{\dots}{3} = 5$
b. $\frac{6}{\dots} = 1$
c. $\frac{\dots}{10} = 0{,}8$
d. $\frac{1\,000}{\dots} = 10$

6 ★★ **À quelle fraction correspond chaque lettre ?**

A → .... C → ....
B → .... D → ....

7 ★★ **Sur une feuille de papier quadrillé, dessine un rectangle de 9 carreaux de long sur 5 carreaux de large.**
Puis colorie le nombre de carreaux qui correspond aux $\frac{3}{5}$ de la surface.

8 ★★ Les dimensions de la salle de classe de Sophie sont $\frac{21}{3}$ m et $\frac{1}{2}$ dam.

a. **Quelle est, en mètres, la longueur de la salle ?** ....

b. **Quelle est sa largeur ?** ....

9 ★★★ En revenant du match de football, Kevin a d'abord bu une boisson tonique de 0,5 L, puis $\frac{1}{2}$ litre d'eau et enfin $\frac{3}{4}$ de litre de jus d'orange.

Quelle quantité de liquide a-t-il absorbée en cL ? ....

10 ★★★ Un pâtissier a fabriqué un gâteau au fromage d'un kilogramme qu'il a partagé en huit parts égales. Un premier client en achète trois morceaux, un deuxième prend un morceau, et un troisième, deux morceaux.

a. **Quelle fraction du gâteau reste-t-il à vendre ?** ....

b. **Calcule le poids du morceau restant.**

....

....

Mathématiques

7 Le quotient de deux nombres (2)

Je retiens l'essentiel

• On ne change pas le quotient $\frac{a}{b}$ (ou la fraction $\frac{a}{b}$), si on multiplie ou si on divise ***a*** et ***b*** par un même nombre différent de 0.

Exemples : $\frac{6}{9} = \frac{6 \times 4}{9 \times 4} = \frac{24}{36}$ $\qquad \frac{18}{24} = \frac{18 : 6}{24 : 6} = \frac{3}{4}$

On dit que $\frac{3}{4}$ est la **fraction simplifiée** de $\frac{18}{24}$.

• Pour **simplifier une fraction,** on utilise les **critères de divisibilité.**
Un nombre entier est divisible :
– par 2 lorsque son chiffre des unités est 0, 2, 4, 6 ou 8 ;
– par 5 lorsque son chiffre des unités est 0 ou 5 ;
– par 3 lorsque la somme de ses chiffres est un multiple de 3 ;
– par 9 lorsque la somme de ses chiffres est un multiple de 9 ;
– par 4 lorsque le nombre formé par les chiffres des dizaines et des unités est un multiple de 4 ;
– par 10 lorsque son chiffre des unités est 0.

Je comprends comment faire

➤ pour diviser par un nombre décimal

$\frac{9{,}65}{2{,}3}$ et $\frac{35}{0{,}72}$

• Pour pouvoir calculer ces quotients, **je transforme** leur écriture en utilisant la propriété écrite en haut de la page.

$\frac{9{,}65}{2{,}3} = \frac{9{,}65 \times 10}{2{,}3 \times 10} = \frac{96{,}5}{23}$ $\qquad \frac{35}{0{,}72} = \frac{35 \times 100}{0{,}72 \times 100} = \frac{3\,500}{72}$

• **Je multiplie le diviseur et le dividende** par 10, par 100 ou par 1 000 pour obtenir une division par un nombre entier.

96,5 | 23

3500 | 72

96,5 divisé par 23

3 500 divisé par 72

➤ pour diviser par 0,1, par 0,01 ou par 0,001

• Quand je divise un nombre par 0,1, par 0,01 ou par 0,001, cela revient à le **multiplier par 10, par 100 ou par 1 000.**
Donc, je décale la virgule de 1, de 2 ou de 3 rangs vers la droite.
13 : 0,1 = 130 ou 13 × 10 = 130
3,8 : 0,01 = 380 ou 3,8 × 100 = 380

OBJECTIFS
Écrire des fractions décimales.
Apprendre la technique de division d'un décimal par un décimal.

Je m'exerce

1 ★ **Complète.**

a. $\frac{3}{2} = \frac{12}{\dots}$ c. $\frac{30}{4} = \frac{15}{\dots}$

b. $\frac{700}{1\,000} = \frac{\dots}{10}$ d. $\frac{3{,}09}{6{,}8} = \frac{\dots}{68}$

2 ★ **Mets une croix dans les cases qui conviennent.**

est divisible par	2	3	5	4
24				
1 340				
645				

3 ★ **Simplifie ces fractions.**

a. $\frac{3}{9} = \frac{\dots}{\dots}$ c. $\frac{12}{20} = \frac{\dots}{\dots}$

b. $\frac{8}{16} = \frac{\dots}{\dots}$ d. $\frac{60}{90} = \frac{\dots}{\dots}$

4 ★★ **Écris les nombres suivants sous la forme d'une fraction décimale. Et si c'est possible, simplifie cette fraction.**

a. $1{,}4 = \frac{\dots}{\dots} = \frac{\dots}{\dots}$

b. $0{,}08 = \frac{\dots}{\dots} = \frac{\dots}{\dots}$

c. $2{,}5 = \frac{\dots}{\dots} = \frac{\dots}{\dots}$

5 ★★ **Remplace chaque quotient par un quotient égal et dont le dénominateur est un nombre entier. Puis calcule ce quotient.**

a. $\frac{1{,}8}{0{,}2} = \dots$ c. $\frac{28}{1{,}4} = \dots$

b. $\frac{3{,}528}{0{,}01} = \dots$ d. $\frac{0{,}8}{0{,}02} = \dots$

6 ★★ **Quelle est la fraction du rectangle qui est coloriée en orange ?**
Écris le résultat sous forme simplifiée.

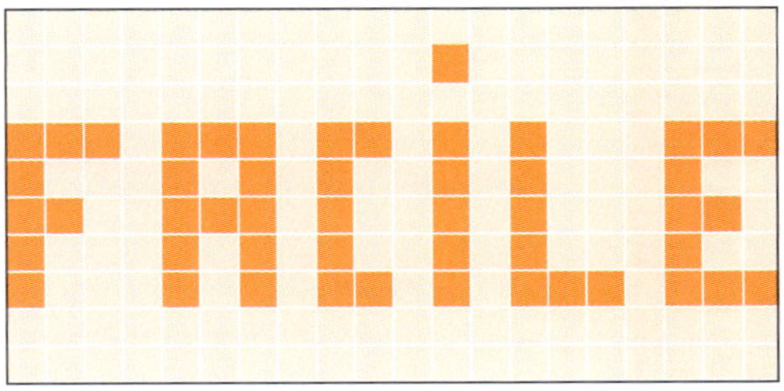

....

7 ★★ **Sur quels dessins a-t-on colorié le quart de la figure ?**

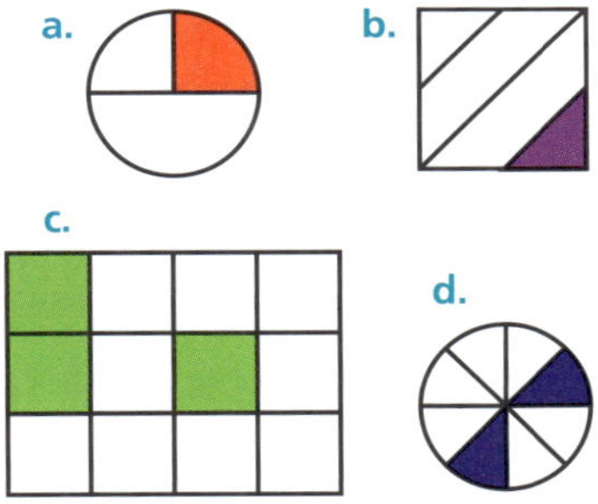

....

8 ★★★ Aujourd'hui, Nicolas est allé au collège de 8 h à 11 h, puis de 14 h à 17 h.

Quelle fraction de la journée a-t-il travaillé ?
Écris le résultat sous forme simplifiée.

....

9 ★★★ Aurélien a fait deux fois et demie le tour du stade en 10 minutes.
En supposant qu'il ait couru à la même allure, écris la durée d'un tour sous forme fractionnaire. Puis calcule cette durée.

....

....

Mathématiques

8 Le produit d'un nombre par une fraction

Je retiens l'essentiel

• Pour prendre la fraction $\frac{a}{b}$ d'un nombre c, on multiplie ce nombre c par la fraction $\frac{a}{b}$.

Exemple : on prend les $\frac{3}{4}$ d'un paquet de 36 gâteaux.

Les $\frac{3}{4}$ de 36, c'est $\frac{3}{4} \times 36$ ou $36 \times \frac{3}{4}$

• Il existe **trois méthodes** pour calculer $c \times \frac{a}{b}$ ou $\frac{a}{b} \times c$.

1. On multiplie le nombre *c* par *a*, puis on divise le résultat par *b*.	$\frac{3}{4} \times 36 = \frac{3 \times 36}{4} = \frac{108}{4} = 27$
2. On divise le nombre *c* par *b*, puis on multiplie le résultat par *a*.	$\frac{3}{4} \times 36 = \frac{36}{4} \times 3 = 9 \times 3 = 27$
3. On calcule le quotient de *a* par *b* et on le multiplie par *c*.	$\frac{3}{4} \times 36 = 0{,}75 \times 36 = 27$

• **Attention**

Les deux dernières méthodes peuvent être utilisées lorsque $\frac{c}{b}$ et $\frac{a}{b}$ sont des nombres décimaux.

Je comprends comment faire

➤ pour calculer à la main ou mentalement $\frac{a}{b} \times c$

• $\frac{3}{4} \times 36$ Je divise 36 par 4, j'obtiens mentalement le quotient 9 que je multiplie par 3.
Ici, ce n'est pas intéressant de diviser 3 par 4, car ensuite je dois poser la multiplication 0,75 × 36 pour trouver le résultat 27.

• $17 \times \frac{6}{3}$ Je divise d'abord 6 par 3. Je trouve 2, et 2 × 17 = 34.
Ce n'est pas intéressant de calculer 17 × 6 = 102, car après je dois poser la division 102 par 3.

• $\frac{15}{9} \times 6$ Les divisions de 15 par 9 et de 6 par 9 ne tombent pas juste.
Je multiplie donc 15 par 6. Je trouve 90 que je divise par 9, soit 10.

Je peux aussi **simplifier avant de multiplier :**

$\frac{15}{9} \times 6 = \frac{15 \times 6}{9} = \frac{5 \times 3 \times 3 \times 2}{3 \times 3} = 10$

➤ pour calculer avec la calculatrice

OBJECTIF
Multiplier un nombre par une fraction.

Je m'exerce

1 ★ **Effectue les opérations suivantes en donnant le résultat sous la forme d'un nombre décimal. Sinon, arrondis le résultat à l'unité.**

a. $\frac{9}{4} \times 6 =$ ....

b. $300 \times \frac{12}{10} =$ ....

c. $\frac{11}{3} \times 7 =$ ....

d. $\frac{11}{22} \times 0{,}7 =$ ....

e. $2 \times \frac{12}{7} =$ ....

2 ★ **Effectue ces calculs mentalement.**

a. $20 \times \frac{7}{10} =$ ....

b. $83 \times \frac{7}{83} =$ ....

c. $\frac{11}{2} \times 8 =$ ....

d. $\frac{15}{3} \times 4 =$ ....

e. $\frac{7}{3} \times 6 =$ ....

f. $28 \times \frac{7}{4} =$ ....

3 ★ **Complète par une fraction.**

a. $3 \times \frac{\dots}{\dots} = 5$

b. $\frac{\dots}{\dots} \times 4 = 11$

4 ★★ Paul partage en six parts égales un gâteau de 300 g. Il en mange deux parts.

a. **Quelle fraction du gâteau a-t-il mangé ?**

....

b. **Quel poids cela représente-t-il ?**

....

5 ★★ La longueur de la chambre de Caroline mesure 4 m. La largeur est égale aux $\frac{5}{8}$ de la longueur.

Quelle est la largeur de cette chambre ?

....

6 ★★ L'eau contenue dans le corps représente les trois cinquièmes du poids du corps. Cette eau se trouve notamment dans les muscles, le sang, le cerveau et les os.

Monsieur Durand pèse 80 kg. Calcule le poids de l'eau contenue dans son corps.

....

7 ★★ Fabrice a acheté un paquet de 20 gâteaux. Il en a mangé les trois quarts.

Combien lui reste-t-il de gâteaux ?

....

8 ★★ **Calcule la quantité de liquide contenue dans ce récipient.**

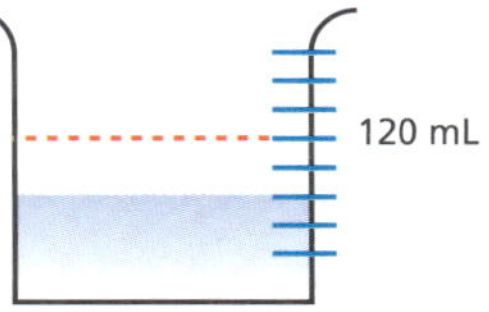

....

9 ★★★ Les $\frac{7}{10}$ de la surface du globe terrestre sont occupés par les mers. La superficie de la planète est environ 510 035 000 km².

Calcule la superficie des terres émergées (terres et glaces).

....

....

10 ★★★ Dans une boîte de 30 chocolats, $\frac{2}{5}$ des chocolats sont ronds et les $\frac{3}{4}$ des chocolats ronds sont fourrés.

Combien y a-t-il de chocolats ronds fourrés ?

....

....

Mathématiques

9 Les calculs et les problèmes

Je retiens l'essentiel

• Calcul d'une expression

Pour calculer une expression comportant des parenthèses, **on effectue d'abord les calculs entre parenthèses.**

Exemples :

$A = \underbrace{(14 + 2)} - \underbrace{(5 - 1)}$

$= 16 - 4 = 12$

$B = 25 + [4 \times \underbrace{(10 - 7)}]$

$= 25 + \underbrace{[4 \times 3]}$

$= 25 + 12 = 37$

• Application d'une formule

Pour résoudre certaines situations, il est pratique d'utiliser une formule.
Par exemple, trouver le périmètre de ce rectangle de 12 cm sur 8 cm.

Il existe une formule donnant le périmètre du rectangle :
$P = 2 \times (L + l)$

On a donc :
$P = 2 \times (12 + 8) = 40$ cm

• Calcul d'un nombre inconnu

Les égalités écrites dans les exemples suivants ont un terme manquant.
Elles sont appelées **équations.**
Par exemple, calculer la valeur des termes manquants x, y, s, t et b.

$8{,}4 + x = 12{,}5$ d'où $x = 12{,}5 - 8{,}4 = 4{,}1$

$32{,}5 - y = 18$ d'où $y = 32{,}5 - 18 = 14{,}5$

$s - 23 = 30$ d'où $s = 23 + 30 = 53$

$t \times 2 = 17$ d'où $t = \frac{17}{2} = 8{,}5$

$44 : b = 11$ d'où $b = \frac{44}{11} = 4$

Je comprends comment faire

➤ pour résoudre un problème à l'aide d'un schéma

La somme des âges des trois enfants de M. Lotar est égale à 22. L'aîné est deux fois plus âgé que le benjamin et le cadet a 2 ans de plus que le benjamin. Calcule l'âge des trois enfants.

Solution :

1. Je trace trois segments représentant l'âge de chaque enfant.

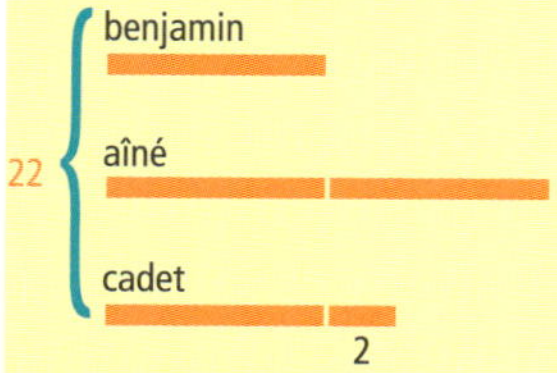

Le premier segment a une longueur quelconque (âge du benjamin).
Le deuxième segment a une longueur double de celle du premier (âge de l'aîné).
Le troisième segment est un peu plus long que le premier (âge du cadet).

2. Je constate que si j'enlève 2 ans au total des âges des trois enfants, j'obtiens quatre fois l'âge du benjamin : (22 – 2) : 4 = 5

➔ Je conclus : le benjamin a 5 ans, le cadet 7 ans (5 + 2) et l'aîné 10 ans (2 × 5).

OBJECTIF
Résoudre des équations simples.

Je m'exerce

1 ★ **Calcule les expressions suivantes.**

a. (28 + 12) – (7 – 3) =

....

b. [5 × (8 – 2)] – (12 + 18) =

....

c. (10 – 3) × (5 + 2) =

....

d. 26 – [(6 × 2) + 4] = ...

....

e. (3 × 10) – (20 – 10) = ...

....

2 ★ La formule donnant l'aire d'un trapèze est :
$A = (B + b) \times \frac{h}{2}$.

B : grande base
b : petite base
h : hauteur

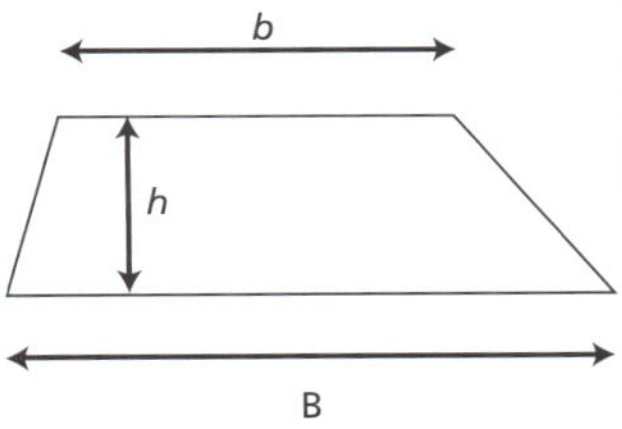

Calcule l'aire d'un trapèze dont les bases mesurent 80 m et 52 m, et la hauteur 24 m.

3 ★ Le poids idéal d'un adulte peut être déterminé à l'aide des formules suivantes :

homme → $P = \left(\frac{3}{4} \times T\right) - 62{,}5$

femme → $P = \left(\frac{1}{2} \times T\right) - 25$

Les lettres P et T représentent le poids en kilogrammes et la taille en centimètres.
Calcule le poids idéal :
a. **de M. Lomet qui mesure 1,80 m ;**
b. **d'une danseuse mesurant 1,72 m ;**
c. **d'un basketteur mesurant 2,12 m.**

4 ★★ **Trouve les nombres manquants.**

a. $x + 3{,}5 = 8{,}1$
b. $y - 7{,}2 = 4{,}8$
c. $6{,}3 - t = 0{,}8$
d. $s \times 12 = 48{,}12$
e. $35 : a = 17{,}5$
f. $6 \times b = 10$

5 ★★ **Dans chaque égalité, place des parenthèses pour qu'elle soit vraie.**

a. 6 + 8 – 2 x 4 = 30
b. 32 – 7 x 2 + 8 = 10

6 ★★ Papa est allé au marché. Il a dépensé 19,04 €. Il a acheté 3 kg de pommes à 1,70 € le kg, 2 salades à 1 € pièce et un poulet grillé.
Écris une expression numérique avec les parenthèses pour trouver le prix du poulet. Calcule.

7 ★★★ Pierre a 20 € en poche. Il achète un livre à 6 € dans une librairie. Puis, dans une autre librairie, il achète un second livre coûtant 2 € de plus que le premier.
Entoure l'expression a, b, c ou d qui répond à la question : « Combien lui reste-t-il d'argent ? »
a. 20 – (6 + 2)
b. 20 – 6 + (6 + 2)
c. (6 + 6 + 2) – 20
d. (20 – 6) – (6 + 2)

8 ★★★ Papa a 4 ans de plus que maman. À eux deux, ils ont 72 ans.
Trouve l'âge de chacun.

....

9 ★★★ Paul pèse trois fois plus que son chien et sa sœur Émilie pèse 7 kg de moins que son frère. À eux trois, ils pèsent 77 kg.
a. **Complète le schéma, en indiquant ce que représente chaque segment.**

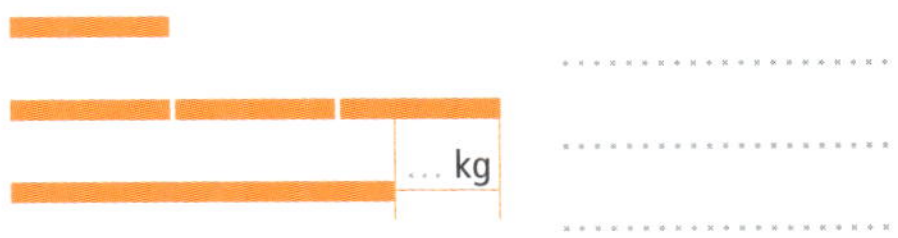

b. **Calcule le poids de chacun.**

....

....

Mathématiques

10 La demi-droite graduée

Je retiens l'essentiel

• On **repère un point** quelconque sur une **demi-droite graduée** par un nombre appelé **abscisse**.

Exemples :

L'abscisse du point A est 3. Celle du point B est comprise entre 8 et 9.

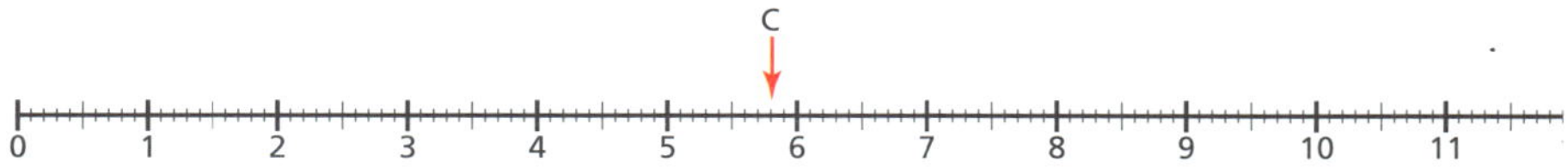

L'abscisse du point C est 5,8.

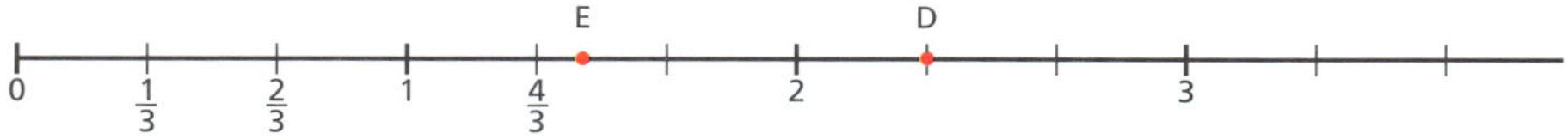

L'abscisse du point D est 2 plus $\frac{1}{3}$ soit $\frac{7}{3}$.

L'abscisse du point E est comprise entre $\frac{4}{3}$ et $\frac{5}{3}$.

Je comprends comment faire

➤ pour graduer une demi-droite et placer des repères

Voici le prix de différents appareils vendus dans un magasin :
Lecteur DVD = 199 € – Appareil photo = 280 € – Téléviseur = 450 €.
Indique ces prix sur cette demi-droite.

Solution :

1. Sur cette ligne, je mesure l'intervalle entre 0 et 500 €.

2. Puis je gradue cette demi-droite.

Pour cela, je cherche à répondre à la question :
À combien d'euros correspond 1 cm ?
Je construis un tableau de proportionnalité.

longueur (cm)	10	1
Prix (€)	500	?

× …

Après avoir déterminé le cœfficient de proportionnalité, je trouve que : 1 cm correspond à 50 €.

3. Je place avec précision (ou approximativement) les repères L, A et T correspondant aux prix des appareils.

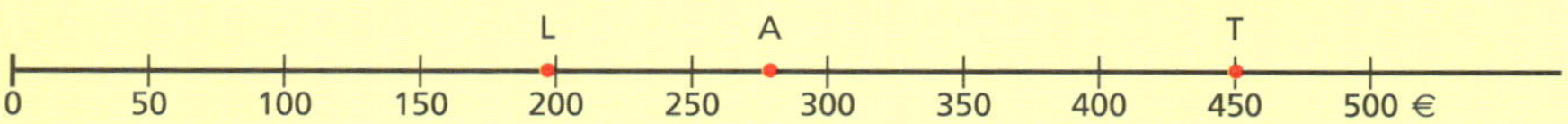

OBJECTIF
Repérer un point sur une demi-droite graduée.

Je m'exerce

1 ★ **À quelle abscisse correspond chaque point ?**

a.

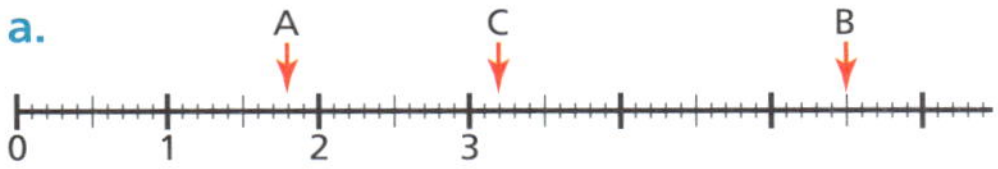

A → .... B → .... C → ....

b.

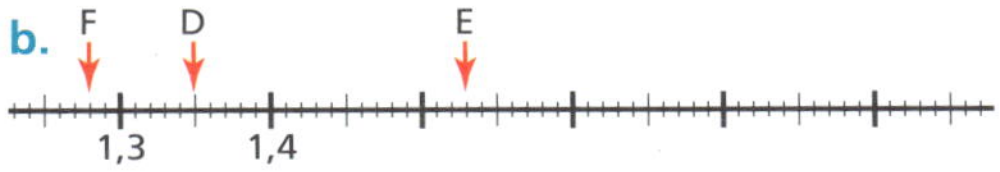

D → .... E → .... F → ....

c. **De quel repère (A,B, C, D, E ou F) chaque nombre suivant est-il le plus proche ?**

1,3 proche de F. 1,5 proche de .....

1,7 proche de ..... 1,42 proche de .....

2 ★ Voici une droite graduée :

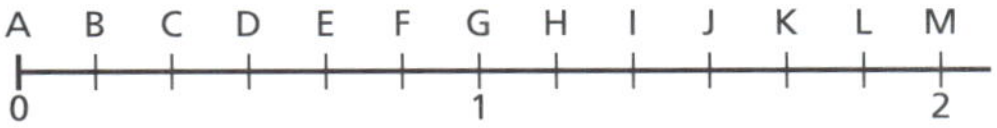

Trouve les points de cette droite numérique qui ont pour abscisse :

a. $\frac{5}{6}$ → .... d. $\frac{2}{3}$ → ....

b. $\frac{12}{6}$ → .... e. $\frac{3}{2}$ → ....

c. $\frac{1}{2}$ → .... f. $\frac{4}{3}$ → ....

3 ★★ **Place ces trois points sur cette droite graduée.**

A → 5,8 B → $\frac{23}{5}$ C → $\frac{62}{10}$

4 ★★ Voici des nombres :
10 ; 50 ; 200 ; 90 ; 60 ; 120.
Lesquels correspondent aux repères X, Y et Z ?

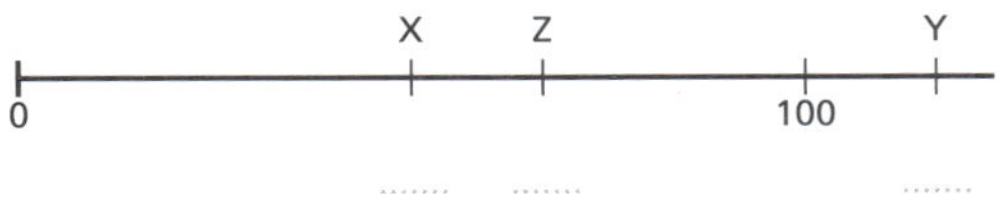

5 ★★★ Voici des nombres :
A = $\frac{3}{2}$; B = $\frac{7}{3}$; C = 1 ; D = $\frac{11}{6}$; E = 2,5.

Sur la droite dessinée ci-dessous, continue la graduation de telle sorte que tu puisses placer exactement les nombres donnés.

Peux-tu placer avec précision le nombre $\frac{5}{4}$ sur cette droite ?
Si oui, repère-le avec la lettre F.

6 ★★★ Sur la ligne ci-contre, les cinq repères A, F, M, L et J correspondent à la taille, des enfants Ali, Fatou, Mathieu, Lou et Jeanne.

a. **Trouve…**
– l'enfant le plus grand :

....

– l'enfant dont la taille est le double de celle d'un autre :

....

– les enfants dont la taille est le tiers de celle d'un autre :

....

....

b. **Sachant que l'intervalle entre O et A mesure 202,5 cm, calcule la taille de chaque enfant.**

Ali : ....

Fatou : ....

Mathieu : ....

Lou : ....

Jeanne : ....

11

Mathématiques

Les premiers éléments de géométrie

Je retiens l'essentiel

	Point	Segment	Demi-droite	Droite
Figure	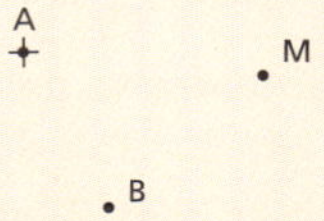	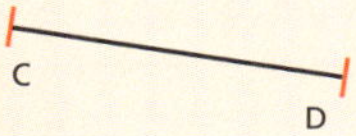	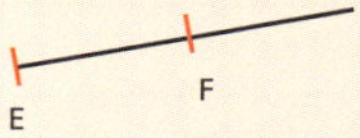	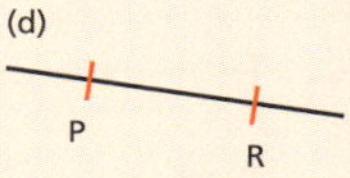
Notation	A ; B ; M	[CD] ou [DC]	[EF)	(PR) ou (RP) ou (d) ou d
Informations	Un point est noté par une majuscule.	Un segment a deux extrémités.	Une demi-droite a une origine.	Une droite est illimitée.

• Des points sont alignés s'ils sont situés sur une même **droite.**

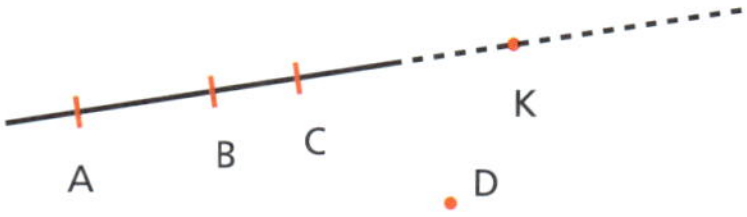

A, B et C sont alignés ainsi que A, B et K.
Mais A, B et D ne sont pas alignés.

• La longueur du **segment** [E F] se note EF.
On écrit : EF = 4 cm.
Le point I est le milieu de [E F].
I est à égale distance de E et de F.
IE = IF = 2 cm.

• Les droites (d) et (d') sont **sécantes** en un point A.

Le point A, commun aux deux droites, est appelé **point d'intersection.**

Je comprends comment faire

➤ pour reporter la longueur d'un segment

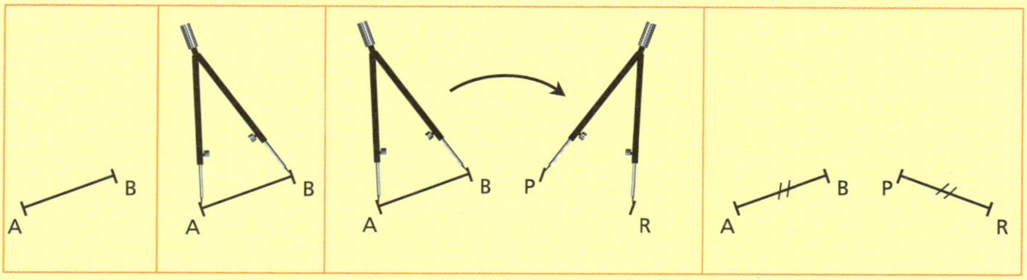

Les deux segments [AB] et [PR] ont la même longueur (l'ouverture du compas ne change pas). On note : AB = PR (mais [AB] ≠ [PR]). On dit que les deux segments sont superposables.

OBJECTIFS

- Reconnaître une droite, une demi-droite, un segment et présenter leur notation.
- Utiliser le compas pour comparer, reporter des longueurs.

Je m'exerce

1 ★ **Sur la figure, trace en bleu la droite (BC), en rouge le segment [AB] et en vert la demi-droite [CA].**

2 ★ **Sur la figure, cherche avec le compas les segments ayant la même longueur. Marque, à l'aide de petits signes, les longueurs égales.**

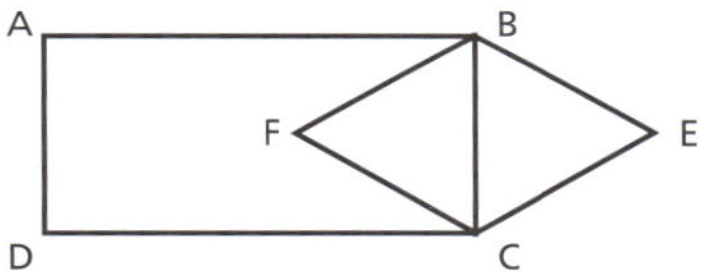

3 ★ **Dessine un segment [AB] de 2,8 cm de longueur. Puis dessine le segment [AC] tel que B soit le milieu de [AC].**

4 ★ ABC est un triangle équilatéral.

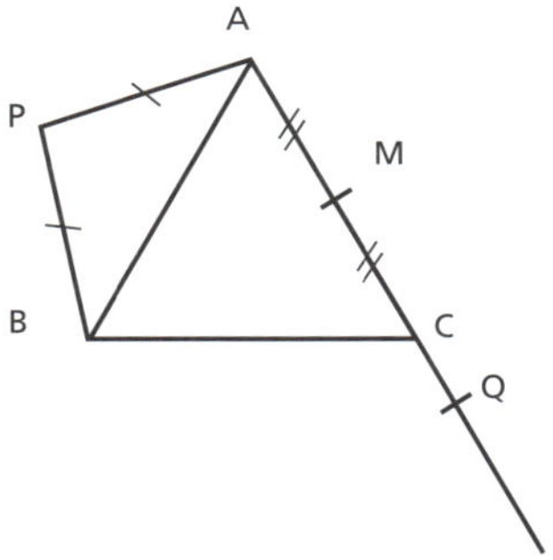

Encadre les phrases qui sont vraies.

a. AB = BC

b. [AB] = [AC]

c. M est le milieu de [AC].

d. P est le milieu de [AB].

e. Q est sur la demi-droite [CA).

5 ★★ **a. Quel est le point d'intersection des droites (EF) et (d) ?**

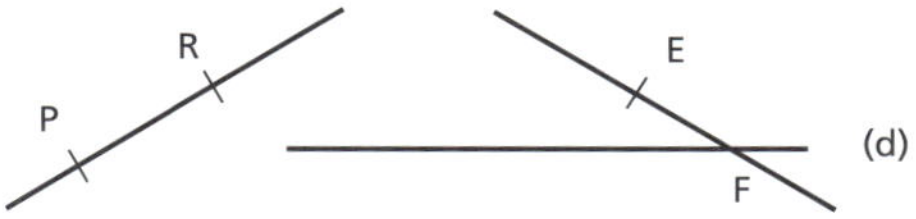

b. Les droites (P R) et (E F) sont-elles sécantes ? Si oui, dessine le point d'intersection.

6 ★★ Sur ce dessin, chaque rond représente un point.

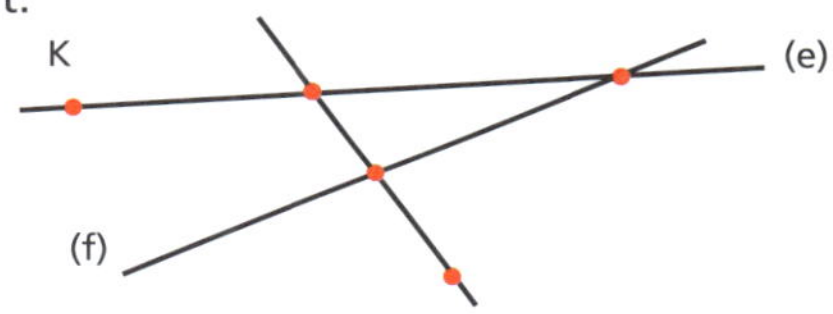

Place les points A, B, C et D tels que :
– les droites (e) et (f) soient sécantes en C;
– les points K, C et A soient alignés;
– la droite (A B) coupe la droite (f) en D.

7 ★★ Sur cette figure, on a effacé le point M. Mais on sait que les points A, L et M sont alignés, ainsi que les points B, O et M.
Retrouve la position du point M.

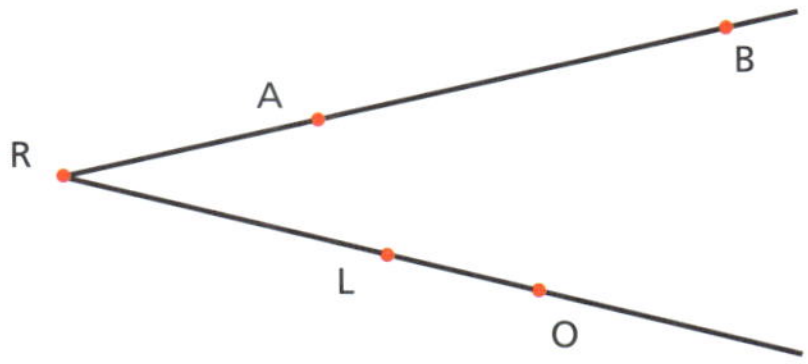

8 ★★★ Un supporter de football affirme qu'il peut, avec 6 ballons, faire 4 alignements de 3 ballons.
Fais le dessin.
Attention, le dessin est présent sur cette page.

12 Les droites perpendiculaires et les droites parallèles

Je retiens l'essentiel

• **Droites perpendiculaires**

Les droites sécantes d_1 et d_2 se coupent en formant quatre **angles droits.**

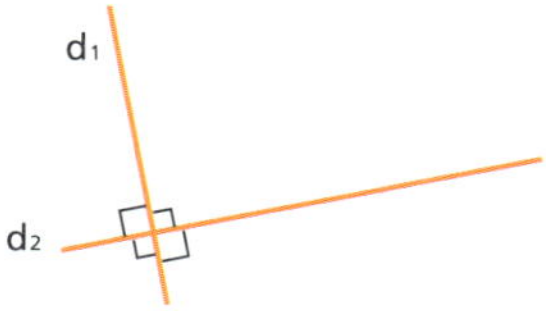

On dit que d_1 et d_2 sont **perpendiculaires.**

On note : $d_1 \perp d_2$ ou $d_2 \perp d_1$.

On code l'angle droit par un petit carré.

• **Droites parallèles**

Les droites d_3 et d_4 ne se coupent jamais.

On dit que d_3 et d_4 sont **parallèles.**

On note : $d_3 /\!/ d_4$ ou $d_4 /\!/ d_3$.

• **Propriétés**

Lorsque deux droites sont parallèles, toute droite perpendiculaire à l'une est perpendiculaire à l'autre.

Lorsque deux droites sont perpendiculaires à une même droite, ces deux droites sont parallèles entre elles.

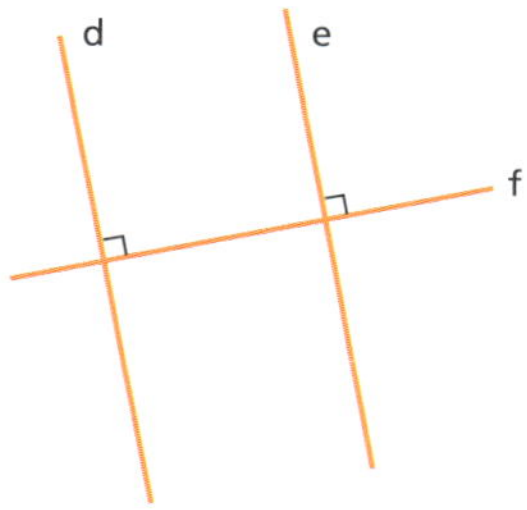

Je comprends comment faire

➤ pour tracer, par un point donné, la perpendiculaire à une droite

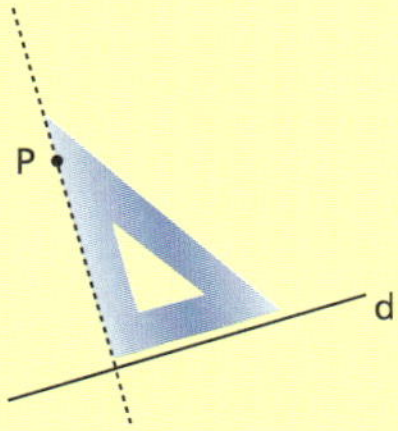

➤ pour tracer, par un point donné, la parallèle à une droite

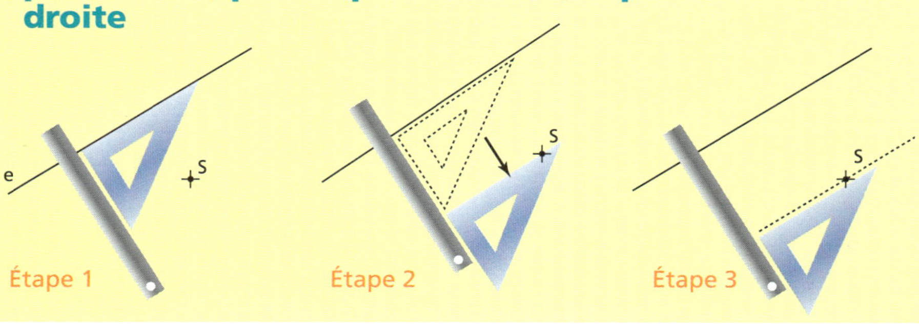

OBJECTIF

Reconnaître et construire des droites perpendiculaires et des droites parallèles.

Je m'exerce

1 ★ **Observe cette figure.**

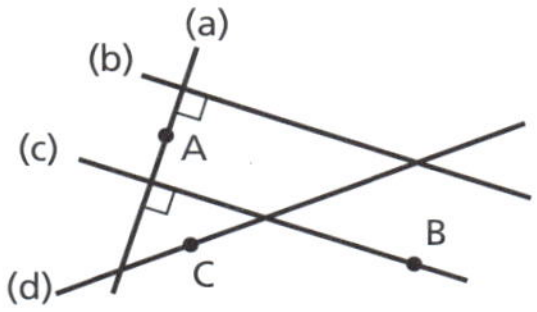

Nomme :

a. Deux droites perpendiculaires:

....

b. Deux droites parallèles: ....

c. La droite perpendiculaire à la droite (b):

....

d. La droite perpendiculaire à la droite (a) et passant par B: ....

2 ★ Sur le quadrillage, Samuel a fait ce dessin.

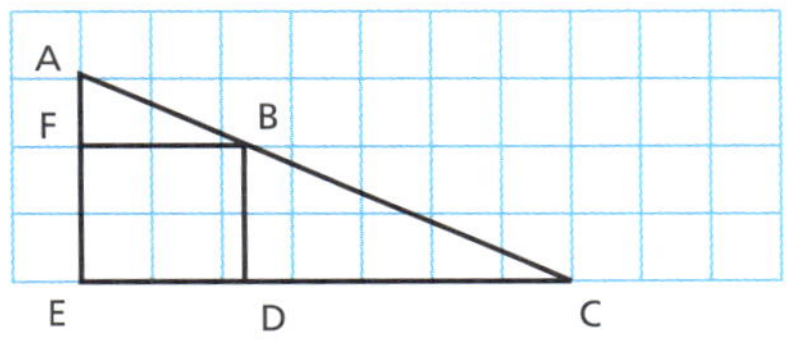

Complète quand c'est possible avec le symbole ⊥ ou ∥.

a. (FB) .... (AE) b. (FB) .... (DC)

3 ★ **Examine cette figure.**

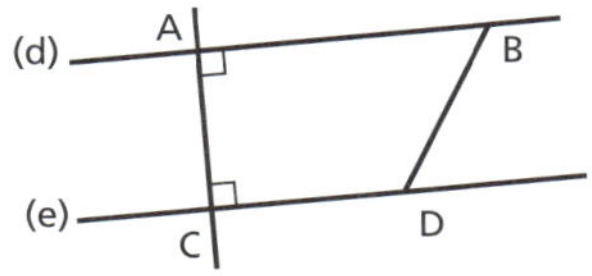

Réponds par vrai (V) ou faux (F).

a. (d) est perpendiculaire à (AC). ....

b. (AC) et (BD) ne sont pas perpendiculaires. ....

c. (d) et (e) sont parallèles. ....

d. (AC) et (BD) ne sont pas sécantes. ....

e. (AC) et (BD) ne sont pas parallèles. ....

4 ★★ a. **Construis la figure suivante :**

1. Place deux points A et B.
2. Trace une droite (a) passant par B, mais pas par A.
3. Dessine la droite (b) perpendiculaire à la droite (a) et passant par A.
4. Dessine la droite (c) parallèle à la droite (b) et passant par B.

b. **Que peux-tu dire des droites (a) et (c) ?**

c. **Énonce la propriété utilisée.**

5 ★★ **Trace les quatre droites e, f, g et h, telles que e ⊥ f , g ⊥ e et h∥e.**
Donne le nom de la figure obtenue.

6 ★★ **Réalise cette construction.**

a. **Dessine trois points quelconques A, B et C.**

b. **Construis la droite perpendiculaire à (AB) et passant par C. Cette droite coupe (AB) en D.**

c. **Puis trace la parallèle à (AD) et passant par C.**

7 ★★★ Sur ce dessin, la droite (d) est parallèle à la droite (BC).

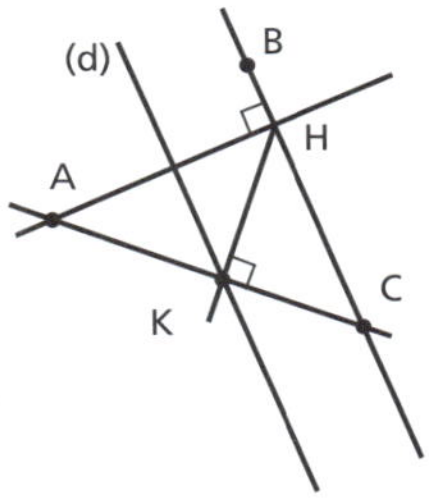

Décris une construction de cette figure.

8 ★★★ **Sur ce dessin, on a oublié de nommer les points. Place les lettres A, B, C, D et E, sachant que : (AB) ⊥ (DC) et (DA)∥(EB).**

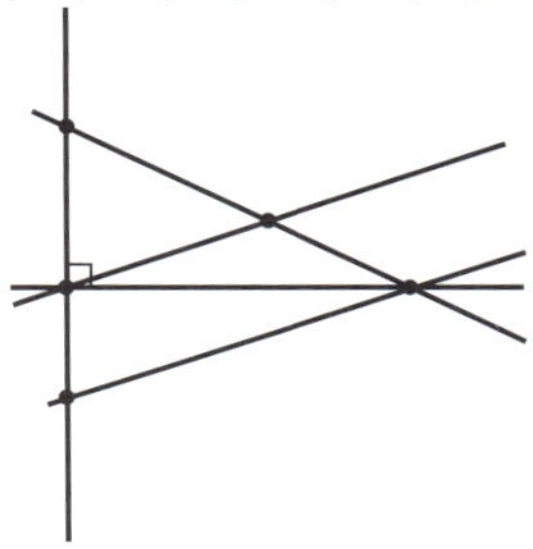

Mathématiques

Je retiens l'essentiel

• Un **cercle** est l'ensemble de tous les points situés à une même distance d'un point appelé centre. Cette distance est le **rayon.**
Un cercle est une ligne.

• **Remarque**
L'intérieur du cercle $\mathscr{C}$ s'appelle un **disque.** C'est une surface.

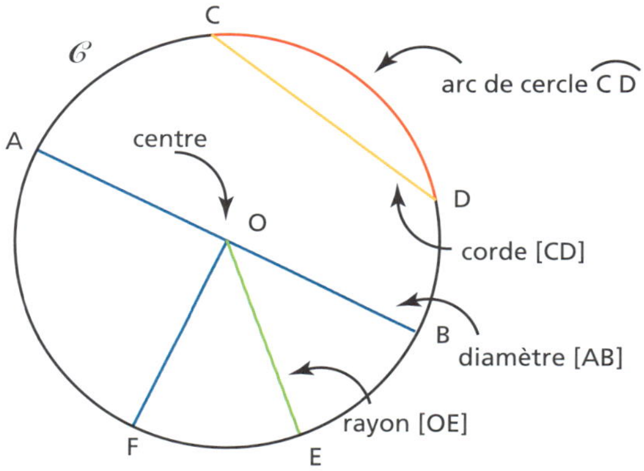

• Les mots **rayon** et **diamètre** peuvent désigner :

– soit une longueur
→ Le diamètre AB est le double du rayon OE;

– soit un segment
→ Le diamètre [AB] est perpendiculaire au rayon [OF].

• On peut dire :

– [AB] est un diamètre
ou les points A et B sont diamétralement opposés ;

– le cercle de centre O et de rayon [OA]
ou le cercle de centre O passant par A.

Je comprends comment faire

➤ pour reproduire un arc de cercle

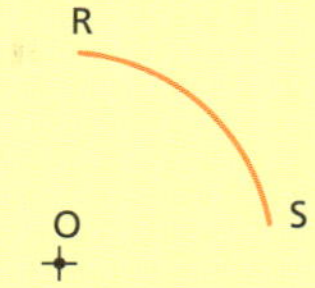

1. Je trace un cercle de rayon égal à OS.	2. Sur l'arc $\overset{\frown}{RS}$ à reproduire, je mesure [RS].	3. Je reporte la longueur de la corde [RS].
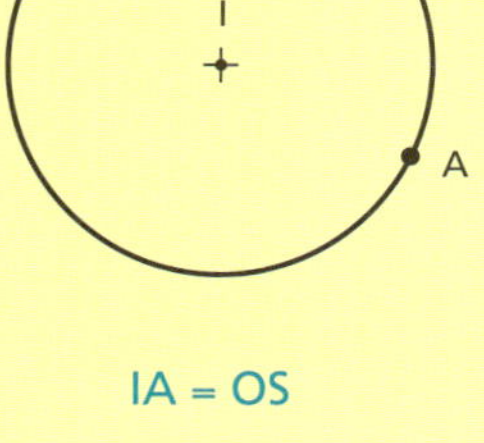 IA = OS	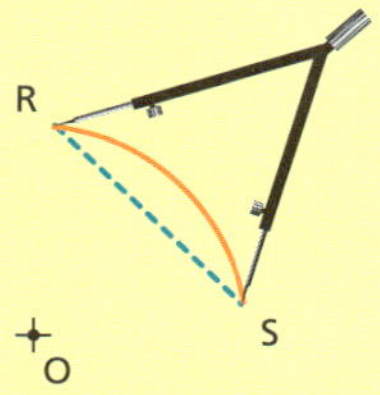	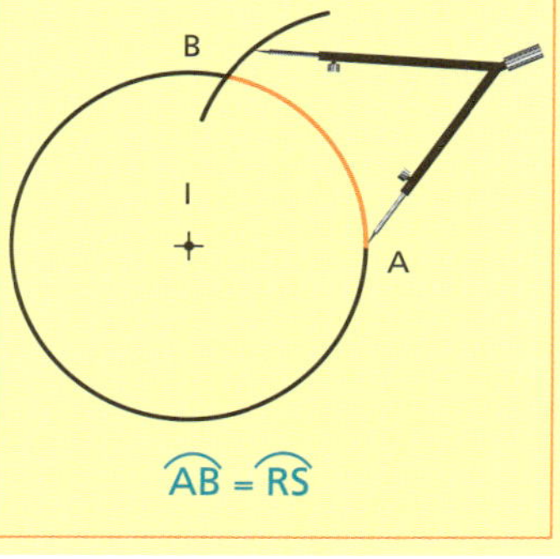 $\overset{\frown}{AB} = \overset{\frown}{RS}$

OBJECTIFS
Utiliser le vocabulaire relatif au cercle.
Reproduire un arc de cercle.

Je m'exerce

1 ★ **Complète la description de cette figure.**

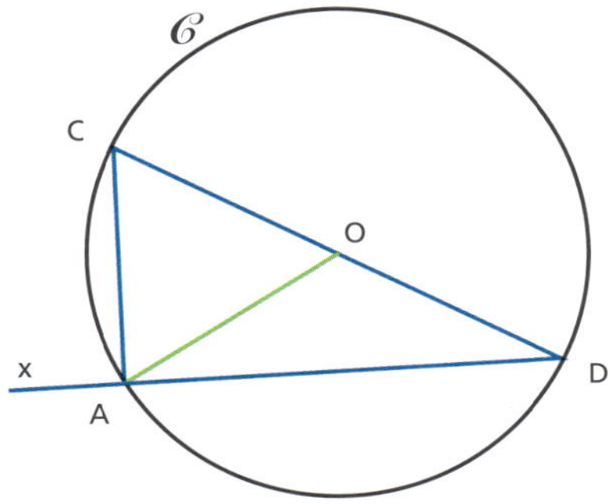

Le cercle .... de .... [CD] coupe la demi-droite [Dx] en .... Le .... O du cercle 𝒞 est le .... du segment [CD]. Le segment [OA] est un .... du cercle. La droite (AD) est perpendiculaire à la .... [CA] du cercle.

2 ★ **Trace un cercle de centre A ayant un diamètre de 4 cm.**

3 ★★ **Construis un cercle de rayon [EF].**

Combien y a-t-il de solutions ? ....

4 ★★ **Trace un segment [KL]. Construis un cercle passant par les points K et L. Combien y a-t-il de solutions ?**

5 ★★ **a. Réalise cette construction.**
Trace un segment [AB] mesurant 5 cm. Construis le cercle de centre A et de 4 cm de rayon, puis le cercle de centre B et de 3 cm de rayon. Ces deux cercles se coupent en C et D. Place C et D.

b. Sans utiliser de règle graduée, donne les longueurs de :

CA = … cm ; DB = … cm.

6 ★★ **Trace un segment [AB] mesurant 8 cm de longueur. Construis les cercles de centre A et de centre B et de même rayon de 4 cm. Que constates-tu ?**

7 ★★★ **a. Réalise cette construction.**
Construis un cercle de centre O et de 3 cm de rayon. Place un point P sur ce cercle. Indique un point R tel que [PR] soit une corde du cercle mesurant 3 cm. Trace [OP] et [OR].

b. Quelle est la nature de la figure OPR ?

8 ★★★ **Les cinq phrases de l'énoncé de ce problème ont été mélangées.**

1. Puis place le point S diamétralement opposé à R.
2. Quelle est la nature du triangle RTS ?
3. Sur ce cercle, marque un point R.
4. Trace une corde [RT] de 5 cm de long.
5. Trace un cercle de centre O et de 3 cm de rayon.

a. Remets ces cinq phrases dans l'ordre.
b. Effectue la construction.
c. Réponds à la question.

9 ★★★ **Dessine un segment [RS]. Puis, construis un cercle dont le rayon mesure RS et qui passe par les points R et S.**

Je retiens l'essentiel

• Un triangle est une figure qui a **trois côtés.**

Triangle rectangle	Triangle isocèle	Triangle équilatéral
Un triangle rectangle a **deux côtés perpendiculaires.** Un triangle rectangle a un **angle droit.** 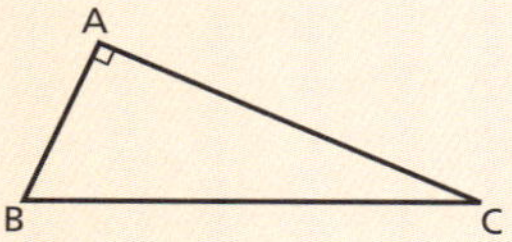 (AB) ⊥ (AC) ou $\hat{A} = 90°$ [BC] est l'**hypoténuse.**	Un triangle isocèle a **deux côtés de même longueur.** 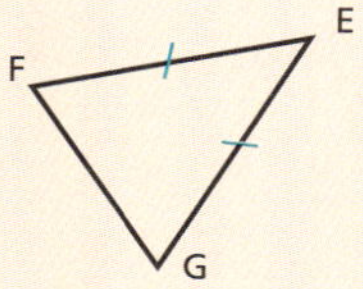 EF = EG E est le **sommet principal.** [FG] est la **base.**	Un triangle équilatéral a **trois côtés de même longueur.** 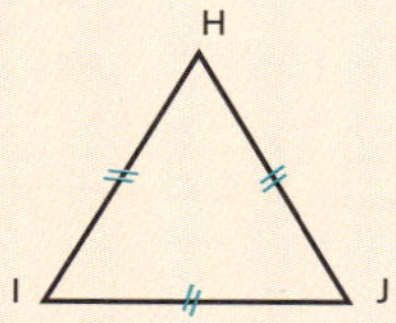 HI = IJ = JH Le triangle équilatéral HIJ est **aussi isocèle** en H, en I ou en J.
$\hat{B} + \hat{C} = 90°$	$\hat{F} = \hat{G}$	$\hat{H} = \hat{I} = \hat{J} = 60°$

Je comprends comment faire

➤ pour construire un triangle

• Je trace un triangle RST avec RS = 8 cm, RT = 5 cm et ST = 6 cm.

1. Je trace un côté, par exemple [RS] de 8 cm de long.

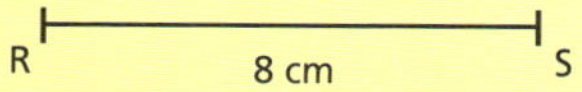

2. Je trace un arc de cercle de centre R et de 5 cm de rayon.

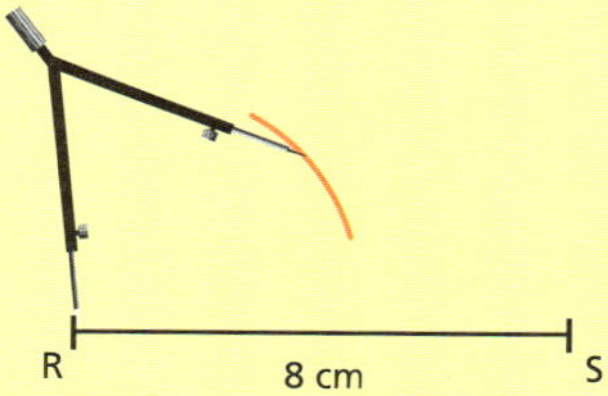

3. Je trace un arc de cercle de centre S et de 6 cm de rayon.

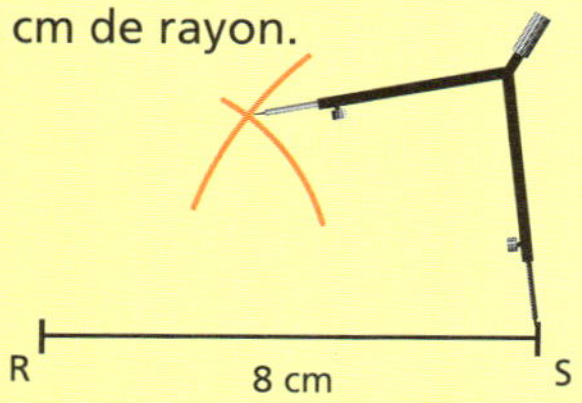

4. Je nomme T et je trace [TR] et [TS].

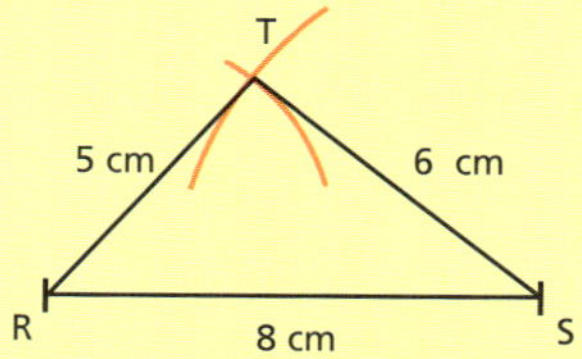

• Je trace un triangle équilatéral EFG de 1,5 cm de côté.

La construction est analogue à la précédente, mais le rayon des arcs de cercle est égal au côté du triangle, soit 1,5 cm.

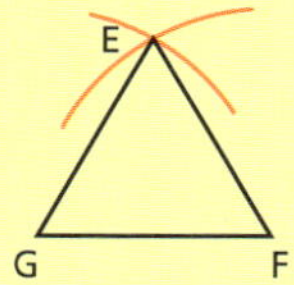

OBJECTIF

Reconnaître, nommer, construire des triangles.

Je m'exerce

1 ★ **Construis un triangle ABC, tel que AB = 4 cm, BC = 7 cm et AC = 5,5 cm.**

2 ★ **Observe cette figure.**

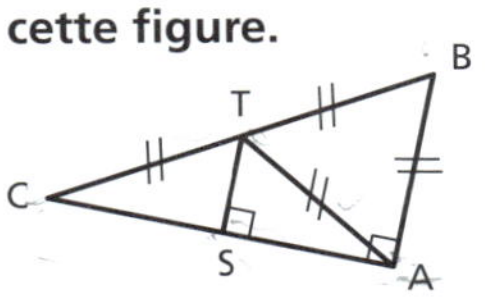

Réponds par vrai (V) ou faux (F).

a. Le triangle ACT est isocèle en T. V

b. Le triangle CTS est rectangle. V

c. [SA] est l'hypoténuse du triangle rectangle TSA. V

d. Le triangle ATB est équilatéral. V

3 ★★ **Construis le point P sur la droite (d) pour obtenir le triangle PSE isocèle en S.**

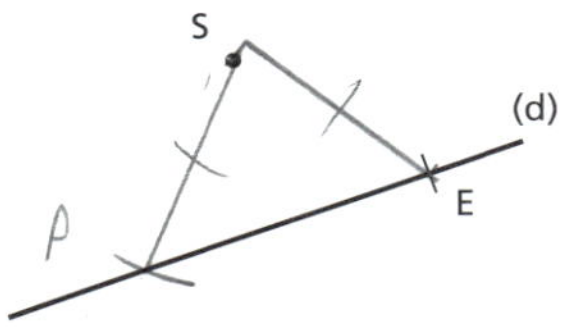

4 ★★ **Construis le point K sur la droite (e) pour obtenir un triangle isocèle HJK dont la base est JK.**

Combien y a-t-il de solutions ? ....

5 ★★ **Observe cette figure.**

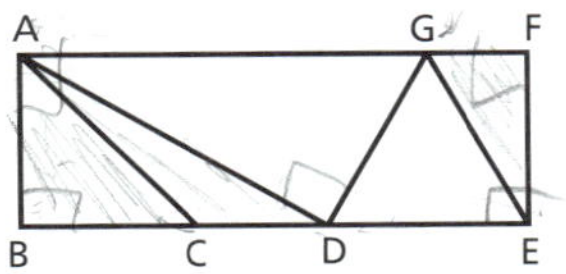

Combien y a-t-il :

a. **de triangles rectangles ?** ....

b. **de triangles isocèles ?** ....

6 ★★ **Code cette figure à l'aide du texte suivant.**

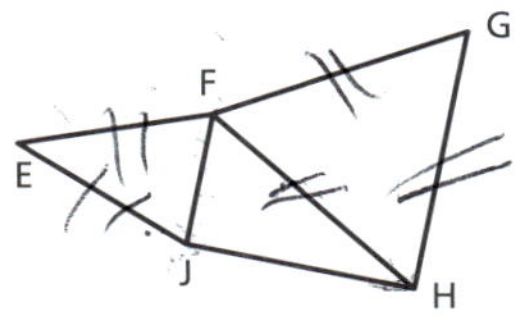

Le triangle FJH est rectangle en J. [FJ] est la base du triangle isocèle EFJ. Le triangle FGH est équilatéral.

7 ★★★ Sur cette figure, les cercles de centre O et O' et de rayon égal à OO' se coupent en E et F.

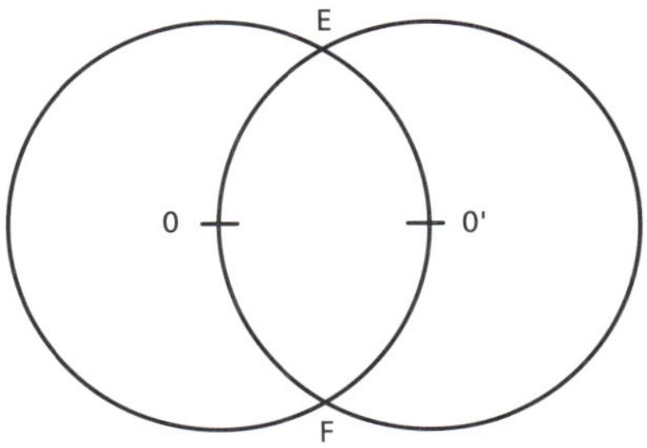

a. **Quelle est la nature du triangle OEF ?**

....

b. **Quelle est la nature du triangle OEO' ?**

....

8 ★★★ Sur la figure, les droites (AB) et (DE) sont parallèles, et les droites (CA) et (DE) sont perpendiculaires.

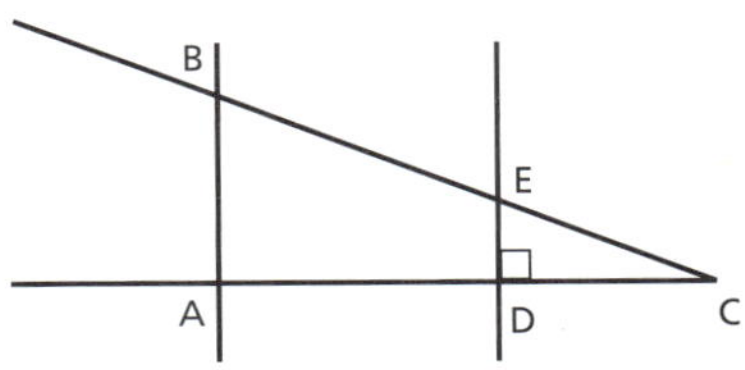

Que peux-tu dire du triangle CAB ? Justifie ta réponse.

....

....

....

Mathématiques

Je retiens l'essentiel

• Un **quadrilatère** est une figure qui a **quatre côtés.**

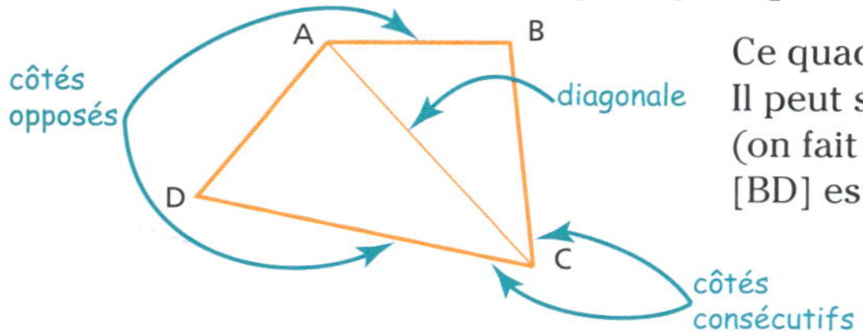

Ce quadrilatère se nomme ABCD.
Il peut se nommer aussi BCDA, CDAB, DABC (on fait le tour du quadrilatère) ou ADCB…
[BD] est aussi une diagonale.

• Un **rectangle** est un quadrilatère ayant **quatre angles droits.**

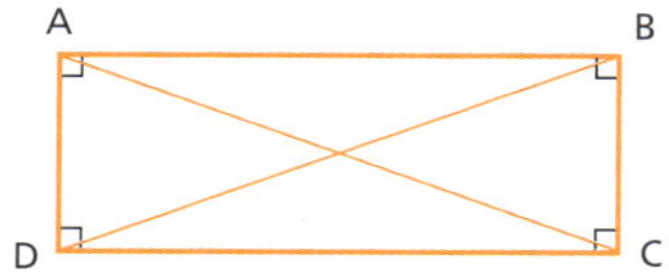

Ses côtés opposés sont parallèles et ont la même longueur.
Ses diagonales se coupent en leur milieu et ont la même longueur.

• Un **losange** est un quadrilatère ayant ses **côtés de même longueur.**

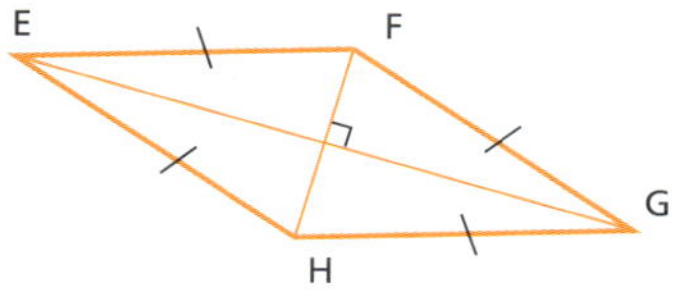

Ses côtés opposés sont parallèles.
Ses angles opposés sont égaux.
Ses diagonales se coupent en leur milieu et sont perpendiculaires.

• Un **carré** est un quadrilatère ayant ses **côtés de même longueur** et **quatre angles droits.**
C'est à la fois un losange et un rectangle.
Ses côtés opposés sont parallèles.
Ses diagonales se coupent en leur milieu, ont la même longueur et sont perpendiculaires.

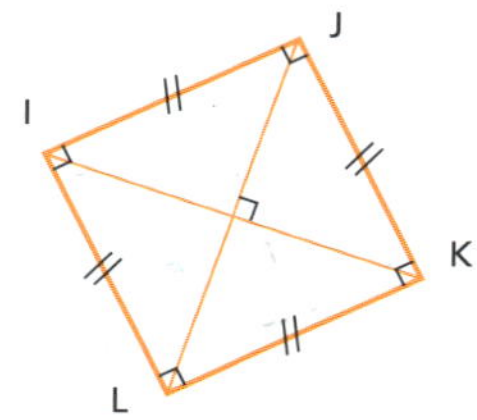

Je comprends comment faire

➤ pour construire un quadrilatère particulier

• Je trace un losange PRST dont le côté mesure 5 cm.

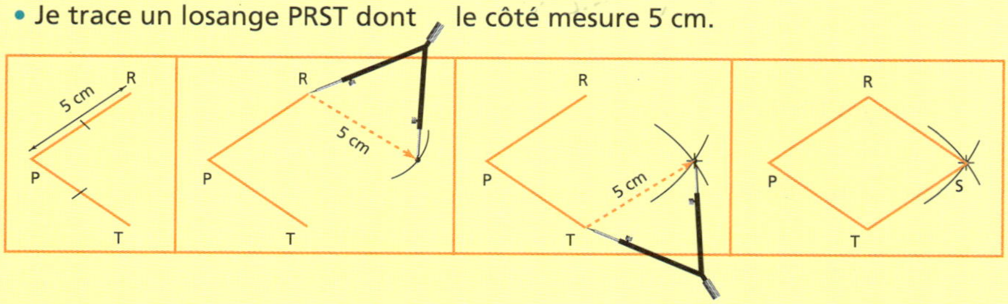

• Je trace un carré ABCD dont les diagonales mesurent 6 cm.

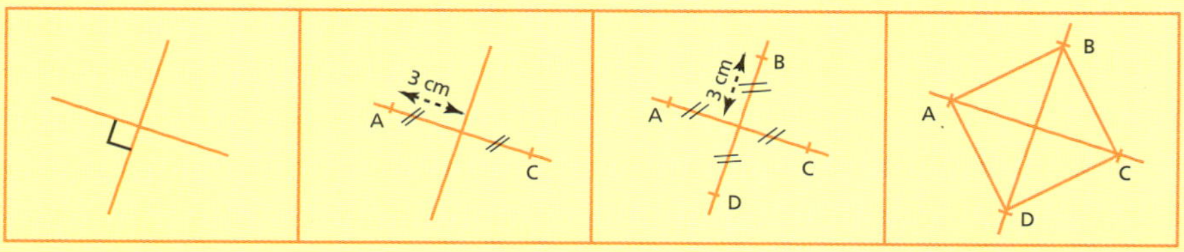

OBJECTIF

Reconnaître, nommer, construire les quadrilatères : rectangle, losange, carré.

Je m'exerce

1 ★ Trois élèves ont nommé ce quadrilatère.
Paul : « UTSR »
Léa : « STRU »
Sarah : « RSTU »

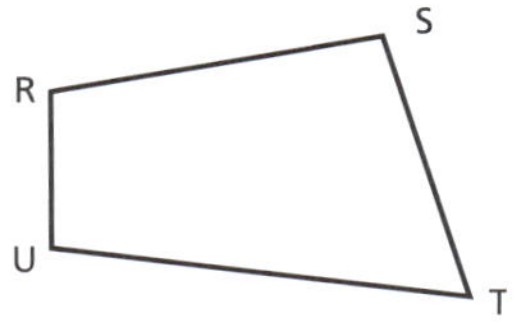

Quel élève s'est trompé ?

....

2 ★ **Dans cette figure, Julien a trouvé 8 rectangles. Est-ce vrai ?** ....

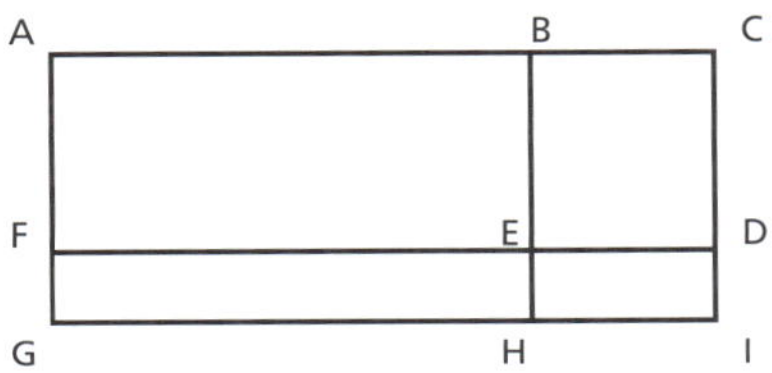

3 ★★ **Construis le rectangle ABCD tel que le point D soit situé sur la droite (e).**

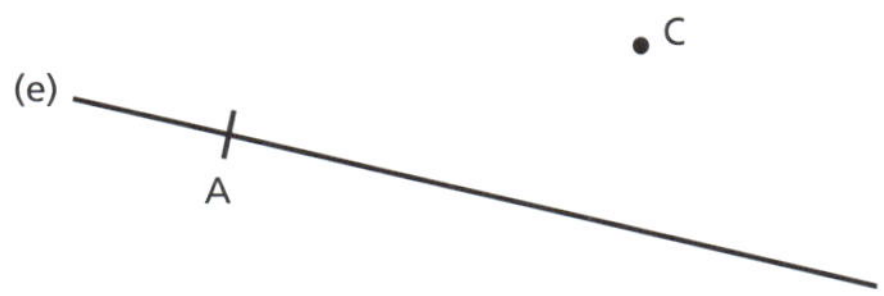

4 ★★ **Nomme tous les losanges de cette figure.**

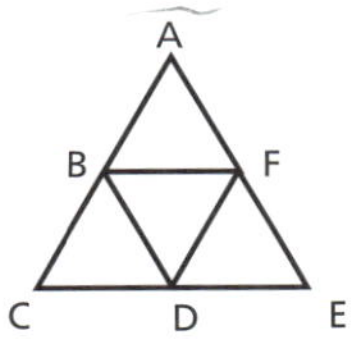

....

....

....

5 ★★ **Construis le cerf-volant ABCD tel que le point C soit situé sur (d), avec AC = 3 cm.**

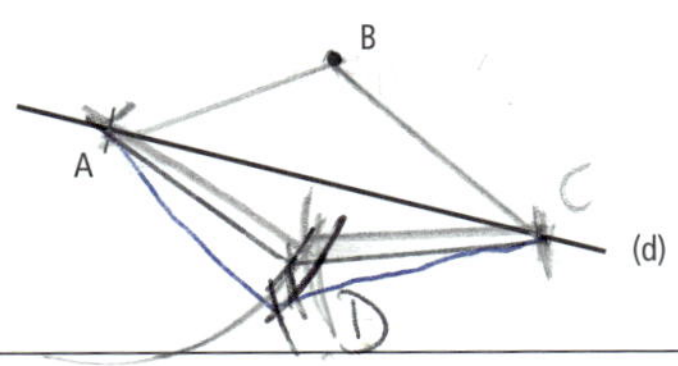

6 ★★ **Trace un triangle ABC rectangle en C, puis un carré BAFG.**

7 ★★★ **Parmi les figures a, b, c, quelle est celle qui correspond à l'énoncé suivant ? Entoure-la.**
Trace un losange EFGH, puis un rectangle EGRS tel que H soit un point du côté [RS].

a.

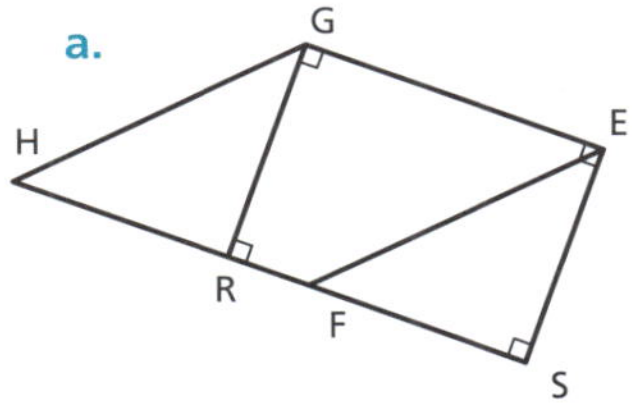

b.

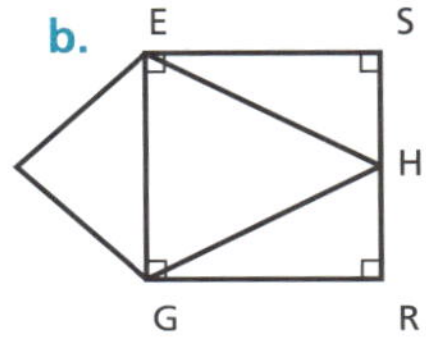

c.

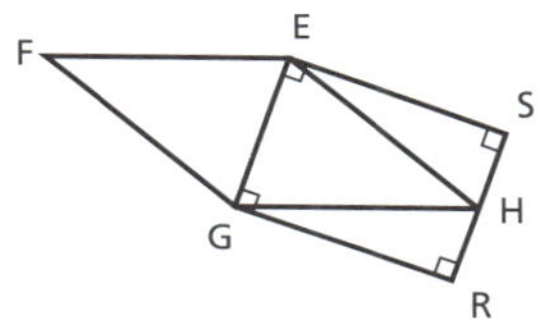

8 ★★★ **Samuel a tracé trois figures. Dis si c'est un carré, un rectangle ou un losange. (Si c'est nécessaire, dessine la figure sur une feuille.)**

a. En reliant dans l'ordre les milieux des côtés d'un rectangle, il obtient un ...losange...

b. En dessinant un losange avec un angle droit, il obtient un ...carré......

c. En traçant deux diamètres d'un même cercle et en reliant dans l'ordre les points d'intersection, il obtient un ...rectangle...

9 ★★★ ABCD est un carré et ADFE est un losange.
Quelle est la nature du triangle EAB ?
Justifie ta réponse.

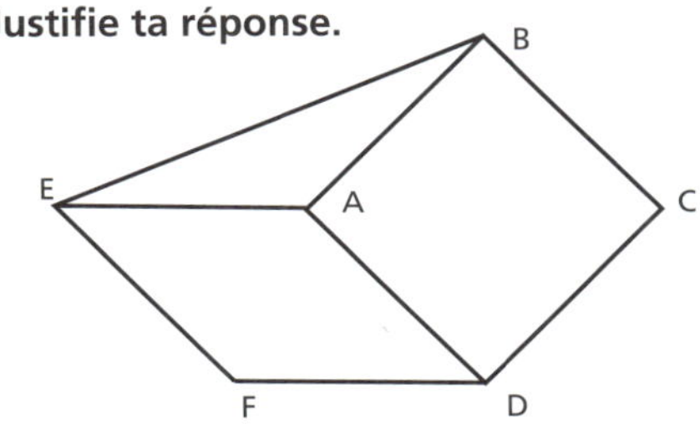

16

La construction de figures

Mathématiques

Je retiens l'essentiel

• **À partir d'une figure**
On établit un programme de construction (il peut y avoir plusieurs programmes). Puis, on effectue la construction avec les instruments (règle graduée, compas, équerre, rapporteur). La construction de la figure doit être soignée.

• **À partir d'un texte**
On lit attentivement l'énoncé et on dessine une figure à main levée. Puis, on construit la figure avec les instruments.

Je comprends comment faire

➤ pour tracer, par un point donné, la parallèle à une droite

1. Je trace par le point P, la perpendiculaire à (d).

2. Je trace, par le point P, la perpendiculaire à (e).

3. Par propriété : (d) // (d').

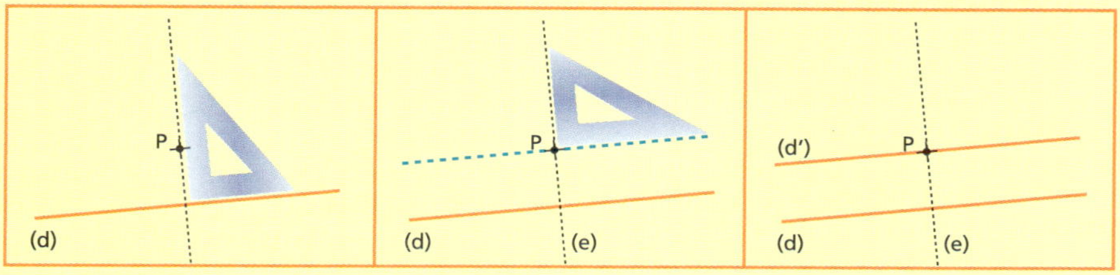

➤ pour tracer, par un point donné, la perpendiculaire à une droite

• Le point est sur la droite.

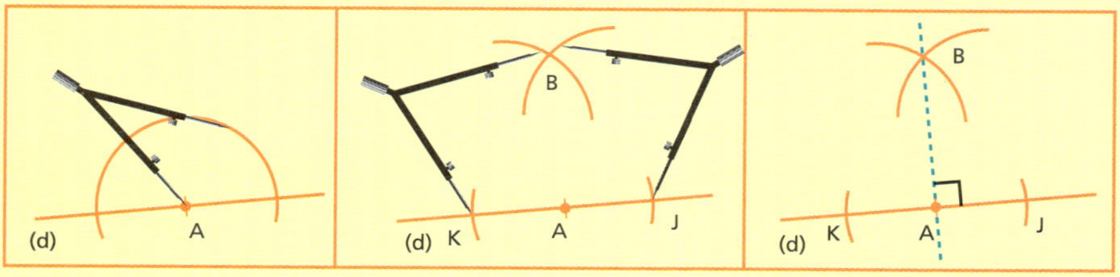

• Le point n'est pas sur la droite.

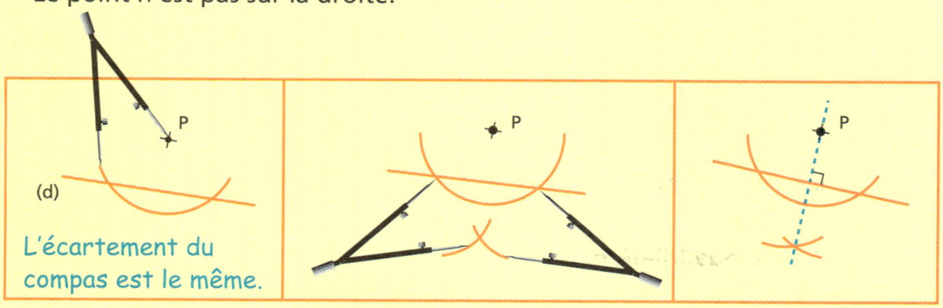

OBJECTIF
Reproduire des figures simples avec l'équerre, la règle et le compas.

Je m'exerce

1 ★ **Trace un segment [AB] de 4 cm de long. Puis reproduis cette figure faite à main levée.**

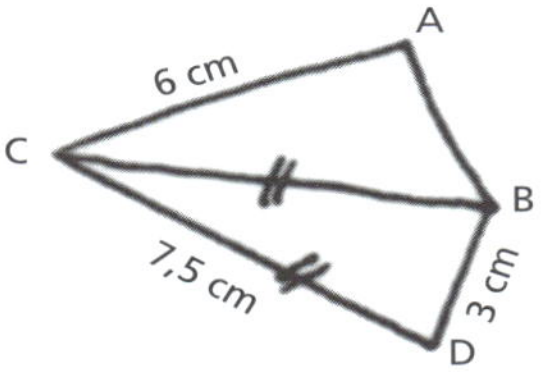

2 ★ **Reproduis ce dessin fait à main levée. D'abord, tu construiras le milieu de [BC] en traçant la médiatrice du segment.**

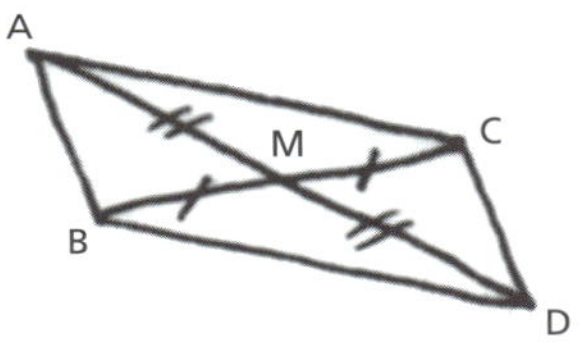

AB = 4 cm
AC = 6,5 cm
BC = 8 cm

3 ★★ Dans le quadrilatère ABCD dessiné à main levée, une diagonale est tracée.

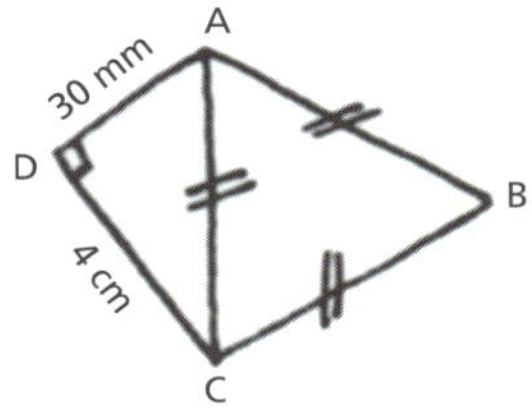

a. **Nomme cette diagonale.** ....

b. **Cette diagonale décompose le quadrilatère en deux triangles. Donne le nom et la nature de chaque triangle.**

....

....

c. **Par quel triangle commenceras-tu pour reproduire cette figure ?**

....

d. **Construis ce quadrilatère.**

4 ★★ **Construis un triangle EDF tel que $\widehat{DEF} = 50°$, ED = 4 cm et EF = 6 cm. Puis, à l'extérieur du triangle, construis le carré FDRS.**

5 ★★ **Dessine un rectangle ABCD de dimensions quelconques. Trace, par le point A, la parallèle (d) à la diagonale [BD]. Puis trace, par le point C, la parallèle (d') à la même diagonale. Comment sont les droites (d) et (d') ?**

6 ★★★ Thomas a fait cet exercice de géométrie. « Dessine un rectangle RHTD. Puis, à l'extérieur de ce rectangle, construis un triangle HTO isocèle en H. »
Voici ce que Thomas a dessiné.

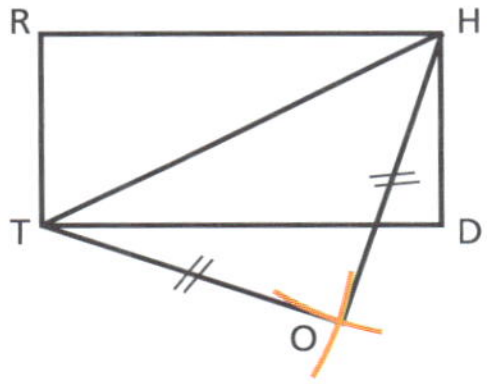

a. **Thomas a commis deux erreurs dans son dessin. Lesquelles ?**

b. **Construis correctement la figure.**

c. **Rédige un énoncé d'exercice correspondant au dessin de Thomas.**

7 ★★★ Voici le début d'une spirale. Elle est obtenue à partir d'un triangle équilatéral ABC, puis en traçant successivement des arcs de cercle. Le premier arc de cercle de centre A a un rayon de 2 cm ; le deuxième arc de cercle de centre B a un rayon de 4 cm (2 fois 2 cm) ; etc.
Reproduis-la et continue-la jusqu'au point I.

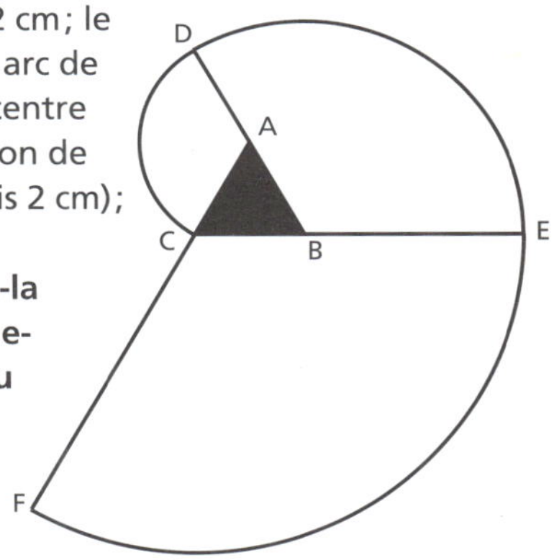

Mathématiques

Je retiens l'essentiel

- **Symétrique d'un point**

A' est le symétrique de A par rapport à (d).
A et A' sont symétriques par rapport à (d).

Attention

Le symétrique de M situé sur l'axe est le point lui–même. M et M' sont confondus.

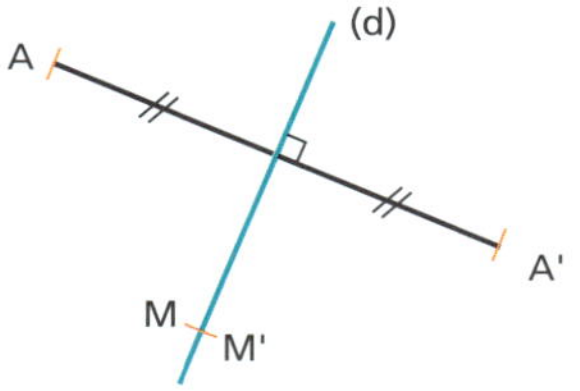

- **Symétriques de figures**

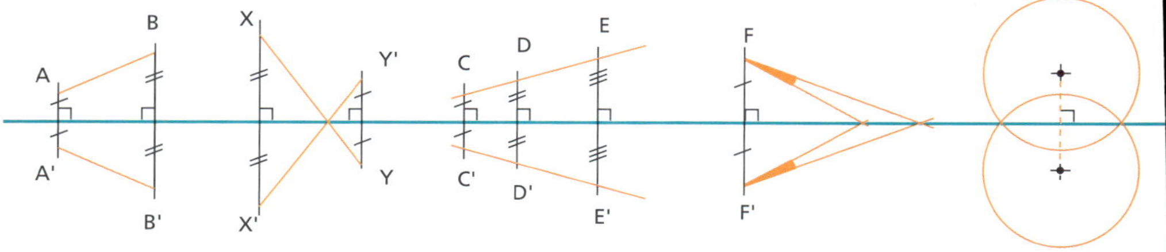

Une figure a un **axe de symétrie** (d) si le symétrique de cette figure par rapport à (d)

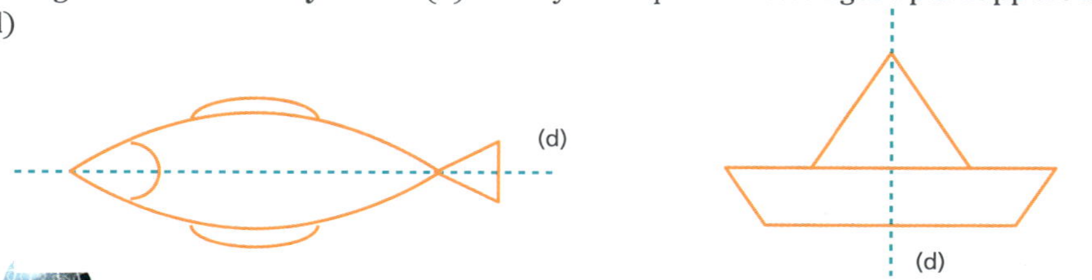

Je comprends comment faire

➤ pour construire le symétrique d'un point

- Avec l'équerre et la règle

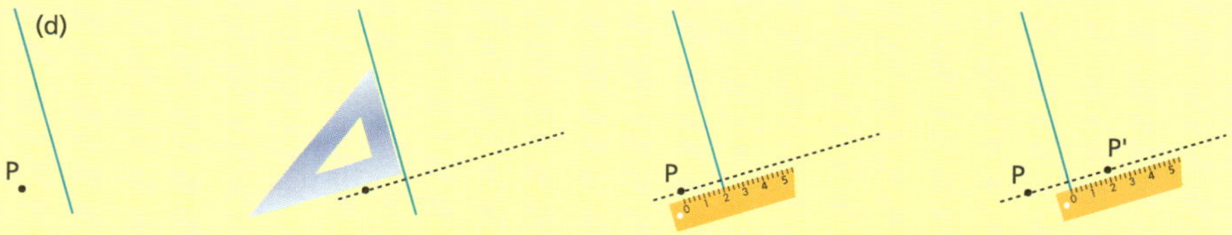

- Avec le compas

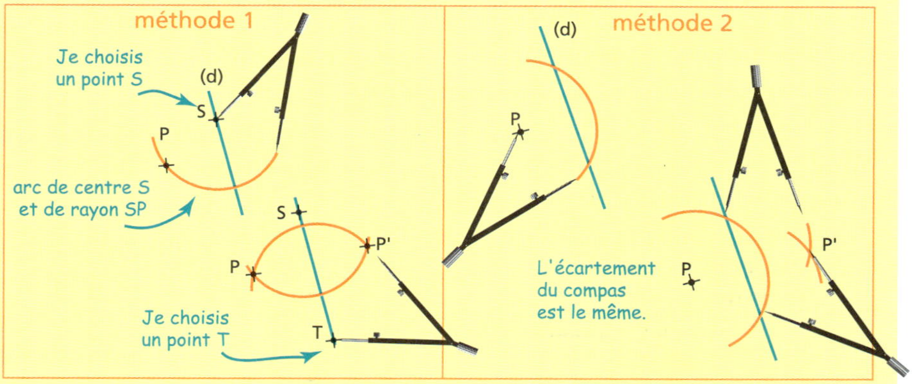

OBJECTIF

Construire le symétrique d'une figure par rapport à une droite.

Je m'exerce

1 ★ **Dessine les symétriques A', B', C' et D' des points A, B, C et D par rapport à la droite (d).**

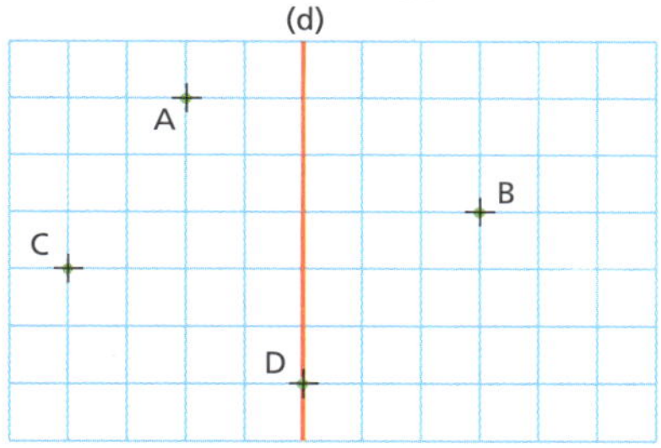

2 ★ **Trace le symétrique de cette figure par rapport à la droite (d).**

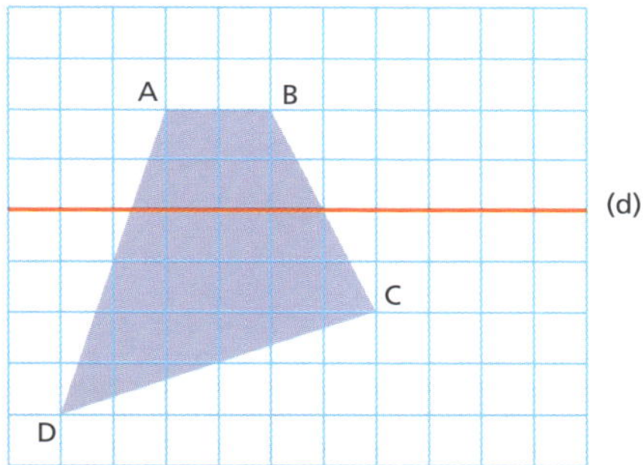

3 ★★ **Trace le symétrique de ce rectangle par rapport à la droite (d).**

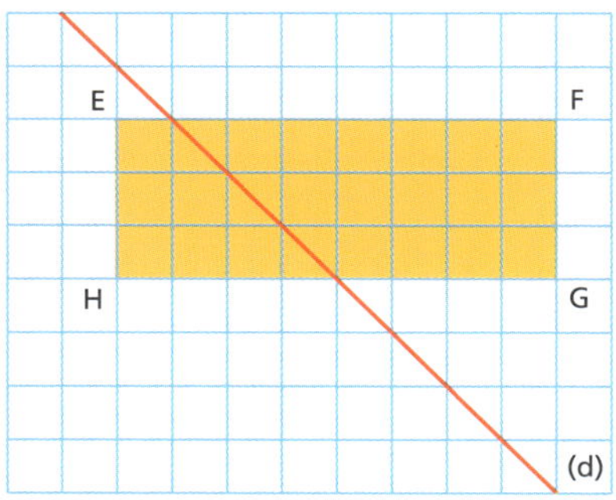

4 ★★ **Construis un triangle ABC isocèle en A tel que : AB = 4 cm et BC = 6 cm.**
Construis le triangle symétrique de ABC par rapport à la droite (BC). Appelle D le symétrique de A.
Quelle est la nature du quadrilatère ABDC ? Explique.

5 ★★ **Reproduis ce cornet de glace selon les dimensions indiquées.**
Trace une droite (d) telle qu'elle soit parallèle à (OC), puis construis le symétrique de ce cornet par rapport à (d).

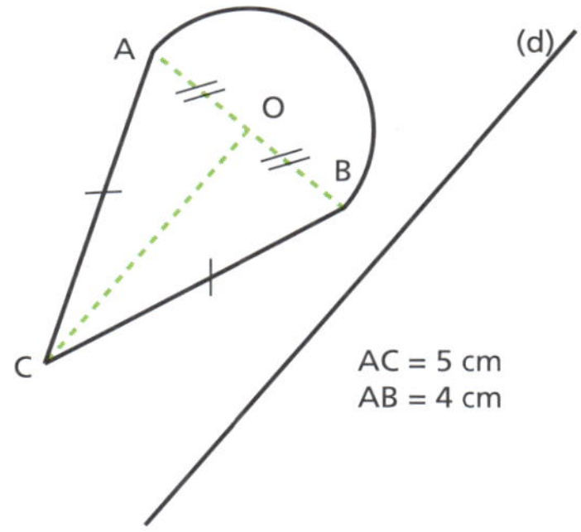

Vérifie que (O'C') est parallèle à (d).

6 ★★ **Reproduis cette figure selon les dimensions indiquées. Construis son symétrique par rapport à la droite (g).**

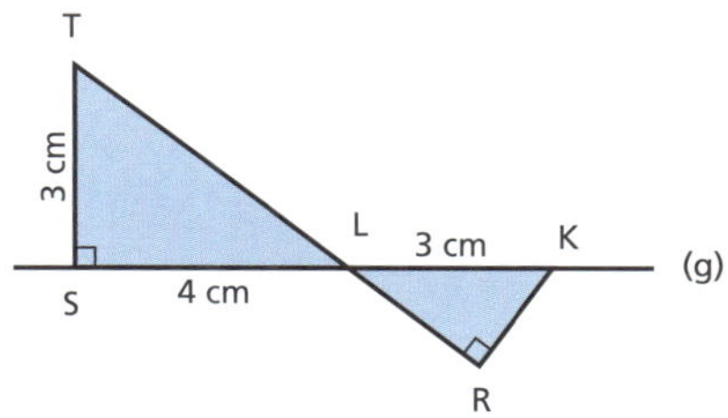

Vérifie que les points T', L et R' sont alignés.

7 ★★★ **Trace un segment [AB] et une droite (d). Construis avec le compas le symétrique A' du point A par rapport à (d).**

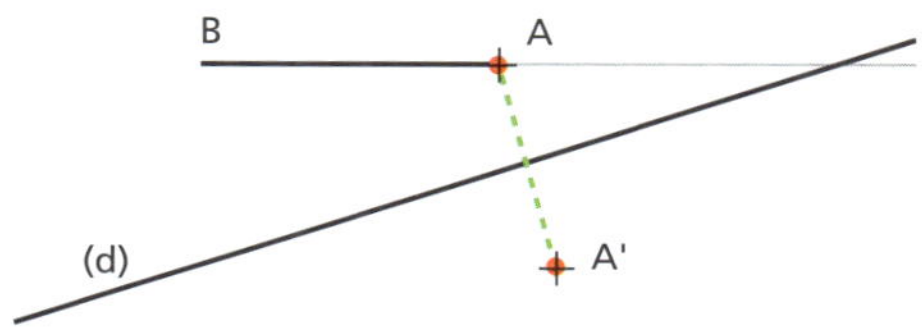

On a déjà tracé la droite (AB). Trace encore avec ta règle non graduée, trois droites pour obtenir le symétrique B' du point B par rapport à (d).

La médiatrice et la bissectrice

Je retiens l'essentiel

• Médiatrice

La médiatrice d'un **segment** est la **droite perpendiculaire** à ce segment **en son milieu.**

La médiatrice d'un segment est **axe de symétrie** de ce segment.

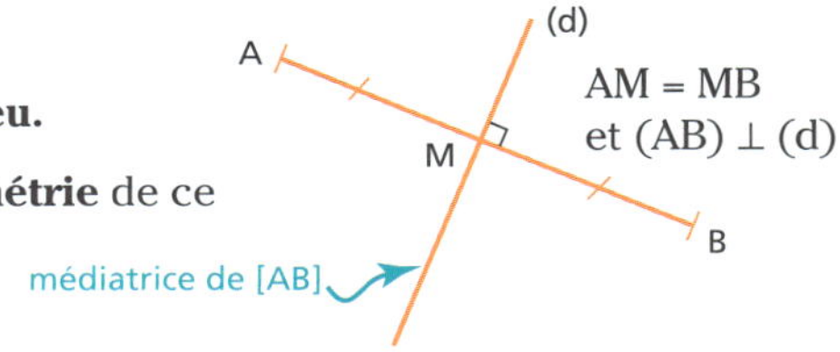

Propriétés

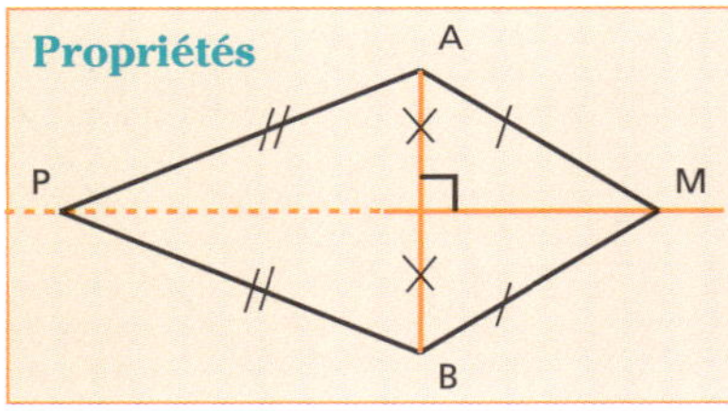

1. M est sur la médiatrice de [AB], donc MA = MB.
2. PA = PB, donc P est sur la médiatrice de [AB].

• Bissectrice

La bissectrice d'un **angle** est la **demi-droite qui partage** cet angle en **deux angles égaux.**

La bissectrice d'un angle est **axe de symétrie** de cet angle.

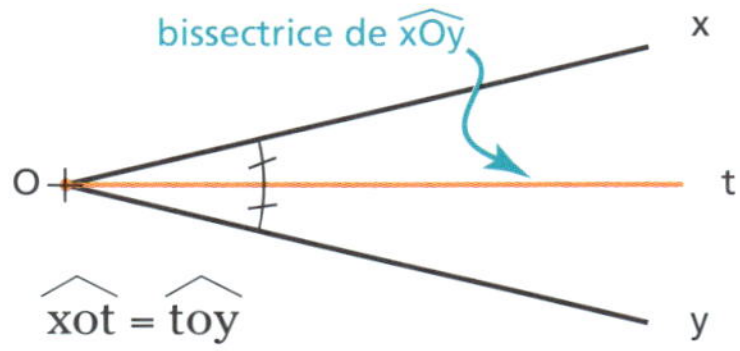

Je comprends comment faire

➤ pour construire la médiatrice d'un segment

méthode 1

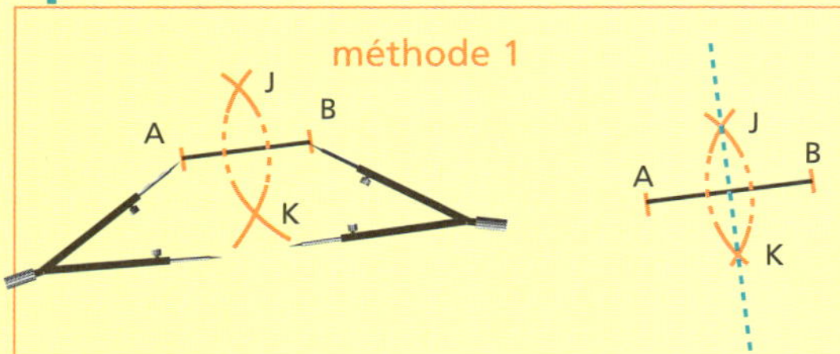

L'écartement du compas est le même.

méthode 2

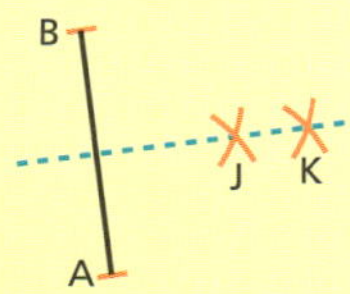

Je peux construire J et K du même côté.

➤ pour construire la bissectrice d'un angle

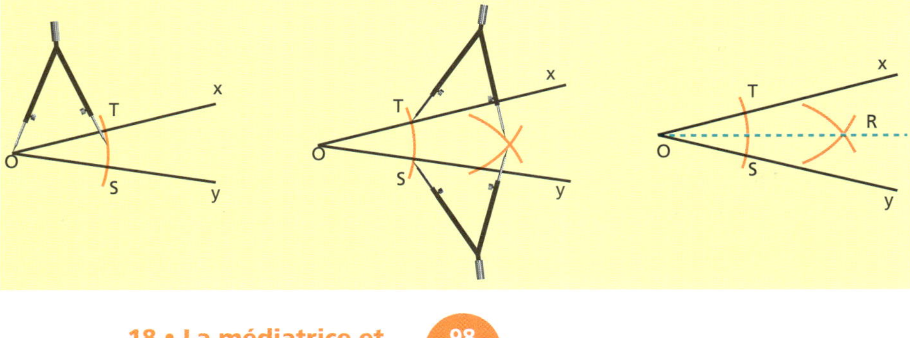

OBJECTIF

Construire la médiatrice d'un segment, la bissectrice d'un angle.

Je m'exerce

1 ★ **En utilisant l'équerre et la règle graduée, nomme les segments de la figure ayant la droite (d) pour médiatrice.**

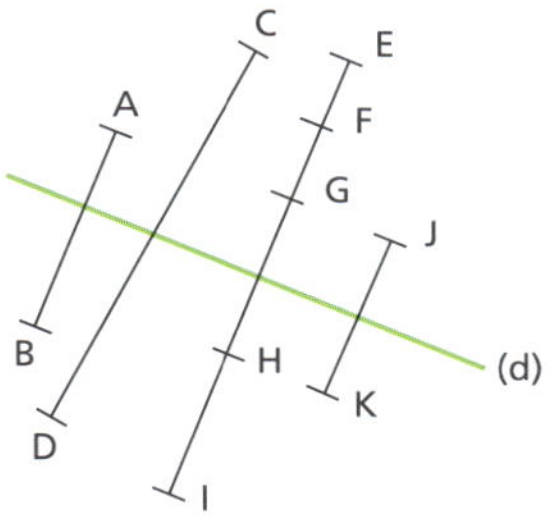

....

2 ★ **Observe cette figure.**

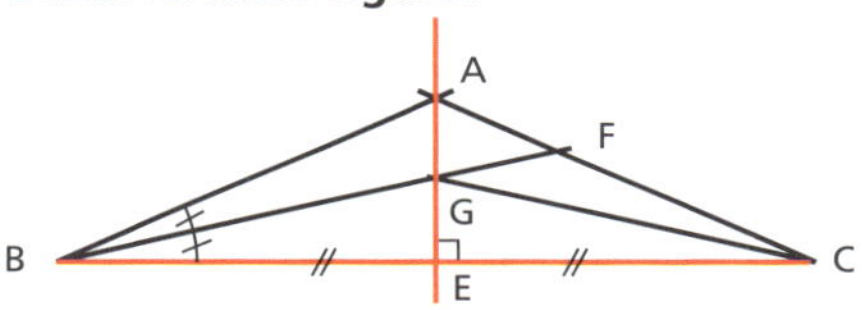

Réponds par vrai (V) ou faux (F).

a. (AE) est axe de symétrie de [BC]. ....

b. (BF) est la médiatrice de [AC]. ....

c. [BF] est la bissectrice de $\widehat{AGC}$. ....

d. (EG) est axe de symétrie de $\widehat{BAF}$. ....

e. [BG] est la bissectrice de $\widehat{ABC}$. ....

3 ★ **Trace un rectangle de 6 cm sur 9 cm. Construis les bissectrices des angles droits de ce rectangle. En se coupant, ces bissectrices forment un quadrilatère.**

Quelle est sa nature ? ....

4 ★ EFGH forme un losange.

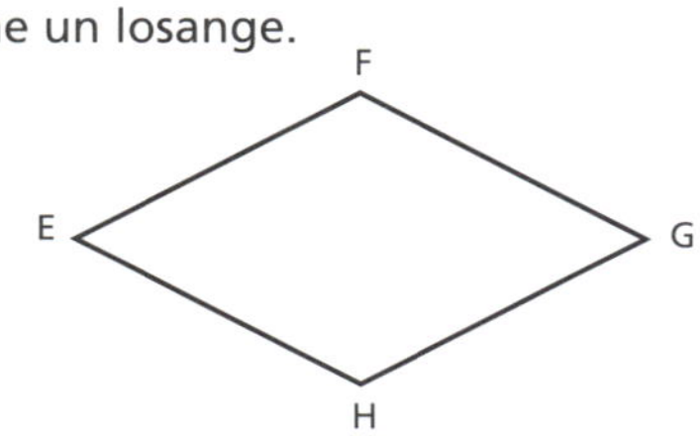

Construis la médiatrice de [FH].
Que représente cette médiatrice pour le losange ? ....

5 ★ **Dessine un angle $\widehat{tOs}$ = 58°.**
Construis la demi-droite [Ox) telle que [Ox) soit la bissectrice de $\widehat{tOs}$.

6 ★★ **Trace une droite. Places-y dans cet ordre les points M, P et R. Construis la médiatrice (d) de [MP] et la médiatrice (e) de [PR].**
Que peux-tu dire des droites (d) et (e) ?
Énonce la propriété utilisée.

7 ★★ On donne $\widehat{AOB}$ = 112° et $\widehat{BOC}$ = 33°.

a. **Construis la bissectrice de $\widehat{AOB}$.**

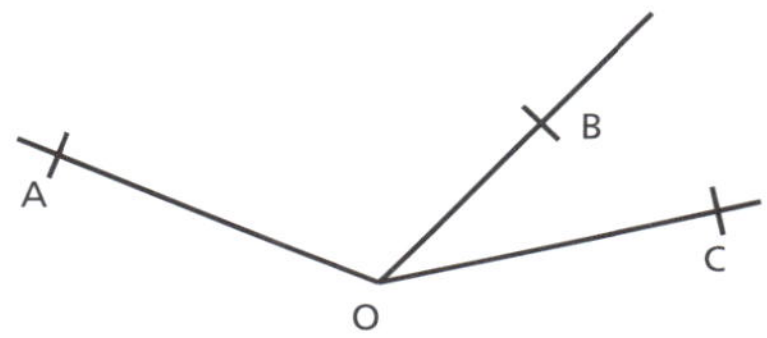

b. **Cette bissectrice est-elle perpendiculaire à la droite (OC) ? Justifie ta réponse.**

....

....

8 ★★ **Construis un triangle ABC, tel que BC = 6 cm, AB = 5 cm et AC = 3 cm.**
Le point A peut-il être situé sur la médiatrice de [BC] ? Pourquoi ?

9 ★★★ Sur cette figure, les triangles ABC et EBC sont isocèles.

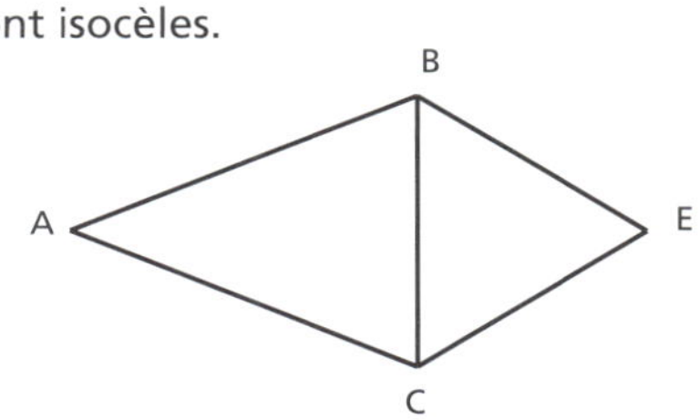

a. **Sur la figure, marque les égalités de longueur.**

b. **Explique pourquoi la droite (AE) est médiatrice du segment [BC].**

....

....

....

Les axes de symétrie de figures usuelles

Je retiens l'essentiel

Nom	Nombre d'axes	Désignation des axes	Figure
Triangle isocèle	1	La médiatrice de la base ou la bissectrice de l'angle au sommet principal.	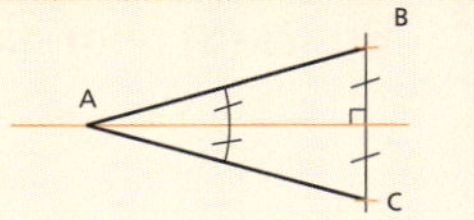
Triangle équilatéral	3	Les médiatrices des côtés ou les bissectrices des angles.	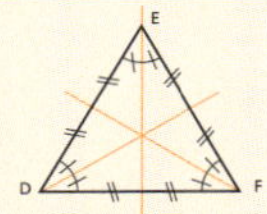
Losange	2	Les diagonales (qui sont bissectrices des angles opposés).	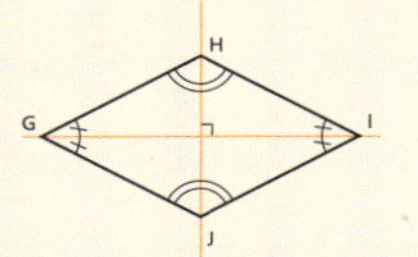
Rectangle	2	Les médiatrices des côtés opposés. O est le centre du rectangle.	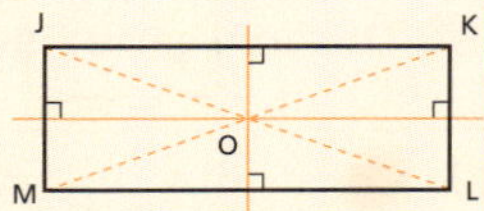
Carré	4	Les diagonales et les médiatrices des côtés opposés.	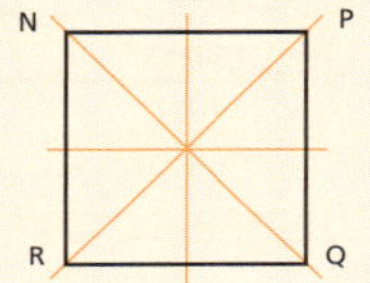

Je comprends comment faire

➤ pour construire une figure connaissant un axe de symétrie

1. Je construis le triangle isocèle EFG dont le sommet principal est sur (d).

2. Je trace l'axe de symétrie de [EF] ou la médiatrice.

3. La médiatrice coupe (d) en G. Je relie les points.

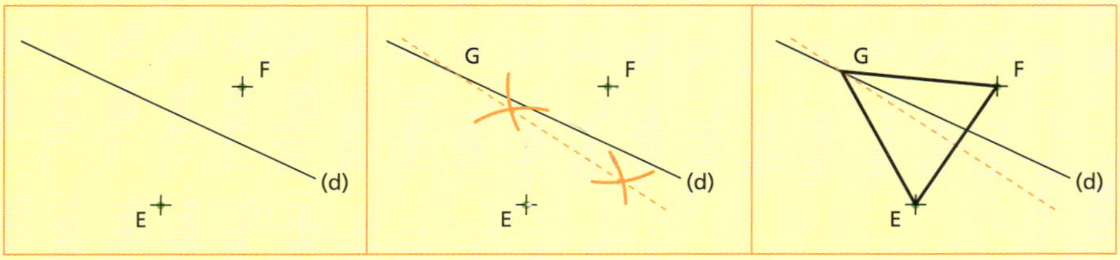

1. Je construis le rectangle RSTV dont (d) est un axe de symétrie.

2. Je construis les symétriques des points R et V.

3. Je relie les points dans l'ordre.

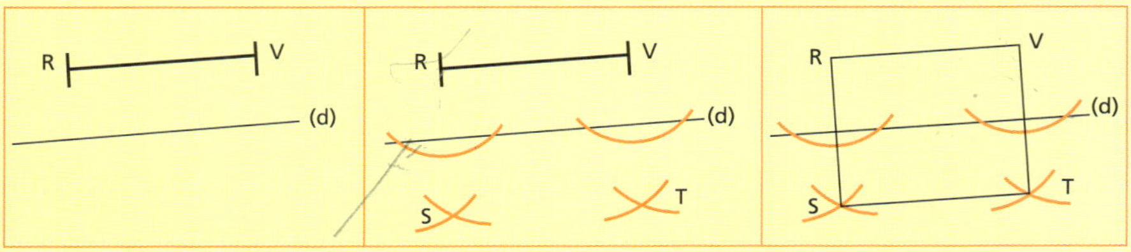

OBJECTIF

Tracer les axes de symétrie des figures usuelles.

Je m'exerce

1 ★ **Trace les axes de symétrie de cette figure.**

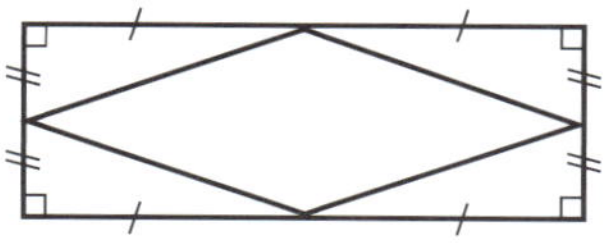

2 ★ **Dans ce carré, colorie les cases en bleu, en rouge ou en vert pour que le dessin ait deux axes de symétrie.**

3 ★★ **Construis le triangle RST isocèle en T, ayant la droite (e) pour axe de symétrie et dont le côté [TR] mesure 4 cm.**

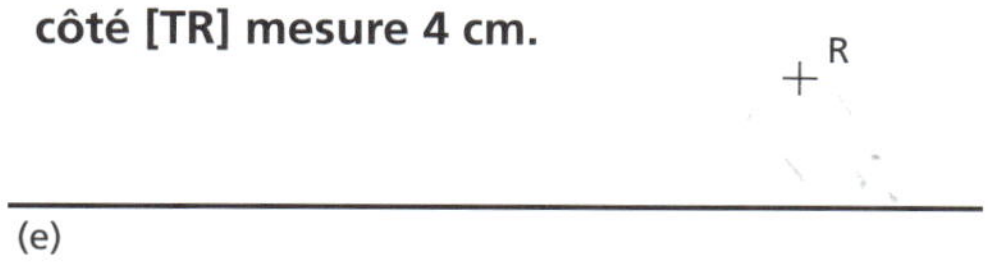

4 ★★ **Construis le losange ABCD de 2 cm de côté et ayant (d) pour axe de symétrie.**

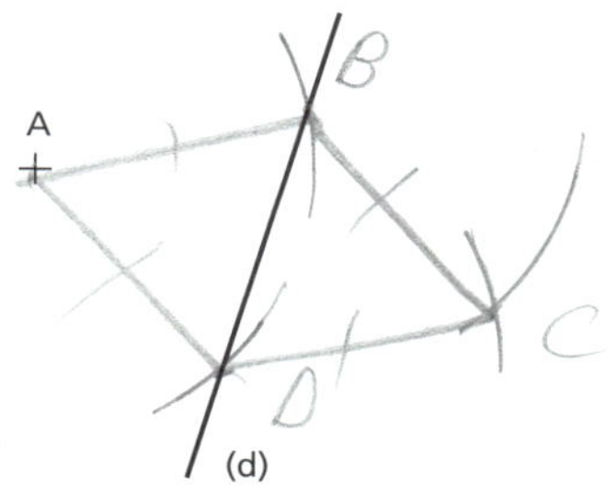

Trace l'autre axe de symétrie (d').

5 ★★ Voici deux dominos.

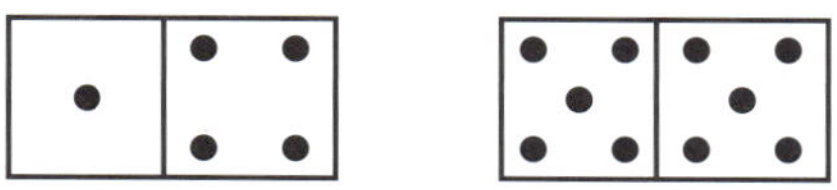

Trace le ou les axes de symétrie de ces dominos.

6 ★★ **Construis un triangle équilatéral EDF, puis trace ses axes de symétrie.**

7 ★★★ PRST est un carré, mais son sommet T n'est pas sur la feuille.
Trace la diagonale [PS] et la partie de la diagonale [RT] visible. Puis trace les autres axes de symétrie du carré.

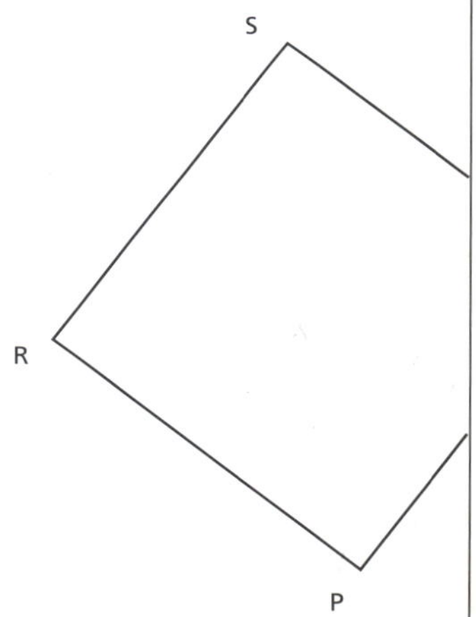

8 ★★★ La droite (d) est axe de symétrie du rectangle ABCD. Cette droite est aussi axe de symétrie du losange HARD.
Construis ces deux figures.

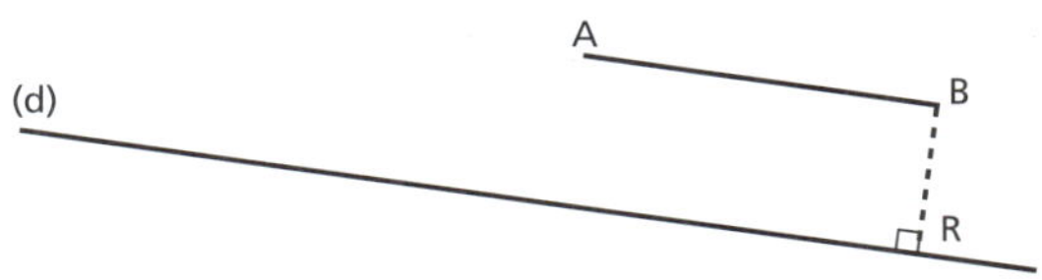

20 Le parallélépipède rectangle

Je retiens l'essentiel

• Un **parallélépipède rectangle** (ou pavé droit) est un **solide qui a 6 faces rectangulaires.**

• Un **cube** est un pavé droit dont les **6 faces sont des carrés.**

Voici les représentations en perspective cavalière :
– du pavé droit
– et du cube.

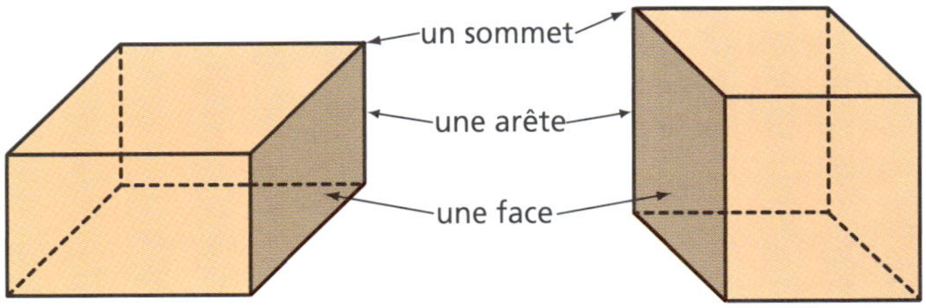

• Dans une **perspective cavalière** d'un pavé droit ou d'un cube :
– les faces avant et arrière sont des rectangles superposables (ou des carrés) ;
– les autres faces sont représentées par des parallélogrammes ;
– les arêtes parallèles sont représentées par des segments parallèles et de même longueur ;
– les arêtes cachées sont tracées en pointillés.

Je comprends comment faire

➤ pour dessiner en perspective cavalière

• Je construis un rectangle, puis un autre rectangle de côtés parallèles et de mêmes dimensions que le premier rectangle. Je trace 4 segments reliant les sommets des rectangles.

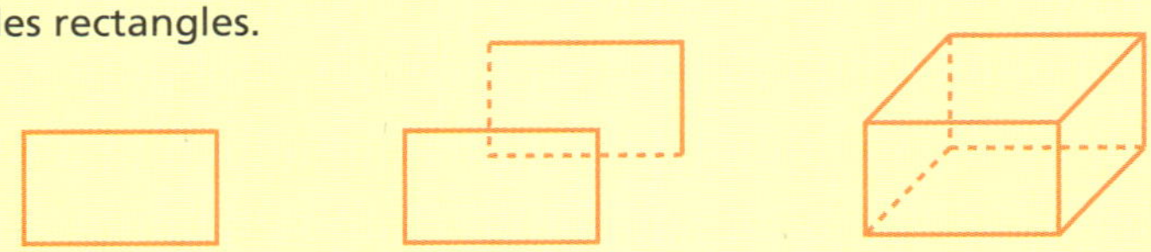

Je peux aussi, après la construction du premier rectangle, tracer à partir des sommets de ce rectangle 4 segments parallèles et de même longueur, puis tracer le second rectangle.

➤ pour construire un patron de pavé

• Mesure des arêtes : 3 cm, 1,6 cm et 2,4 cm.
Je trace d'abord deux paires de rectangles de mêmes dimensions.

échelle : $\frac{1}{2}$

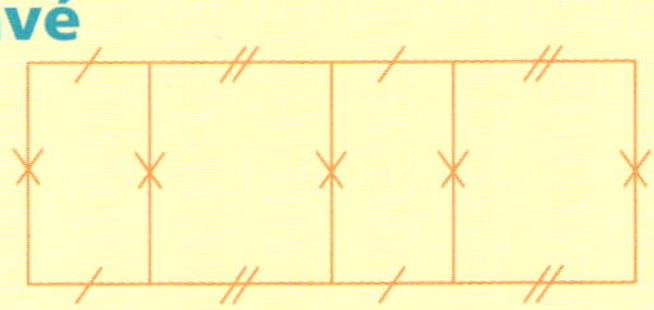

Puis, je trace une troisième paire de rectangles superposables.

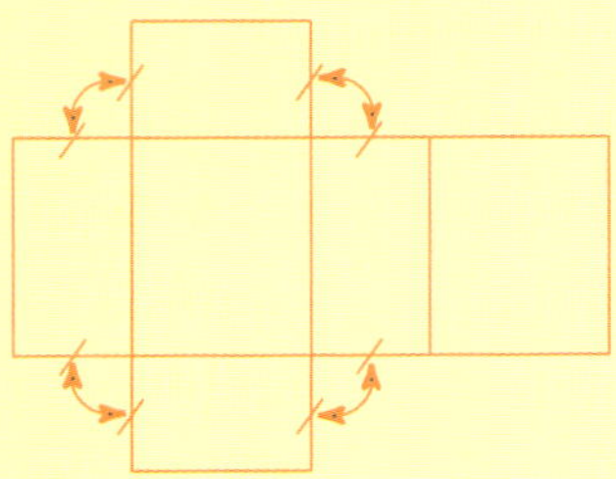

ou

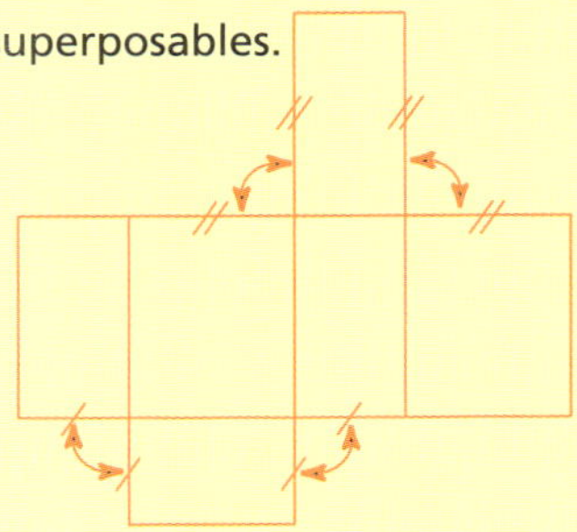

OBJECTIF

Représenter en perspective cavalière un parallélépipède rectangle et construire un patron de ce solide.

Je m'exerce

1 ★ Ce pavé droit est représenté en perspective cavalière.

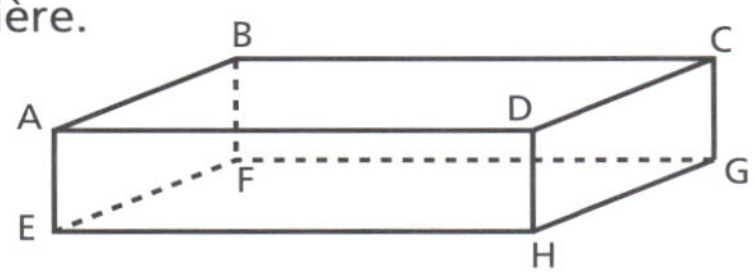

Réponds par vrai (V) ou faux (F).

a. [FG] est une arête. ....

b. EFGH est une face. ....

c. [DC] et [DH] sont parallèles. ....

d. Dans la réalité, la face DCGH est un losange. ....

e. G est un sommet. ....

f. B est le sommet caché. ....

2 ★ **Comment s'appelle le parallélépipède rectangle dont les arêtes ont la même longueur ?** ....

3 ★ **Dessine, en grandeur réelle, la face EFGH du pavé droit représenté ci-dessous.**

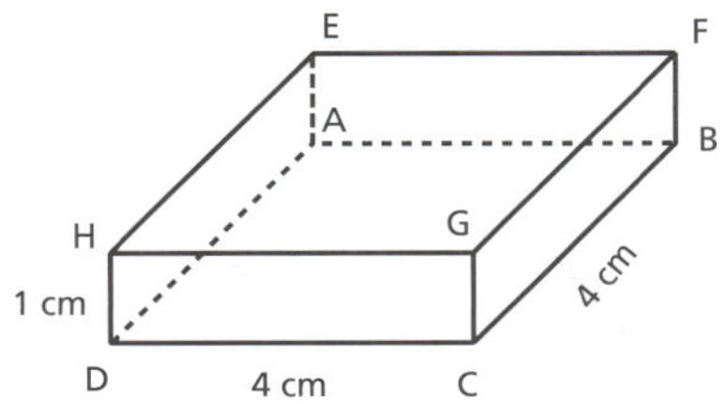

4 ★★ **a. Ce dessin est-il une perspective cavalière d'un parallélépipède rectangle ? Justifie ta réponse.** ....

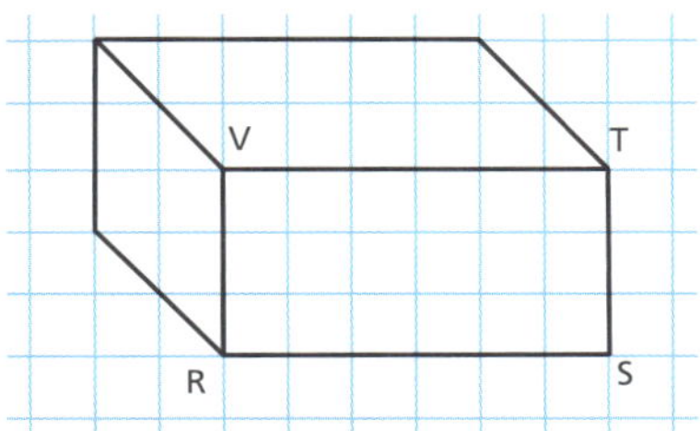

b. Dessine les arêtes cachées.

c. Place les noms des sommets sur le dessin, sachant que STPL et PLOC sont des faces du parallélépipède.

5 ★★ On a commencé à dessiner deux pavés droits en perspective cavalière.
Termine les dessins.

a. b.

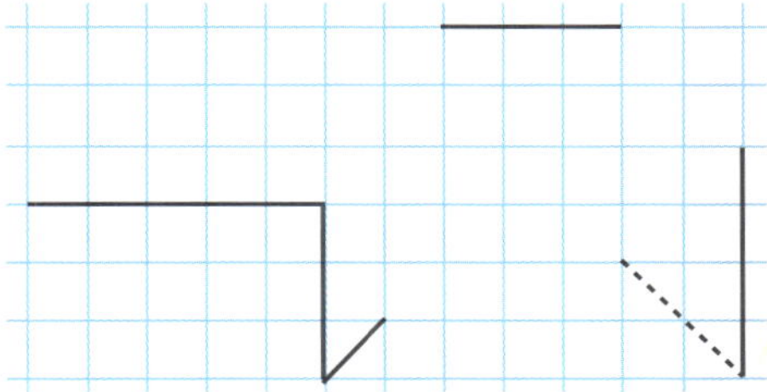

6 ★★ Ce dessin est le patron incomplet d'un parallélépipède rectangle.

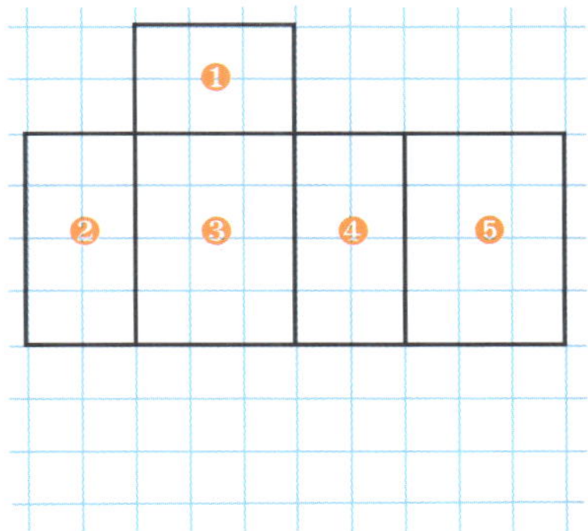

a. Dessine la face manquante 6 sous la face 5.

b. Reproduis ce patron incomplet et dessine cette fois la face manquante 6 sous la face 2.

7 ★★★ Voici quatre positions différentes d'un même cube.

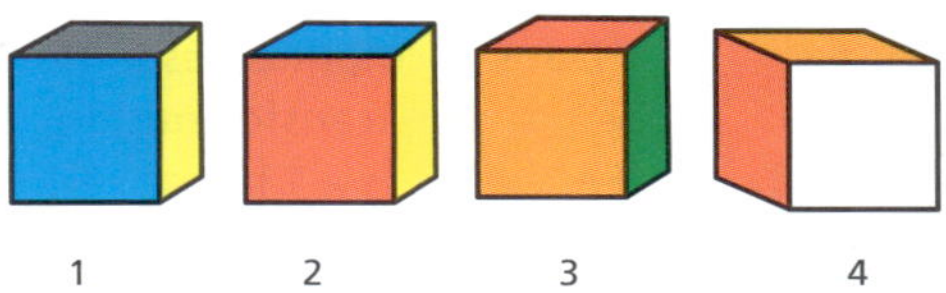

Colorie la face avant du cube de la position 4.

21 Les durées

Mathématiques

Je retiens l'essentiel

• L'unité principale de durée est la **seconde** (s).

Jour	heure	minute	seconde	dixième	centième
J	**h**	**min**	**s**		
24 h	60 min 3600 s	60 s	1 s	0,1 s	0,01 s

• **Attention aux conversions**

2 j 10 h = (2 x 24) h + 10 h = 58 h.

5 h et quart = (5 x 60) min + 15 min = 300 min + 15 min = 315 min.

13 dixièmes de seconde = 1,3 s.

Je comprends comment faire

➤ Pour additionner des durées

• J'additionne séparément les différentes unités.

	12 h	53 min	
+	2 h	24 min	40 s
	14 h	77 min	40 s

• Je convertis si un total « atteint » ou « dépasse » 60.
77 min = 60 min + 17 min, soit 77 min = 1 h 17 min.

1 h	17 min	
15 h	17 min	40 s

• J'écris le résultat final.

➤ Pour soustraire des durées

• Je soustrais successivement les secondes, les minutes et les heures.

	3 h	25 min	40 s
–	1 h	30 min	16 s
	....	......	24 s

• Dans la colonne des minutes, la soustraction 25 – 30 n'est pas possible.
Je fais une transformation :
3 h, c'est 2 h + 1 h (convertie en 60 min) ; je remplace 3 h 25 par 2 h 85 min.

• Je continue les calculs.

	2 h	85 min	
	~~3 h~~	~~25~~ min	40 s
–	1 h	30 min	16 s
	1 h	55 min	24 s

OBJECTIFS

Convertir des durées.

Calculer des durées

Je m'exerce

1 ★ **Complète.**

a. 72 min = ... h + ... min.

b. 85 s = ... min + ... s.

c. 100 s = ... min + ... s.

d. 58 h = ... j + ... h.

e. 88 min = ... h + ... min.

f. 12 dixièmes de seconde = ... s.

2 ★ **Pose et effectue les opérations.**

a. 8 h 10 min + 2 h 37 min = ...

b. 15 h 22 min – 6 h 04 min = ...

c. 5 h 47 min + 3 h 30 min = ...

d. 17 min 18 s – 2 min 58 s = ...

e. 43 min 37 s + 1 h 20 min 12 s = ...

3 ★ Voici un horaire simplifié de chemin de fer entre Paris et Marseille :

n° de train	6103	5102	6105	6109
Paris-Gare de Lyon	07.20	✕	08.20	10.20
Avignon	09.59	10.20	✕	✕
Marseille Saint-Charles	10.30	11.02	11.21	19.30

n° de train	6118	6120	6124	6126
Marseille St-Charles	13.29	14.31	16.29	16.59
Avignon	13.58	✕	17.04	17.28
Paris-Gare de Lyon	16.48	17.31	19.45	20.11

Jeanne habite Paris. Elle veut aller à Marseille pour manger une bouillabaisse au déjeuner avec son cousin.

Quels trains peut-elle prendre :

a. **pour aller à Marseille ?**

....

b. **pour être le soir à Paris avant 8 h ?**

....

4 ★★ **Quel temps s'écoule-t-il :**

a. entre 8 h 45 min et 15 h 33 min ?

b. entre 16 h 12 min et minuit ?

c. entre 5 h moins vingt et midi et demi ?

5 ★★ Pour effectuer tous les exercices de cette page, Mario a mis 100 min, Abel $\frac{5}{4}$ h et Audrey 1 heure et demie.

Quel est l'enfant qui a mis :

a. **le moins de temps ?** ....

b. **le plus de temps ?** ....

6 ★★ Mathieu dit à son copain Mustapha : « Dans 10 368 000 s, c'est mon anniversaire.»

Mustapha prend sa calculatrice et dit :

« Alors, c'est dans .... jours.»

Complète la réponse de Mustapha.

7 ★★ Une assistante de direction travaille les lundi, mardi, jeudi et vendredi de 8 h 30 à 12 h et de 13 h 30 à 17 h 45, et le mercredi matin de 8 h à 12 h.

Calcule la durée hebdomadaire de son travail.

....

8 ★★ Un représentant doit prendre un train qui part à midi et quart. Il lui faut 25 min pour aller à pied à la gare et 10 min au maximum pour prendre son billet au guichet automatique.

À quelle heure au plus tard, devra-t- il partir de chez lui, s'il ne veut pas rater son train ?

9 ★★★ Mademoiselle Cristal est dans un avion qui décolle de Paris à 10 h 45 min pour Cayenne (Guyane française). La durée du vol est de 9 h 05 min.

Elle arrive à Cayenne à 15 h 50 (heure locale) le même jour.

a. **Quelle heure est-il à Paris quand son avion atterit à Cayenne ?** ....

b. **Quel est le décalage horaire entre Paris et Cayenne ?** ....

c. **La fusée Ariane V a décollé le 11 février 2005 à 18 h 03 min (heure locale). Quelle heure était-il à Paris ?** ....

22

Mathématiques

Les longueurs, les masses et les capacités

Je retiens l'essentiel

• L'unité principale de longueur est le **mètre** (m).
Celle des masses est le **gramme** (g) et celle des capacités est le **litre** (L).

• Les préfixes **kilo** (k), **hecto** (h) et **déca** (da) indiquent les **multiples** de l'unité principale de mesure :
kilo → 1 000 unités; hecto → 100 unités; déca → 10 unités.
Exemple : un hectolitre = 100 litres.

• Les préfixes **déci** (d), **centi** (c) et **milli** (m) indiquent les **sous-multiples** de l'unité principale de mesure :
déci → $\frac{1}{10}$ unité; centi → $\frac{1}{100}$ unité; milli → $\frac{1}{1000}$ unité.
Exemple : un décimètre = 0,1 mètre.

Unités	kilo	hecto	déca		déci	centi	milli
de longueur	km	hm	dam	m	dm	cm	mm
de masse	kg	hg	dag	g	dg	cg	mg
de capacité	—	hL	daL	L	dL	cL	mL

• Pour les **grandes masses**, on utilise souvent les unités suivantes :
– la tonne (1 t = 1 000 kg) ;
– le quintal (1 q = 100 kg).
Il n'y a pas de nom pour une dizaine de kilogrammes.

Je comprends comment faire

➤ pour convertir les unités de longueur, de masse ou de capacité

• **À l'aide d'un tableau**

8,573 hL = … L

54 dam = … km

J'écris les nombres dans le tableau avec un chiffre par colonne.

hL	daL	L	dL
8	5	7	3

km	hm	dam	m
0	5	4	

→ 8,573 hL = 857,3 L

→ 54 dam = 0,54 km

• Directement en **multipliant** ou en **divisant par 10** successivement

hL daL L
8 , 5 7 , 3
× 10 × 10

km hm dam
0 , 5 4
: 10 : 10

OBJECTIF
Connaître et convertir les unités du système métrique.

Je m'exerce

1 Convertis.
★
a. 658 dg = 0,658 hg
b. 9,5 km = 950 dam
c. 0,084 hL = 8,4 L
d. 64 300 cm = 6,4300 hm
e. 500 000 dL = 5000 hL
f. 2 000 000 g = ... t

2 Entoure la bonne réponse.
★
a. La Loire mesure :
1 022 hm — 1 022 km — 1 022 m
b. Le poids d'un éléphant est :
2 500 g — 2 500 mg — 2 500 kg
c. La hauteur de la tour Eiffel est :
320,75 dm — 320,75 m — 320,75 hm
d. La citerne d'un camion a une capacité de :
250 hL — 250 L — 250 cL
e. Le poids total de la tour Eiffel est :
8 757 kg — 8 757 q — 8 757 t

3 Complète avec l'unité qui convient.
★
a. Pierre pèse 8 ... de moins que Paul.
b. La distance entre la Lune et la Terre est de 380 000 ....
c. Le réservoir de cette voiture a une capacité de 45 ....
d. La longueur du pied de ton professeur est de 26 ....
e. Cette bouteille contient 75 .... de jus d'orange.

4 M. Dupont dit à M. Dupond :
★★
« J'ai acheté une voiture 15 000 euros. Elle est longue de 420 cm et large de 0,17 dam. Son poids est 12 000 000 dg. Elle consomme 650 cL tous les 1 000 hm. »
Réécris ce texte en utilisant des unités usuelles.

5 Convertis.
★★
a. un million de centigrammes = ... kg
b. un centième de mètre = ... mm
c. un millier de litres = ... hL
d. un dixième de kilomètre = ... m
e. dix mille kilogrammes = ... t
f. un dix-millième d'hectolitre = ... L

6 Trois chemins vont de la maison de Bastien à la mare aux canards.
★★

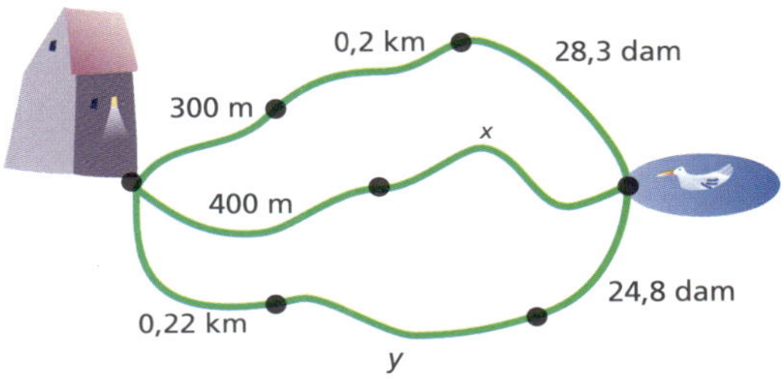

Sachant que les trois chemins ont la même longueur, trouve les distances manquantes en mètres.

x = ... y = ...

7 La longueur d'une allumette est 4,5 cm.
★★★
Il y a 50 allumettes dans une boîte.
La distance Paris-Nice est de 900 km.

Combien de boîtes d'allumettes faudrait-il si on mettait bout à bout des allumettes entre Paris et Nice ? ....

8 Si Corinne ajoute son poids à celui de sa mère, elle trouve 81,5 kg. Si elle soustrait son poids à celui de sa mère, elle trouve 25,5 kg.
★★★

Combien pèse Corinne ? ....

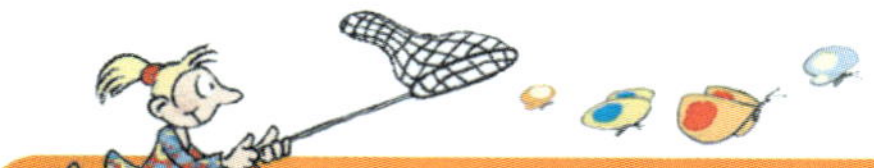

Je retiens l'essentiel

- **Formules de périmètres**

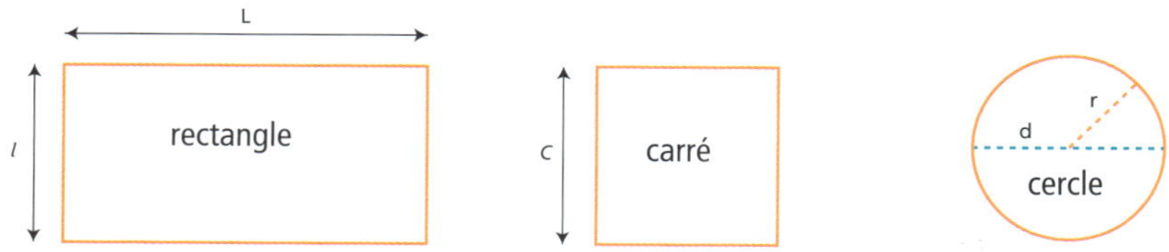

rectangle	carré	cercle
$P = 2 \times (L + l)$	$P = 4 \times c$	$P = \pi \times d = 2 \times \pi \times r$

- **Attention**

π = 3,141 592 653 589 793 238 462 643 383 279 502 884 197 169 399 375 105 820 9…
Le nombre π (pi) n'est pas un nombre décimal.
Si les calculs sont faits à la main ou si c'est écrit dans l'énoncé, on utilise la valeur approchée **3,14.** Sinon, avec la calculatrice, on utilise la touche π qui donne aussi une valeur approchée, mais plus précise que 3,14.

Je comprends comment faire

➤ pour calculer un périmètre

- **Additionner des longueurs**

Exemple : calculer le périmètre de cette figure.

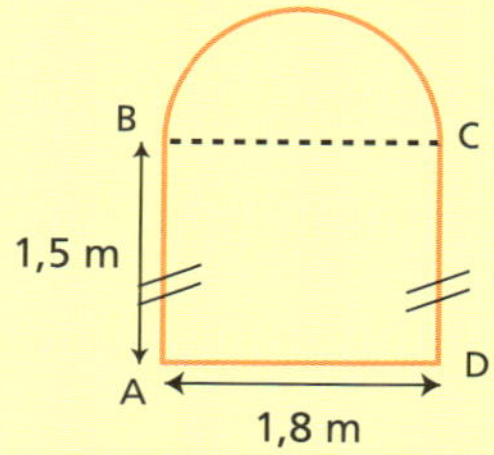

Je décompose le contour de la figure en portions dont je connais la longueur ou dont je sais calculer la longueur.
Il y a trois segments et un demi-cercle dont le rayon est 1,8 : 2 = 0,9.

$$\text{Périmètre} = AB + \overset{\frown}{BC} + CD + DA$$
$$= 1{,}5 + \pi \times 0{,}9 + 1{,}5 + 1{,}8$$
$$= 7{,}6$$

→ Le périmètre de la figure est environ 7,6 m.

- **Appliquer une formule**

Exemple : calculer le périmètre d'un rectangle de 4 dm de long sur 3 cm de large.
Les dimensions sont connues, j'applique la formule : $P = 2 \times (L + l)$.
Mais attention, j'exprime les dimensions dans la même unité, soit en cm (40 cm et 3 cm), soit en dm (4 dm et 0,3 dm).
→ Donc, le périmètre du rectangle est $2 \times (40 + 3) = 86$ en cm
ou $2 \times (4 + 0{,}3) = 8{,}6$ en dm .

OBJECTIF

Utiliser les formules du périmètre du rectangle, du carré, et la formule de la longueur d'un cercle.

Je m'exerce

1 ★ Quatre élèves ont calculé le périmètre de cette figure.

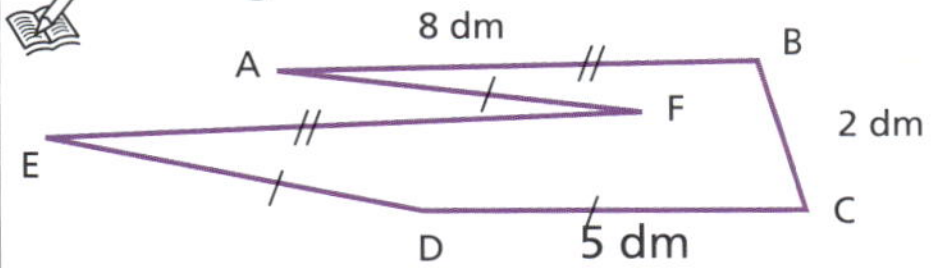

Ils ont donné les expressions suivantes :

Rémi : $5 + 5 + 8 + 5 + 8 + 2$

Sarah : $5 \times 2 \times 8$

Paul : $(5 \times 3) + (8 \times 2) + 2$

Benoît : $(8 + 5) \times 3$

Quels sont les élèves dont la réponse est exacte ? ....

2 ★ Le périmètre d'un rectangle est un kilomètre. L'une de ses dimensions mesure 150 m.

Est-ce sa longueur ou sa largeur ?

....

3 ★★ Si on augmente de 5 cm la largeur d'un rectangle, on obtient un carré dont le périmètre est 50 cm.

Calcule le périmètre de ce rectangle.

....

4 ★★ **Peux-tu calculer le périmètre de cette figure, dont tous les angles sont droits ? Si oui, calcule ce périmètre. Sinon, indique les mesures qui manquent.**

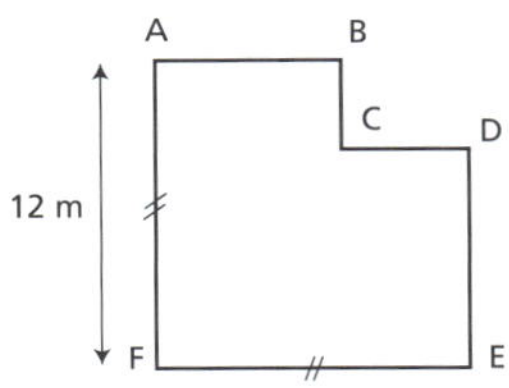

5 ★★ Le périmètre de ce rectangle mesure 33 m.

Calcule le périmètre du cercle.

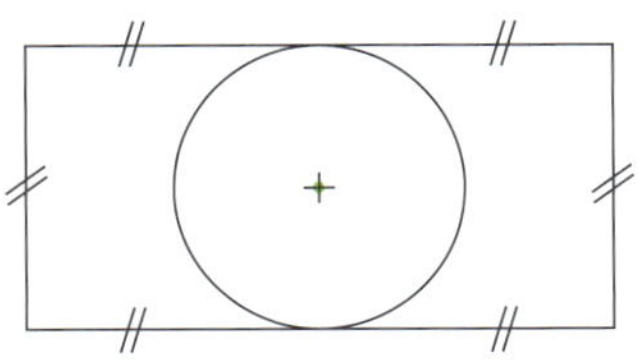

....

6 ★★ Le périmètre d'un triangle ABC isocèle en C mesure 24 cm. La longueur du côté [BC] est 10,6 cm.

Calcule les longueurs des deux autres côtés.

7 ★★ **Quelle est la figure qui a le plus petit périmètre ?**

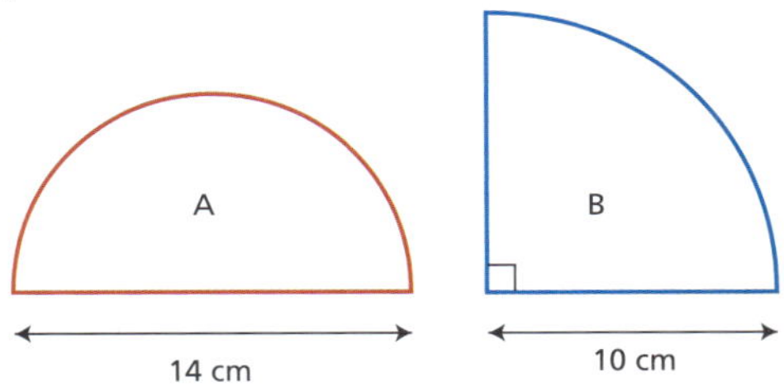

8 ★★★ Dans le quadrilatère ABCD, on sait que le périmètre du triangle ABC est 23,5 m et celui du triangle ADC est 37 m.

Les diagonales [AC] et [BD] mesurent respectivement 9 m et 6 m.

Calcule le périmètre du quadrilatère.

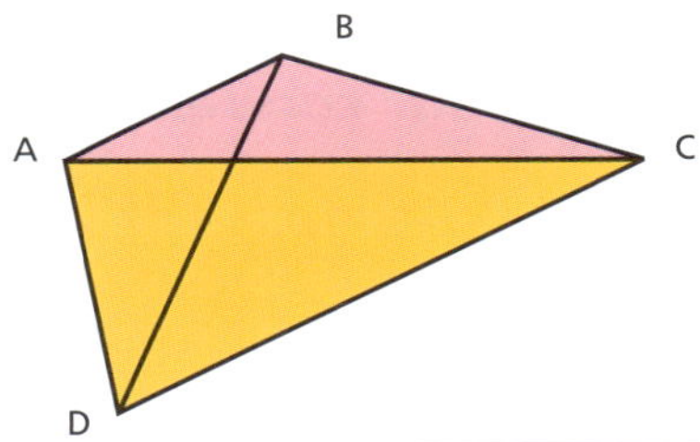

9 ★★★ Une feuille d'un livre rectangulaire mesure 86 cm de périmètre. La différence entre les deux dimensions est 7 cm.

Calcule les deux dimensions de cette feuille. (Vérifie en mesurant une feuille de Tout savoir.)

10 ★★★ Ce dessin représente un stade.

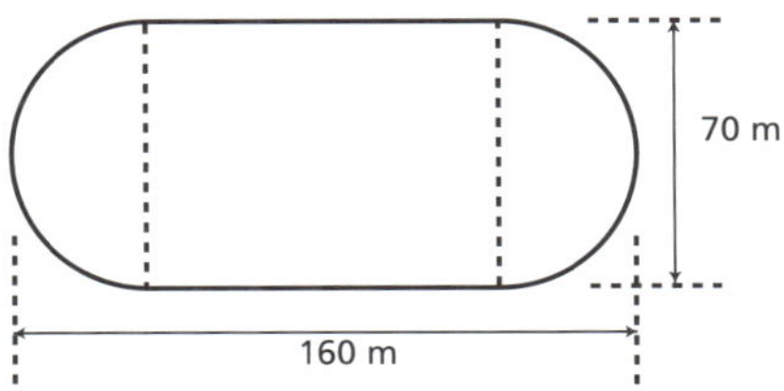

Quel est le périmètre du stade ? (Arrondis au mètre.) ....

24

Les aires

Mathématiques

Je retiens l'essentiel

• Les **surfaces** A et B n'ont pas la même forme, mais elles ont la même aire.

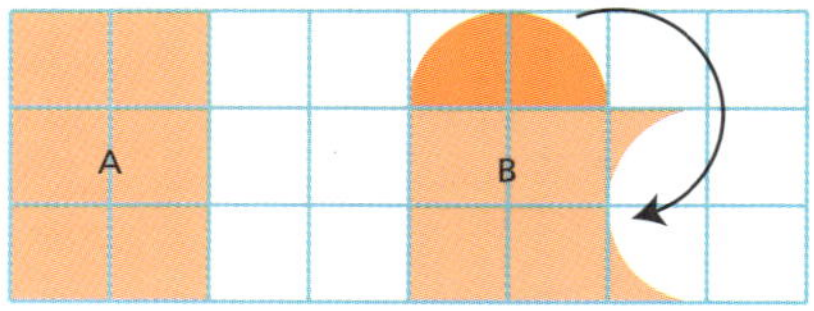

• Les **unités d'aires** sont :

km^2	hm^2	dam^2	m^2	dm^2	cm^2	mm^2
multiples			mètre carré	sous-multiples		

On a : 1 km^2 = 100 hm^2, 1 hm^2 = 100 dam^2, 1 dam^2 = 100 m^2, 1 m^2 = 100 dm^2, etc.

• **Formules d'aires**

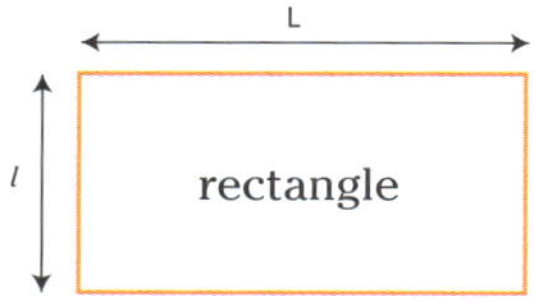

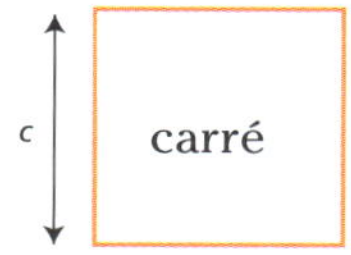

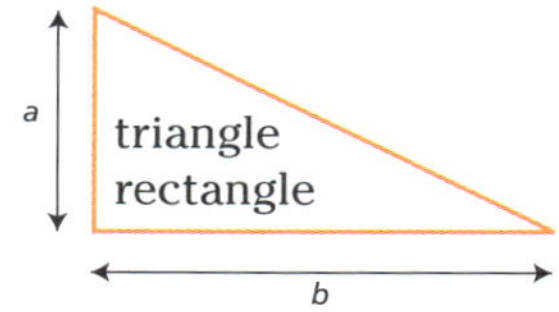

Aire = $L \times l$

Aire = $c \times c = c^2$

Aire = $\dfrac{a \times b}{2}$

Je comprends comment faire

➤ pour convertir les unités d'aire

• **À l'aide d'un tableau**

8,4 m^2 = …… cm^2

53 000 dam^2 = ……… hm^2

J'écris les nombres dans le tableau avec deux chiffres par unité.

m^2		dm^2		cm^2		mm^2	
	8	4	0	0	0		

→ 8,4 m^2 = 84 000 cm^2

km^2		hm^2		dam^2		m^2	
	5	3	0	0	0		

→ 53 000 dam^2 = 530 hm^2

• Directement en **multipliant** ou en **divisant par 100** successivement

m^2 dm^2 cm^2

8 , 4 0 0 0

× 100 × 100

hm^2 dam^2

5 3 0 , 0 0

: 100

➤ pour calculer une aire par décomposition

Je décompose la figure en surfaces dont je sais calculer les aires, puis j'ajoute ou je soustrais ces aires.

Exemple :

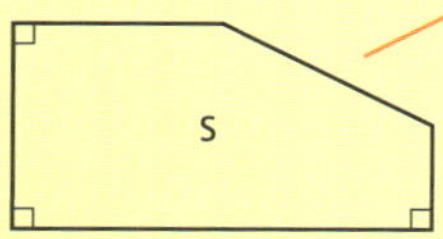

1re méthode :

S = Aire du rectangle
– Aire de A

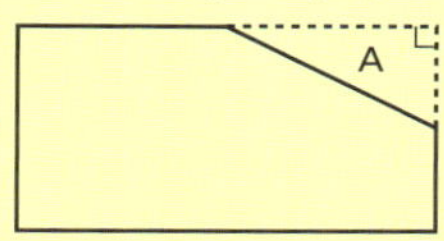

2e méthode :

S = Aire de B
+ Aire de C + Aire de D

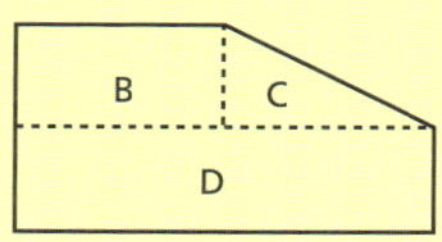

OBJECTIFS

- Convertir des unités d'aire.
- Utiliser les formules d'aire du rectangle, du carré et du triangle rectangle.
- Calculer l'aire d'une figure par décomposition.

Je m'exerce

1 Convertis.
★
a. 38,2 dm² = ... cm²

b. 6,02 hm² = ... m²

c. 64 000 cm² = ... m²

d. 8 km² = ... m²

e. 6 000 m² = ... hm²

2 Complète avec l'unité qui convient.
★
a. 28 000 dam² = 2,8 ....

b. 7,12 km² = 712 ....

c. 300 000 mm² = 0,3 ....

d. 8,6 m² = 86 000 ....

3 **Calcule l'aire d'un rectangle mesurant 8 cm sur 50 mm.**
★

....

....

4 **Calcule l'aire du triangle ABC.**
★

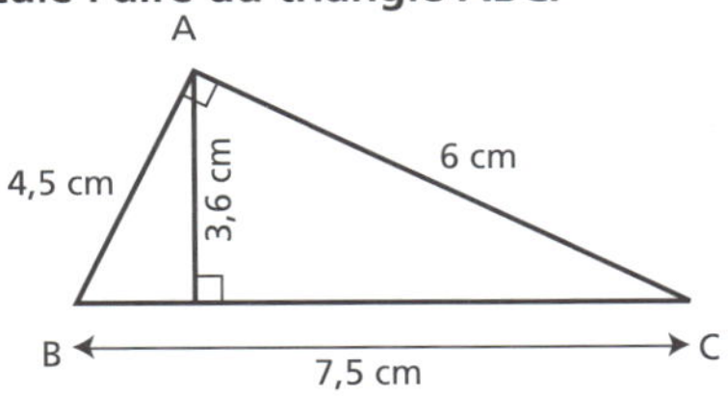

....

5 Un carré et un rectangle ont la même aire. Le côté du carré est 4,5 m et un des côtés du rectangle mesure 5 m.
★★
Combien mesure l'autre côté du rectangle ?

....

6 Deux terrains de jeu ont le même périmètre. L'un de forme rectangulaire a pour dimensions 50 m sur 20 m. L'autre est carré.
★★
Quel est le terrain le plus étendu ?

....

7 **Quelle est l'aire de chaque figure coloriée ?**
★★
a. **losange**
AO = 12 dm
OB = 16 dm
AB = 20 dm

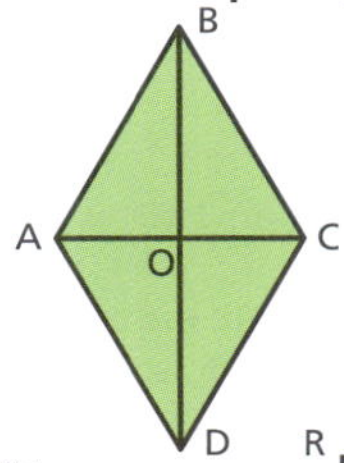

b. **triangle SPV**
RSTV : carré de côté 9 dm
SP = 3 dm

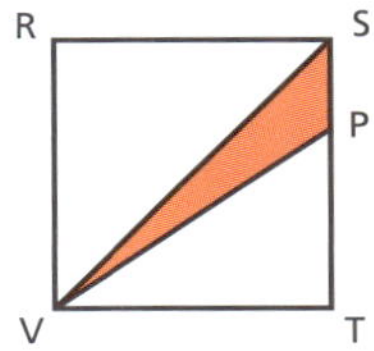

8 Une feuille de carton a une forme rectangulaire. Si l'on découpe dans le sens de la longueur une bande rectangulaire de 2 cm de large, l'aire de la feuille diminue de 24 cm². Si l'on découpe dans le sens de la largeur une bande rectangulaire de 2 cm de large, l'aire de la feuille diminue de 14 cm².
★★★
Calcule l'aire de la feuille de carton.

....

9 Un bricoleur passe deux couches de peinture sur un plafond rectangulaire dont les dimensions sont 8,2 m sur 6 m.
★★★
Sachant qu'avec un pot de 5 kg, on peut peindre 20 m², combien de pots doit-il acheter ?

....

10 Ces trois fanions rectangulaires ont les mêmes dimensions. La largeur des bandes blanches est la même (3 cm).
★★★

a. **Les surfaces coloriées des trois fanions ont-elles la même aire ?**

b. **Calcule cette aire.**

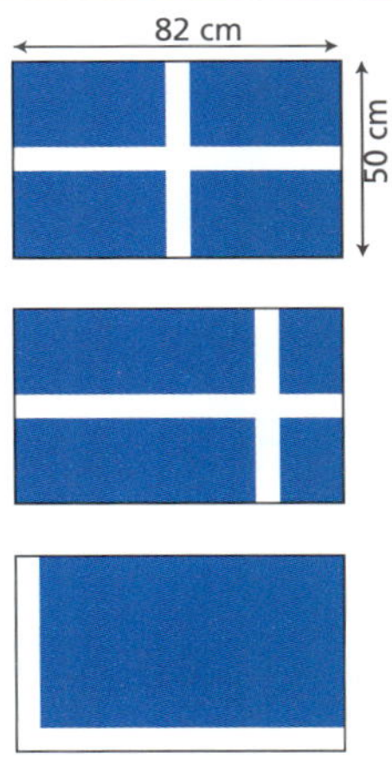

Mathématiques

Mathématiques

25 Les volumes

Je retiens l'essentiel

• Un **mètre cube** (m^3) est le volume d'un cube de 1 m d'arête.
Il y a aussi les unités : le décimètre cube (dm^3);
le centimètre cube (cm^3);
le millimètre cube (mm^3).

On a : 1 m^3 = 1 000 dm^3, 1 dm^3 = 1 000 cm^3 et 1 cm^3 = 1 000 mm^3.

• Pour exprimer une unité de volume en unité de capacité, on doit savoir que **1 L = 1 dm^3**.

• **Formules des volumes**

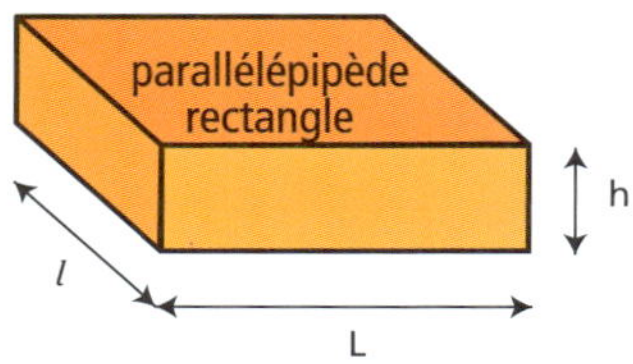

Volume = L × *l* × h

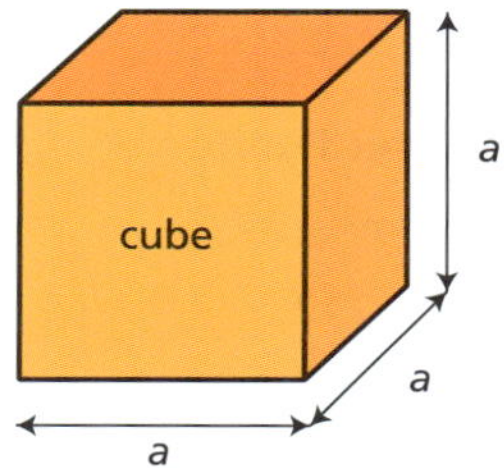

Volume = $a \times a \times a$

Je comprends comment faire

➤ pour convertir les unités en cube ou les unités en litre

• **À l'aide d'un tableau**

4,6 m^3 = … cm^3; 0,8 m^3 = … L; 3,4 dL = … cm^3.

J'écris le nombre dans un tableau :
– avec trois chiffres par unité s'il s'agit des unités en "cube" ;
– avec un chiffre par unité s'il s'agit des unités en "litre".

m^3			dm^3			cm^3			mm^3		
			hL	daL	L	dL	cL	mL			
		4	6	0	0	0	0	0			
		0	8	0	0						
						3	4	0			

→ 4,6 m^3 = 4 600 000 cm^3
→ 0,8 m^3 = 800 L
→ 3,4 dL = 340 cm^3

• **Directement :**

– en **multipliant** ou **en divisant par 1 000** successivement, si c'est une conversion d'unités exprimée en "cube" ;

m^3 dm^3 cm^3
4, 6 0 0 (× 1 000) 0 0 0 (× 1 000) soit 4 600 000 cm^3

– en **passant par l'unité dm^3,** si c'est une conversion d'unités en "cube" en unités en "litre", et **par l'unité L** si c'est l'inverse.

m^3 dm^3
0, 8 0 0 (× 1 000) soit 800 dm^3 et 800 dm^3 = 800 L

3,4 dL = 0,34 L = 0,34 dm^3 et dm^3 cm^3 0, 3 4 0 (× 1 000) soit 340 cm^3

OBJECTIFS
- Convertir des unités de volume.
- Utiliser la formule du volume du parallélépipède rectangle.

Je m'exerce

1 ★ **Convertis.**

a. 200 dm³ = ... m³

b. 15,2 dm³ = ... cm³

c. 17 000 mm³ = ... cm³

d. 8 dm³ = ... mm³

2 ★ **Convertis.**

a. 4,5 m³ = ... L

b. 70 000 cm³ = ... L

c. 150 000 cL = ... m³

d. 15 hL = ... dm³

3 ★ **Calcule de deux façons différentes le volume de ce solide formé de cubes de 4 cm d'arête.**

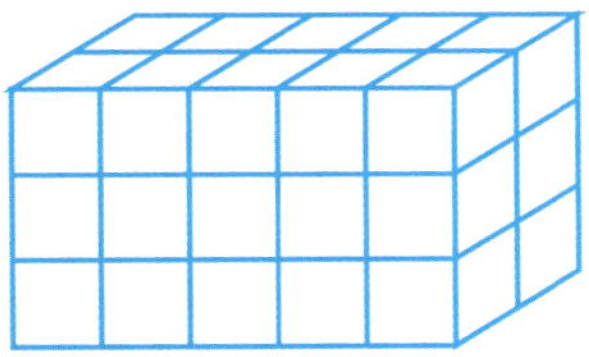

a. **Première façon**
Calcule le nombre de cubes, trouve le volume d'un cube, puis celui du pavé.

b. **Deuxième façon**
Calcule les dimensions du pavé, puis applique la formule du volume du pavé.

4 ★★ Cette rangée est formée de 4 cubes égaux.

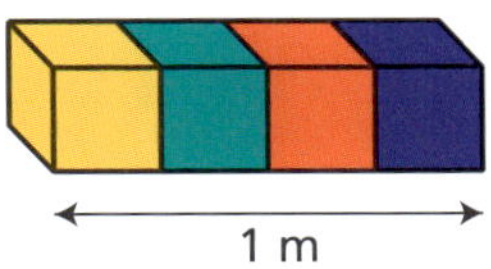

Calcule en dm³ le volume de cette rangée.

....

5 ★★ Un aquarium a la forme d'un parallélépipède rectangle dont le fond mesure 60 cm sur 25 cm et la hauteur 40 cm. Il est rempli à moitié d'eau. On met au fond de l'aquarium du sable, des graviers et des cailloux. L'eau monte de 15 mm.
Quel est le volume des matériaux immergés ? ....

6 ★★ Une bouteille de 1,5 L est entièrement remplie d'eau. On la verse dans un récipient en forme de pavé droit dont les dimensions sont : 12 cm, 12 cm et 11 cm.
L'eau va-t-elle déborder ?

....

7 ★★★ **Calcule le volume du cube.**
Peux-tu trouver l'arête du cube ?

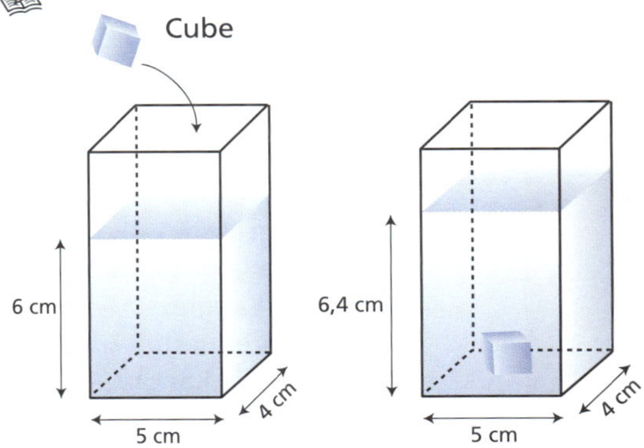

....

8 ★★★ Cette boîte contient 6 sardines.

On double chaque dimension de la boîte. (La boîte de sardines est assimilée à un pavé droit.)
Combien de sardines pourra-t-on y mettre ?

....

26 Les angles

Je retiens l'essentiel

• On note $\widehat{xOy}$ ou $\widehat{yOx}$.
L'unité de mesure d'angle est le **degré** (abréviation : °).
On utilise un **rapporteur** pour mesurer un angle.

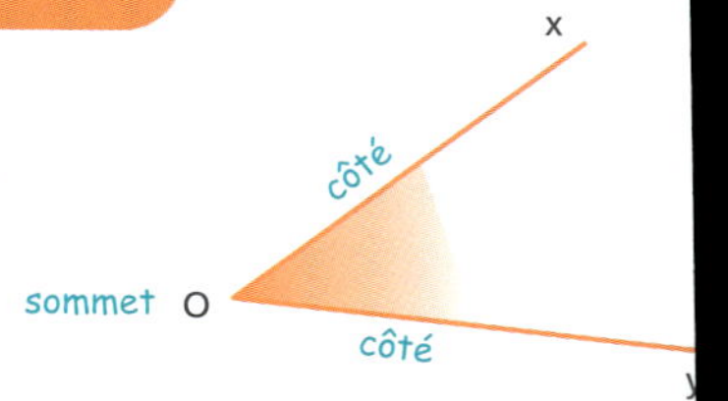

Angle nul	Angle aigu	Angle droit	Angle obtus	Angle plat
	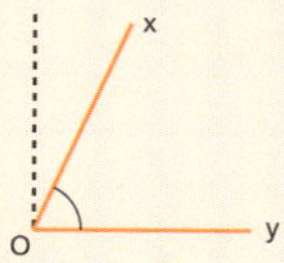	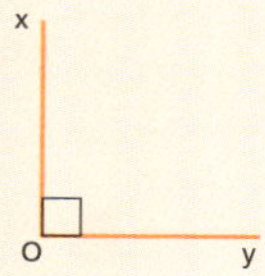	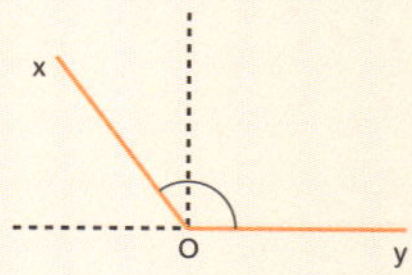	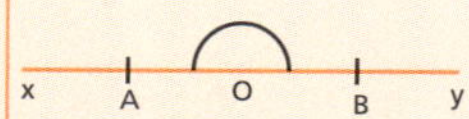
$\widehat{xOy} = 0°$	La mesure de $\widehat{xOy}$ est comprise entre 0° et 90°.	$\widehat{xOy} = 90°$	La mesure de $\widehat{xOy}$ est comprise entre 90° et 180°.	$\widehat{xOy} = 180°$ A, O et B sont alignés.

Je comprends comment faire

➤ pour mesurer un angle avec un rapporteur

1. Je place le rapporteur pour que :
– son centre et le sommet de l'angle coïncident ;
– le zéro de la graduation passe par un côté de l'angle.
2. Je lis la graduation sur l'autre côté de l'angle :
$\widehat{xOy} = 110°$.

Parfois, il est nécessaire de prolonger un côté.

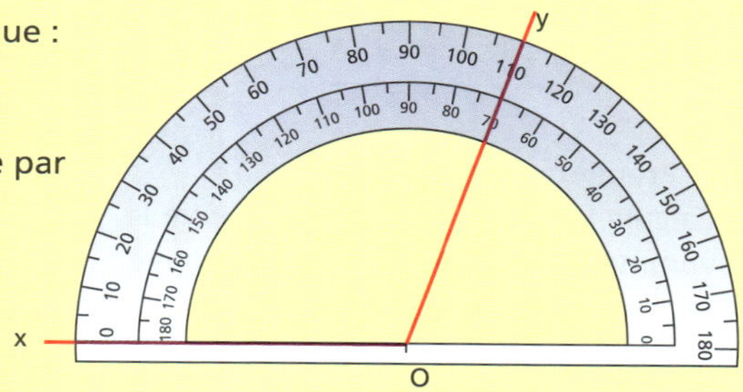

➤ pour reproduire un angle

1. Sur l'angle $\widehat{xOy}$ à reproduire, je trace un arc de centre O.

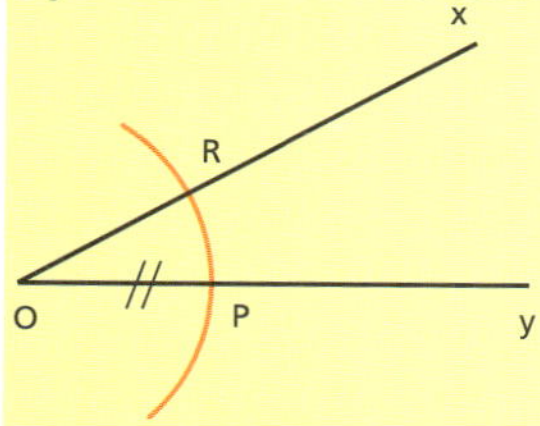

2. Je trace une demi-droite, puis un arc de centre A et de rayon OP.

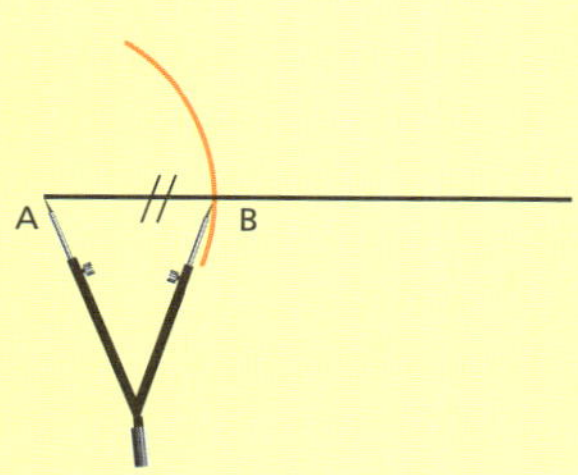

3. Je reproduis l'arc $\overset{\frown}{RP}$ (voir chapitre 13).

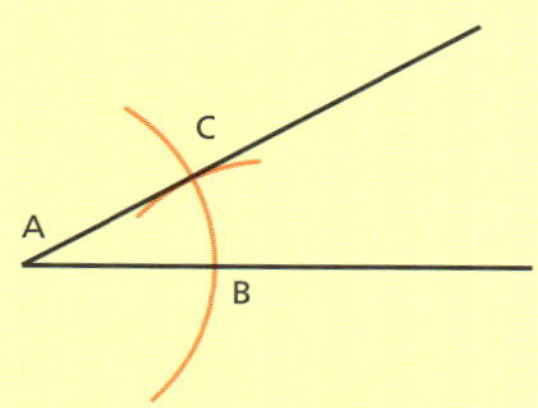

$\widehat{BAC} = \widehat{xOy}$

OBJECTIFS
- Reconnaître les angles.
- Mesurer et reproduire un angle.

Je m'exerce

1 ★ Parmi ces différentes écritures, l'une ne désigne pas le même angle.
Entoure cette écriture erronée.

$\widehat{xAy}$ $\widehat{KAB}$ $\widehat{JAI}$ $\widehat{BAC}$ $\widehat{IAB}$

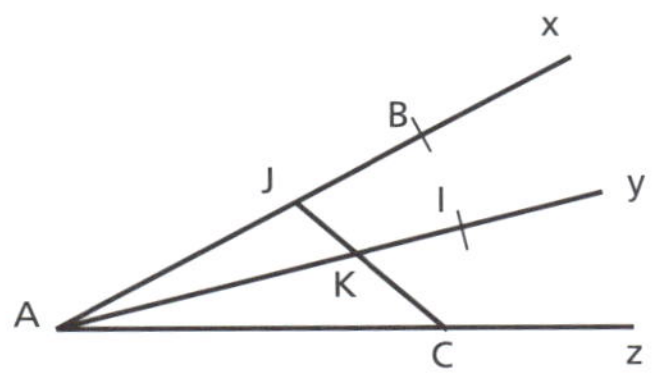

2 ★ **Observe cette figure.**

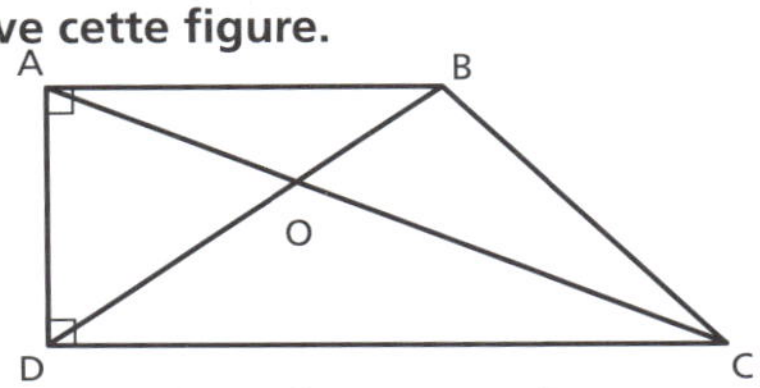

Complète par l'un des mots suivants :
obtus – aigu – plat – droit – nul.

a. $\widehat{ACD}$ est ....
b. $\widehat{BAD}$ est ....
c. $\widehat{CDC}$ est ....
d. $\widehat{ABC}$ est ....
e. $\widehat{AOC}$ est ....

3 ★ **Avec ton rapporteur, mesure ces angles.**

a. $\widehat{BOA}$ = ...°
c. $\widehat{DOC}$ = ...°
b. $\widehat{BOC}$ = ...°
d. $\widehat{AOD}$ = ...°

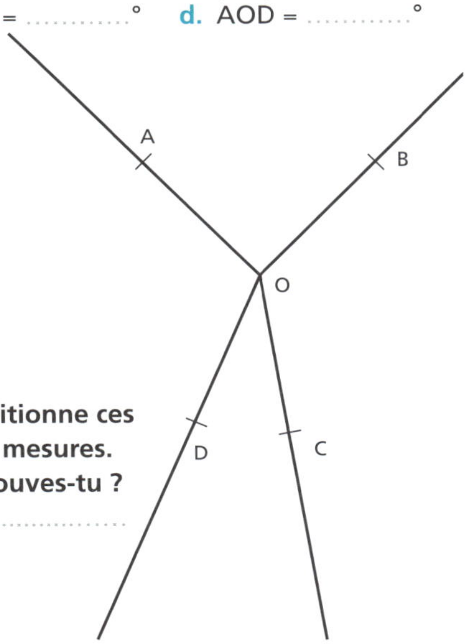

e. **Additionne ces quatre mesures. Que trouves-tu ?**

....

4 ★★ **Sans utiliser ton rapporteur, calcule la mesure des angles de cette figure dessinée à main levée.**

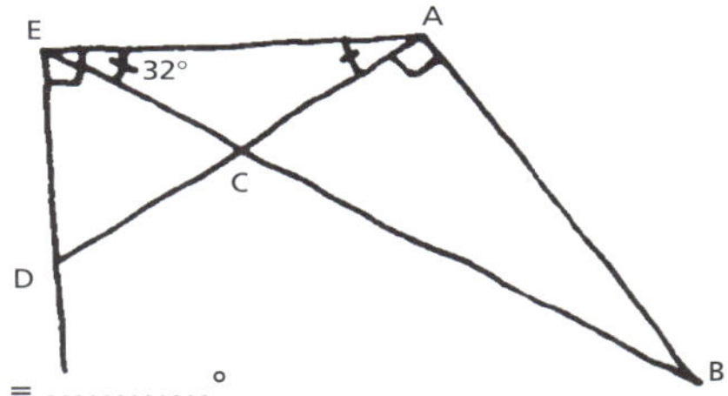

a. $\widehat{EAC}$ = ...°
b. $\widehat{CED}$ = ...°
c. $\widehat{BAE}$ = ...°

5 ★★ On a oublié d'indiquer le point R. Mais on sait que $\widehat{TSR}$ = 42° et que $\widehat{STR}$ = 26°.
a. **Construis ce point R.**
b. **Mesure $\widehat{SRT}$.** ....°

6 ★★★ Pierre a construit deux angles dont les mesures sont : $\widehat{xOy}$ = 32° et $\widehat{yOz}$ = 58°.
Sans faire aucune mesure, peux-tu dire pourquoi sa figure est fausse ?

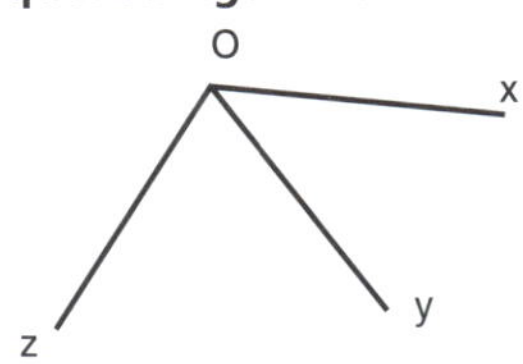

7 ★★★ **Sans rapporteur, mais avec le compas et la règle, construis la demi-droite [Ot) telle que $\widehat{xOt}$ = $\widehat{xOy}$.**

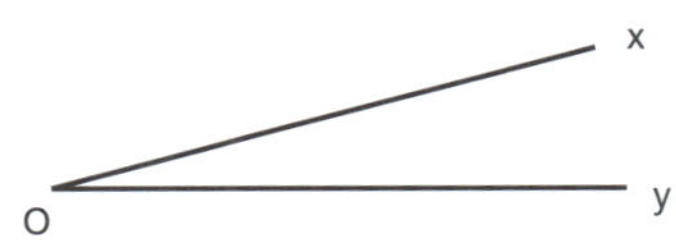

27

La proportionnalité

Mathématiques

Je retiens l'essentiel

• Un tableau de nombres est un tableau de proportionnalité si on obtient les nombres d'une ligne en multipliant ceux de l'autre ligne par un même nombre. Ce nombre s'appelle le **coefficient de proportionnalité.**

Par exemple, le tableau indique la quantité de farine pour un cake selon le nombre de personnes.

Nombre de personnes	4	2	6	10
Quantité de farine (g)	200	100	300	500

$\times 50$ $\times 0{,}02$

Dans ce tableau, on a le choix entre deux coefficients :
– la 2e ligne est proportionnelle à la 1re ligne, coefficient 50 ;
– la 1re ligne est proportionnelle à la 2e ligne, coefficient 0,02.

On dit que la quantité de farine et le nombre de personnes sont deux grandeurs proportionnelles.

• Cet autre tableau donne la hauteur d'un arbre en fonction de son âge.

$1 \times 0{,}5 = 0{,}5$; $2 \times 0{,}5 = 1$
mais $3 \times 0{,}5 \neq 1{,}6$
→ Ce n'est pas une situation de proportionnalité.

Âge (années)	1	2	3
Hauteur (m)	0,5	1	1,6

~~$\times 0{,}5$~~

Je comprends comment faire

➤ pour résoudre un problème de proportionnalité

Le boucher dit à Mme Benoît : « Pour faire cuire un rôti au four, il faut 20 min pour 500g. Pour votre rôti, comptez 50 min de cuisson. » Quel est le poids du rôti acheté par Mme Benoît ?

• **À l'aide d'un tableau**

1. Je construis un tableau de proportionnalité.
2. Je détermine le coefficient de proportionnalité : $\frac{500}{20}$.
3. Puis je calcule :

$50 \times \frac{500}{20} = 1\ 250$ g ou 1,250 kg

Durée (min)	20	50
Poids (kg)	500	?

$\times \ldots$

• **Sans tableau**

1. Je recherche d'abord la valeur de l'unité, c'est-à-dire : le nombre de grammes pour 1 min de cuisson, soit $\frac{500}{20}$.
2. Puis je calcule le poids du rôti correspondant à 50 min de cuisson :

$\frac{500}{20} \times 50 = 1\ 250$ g

OBJECTIF

Reconnaître une situation de proportionnalité et la résoudre.

Je m'exerce

1 ★ **Trouve les tableaux de proportionnalité et indique le coefficient de proportionnalité dans le sens de la flèche.**

a. (flèche de la 1re ligne vers la 2e ligne) .....

3	4	5	6
12	16	20	24

b. (flèche de la 2e colonne vers la 1re colonne) .....

0	2
2	4
3	6

c. (flèche de la 2e colonne vers la 1re colonne) .....

21	7
30	10
6	2

d. (flèche de la 1re ligne vers la 2e ligne) .....

1,5	40	0,8
15	400	80

2 ★ **a. Complète ce tableau pour qu'il soit un tableau de proportionnalité.**

15	...	5	7,5	...
3	6	...	...	10

b. Quel est le coefficient de proportionnalité qui permet de passer :

de la 2ᵉ ligne à la 1ʳᵉ ligne ? ....

de la 1ʳᵉ ligne à la 2ᵉ ligne ? ....

3 ★ **a. Complète la phrase.**

Un triangle équilatéral a .... côtés de même longueur.

b. Complète le tableau donnant le côté de quatre triangles équilatéraux.

Côté (cm)	3	5	7,5	4,2
Périmètre (cm)				

c. Le périmètre du triangle équilatéral est-il proportionnel à son côté ? ....

4 ★★ **Observe ce bulletin d'abonnement et réponds.**

> Abonnement à INFOS JUNIOR
> Je choisis en cochant la case :
> ❑ 6 mois __________ 60 €
> ❑ 1 an __________ 100 €

Le prix est-il proportionnel à la durée de l'abonnement ? ....

5 ★★ Ce tableau indique le poids, en kg, de Nicolas en fonction de son âge.
Le tableau a été taché.

Âge en années	1	2	3	4	5
Poids en kg	6,5	13	17		

a. Est-ce une situation de proportionnalité ?

....

b. Peux-tu retrouver le poids de Nicolas à 5 ans ? ....

6 ★★★ Pour faire des beignets aux pommes, la grand-mère de Victor utilise 2 pommes pour 3 personnes.

a. Pour combien de personnes peut-elle faire des beignets avec 9 pommes ?

....

b. Combien de pommes lui faut-il pour faire des beignets pour 5 personnes ?

....

7 ★★★ Voici quatre problèmes.

a. Pour préparer 8 tasses de café, il faut 100 g de café moulu. Combien faut-il de café pour 3 tasses ?

b. Deux frères mettent 20 min pour aller de leur maison au collège. Trouve le temps mis par l'un des frères pour parcourir le même trajet.

c. Pour faire 100 km, une voiture consomme en moyenne 6,5 L d'essence. Calcule la consommation si la voiture parcourt 300 km à la même vitesse.

d. Florent a mis 10 min pour faire un exercice de mathématique. Combien de temps mettra-t-il pour faire 4 exercices de mathématiques ?

Pour chaque problème :
– indique les deux grandeurs qui interviennent;
– dis si ces deux grandeurs sont proportionnelles;
– résous ce problème, si c'est possible.

28 Les pourcentages

Mathématiques

Je retiens l'essentiel

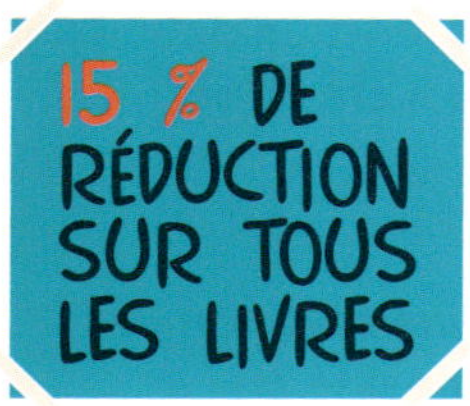

Cela signifie que :

– pour un livre coûtant 10 €, la réduction est de 1,5 € ;

– pour un livre coûtant 20 €, la réduction est de 3 € ;

– pour un livre coûtant 30 €, la réduction est de 4,5 € ;

etc.

15 % se lit **15 pour cent**

et représente le nombre $\mathbf{\frac{15}{100}}$ ou **0,15.**

- La réduction et le prix sont deux grandeurs proportionnelles.

Prix du livre (€)	10	18
Réduction (€)	1,5	?

$\times \frac{15}{100}$

donc ? $= 18 \times \frac{15}{100} = 2{,}7$

- Pour calculer x % d'un nombre, je multiplie ce nombre par $\frac{x}{100}$.
- Calculer **50 %** d'un nombre, c'est prendre la **moitié de ce nombre.**

  Calculer **10 %** d'un nombre, c'est **diviser ce nombre par 10.**

  Calculer **25 %** d'un nombre, c'est prendre le **quart de ce nombre.**

Je comprends comment faire

➤ pour appliquer un pourcentage

60 % des 25 élèves de la classe de Taoufik ont eu leur moyenne au dernier contrôle de mathématiques. Combien d'élèves n'ont pas eu leur moyenne ?

- Je calcule 60 % de 25.

J'effectue $25 \times \frac{60}{100}$ ou $25 \times 0{,}60$ ou $\frac{60}{100} \times 25$

Je trouve 15. Il y a 15 élèves ayant obtenu leur moyenne, soit 10 élèves (25 – 15) n'ayant pas eu leur moyenne.

- Je calcule le pourcentage d'élèves n'ayant pas eu leur moyenne :

100 % – 60 % = 40 %

Puis j'effectue $25 \times \frac{40}{100} = 10$. Je trouve 10 élèves.

OBJECTIF

Utiliser et calculer un pourcentage.

Je m'exerce

1 ★ **Réponds par vrai (V) ou faux (F).**

a. Les 10 % de 100, c'est 10. ....

b. Les 50 % de 50, c'est 50. ....

c. Les 25 % de 400, c'est 100. ....

d. Les 10 % de 10, c'est 5. ....

e. Le 1 % de 1 000, c'est 100. ....

2 ★ Cette année, dans la classe de Kevin, 100 % des élèves ont été reçus au BEPC. Il y avait 29 élèves dans cette classe.
Combien y a-t-il eu d'élèves admis ? ....

....

3 ★ **Colorie 30 % des carreaux de ce quadrillage.**

4 ★★ Dans une classe de 6e, il y a 25 élèves dont 60 % sont des filles.
Quel est le nombre de garçons ? ....

5 ★★ Un vélo coûte 120 €. Le commerçant propose une remise de 15 %.
Quel est le nouveau prix ? ....

6 ★★ a. **Mesure le côté de ce carré.**

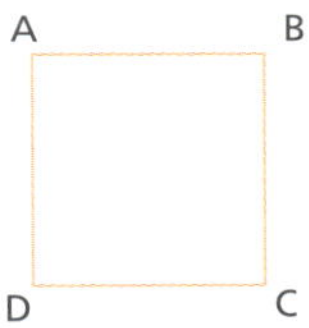

b. **Reproduis ce carré en augmentant la mesure de son côté de 80 %.**

c. **Calcule le périmètre du carré ABCD, puis celui du carré agrandi.**

d. **Est-ce que le périmètre a augmenté de 80 % ?** ....

7 ★★ Un article qui valait 80 € coûte maintenant 100 €.
Est-ce que son prix a augmenté de 20 % ?

....

8 ★★ M. Durand achète un téléviseur qui coûte 882 €. Le magasin lui propose deux possibilités de paiement.
1er cas : le paiement comptant avec une remise de 5 %.
2e cas : le paiement à crédit, c'est-à-dire le versement d'un acompte de 200 € et le paiement de 3 mensualités de 248 €.
Quelle est l'économie réalisée s'il choisit de payer comptant ? ....

9 ★★★ Si le prix d'un article augmente de 200 %, alors son prix double.
Est-ce vrai ? Justifie ta réponse en prenant 100 € comme prix initial de cet article.

10 ★★★ M. Legros pèse 135 kg. Il fait un régime et perd 10 % de son poids en une semaine. Mais la semaine suivante, il déjeune plusieurs fois au restaurant et son poids augmente de 10 %. M. Legros dit : « J'ai quand même maigri, je pèse moins de 135 kg. »
Qu'en penses-tu ? Combien pèse-t-il après ces deux semaines ? ....

11 ★★★ Un professeur de mathématiques a corrigé un paquet de 30 copies. Il a écrit au tableau noir les informations suivantes qu'on a retrouvées en partie effacées.

Complète le tableau.

	note < 8	8 ≤ note ≤ 12	note > 12
pourcentage d'élèves	20 %	50 %	
nombre d'élèves	6		

Je retiens l'essentiel

• **Graphique**

Voici la **courbe de croissance** du poids d'un enfant au cours de ses 12 premières années.

C'est un **graphique** représentant le poids en fonction de l'âge.

→ **Les points ne sont pas alignés.**

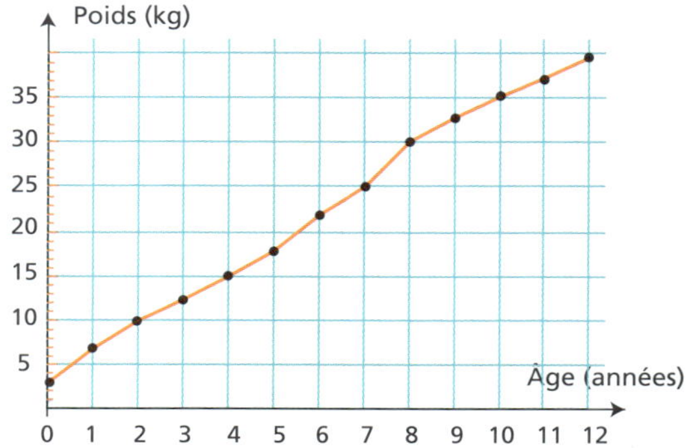

• **Graphique et proportionnalité**

On achète des fruits à 0,5 euro le kilogramme.
Le prix des fruits en fonction de leur poids est représenté par un graphique.

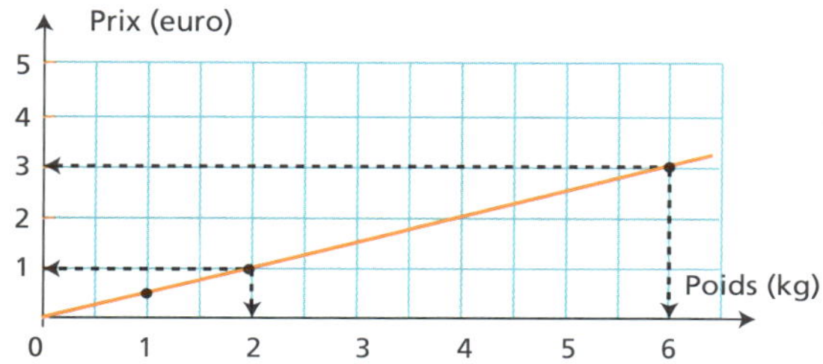

Tous les points sont alignés sur une droite passant par le point de coordonnées (0;0).

→ Le graphique représente une **situation de proportionnalité.**

Je comprends comment faire

➤ pour représenter graphiquement

• Exemple : représenter graphiquement le poids du cerveau de l'enfant en fonction de son âge (de 0 à 4 ans).

Âge de l'enfant (années)	0	1	2	3	4
Poids (kg)	0,4	0,8	1	1,1	1,2

1. Je trace deux axes perpendiculaires.
2. Je gradue régulièrement :
– l'axe des abscisses après avoir choisi une échelle (1 cm pour 1 an);
– l'axe des ordonnées en prenant comme échelle 1 cm ou 10 mm pour 1 kg,
soit 1 mm pour 0,1 kg.
3. Je place les points correspondant aux couples de nombres du tableau.
4. Je relie les points par une courbe.

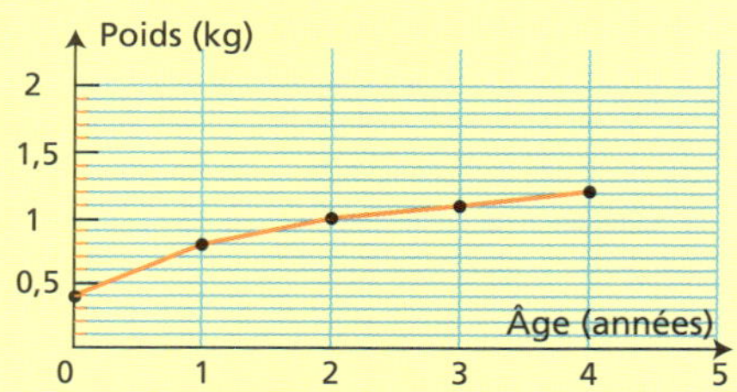

OBJECTIF

Lire et utiliser un graphique.

Je m'exerce

1 ★ Un père a tracé la représentation graphique du poids de son bébé de 0 à 5 mois.

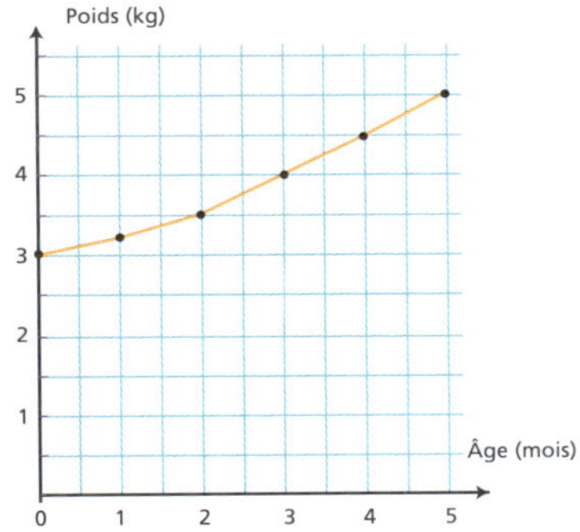

a. **Combien de carreaux représente 1 kg ?**

....

b. **Quel poids représente un carreau ?**

....

c. **En lisant le graphique, complète ce tableau.**

Âge (mois)	0	1	2	3	4	5
Poids (kg)	3					

2 ★ **Complète le graphique suivant à l'aide de ce tableau.**

1	2,5	4	5	5,5
20	50	80	100	110

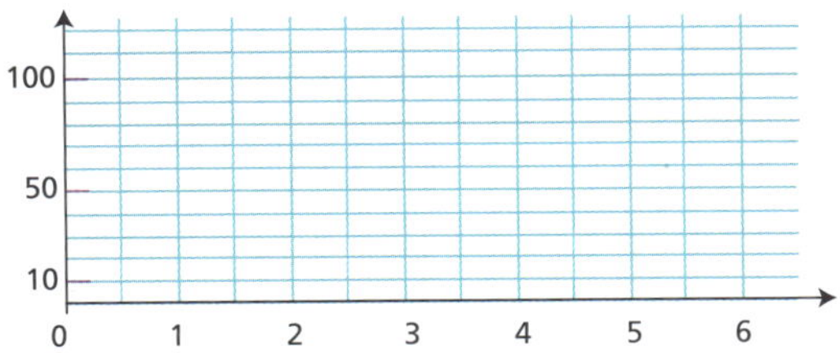

Ce tableau est-il un tableau de proportionnalité ? ....

3 ★★ Une revue propose le tarif d'abonnement suivant :

Durée (mois)	3	6	12	24
Prix (euros)	15	25	45	80

a. **Représente par un graphique le prix de l'abonnement en fonction de la durée :**
– pour les durées, prends 1 cm (ou 1 carreau du cahier) pour 3 mois;
– pour les prix, prends 1 cm (ou 1 carreau du cahier) pour 10 €.

b. **Le prix de l'abonnement est-il proportionnel à la durée ?** ....

4 ★★ Ce graphique indique le prix d'œufs en chocolat en fonction de leur nombre.

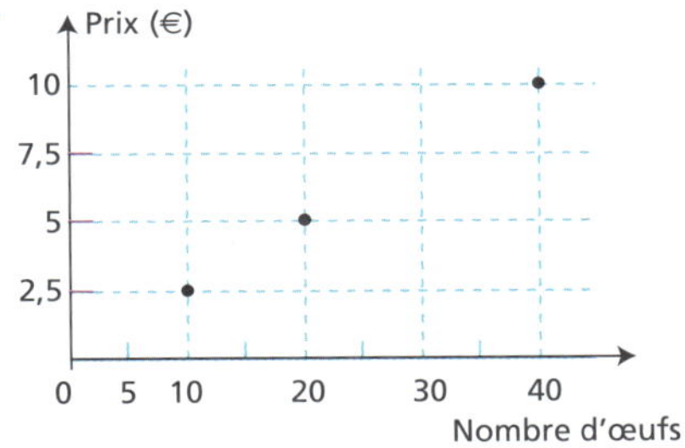

a. **Le graphique représente-t-il une situation de proportionnalité ?** ....

b. **À l'aide du graphique trouve le prix de 30 œufs.** ....

c. **Calcule le prix de 22 œufs.** ....

d. **Avec 4 €, combien as-tu d'œufs ?** ......

5 ★★★ Ce graphique représente le déplacement de Mathieu qui est allé mardi à son collège.

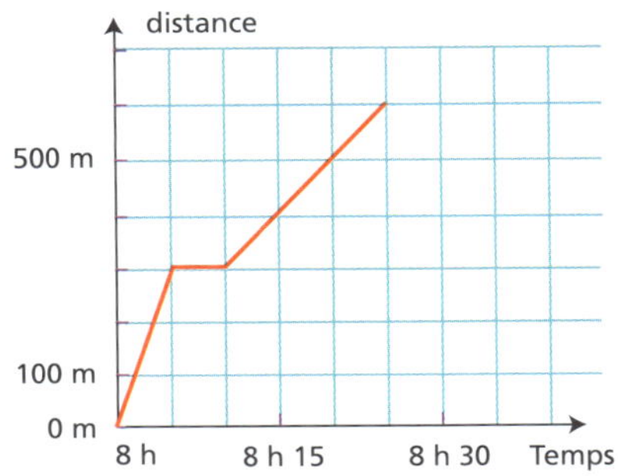

a. **Quelle est la distance entre la maison de Mathieu et son collège ?**

b. **À quelle heure est-il arrivé au collège ?**

c. **À 8 h 05, il s'est arrêté devant la maison de son ami Taoufik. Pendant combien de temps ?**

d. **Quelle est la distance entre la maison de Taoufik et le collège ?**

e. **À quelle distance du collège se trouvent les deux enfants à 8 h 20 ?**

30

Mathématiques

Les diagrammes

Je retiens l'essentiel

Sur les 25 élèves d'une classe de collège, 10 garçons et 3 filles viennent à pied, 4 garçons et 1 fille en patins à roulettes, 2 garçons et 5 filles en bus.
On peut représenter ces données à l'aide d'un tableau ou de diagrammes.

• **Un tableau**

	Garçons	Filles	Total
À pied	10	3	13
En patins	4	1	5
En bus	2	5	7

• **Un diagramme en bâtons**

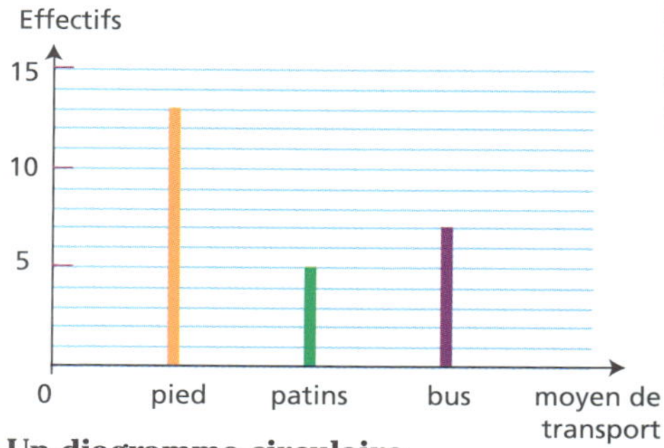

• **Un diagramme en barres**
Voici une représentation de la colonne "Filles" :

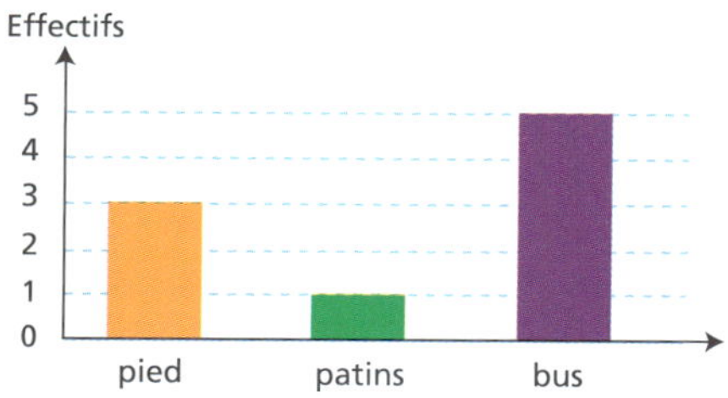

• **Un diagramme circulaire** (ou **camembert**)
Voici une représentation de la colonne "Garçons" :

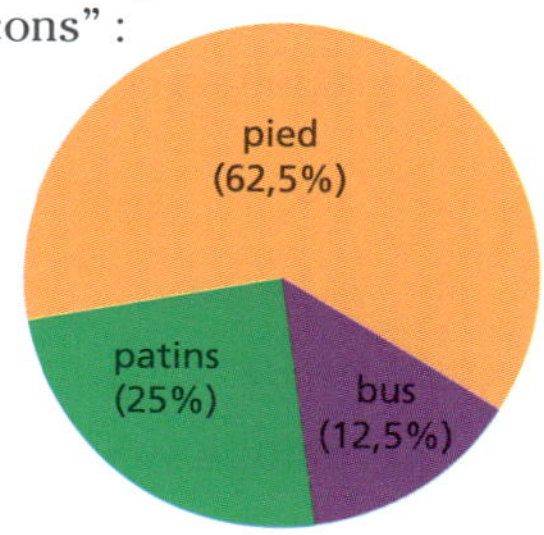

On peut indiquer l'effectif en pourcentage

Pour les deux derniers diagrammes, la hauteur de chaque barre ou la mesure de l'angle est proportionnelle à l'effectif qu'elle représente.

Je comprends comment faire

➤ pour construire un diagramme en barres

Construire un diagramme en barres représentant les résultats d'un sondage réalisé auprès d'une classe de 32 élèves en 6e :
« Êtes-vous pour les devoirs de vacances ? »

Pour	Contre	Sans opinion
14	8	10

1. Je trace 2 axes perpendiculaires.
2. J'inscris les deux légendes : "Opinion" et "Nombre d'enfants".

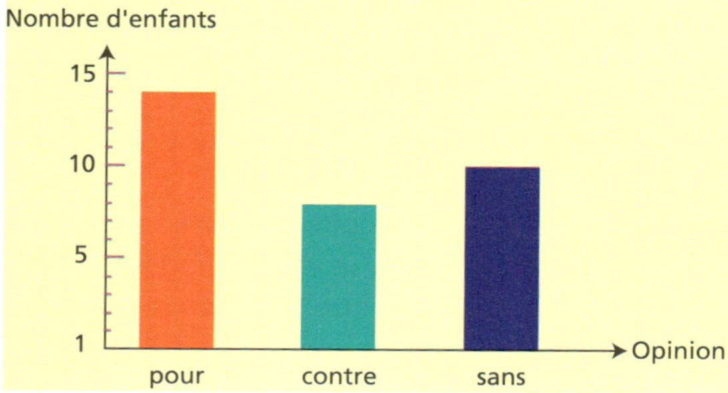

3. J'écris sur l'axe des abscisses les rubriques : "pour", "contre" et "sans".
4. Je gradue régulièrement l'axe des ordonnées en prenant par exemple 2 mm pour 1 élève.
5. Je trace les rectangles.

OBJECTIF

Lire, utiliser, construire un diagramme en barres, en bâtons.

Je m'exerce

1 ★ Dans une classe de 28 élèves, la couleur des cheveux des élèves se répartit suivant ce camembert.

Combien y a-t-il d'élèves ayant :

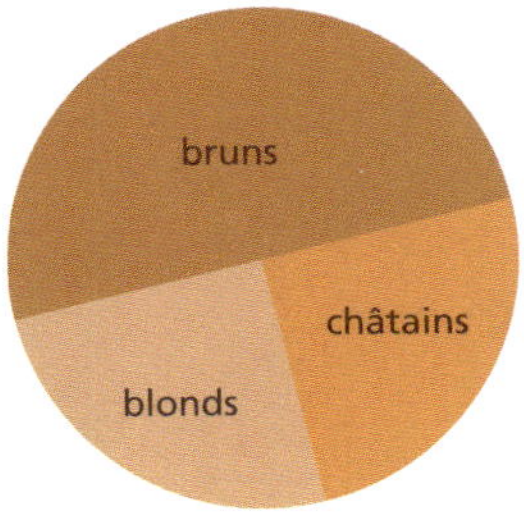

a. les cheveux bruns ? ....

b. les cheveux châtains ? ....

c. les cheveux blonds ? ....

2 ★ Mathieu a représenté par un diagramme en barres le sport pratiqué par ses camarades de classe, excepté quatre qui ne font pas de sport, pour des raisons de santé.

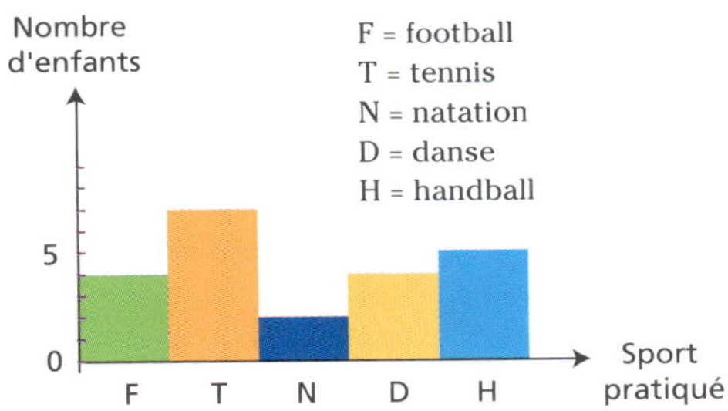

a. Combien y a-t-il d'élèves dans la classe de Mathieu ?..........

b. Quel est le sport :
– le plus pratiqué ? ....
– le moins pratiqué ? ....

c. Combien d'élèves pratiquent la natation ? ....

3 ★★ À la rentrée scolaire de septembre 1999, il y avait 12 200 000 élèves ainsi répartis :
– primaire : 6 500 000 ;
– collège : 3 400 000 ;
– lycée : 2 300 000.

Construis un diagramme en bâtons en prenant pour échelle : 1 cm pour 1 000 000 élèves.

4 ★★ Dans une classe de 28 élèves, 10 élèves ont 12 ans, 7 élèves ont 11 ans et 11 élèves ont 13 ans.
Voici quatre diagrammes circulaires.

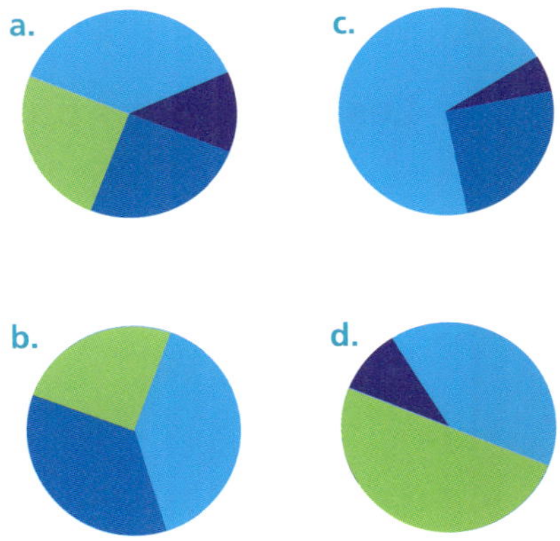

Quel est le diagramme représentant cette situation ? ....

5 ★★★ Le diagramme en bâtons montre la consommation par jour et par gramme de quelques aliments d'un jeune de 11 ans.

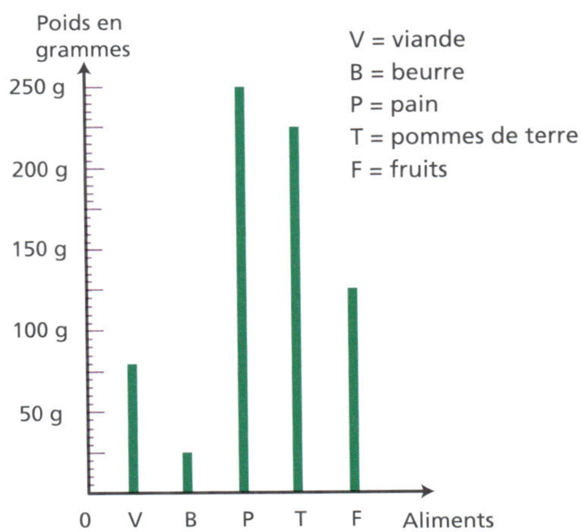

a. Quel est l'aliment le plus consommé ?

b. Quel est l'aliment le moins consommé ?

c. Est-il vrai qu'un jeune consomme deux fois plus de pain que de fruits ?

d. À l'aide du diagramme, trouve le poids de pommes de terre consommées et celui du beurre.

Les grandes périodes de l'Histoire

- 10000	- 9000	- 8500	- 8000	- 7000	- 6000	- 5000	- 4000	- 3000
PRÉHISTOIRE								
PALÉOLI-THIQUE	NÉOLITHIQUE							
Début de la sédentarisation		Début de l'agriculture						Début de l'écriture

Les civilisations du programme

- 3000	- 2000	- 1000	0	476
ÉGYPTIENS (- 3000 à - 1000)				
	HÉBREUX (- 2000 à 0)			
	GRECS (- 2000 à 0)			
		ROMAINS		

Les grandes dates des quatre civilisations étudiées

L'Égypte antique

- 3000	- 2780	- 2500		- 2000	- 1760	- 1500
Époque archaïque	Ancien Empire		Troubles	Moyen Empire	Troubles	Nouve Empir
Hiéroglyphes	Pyramides			Expansion en Nubie		Templ

Les Hébreux

La Grèce antique

- 1900
Période mycénienne

La Rome antique

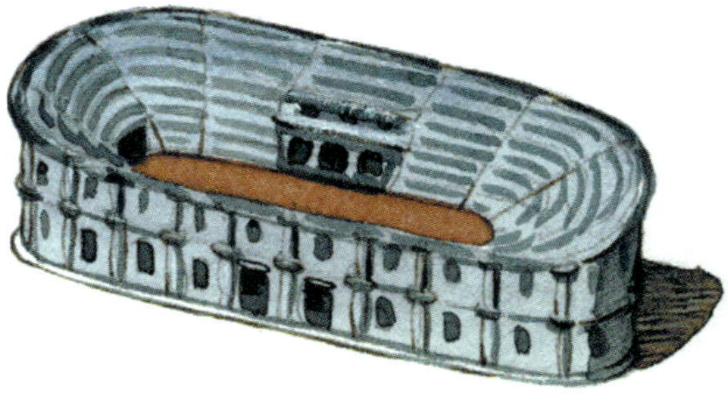

1789
)
0
476
1000
1500
2000
Moyen Âge
Époque moderne
Époque contemporaine
Début de l'ère chrétienne

1453

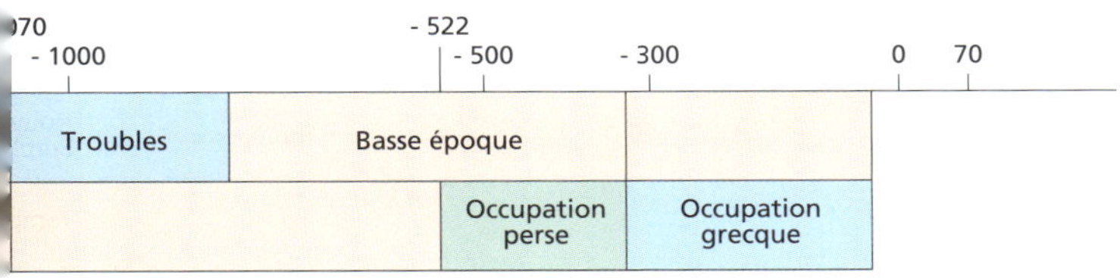
ʼ70
- 1000
- 522
- 500
- 300
0
70
Troubles
Basse époque
Occupation perse
Occupation grecque

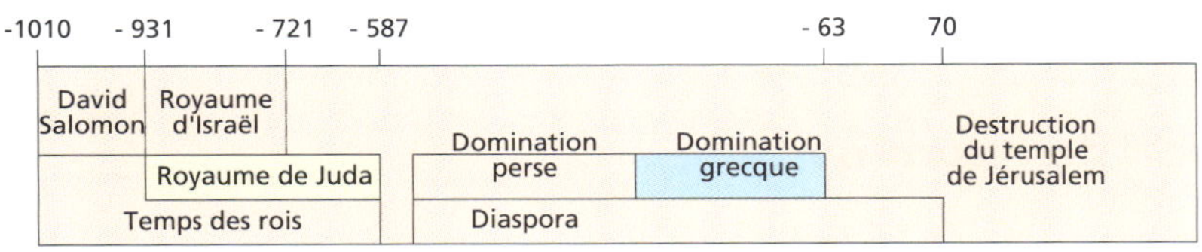
-1010
- 931
- 721
- 587
- 63
70
David Salomon
Royaume d'Israël
Royaume de Juda
Temps des rois
Domination perse
Domination grecque
Diaspora
Destruction du temple de Jérusalem

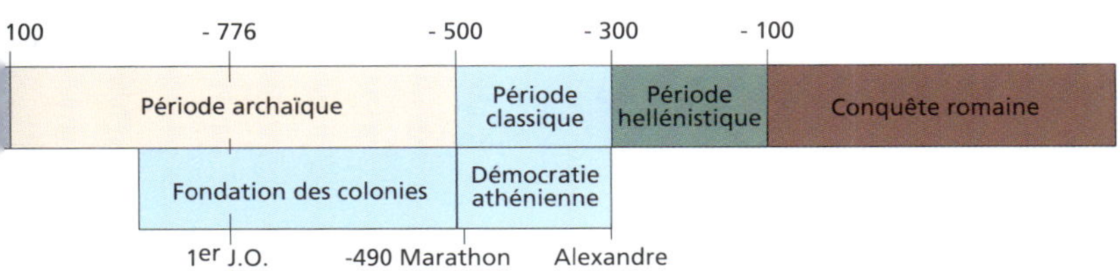
100
- 776
- 500
- 300
- 100
Période archaïque
Période classique
Période hellénistique
Conquête romaine
Fondation des colonies
Démocratie athénienne
1er J.O.
-490 Marathon
Alexandre

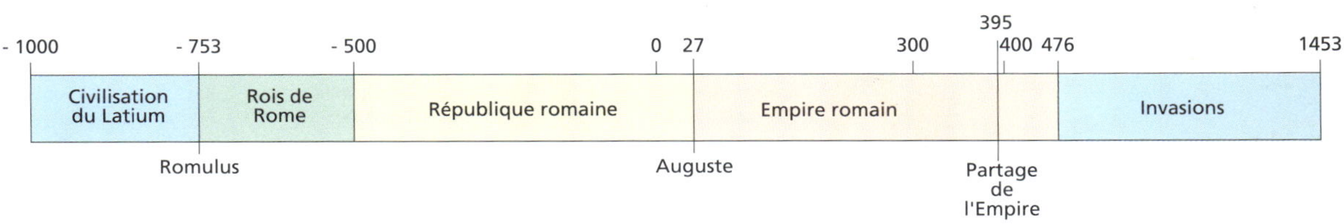
- 1000
- 753
- 500
0
27
300
395
400
476
1453
Civilisation du Latium
Rois de Rome
République romaine
Empire romain
Invasions
Romulus
Auguste
Partage de l'Empire

Je retiens l'essentiel

• Au **Néolithique,** peu de régions du globe sont habitées.
L'Homme **élève des animaux, cultive des céréales,** transporte, **cuit et conserve ses aliments, file les fibres naturelles** (lin, laine, coton, chanvre) et **tisse des tissus**.

• Les **mégalithes** semblent témoigner d'une vie religieuse importante.

• L'**écriture** apparaît sous forme de **pictogrammes** dessinés sur des **tablettes** d'argile. Puis ce sont des **signes cunéiformes** (réalisés à l'aide des **calames**) et vers 3100 av. J.-C., les Égyptiens inventent les **hiéroglyphes** (association idée-son). Enfin, vers 1200 av. J.-C., les Phéniciens mettent au point le premier **alphabet**. Il comporte 22 signes et est adopté par les Grecs et les Romains.

Premières traces d'écriture

Les hiéroglyphes

◉	Le soleil		L'eau
	La lune		La joie
	Le ciel		La marche
▲▲▲	Les collines	⬭	La bouche

Lettres de différents alphabets

Phénicien	𐤀	𐤁	𐤃	𐤋	𐤌
Grec	Α	Β	Δ	Λ	Μ
Latin-français	A	B	D	L	M

Outils d'écriture cunéiforme

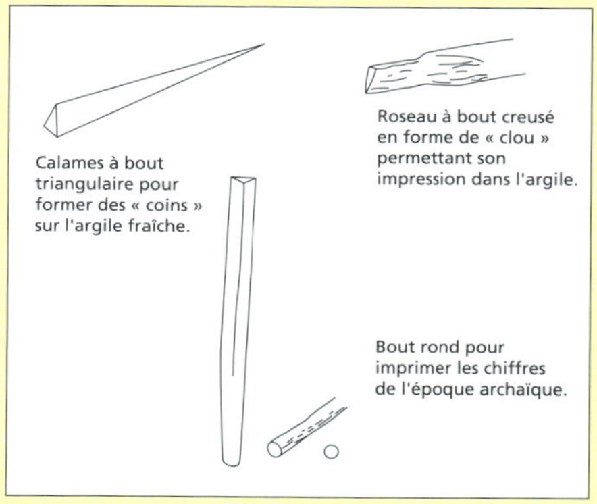

L'évolution de l'Homme

PRÉHISTOIRE

PALÉOLITHIQUE

– 3000000 | – 2200000 | – 2000000 | – 1600000 | – 1000000 | – 500000

Évolution de l'Homme

L'Australopithèque apparaît en Afrique. Il se tient debout sur ses pattes arrière.

Homo habilis
Capacité crânienne
700 à 1250 cm^3

Homo erectus
Capacité crânienne
300 à 1180 cm^3

Découvertes

découverte du feu

Évolution de la société

Évolution des techniques

biface

harpon

aiguille

houes

OBJECTIF
Comprendre l'origine des civilisations.

Je m'exerce

1 Observe bien la carte et réponds aux questions. ★

a. Dans quelles régions du monde l'Homme a-t-il commencé à développer l'agriculture ? Justifie ta réponse.

b. Quelles sont les plantes les plus anciennement cultivées ?

c. Quels sont les animaux qui ont été domestiqués en premier ?

d. Reporte-toi aux différents outils dont disposait l'homme préhistorique. Pourquoi l'agriculture devient-elle meilleure ?

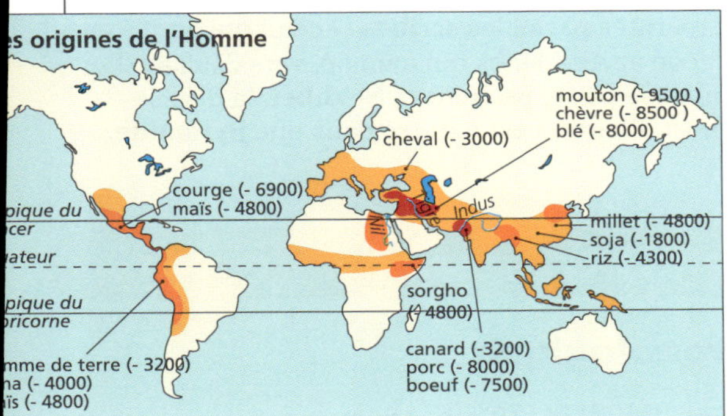

- Foyers de peuplement vers - 8000
- Foyers de peuplement vers - 4000
- Régions d'agriculture et d'élevage vers - 3000

blé (- 8000) = nature et date de la culture ou élevage

2 Lis le document et réponds aux questions. ★

À table vers – 12000. Le menu qui suit a été reconstitué par les archéologues à partir des indices qu'ils ont trouvés sur le site qu'ils exploraient.

> [...] on apporta le premier mets : des sardines grillées aux herbes parfumées, sur un grand plat d'écorce couvert de feuilles. Puis, dans l'énorme bol en bois d'olivier, vint la soupe d'amandes pilées avec de l'ail, glacée dans la source d'eau fraîche. Mais on attendait surtout les plats de résistance : un cuissot de cerf et un cuissot de sanglier aux herbes, rôtis à la broche, que l'on consommait avec des galettes d'avoine grillée. Les légumes vinrent ensuite : lentilles et vesces (légumineuses) aux lardons fumés [...] La boisson était légèrement fermentée aux baies de genièvre [...].
>
> *In* la revue *l'Histoire,* d'après C. Perles.

a. La nourriture était-elle variée ? Énumère les denrées consommées.

b. Quels éléments prouvent que les plats étaient soigneusement préparés ?

c. L'homme du paléothique manque-t-il de nourriture ?

– 100000 | – 60000 | – 30000 | – 10000 | – 8000 | NÉOLITHIQUE | – 4000 | HISTOIRE | – 3500 | – 3300 | – 3000

L'Homo sapiens ou homme de Néandertal
Capacité crânienne 1700 cm³

morts enterrés

L'Homo sapiens ou homme de Cro-Magnon
Capacité crânienne 1200 à 1500 cm³

premières formes d'art

apparition de l'agriculture

métallurgie du bronze

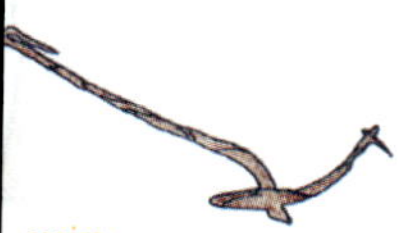

araire

sédentarisation
villages construits
société organisée (agriculteurs, guerriers, prêtres)
mégalithes (dolmens, menhirs)

meule

chien (- 10 000) – mouton (- 9500)
chèvre (- 7000) – porc (- 7000)
bœuf (- 7500) – lama (- 4000)

apparition de l'écriture
âne – cheval (- 3000)– chameau –
abeille – chat (- 2000) – lapin (0)

Je retiens l'essentiel

• L'Égypte est avant tout un désert traversé du nord (**la Basse-Égypte**) au sud (**la Haute-Égypte**) par le **Nil,** long de 1200 km. Il est en crue quatre mois par an. Après la crue, le sol est recouvert d'un **limon** noir très fertile. Les paysans procèdent alors aux travaux hydrauliques (canaux d'irrigation, digues, réservoirs). Après la crue, ils reconstituent les limites des parcelles grâce au **cadastre** (livre dans lequel sont enregistrées les surfaces des terrains). Dans le delta marécageux, réserve de chasse et de pêche, pousse le **papyrus** utilisé pour fabriquer des bateaux, des paniers, des cordes et surtout du papier. Le fleuve sert au transport des hommes et des marchandises. L'Égypte est un pays riche, convoité par ses voisins.

• Le **pharaon** incarne l'unité du pays. Il est considéré comme un dieu vivant (il porte la barbe postiche symbole de l'immortalité). Il est le **fils du dieu Amon-Rê** (c'est-à-dire du Soleil), ce qui le rend responsable de l'harmonie entre les hommes et les dieux, de la régularité des crues et des saisons. Mais c'est aussi un souverain au **pouvoir absolu** (symbolisé par le bâton de berger et le fouet qu'il tient dans la main), chargé de faire régner l'ordre et la justice. Il est le **chef des armées** et dirige la **politique** et l'**administration** du pays. Il est aidé par le **vizir** (son principal ministre) et par des fonctionnaires recrutés parmi les **scribes** (« celui qui écrit » en latin). Trente pharaons se sont succédé après Ménès qui a unifié, vers 3100 av. J.-C., la Haute et la Basse-Égypte (symbolisé par le **pschent** et **Nekhbet**, la déesse-vautour protectrice du Sud). À sa mort, Pharaon est enterré dans une **pyramide.**

Je comprends comment faire

➤ pour lire une frise chronologique

HISTOIRE DE L'ÉGYPTE

PRÉHISTOIRE	- 3000 à - 2 780	- 2 780 à - 2 200 (- 2500)	- 2 200 à - 2000	- 2000 à - 1 760	- 1 760 à - 1500	- 1500 à - 1070	- 1070 à - 715 (- 1000)	- 715 à - 522	- 522 à - 332 (- 500)	- 332 à - 30	- 30
	Époque archaïque	Ancien Empire	Troubles	Moyen Empire	Troubles	Nouvel Empire	Troubles	Basse	époque		
	Ménès, le 1er pharaon, unifie l'Égypte		Troubles		Troubles	Ramsès II	Troubles				
		Memphis = capitale	Troubles	Thèbes = capitale	Troubles	Thèbes = capitale	Troubles				
	Écriture	Grandes pyramides (Chéops – Chépren) Hiéroglyphes	Troubles	Expansion en Nubie	Troubles	Temples colossaux	Troubles	Lutte entre princes du Nord et du Sud	Occupation perse	Occupation grecque	

Troubles

1. Une **frise** situe les **évènements** d'une période les uns par rapport aux autres. Il faut donc bien lire les évènements et les dates qui leur correspondent.

2. J'observe la frise chronologique et lis son titre.

La frise concerne *l'histoire de l'Égypte* pendant l'Antiquité, c'est-à-dire avant la naissance du Christ. Les années sont donc comptées négativement. Plus le nombre est grand, plus l'évènement est loin de nous.

3. J'observe les principaux éléments de la frise.

L'Ancien Empire fut la période la plus longue et la plus brillante (apparition des hiéroglyphes, construction des pyramides). La capitale a changé. D'abord ce fut Memphis, puis Thèbes à partir du Moyen Empire.

→ **J'en déduis** que l'histoire de l'Égypte est très longue : presque 3000 ans, c'est-à-dire 30 siècles !

OBJECTIF

Comprendre l'organisation géographique et politique de l'Égypte.

Je m'exerce

1 ★ **Observe bien la carte et réponds aux questions.**

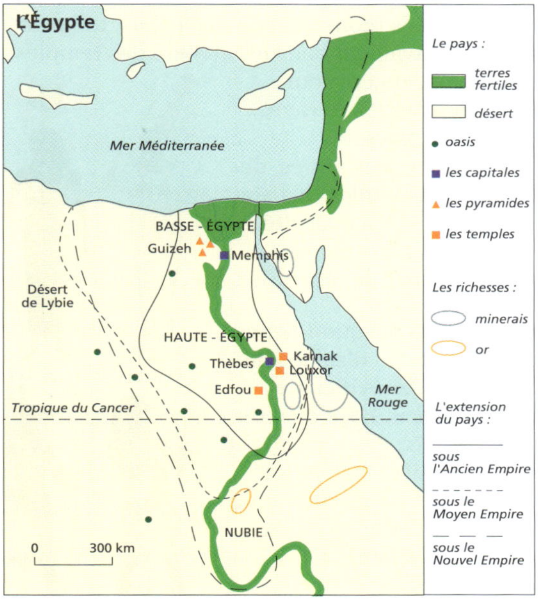

a. Où se trouvent les terres fertiles ? Pourquoi ?

....

....

b. Pourquoi l'agriculture est-elle difficile ?

....

....

c. Retrace en rouge les trois grandes étapes de l'extension du pays au temps des pharaons.

2 ★ **a. Colorie en bleu la période des crues et en vert, celle des récoltes.**

let	août	sept.	octobre	nov.	déc.	janvier	février	mars	avril	mai	juin
inondations				« sortie de terre »					récoltes		
		limons déposés			semailles						

b. Qu'apportent les crues du Nil ?

....

....

3 ★★ **Retrouve tous les mots qui comparent Pharaon au Soleil. Quels bienfaits apportent-ils aux hommes ?**

Pharaon : un roi-dieu

« Tourne ta face vers moi, Soleil levant, qui éclaires les montagnes de ta beauté, disque étincelant parmi les hommes, qui chasses les ténèbres de l'Égypte. Tu as la forme de ton père lorsqu'il se lève au ciel, et tes rayons pénètrent en tout pays, il n'y a point de lieu qui soit privé de tes beautés, car tes paroles règlent les destinées de tous les pays, seigneur gracieux qui donne à tous le souffle de vie. »

D'après le *Papyrus Anastasi IV*, Nouvel Empire.

....

....

....

4 ★★ **Indique le mot correspondant aux définitions suivantes.**

a. Embouchure d'un fleuve qui se divise en plusieurs bras. C'est le ....

b. Fines particules de terre, très fertiles, qui se déposent après la crue d'un fleuve. Ce sont les ....

c. Montée rapide et brutale des eaux qui provoque des inondations. C'est la ....

d. Celui qui écrit en latin. C'est le ....

e. Principal ministre du pharaon chargé de la justice, des finances et des travaux publics. C'est le..................................

Histoire

4

Histoire

Les Égyptiens : vie et croyances

Je retiens l'essentiel

• La société égyptienne est très **hiérarchisée**. Les paysans sont les plus nombreux et ne disposent que d'un matériel rudimentaire (houe, araire en bois). Malgré cela, les productions sont variées (céréales, vignes, légumes, arbres fruitiers). Lorsque le Nil est en crue, les paysans font des **corvées** (construction des palais, temples, tombeaux). Les artisans vivent en ville et travaillent dans les ateliers des temples ou de Pharaon. Les prisonniers de guerre étrangers sont employés dans les mines de Nubie. Le commerce intérieur, très actif, repose sur le **troc**. Avec les autres pays, les Égyptiens échangent leurs productions contre des armes, des chevaux, du bois. Les conditions de vie sont simples (maison modeste, peu de mobilier, vêtements simples). La majorité des Égyptiens vit difficilement. Des réserves alimentaires sont amassées dans les greniers royaux (en cas de disette).

• La religion a un rôle très important dans la vie quotidienne des Égyptiens. Ils sont **polythéistes**, adorent des dizaines de dieux, mais vénèrent tout particulièrement **Osiris** dieu du limon fertile et des morts, **Amon-Rê** dieu Soleil, **Hâpi** dieu du Nil, **Isis** femme d'Osiris déesse de la fécondité, des malades et des magiciens. Ils leur vouent un **culte** quotidien selon des **rites** précis (offrandes...). Le **temple**, bâtisse colossale, est la demeure des dieux. Seuls les prêtres peuvent y entrer. Les Égyptiens croient que la vie continue après la mort, à condition que le corps du défunt ait été **momifié** et que le *Livre des morts* accompagne la momie dans le **sarcophage** qui sera porté au tombeau.

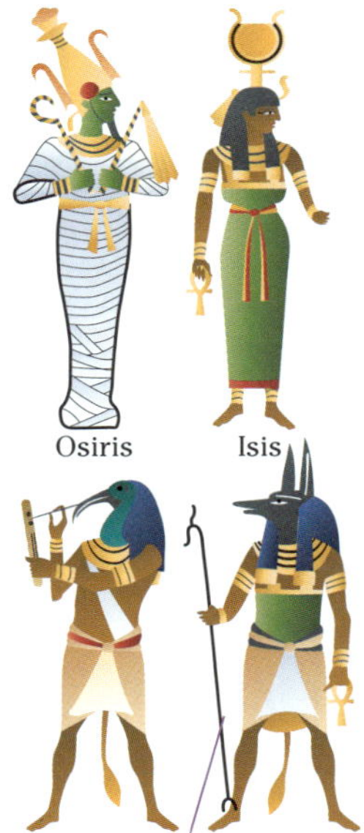

Je comprends comment faire

➤ pour étudier l'organisation d'un monument : coupe et plan d'un temple égyptien

1. D'abord, **je définis la nature de la construction.**
Il s'agit d'un temple égyptien.
C'est donc un **édifice religieux.**
2. J'observe les deux éléments.
La coupe montre que le temple ne comporte qu'un seul niveau, mais il est de hauteur inégale. À l'entrée, les éléments (pylône, obélisque) sont beaucoup plus hauts que le reste du temple. Le plan indique une construction rectangulaire et complexe. Il comporte plusieurs parties : l'entrée précédée d'une allée bordée de sphinx, la cour à portique, la salle hypostyle au plafond soutenu par des colonnes, les sanctuaires, série de pièces sombres, avec, au fond, la statue du dieu protégée dans une sorte de niche, ou **naos**, taillée dans du bois précieux ou du granit.

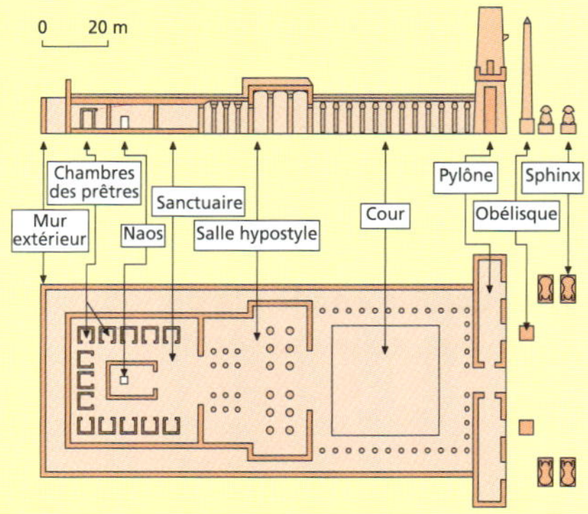

→ **J'en déduis** que la religion occupe une place essentielle dans la vie des Égyptiens.

OBJECTIF
Comprendre la hiérarchisation de la société.

Je m'exerce

1 ★ **Observe ce papyrus et réponds aux questions.**

Papyrus funéraire. Jugement osirien. Art égyptien. Basse époque (664-332 av. J.-C.).

a. Quel est le nom du dieu qui introduit le défunt ?

....

b. Quel est celui qui enregistre la pesée ?

....

c. Auprès de quel dieu, Horus conduit-il le défunt ?

....

d. Qui se tient derrière Osiris ?

....

2 ★★ **Raye les affirmations fausses.**

a. Memphis se situe en Haute-Égypte.

b. Le pharaon porte une barbe postiche, parce qu'il est le roi.

c. Scribe veut dire « qui sait écrire » en latin.

d. Tout le monde peut se rendre au fond du sanctuaire pour prier devant la statue du dieu.

e. Le plafond des salles hypostyles est si haut, qu'il est soutenu par des piliers.

f. Isis est la déesse de la fécondité.

g. Dans un sarcophage se trouve une momie.

3 ★★ **Lis ce texte attentivement et réponds aux questions.**

Hymne à Hâpi

« Adoration à Hâpi, qui jaillit de la terre, qui vient pour nourrir la terre d'Égypte... Qu'il fasse boire les sentiers du désert... Maître des poissons... Lorsqu'il coule, la terre se réjouit, les ventres jubilent... C'est lui, Hâpi, qui fait pousser les herbages pour les troupeaux. Personne ne peut vivre sans lui, les gens sont habillés avec le lin qui pousse dans les champs grâce à lui... »

D'après un papyrus du Nouvel Empire.

a. Qui est Hâpi ?

b. Qu'est-ce qu'un hymne ?

c. Pourquoi les Égyptiens chantent-ils un hymne à Hâpi ?

4 ★★★ **Lis ce texte et réponds aux questions.**

La satire des métiers

Le scribe Dova Khéty décrit à son fils les différents métiers.

« J'ai vu le forgeron... devant sa forge avec ses doigts semblables à de la peau de crocodile. L'orfèvre travaille au ciseau toutes sortes de matériaux très durs. À force de rester assis, son dos est voûté. Le barbier travaille très tard le soir... Celui qui coupe les roseaux dans le delta a les bras dévorés par les moustiques... Le potier travaille dans la terre gluante. Il est plus sale qu'un porc... Quant au maçon, il doit travailler par tous les temps, ses bras sont déformés par le rude labeur. Le jardinier a les épaules voûtées bien avant l'âge : il travaille très tôt le matin et fort tard le soir ! Le tisserand travaille le corps recroquevillé, les genoux contre la poitrine. »

D'après un papyrus du Moyen Empire.

a. Comment Dova Khéty présente-t-il les différents métiers à son fils ?

b. Pourquoi ne considère-t-il que les aspects négatifs des métiers ?

c. À ton avis, quel métier souhaite-t-il que son fils exerce quand il sera grand ?

d. Quels avantages présente le métier de scribe ?

Je retiens l'essentiel

• Entre le Xe et le IIe siècles avant Jésus-Christ, les Hébreux rédigent les récits racontés de génération en génération : ce sont ***les Écritures.*** À partir du IIIe siècle, *les Écritures* sont traduites en grec. Dorénavant, on les appelle ***la Bible*** (« livre » en grec). C'est un livre religieux découpé en trois parties (la Torah, les Prophètes, les Écrits) qui précise les rapports particuliers entre Yahvé et le peuple élu**.** Yahvé, Dieu, protège le peuple hébreu et celui-ci doit respecter sa loi. La Bible est aussi un livre historique qui nous renseigne sur les relations entre les Hébreux, les Égyptiens, les Assyriens, les Perses et nous indique leurs façons de vivre.

• La religion juive est la première religion **monothéiste** de l'Histoire.
Les fêtes juives commémorent de grands évènements (historiques, religieux et agricoles). La principale fête est **Yom Kippour** (« le Grand Pardon »). Ce jour-là, le grand prêtre est autorisé à pénétrer dans le **Saint des Saints** qui renferme l'**Arche d'Alliance** (coffre de bois qui, selon la Bible, contient les pierres sur lesquelles sont gravés les dix commandements). Les juifs doivent respecter le **sabbat** (dernier jour de la semaine consacré à Dieu et au repos). Au temps des rois, les fêtes sont célébrées principalement dans le temple de Jérusalem. Yahvé est honoré par des sacrifices d'animaux (les **holocaustes**). Les juifs attendent l'arrivée du **Messie** (envoyé de Dieu), qui apportera la paix et la justice, et ils se rassemblent dans des lieux de culte : les **synagogues**.
Les juifs doivent respecter les lois contenues dans la **Torah**. Elles sont expliquées et précisées par les **rabbins**.

Je comprends comment faire

➤ pour interpréter une fresque

1. Une **fresque** est une **peinture réalisée directement sur un mur** (de grotte, de palais, d'église...).

Histoire de Moïse : la présentation des Tables de la Loi aux Hébreux. Fresque du début du XVIe siècle par l'École de Raphaël. Les Loges du Vatican, Rome.

2. **J'observe la fresque et lis son titre.**
Elle a été peinte dans les Loges du Vatican à Rome, au début XVIe siècle, c'est-à-dire longtemps après la mort de Moïse. Elle a été réalisée par le célèbre peintre Raphaël, assisté de ses élèves. On peut apercevoir un faux cadre peint directement sur le mur.

3. **J'analyse sa composition.**
• Moïse est représenté en vieil homme, présentant les Tables de la loi à une assemblée de fidèles. Les Tables de la loi se présentent sous la forme de stèles de pierre taillée.
• C'est Moïse qui est représenté sur cette fresque, parce que c'est à lui que Yahvé a remis les Tables de la Loi.

OBJECTIF
Comprendre la première religion monothéiste.

Je m'exerce

1 **Lis le texte et réponds aux questions.**
★

Les dix commandements

C'est moi Yahvé, ton Dieu, qui t'ai fait sortir d'Égypte, de la maison de la servitude.

1. Tu n'auras pas d'autres dieux face à moi.
2. Tu ne feras pas d'idoles.
3. Tu ne prononceras pas à tort le nom du Seigneur, ton Dieu.
4. Tu travailleras six jours, faisant tout ton ouvrage, mais le septième jour, c'est le sabbat du Seigneur, ton Dieu. Tu ne feras aucun ouvrage.
5. Tu honoreras ton père et ta mère.
6. Tu ne commettras pas de meurtre.
7. Tu ne commettras pas d'adultère.
8. Tu ne voleras pas.
9. Tu ne témoigneras pas faussement contre ton voisin.
10. Tu n'auras pas de visée sur la maison de ton prochain.

La Bible, *Exode*, 20, 1-17.

a. D'après ce texte, qui établit la loi ?
b. À qui s'adressent ces commandements ?
c. Souligne en rouge les interdictions et en vert, les obligations.
d. D'après le premier commandement, quelle est la nature de la religion juive : monothéiste ou polythéiste ?
e. Quels commandements fixent les règles de la vie en société ?

2 **Lis le texte et réponds aux questions.**
★★

Écoute ton père qui t'a engendré, ne méprise pas ta mère devenue vieille.
Ne ménage pas à l'enfant la correction, si tu le frappes de la baguette, il n'en mourra pas.
Va voir la fourmi, paresseux ! Observe ses mœurs et deviens sage : durant l'été, elle amasse sa provende et amasse, au temps de la moisson, sa nourriture. Jusqu'à quand, paresseux, resteras-tu couché ? Quand te lèveras-tu de ton sommeil ?
Combien il vaut mieux acquérir de la sagesse que l'or ! L'acquisition de l'intelligence est préférable à l'argent.

La Bible, *Proverbes*.

a. De quel livre sont extraits ces conseils ?
b. D'après ces proverbes, quelles qualités l'être humain doit-il avoir ? Quels défauts doit-il éviter ?
c. Quelle éducation doit recevoir un enfant pour devenir un homme responsable ?
d. Certains de ces proverbes ne rappellent-ils pas les dix commandements ? Lesquels ?

3 **Étudie le temple de Salomon en plan et en coupe selon la méthode déjà indiquée.**
★★★

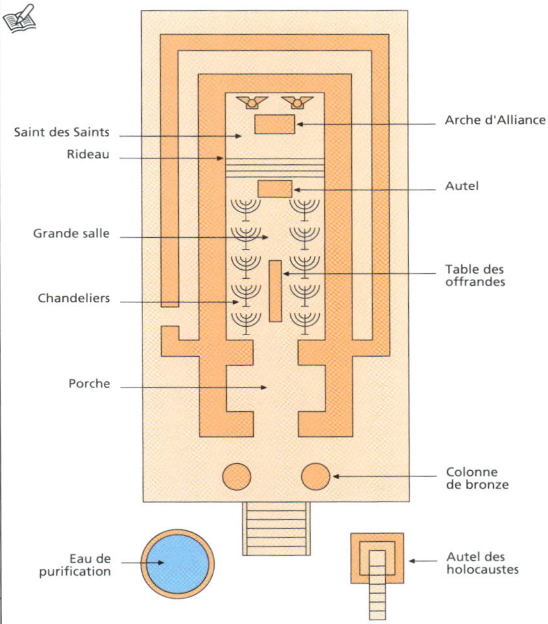

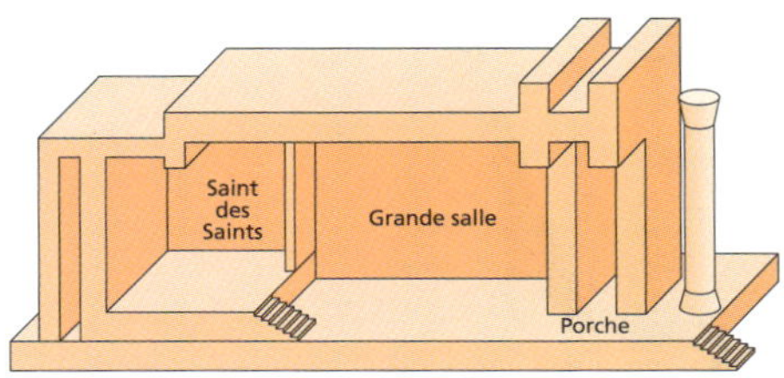

a. Quelle est la nature de cette construction ?
b. Combien de parties distingues-tu ? Lesquelles ? Sont-elles toutes au même niveau ?
c. Que trouve-t-on dans la Grande salle ? Qu'est-ce qu'une offrande ?
d. L'Arche d'Alliance est-elle visible ?
e. Rappelle la définition de l'holocauste.

Les Hébreux : un peuple pourchassé

Je retiens l'essentiel

• L'histoire des Hébreux est racontée dans la Bible. Les Hébreux sont des pasteurs semi-nomades qui, au XIXe siècle avant J.-C., quittent la Mésopotamie sous la conduite du **patriarche** Abraham. Ils arrivent en Égypte, où ils sont employés comme esclaves avant d'être persécutés et chassés vers 1330 avant J.-C. Ils errent dans le Sinaï pendant 40 ans. C'est **l'Exode**.

• Yahvé remit à **Moïse Les Tables de la Loi**, c'est-à-dire les règles de vie qui signent l'**Alliance** entre Yahvé et les Hébreux. Installés en Palestine, ils se donnent un roi, David (– 1010 à – 970), qui fonde le royaume d'Israël et fait de Jérusalem la capitale. Puis Salomon (– 970 à – 930) fait régner la paix, développe l'économie. Le pays s'enrichit. Mais, en – 930, le pays éclate en deux royaumes rivaux : Israël au nord et Juda au sud, vite envahis par les peuples voisins. Jérusalem est détruite en – 587. La population s'enfuit. C'est le début de la **diaspora** (mot d'origine grecque qui veut dire « dispersion »).

• À partir de – 586, les invasions se succèdent. En – 538, les Hébreux rentrent à Jérusalem. Un état minuscule, la Judée, dont les habitants s'appellent les Judéens ou Juifs, est fondé. Mais ils doivent lutter contre les Grecs, puis les Romains. En 70 après Jésus-Christ, le temple de Jérusalem est de nouveau détruit. Les Romains donnent à la Judée un nouveau nom : la **Palestine** (= terre des Philistins).

Je comprends comment faire

➤ pour lire une carte historique

1. Une **carte historique** permet de visualiser soit une **situation à un moment donné** de l'Histoire, soit une **évolution sur une période donnée** (étapes d'une conquête, d'une guerre ou de tout autre fait marquant la vie d'un pays et de sa population).

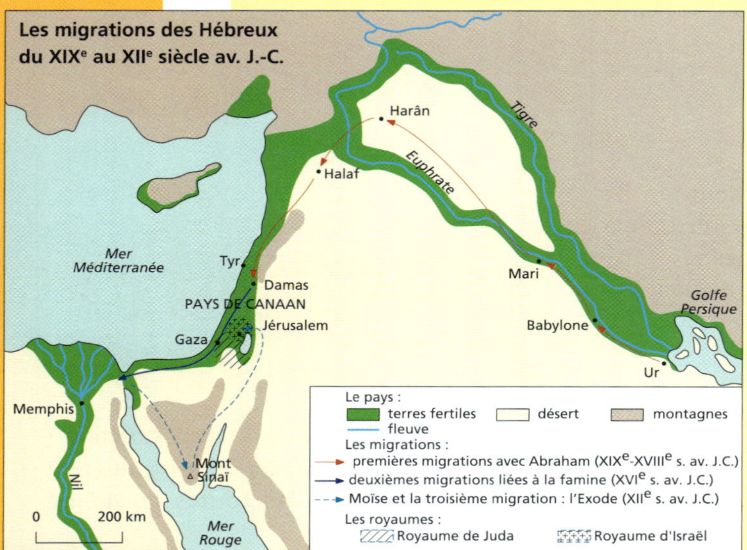

2. J'observe la carte et lis son titre. Il s'agit des différents déplacements des Juifs entre le XIXe et le XIIe siècles avant J.-C.

3. Je lis bien la légende qui fait apparaître plusieurs éléments. Des couleurs montrent les différents **éléments géographiques** (montagnes, déserts, régions fertiles). Des flèches permettent de retrouver les étapes de l'histoire des Hébreux. Chaque couleur traduit une **période de migration**. Des hachures et des croix montrent **les deux royaumes de Palestine** (Israël et Juda).

→ **J'en déduis** que la vie des Juifs fut une **vie d'errances**.

OBJECTIF

Comprendre l'histoire mouvementée des Hébreux.

1 Complète la frise.
★

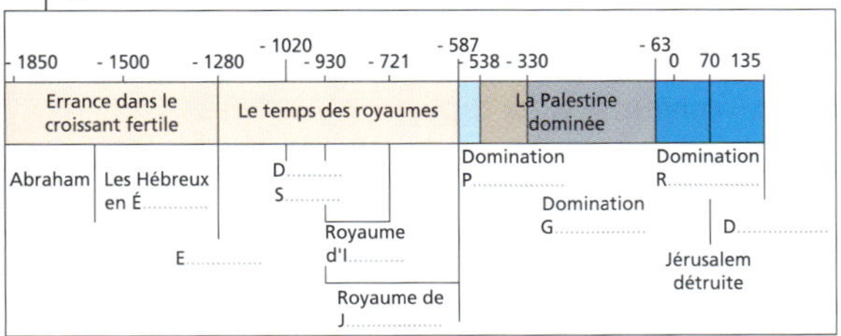

2 Analyse le plan de Jérusalem sous le règne de Salomon et sous le règne d'Hérode (40 à 4 avant J.-C.).
★★

Jérusalem sous le règne de Salomon

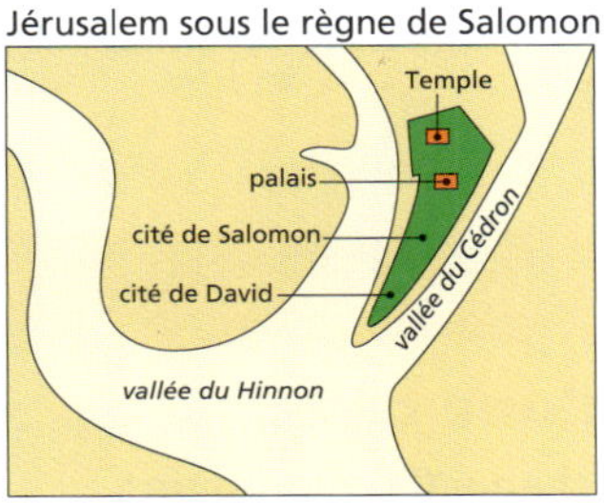

Jérusalem sous le règne d'Hérode

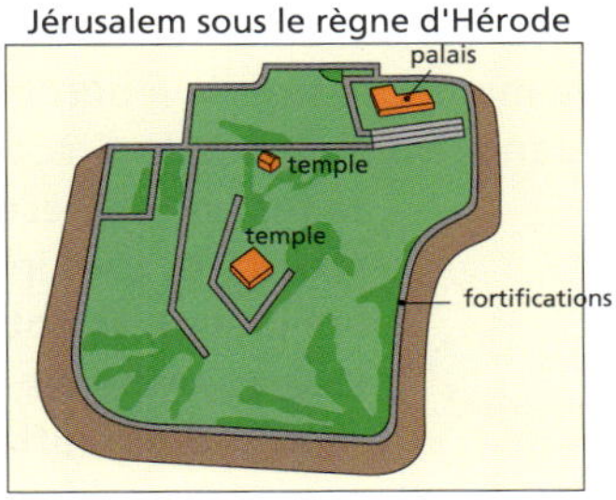

a. À quelle époque régnait Salomon ?

....

b. Quels avantages présente le site de Jérusalem sur le plan militaire ?

....

....

c. Quel moyen de défense, Hérode a-t-il fait construire à l'intérieur de la ville ?

....

....

3 Lis le texte attentivement et réponds aux questions.
★★★

L'esclavage des Hébreux en Égypte

Après l'entrée des Hébreux en Égypte, un nouveau pharaon monte sur le trône. Il s'adresse à son peuple : « Voyez les Israélites deviennent trop nombreux et trop puissants pour nous. Allons ! Il faut prendre des précautions contre eux pour les empêcher de s'accroître, et, une guerre pouvant survenir, de se joindre à nos ennemis pour nous combattre et sortir du pays. » On établit donc sur eux des chefs de corvée pour les accabler de pénibles travaux... Mais, plus on les accablait, plus ils se multipliaient et s'accroissaient, au point que les Égyptiens leur rendirent la vie amère par de rudes corvées. Le pharaon donna cet ordre aux inspecteurs du peuple et aux surveillants : « Vous ne fournirez plus au peuple de la paille pour faire des briques... ils iront eux-mêmes en chercher. Mais vous leur imposerez la même quantité de briques qu'auparavant sans en rien rabattre. »

D'après la Bible, *Genèse*.

a. Que craignent les Égyptiens ?

....

....

....

b. Quelles obligations imposent-ils aux Hébreux ? Pourquoi ?

....

....

....

c. D'après le texte, les Égyptiens réussissent-ils à anéantir les Hébreux ?

....

....

....

Histoire

7 La Grèce : présentation générale

Je retiens l'essentiel

• 80 % du territoire de la Grèce sont des **montagnes**. Cela rend les communications difficiles et explique, dans l'Antiquité, la multitude de petits **royaumes** (le plus important est celui de Mycènes), de **cités** (ville fortifiée bâtie autour de son **acropole**, c'est-à-dire d'un village fortifié sur une hauteur) organisées en petits États indépendants souvent rivaux (Sparte et Athènes). Plusieurs peuples ont envahi la Grèce (Achéens, qui pillent la ville de Troie en Asie Mineure vers 1230 av. J.-C., et sont à leur tour repoussés par les Doriens).

• L'agriculture et l'élevage sont limités (blé, vigne, olivier, moutons). La maîtrise de l'eau est nécessaire (été très chaud et très sec, sols pauvres). Par contre, la vie maritime est très active. Très tôt, les Grecs ont fondé des **colonies** sur les bords de la Méditerranée et de la mer Noire (dès le VIIIe siècle avant J.-C.). La colonie est indépendante de la **métropole** (cité d'où sont partis les colons), mais on y parle grec. Grâce à la monnaie, les échanges commerciaux sont très actifs.

• Tous les Grecs de l'Antiquité ont le sentiment d'appartenir à une même civilisation et se réfèrent aux mêmes poèmes d'Homère : ***l'Iliade*** et ***l'Odyssée,*** qui font allusion au siège de Troie par les Achéens (Hélène, l'Achéenne, a été enlevée par un prince troyen, Pâris. *L'Iliade* raconte la colère du chef achéen Achille, et *l'Odyssée* narre la ruse d'Ulysse pour prendre Troie).

Je comprends comment faire

➤ pour dégager les informations d'une carte

1. **J'observe la carte et lis son titre.** Il indique le thème (la colonisation grecque) et l'époque (du VIIIe au VIe s. av. J.-C.).
2. **Je lis la légende.** C'est elle qui va me permettre de « décoder » la carte. Plusieurs éléments montrent l'influence politique de la Grèce en Méditerranée.

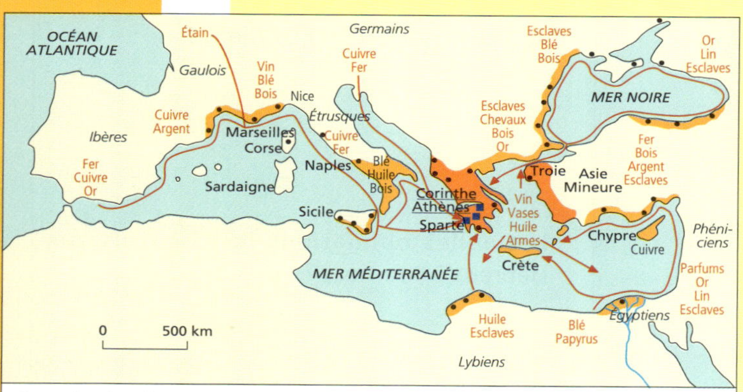

La colonisation grecque du VIIIe au VIe siècle av. J.-C.

(orange)	Grèce	*Gaulois*	Peuples non grecs ou barbares
■	Métropoles	Fer	Produits exportés par les colonies
(jaune)	Influence grecque	→	Axes commerciaux
•	Colonies grecques		

Je repère la Grèce en orange, les territoires sous influence grecque (en jaune), et note que trois villes (Sparte, Athènes et Corinthe) sont représentées différemment des autres villes : ce sont trois métropoles, les trois plus grandes villes de Grèce.
Les colonies grecques sont représentées par un point. Je constate qu'elles s'éparpillent tout autour de la Méditerranée et sur les rives de la mer Noire.
Les noms en italique indiquent les peuples non grecs, qualifiés de « barbares » par les Grecs. Les flèches et les axes signalent les échanges commerciaux entre la Grèce et les pays voisins. En rouge, je peux lire la nature des produits échangés.
→ **Je conclus** que la Grèce avait une **influence politique et économique** très importante en Méditerranée entre le VIIIe et le Ve siècles avant J.-C.

OBJECTIF
Comprendre l'organisation du pays.

1 Dégage les informations de cette carte.

* **a.** Quelle forme de relief domine ?

b. Où se trouvent les montagnes ? Relève quelques sommets. Quelle est leur altitude ?

c. Où se situent les plaines ? Sont-elles développées ?

d. Pourquoi les Grecs ont-ils quitté leur pays pour aller fonder des colonies ?

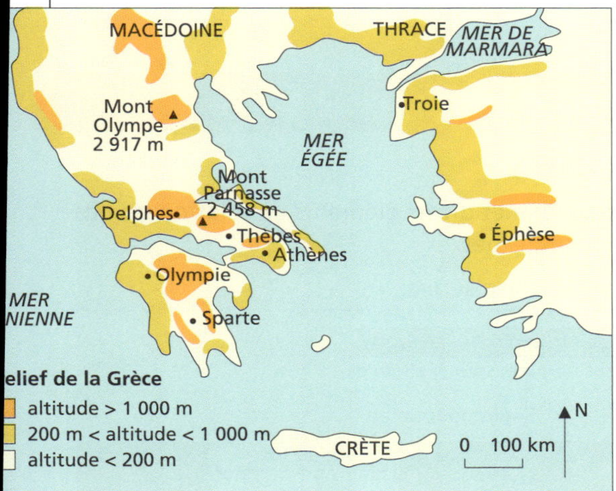

2 Rappelle la définition de la cité et complète le plan.

**

....

....

....

....

....

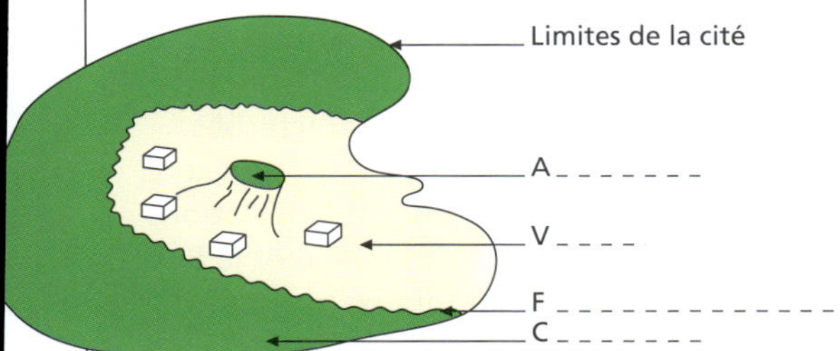

3 Complète le texte suivant.

** Certains Grecs étaient à la recherche de terres cultivables, d'autres voulaient s'enrichir, d'autres encore étaient chassés de Grèce. C'est ainsi qu'ils ont fondé les c.............. autour de la Méditerranée. Mais, pour ne pas oublier la m.............., ils continuaient de parler grec et imposaient leurs modes de vie aux villes soumises. Le c.............. se développa rapidement.

4 Lis le texte et réponds aux questions.

**

Ulysse et le cheval de Troie

Ulysse a une idée : faire croire aux Troyens que les Achéens partent. Il laisse un cheval de bois aux portes de Troie. Dans le ventre du cheval, des soldats sont cachés. Les Troyens traînent le cheval à l'intérieur des remparts.

« Le cheval était là, et les Troyens assemblés tout autour proposaient plusieurs solutions. Les uns voulaient l'éventrer, les autres conseillaient de le traîner et de le précipiter du haut du rocher, et d'autres soutenaient qu'il fallait le laisser comme offrande aux Dieux. Ce dernier avis l'emporta. La nuit venue, les Grecs, sortis du ventre du cheval comme d'une caverne, saccagèrent la ville. »

D'après *l'Odyssée*, chant VIII.

a. Où se trouve Troie ? ....

....

b. Quand le siège de la ville a-t-il eu lieu ?

....

c. Quelle ruse imagine Ulysse pour tromper les Troyens ? Réussit-il ? ....

....

....

8

La démocratie athénienne

Histoire

Je retiens l'essentiel

• Avant d'être une **démocratie**, la cité d'Athènes connut un régime aristocratique. Les grands propriétaires possédaient les chars et les chevaux et gouvernaient la cité. Mais, au cours du VIIe siècle avant J.-C., les paysans défendent leur cité comme **hoplites** (fantassins lourdement armés) ou comme rameurs sur les **trières** (navires de guerre). Ils réclament et obtiennent les mêmes droits pour tous les citoyens, c'est-à-dire qu'ils peuvent participer à la vie politique.

• Athènes devient une **démocratie**. Cependant, seuls les citoyens ont des droits politiques et une minorité seulement participe réellement à l'assemblée sur une colline appelée la **Pnyx** : ce sont surtout des citadins. La démocratie est donc, en fait, limitée.

Je comprends comment faire

➤ pour lire un organigramme

• Un **organigramme** est un schéma qui met divers éléments en relation les uns avec les autres grâce à l'utilisation de flèches.

L'organisation politique et sociale à Athènes au Ve s. av. J.-C.

Dix stratèges (premiers magistrats)
commandent l'armée, sont rééligibles

↑ élit pour un an

Le tribunal l'Héliée ← tire au sort — L'assemblée des citoyens l'Ecclésia — tire au sort → Le conseil la Boulê

Le tribunal l'Héliée
• 6000 citoyens
• rend la justice

L'assemblée des citoyens l'Ecclésia
• réunit tous les citoyens de plus de 18 ans
• signe la paix et la guerre
• vote les lois

Le conseil la Boulê
• 500 membres
• prépare les lois
• contrôle les magistrats

↑ participent quatre fois par mois

citoyens
(Grecs nés de père et de mère athéniens)
10 % de la population
(40 000 personnes)

Les non-citoyens ne participent pas à la vie politique.

• Les femmes et enfants de citoyens, libres mais sans droits politiques. Ils sont environ 150 000.

• Les métèques, population étrangère libre mais sans droits politiques. Ils paient des impôts et participent à la défense.

• Les esclaves appartiennent à un propriétaire. Ils n'ont aucun droit et sont entre 100 000 et 200 000.

1. J'observe l'organigramme et lis son titre. Il représente les différents pouvoirs politiques et les éléments de la société athénienne au Ve s. av. J.-C.

2. J'observe chaque élément et les relations qui l'unissent aux autres éléments.

Les quatre pouvoirs, nommés en bleu dans un rectangle, sont caractérisés (nom, nombre de membres, rôles). Les citoyens (en rouge) participent aux réunions de l'Ecclésia quatre fois par mois. Les flèches montrent les relations entre les différents pouvoirs. C'est l'Ecclésia qui tire au sort l'Héliée et la Boulê, et élit les 10 stratèges. Les non-citoyens sont les plus nombreux.

→ **J'en déduis** qu'Athènes **n'est pas une véritable démocratie,** puisque seulement 10 % de la population participent à la vie politique.

OBJECTIF

Comprendre l'organisation politique à Athènes.

Je m'exerce

1 Réponds aux questions.
★

Buste de Périclès (stratège de 443 à 428 av. J.-C.), Vᵉ s. av. J.-C., Vatican, Rome.

a. Quelle est la fonction de Périclès ?
b. En quoi consiste précisément cette fonction ?
c. Comment l'a-t-il obtenue ?
d. Qui la lui a donnée ?
e. Quel élément te permet d'affirmer que Périclès était un militaire ?

2 Observe la reconstitution du centre d'Athènes au Vᵉ siècle av. J.-C. et réponds aux questions.
★

rtique avec boutiques
utel des Douze dieux
uleuterion
4 Ministères
5 Stratégéion
6 Siège de l'Héliée
7 Hôtel de la monnaie
8 Statue de la déesse Athéna
9 Parthénon (temple)

a. À quelle époque cette reconstitution situe-t-elle Athènes ?
b. Comment s'appelle la partie haute de la ville ?
c. Quel est le nom de la place centrale ?
d. Réfléchis et relis éventuellement l'organigramme. Qui siège au Bouleutérion ? Au Stratégéion ? Dans le bâtiment de l'Héliée ?

3 Retrouve les mots correspondant aux définitions suivantes.
★★

a. Assemblée des citoyens = ...
b. Tribunal formé de 6000 citoyens = ...
c. Prépare les lois et contrôle les magistrats = ...

4 Donne la définition des mots suivants.
★★

a. Démocratie (en sachant que le terme est formé de deux mots grecs : *kratos,* qui veut dire force, pouvoir et *démos,* qui signifie peuple, ensemble des citoyens) = ...
b. Métèque = ...
c. Esclave = ...

5 Réponds aux questions suivantes.
★★★

a. Quelles conditions faut-il remplir pour être citoyen ? ....
b. Au cours de quelle réunion sont prises les décisions importantes pour la cité ? ....
c. Tous les Grecs peuvent-ils siéger à l'Ecclésia ? ....
d. Quelle est la durée du mandat d'un stratège ? ....

Histoire

9

La société athénienne

Histoire

Je retiens l'essentiel

• Athènes est une ville très étendue, fortifiée, dominée par l'Acropole où s'élève le temple dédié à la déesse Athéna. Les rues de la ville basse sont mal entretenues. Les artisans se regroupent par métier et par quartier. Son port, Le Pirée, est très actif (commerce, chantiers navals, artisanat).

• Les Grecs ont une vie simple. La nourriture quotidienne est variée, mais elle ne comporte pas de viande (réservée aux banquets).

La femme, soumise à son père puis à son mari, ne sort pas du **gynécée** (pièce réservée aux femmes) et habitue sa fille à diriger la maison. Les garçons apprennent à lire, à écrire (le **pédagogue** leur fait réviser les leçons du **grammatiste**), étudient la musique, font du sport (au **gymnase**). Seuls les hommes participent à la vie politique, aux fêtes religieuses, vont aux bains publics ou au marché qui se tient sur l'**Agora** (la place du village, souvent un village fortifié ou **Acropole**). La société est très hiérarchisée, mais tous les Grecs se retrouvent pour les **panathénées**, les fêtes organisées en l'honneur d'Athéna.

Apollon (la lumière, le soleil, les arts) — Athéna (la cité d'Ath… la sagesse)

• Les Grecs sont polythéistes. Ils croient que les dieux vivent sur le **mont Olympe**, en famille. Les récits racontant leur vie et leurs exploits s'appellent la **mythologie**. Les Grecs croient aussi en l'existence de héros, comme Héraclès. Les dieux expriment leur volonté par des **oracles**. Les **sanctuaires panhelléniques** (Olympie, Delphes) rassemblent toute la population. Libations, sacrifices, processions, concours et jeux sportifs (jeux olympiques en l'honneur de Zeus) sont les rites les plus pratiqués.

Zeus (le ciel, la foudre) — Poséidon (la mer)

Je comprends comment faire

➤ pour interpréter une reconstitution

1. Une **reconstitution** est établie à partir de documents retrouvés par des historiens ou des archéologues. On imagine ce que devait être l'organisation de l'espace.

2. J'observe le dessin et lis son titre.
Il s'agit de l'Agora d'Athènes, c'est-à-dire de la place centrale.

3. J'observe les différents plans du dessin.
Au premier plan, des hommes : un marchand, un client, un militaire. J'étudie leur costume, leur attitude. Au deuxième plan, des hommes bavardent entre eux. Au troisième plan, la ville haute et un temple, sans doute le Parthénon.
Je note l'absence de femmes sur cette place où se tient le marché. Cela est normal puisque seuls les hommes pouvaient s'y rendre.

→ **Je conclus** que l'**Agora** était le **centre de la vie des Athéniens**, le lieu où ils se rencontraient.

L'Agora d'Athènes

OBJECTIF
Comprendre le rôle de l'homme dans la société athénienne.

Je m'exerce

1 **Déchiffre un vestige archéologique.**
★ **Examine ce morceau de vase en terre cuite. Il s'agit du détail d'une coupe à figures rouges qui a été exécutée vers 480 av. J.-C. Réponds aux questions.**

Scène d'école. Céramique, vase grec, Ve s. av. J.-C.

a. À quel cours assiste le garçon à gauche ?

....

b. Et le garçon à droite ?

....

c. Pourquoi le pédagogue assiste-t-il au cours ? ....

....

d. Que nous apprennent les vestiges archéologiques sur la vie des Grecs ?

....

....

2 **Complète le texte suivant.**
★★ L'agglomération d'Athènes est formée de trois parties : l' A.............., le P.............. et la v.............. b.............. Les hommes aiment à se retrouver au marché qui se tient sur l'A.............. Pendant ce temps, les femmes restées au g.............., s'occupent des enfants et donnent des ordres aux esclaves. Les garçons révisent leurs leçons en écoutant attentivement les conseils du p.............. Ils savent que, s'ils ont bien travaillé, s'ils ont bien écouté le g.............., ils pourront se rendre au g.............. et faire du sport.

3 **Raye les affirmations fausses.**
★★ a. Dans la Grèce antique, tous les enfants vont à l'école.

b. Le grammatiste fait réviser les leçons.

c. Les garçons font du sport au gymnase.

d. Les femmes grecques de l'Antiquité vont au marché chaque jour.

e. Les Grecs sont monothéistes.

f. La statue d'Athéna se trouve au Parthénon.

g. La ville d'Athènes doit son nom à la déesse Athéna.

4 **Lis le texte attentivement et réponds aux**
★★★ **questions.**

L'esclavage

Un philosophe (*philos* = ami et *sophia* = sagesse) réfléchit sur le monde et sur la place de l'homme dans la nature.

« Chaque activité doit avoir ses instruments… Or, parmi les instruments, certains sont inanimés, d'autres sont animés… L'esclave est un objet animé et tout serviteur est comme un instrument supérieur à tous les autres. En effet, si chaque instrument pouvait par ordre accomplir son travail… si les navettes tissaient d'elles-mêmes, les maîtres n'auraient pas besoin d'esclave. »

Politique, I-IV, d'après le philosophe Aristote (384-322 av. J.-C.),

a. À quoi Aristote compare-t-il l'esclave ?

....

....

....

b. Comment justifie-t-il l'esclavage en Grèce ?

....

....

....

10

L'apogée et le déclin d'Athènes

Histoire

Je retiens l'essentiel

• Aux Ve et IVe siècles av. J.-C., Athènes offre une civilisation très brillante. L'art est avant tout religieux (reconstruction de l'**Acropole** dédiée à **Athéna** et **Poséidon** sous l'impulsion de **Périclès)** et obéit à des règles précises (**ordres dorique, ionique**, **corinthien**). Il cherche l'harmonie, l'équilibre des formes, et reste à échelle humaine. Les sculptures respectent les proportions fixées par les **canons de la beauté**. C'est l'**art classique**. Le **théâtre** est lié au culte de Dionysos.

• Athènes étend sa domination en constituant un vaste réseau d'**alliances**, à l'origine de plusieurs conflits. Soutenues par Athènes, les cités grecques d'Ionie soumises aux Mèdes (= Perses) se soulèvent : ce sont les **guerres médiques** (de 500 à 479 av. J.-C.). Les Grecs remportent les victoires de Marathon en – 490 et de Salamine en – 480. Athènes et de nombreuses cités constituent la ligue de Délos.

• La cité de Sparte, jalouse de l'hégémonie d'Athènes, affronte sa rivale lors des **guerres du Péloponnèse** (de 430 à 405 av. J.-C.)**.** Les Perses s'allient à Sparte et Athènes capitule en – 404. Le roi de Macédoine, Philippe, soumet les cités grecques en – 338. C'est la fin de l'empire grec. Son fils, **Alexandre le Grand**, lui succède en – 336. Il unit les Grecs et les Macédoniens contre les Perses (empereur Darius III) qui sont vaincus. Il fonde de nombreuses villes en Asie. Après sa mort brutale en – 323, son empire est partagé.

Je comprends comment faire

➤ pour étudier un évènement historique à partir d'une œuvre d'art

1. Une mosaïque est un **assemblage de petits cubes multicolores en marbre** collés sur un mur ou sur le sol.

2. J'observe la mosaïque et lis son titre. Elle représente la bataille d'Issos en - 333. Elle fut exécutée sur un mur dans la maison du Faune (Dieu des troupeaux) à Pompéi, en Italie. Aujourd'hui, on peut la voir au musée archéologique de Pompéi.

Bataille d'Alexandre le Grand contre Darius. Mosaïque de la maison du Faune à Pompéi, IIe-Ier s. av. J.-C. Musée archéologique, Naples.

3. J'analyse sa composition. À gauche, Alexandre surgit. Il a l'air décidé à gagner la bataille. On ne voit que la tête du cheval et le buste d'Alexandre.
Darius, le roi perse, est sur son char. Il s'enfuit. Il a l'air effrayé ... comme ses chevaux. À l'arrière-plan, on ne voit que les sarisses (longues lances des soldats).

→ **Je conclus** que cette composition donne une idée de la **violence des combats** et de la **détermination d'Alexandre**.

OBJECTIF
Comprendre la puissance athénienne.

Je m'exerce

1 Retrouve l'évolution de l'empire
★★ **d'Alexandre. Complète la carte et réponds aux questions.**

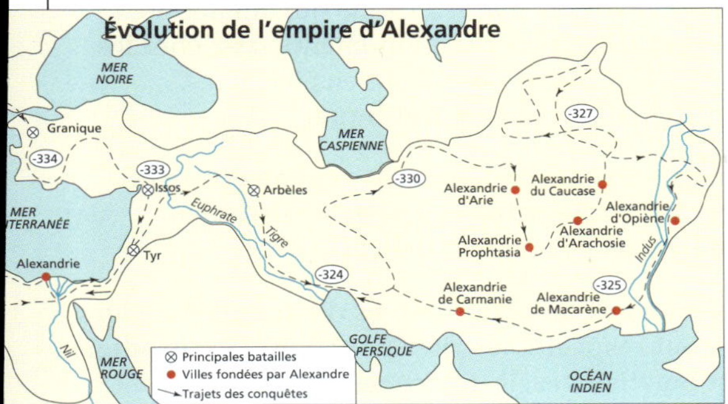

a. Repasse en rouge les trajets des conquêtes de Darius (- 334 à - 330), en vert le trajet de la conquête de l'Asie centrale (- 330 à - 327), en violet celui de la conquête du bassin de l'Indus (- 327 à -326), et en bleu le retour vers la Mésopotamie (- 325 à - 324).

b. Colorie en jaune l'empire d'Alexandre en - 323.

c. Comment s'appellent les villes fondées par Alexandre ? ....

....

....

d. Combien d'années se sont écoulées entre les premières conquêtes de Darius et la constitution de l'empire d'Alexandre ?

....

2 Après avoir lu ce texte, réponds aux
★★★ **questions.**

Il s'agit du récit de la bataille de Salamine fait par un messager à la cour de Perse.

« Dès que le jour eut illuminé la terre, une immense clameur s'éleva au milieu des Hellènes.... Ils... chantaient... avançaient audacieusement au combat... et ... toutes les nefs (navires) nous apparurent. On entendait ce chant immense : "Ô enfants des Hellènes, allez ! Délivrez la Patrie, vos enfants, vos femmes, les demeures des dieux, de vos pères, les tombeaux de vos aïeux..." »

Les deux flottes se jetèrent l'une sur l'autre. D'abord le torrent de l'armée persique résista, mais quand la multitude de nos nefs se fut resserrée dans les passages étroits, elles ne purent s'entraider. Elles se heurtèrent de leur proue d'airain (bronze)... les nefs helléniques, nous enveloppant habilement, perçaient les nôtres qui se renversaient et couvraient la mer de débris de naufrage et de corps morts... les rochers du rivage étaient pleins de cadavres... toute l'armée barbare prit la fuite en désordre. À coups d'aviron brisé et de banc de rameur, les Perses étaient écrasés ou déchirés comme des thons ou d'autres poissons pris au filet, et toute la mer retentissait de sanglots et de lamentations... »

Les Perses, Eschyle (525-456 av. J.-C.), d'après une traduction de Leconte de Lisle, 1865.

a. Présente le texte. De quel ouvrage est-il extrait ? Qui est l'auteur ? Qui raconte la bataille ? De quel genre de texte s'agit-il : narratif ou descriptif ?

b. Quelles informations retires-tu ?

– Quand a lieu la bataille ? Le matin ? À midi ? Le soir ? Justifie ta réponse.

– Pourquoi les Grecs veulent-ils gagner à tout prix ? Pourquoi chantent-ils ?

– Relève deux mots qui indiquent la puissance de la flotte perse.

– Quels moyens utilisent les Grecs pour anéantir définitivement les Perses ?

c. En conclusion, qui a gagné ?

11

Histoire

Les origines de Rome

Je retiens l'essentiel

• Selon la légende (*l'**Énéide*** de **Virgile**), la ville de Rome aurait été fondée par Romulus en – 753 (après l'assassinat de Rémus, son frère jumeau). En réalité, ce sont les rois étrusques qui fondèrent la ville vers – 700 en mettant en valeur un site remarquable (un fleuve, le Tibre, la proximité de la mer Méditerranée, des routes). Rome se trouve dans la plaine du Latium habitée par les Latins qui ont adopté l'alphabet grec et imité l'art grec. Ils ont fait édifier des monuments, assécher les marais, construire des égouts. Mais les Romains se révoltent en 509 av. J.-C., détrônent le roi Tarquin le Superbe et proclament la **République**.

• Les citoyens romains sont libres. Ils sont recensés tous les cinq ans (liste du **cens**), classés selon leur richesse (impôt proportionnel à la richesse) et leur domicile (en tribus). Les esclaves ne vivent pas dans la cité.

• La ville est un lieu sacré pour les Romains qui associent les dieux à toutes leurs activités. Les prêtres (les **pontifes**) font respecter les rites pour éviter les **prodiges** (colères divines). Les Romains sont polythéistes, ils interrogent principalement **Jupiter**. Avant de poursuivre une action, ils tiennent grand compte des **auspices** (signes envoyés par les dieux, un vol d'oiseaux par exemple) que leur indiquent les **augures**. Leurs rites et leurs temples ressemblent à ceux des Grecs, mais les Romains craignent leurs dieux.

Je comprends comment faire

➤ pour lire un plan de ville

1. Le **plan d'une ville** permet de comprendre l'**organisation** de la ville.
2. **J'analyse le site et la situation de Rome.**
La ville est bien protégée par plusieurs collines (« ville aux sept collines »). Le méandre du Tibre est intéressant pour le commerce.
3. **J'observe les aménagements de la cité.**
La ville est protégée par des **fortifications**. De nombreuses portes permettent l'accès à la ville. Les **temples** sont les monuments les plus anciens. Les plus importants sont sur la colline du Capitole. Le **Forum** est la place publique que les Étrusques ont aménagé tout spécialement pour les activités politiques de la cité. Deux forums servent de marchés. La ville est d'un accès facile : de nombreuses routes se croisent, le Tibre, large, permet des transports par bateaux.
→ Ce plan montre le **souci d'hygiène** des Romains : le centre est traversé par des égouts, et les cimetières se trouvent en dehors des murs de la ville, parce que les Romains considéraient que les tombes étaient « impures ».

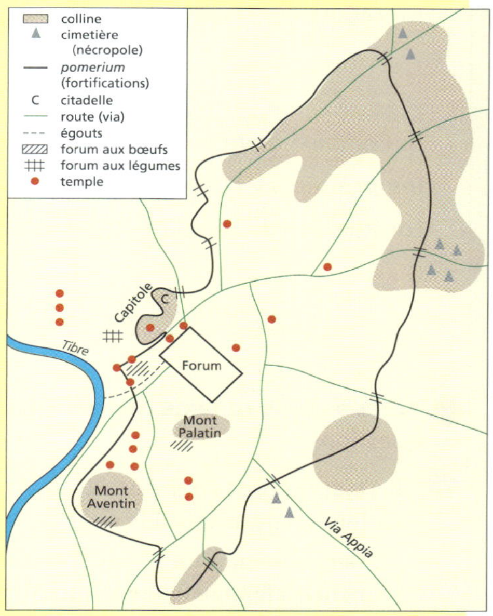

Rome au IIe siècle avant J.-C.

OBJECTIF
Comprendre l'organisation de la vie à Rome.

Je m'exerce

1 ★ **Lis ce texte de Plutarque et réponds aux questions.**

Romulus se mit à bâtir la ville [...] On creuse le Forum [...] une fosse circulaire. À la fin, chacun y jette une poignée de terre apportée du pays d'où il est venu et on mêle le tout ensemble. Ils donnent à cette fosse le nom de *mundus* [...] Puis, on trace l'enceinte de la ville [...] en lui donnant la forme d'un cercle : le fondateur attelle un bœuf et une vache à sa charrue [...] et creuse un sillon profond [...] Cette ligne marque le contour des murailles : elle porte le nom de *pomerium*. Là où on veut intercaler une porte, on tire le soc, on soulève la charrue et on laisse un intervalle : on considère ainsi comme sacré le mur tout entier à l'exception des portes [...] »

Vies parallèles, Plutarque, Romulus 11.

a. Quelles sont les étapes de la construction de Rome ? ....

....

....

....

....

b. Pourquoi prévoit-on des murailles ?

....

....

....

c. Fais le croquis de la construction.

2 ★ **Corrige les erreurs contenues dans le texte.**

Cinq collines dominent Rome. La ville est traversée par le Tibre. Les cimetières, que les Romains appellent *pomerium*, se trouvent à l'extérieur des fortifications, c'est-à-dire des nécropoles. Le Forum est une vaste place où les Romains aiment se retrouver.

3 ★★ **Cherche les ressemblances qui existent entre les dieux grecs et romains. Pour chaque dieu romain, trouve le dieu grec qui correspond.**

a.

Dieu romain : **Jupiter** (ciel, foudre)

Dieu grec : ....

b.

Déesse romaine : **Minerve** (sagesse)

Déesse grecque : ....

c.

Dieu romain : **Apollon** (lumière, soleil, arts)

Dieu grec : ....

d.

Dieu romain : **Neptune** (mer)

Dieu grec : ....

Histoire

12 La République romaine

Je retiens l'essentiel

• En – 509, le gouvernement est devenu une *res publica* (chose publique). Les magistrats, élus pour un an, exercent le pouvoir au nom du peuple romain. Le **sénat** dirige la politique extérieure et donne son avis sur les projets de lois. Les **comices** (assemblée des citoyens) votent les lois, la guerre, élisent les magistrats. Les citoyens les plus riches, les **patriciens,** votent les premiers. Les **plébéiens** (les plus pauvres) ne participent jamais à la vie politique, mais élisent des tribuns chargés de les défendre. Après une lutte de deux siècles, les plébéiens obtiennent le droit de veto (s'opposer aux décisions des magistrats). Seuls les riches peuvent accéder à la carrière des honneurs.

• L'armée romaine, très bien organisée, conquiert l'Italie entre 338 et 272 av. J.-C., écrase Carthage au cours des **guerres puniques**, soumet la Grèce, l'Espagne, l'Asie Mineure. Les soldats laboureurs romains s'installent dans les pays conquis. Les populations ont les mêmes droits que les Romains, sauf le droit de vote. Pour faciliter les communications, un très important réseau de routes empierrées (voies romaines) est construit.

• À l'Ouest, **Jules César** soumet les tribus gauloises. Mais **Vercingétorix** le repousse à Gergovie avant d'être assiégé par les légions romaines dans Alésia, où il capitule. Après avoir été alliés, les deux plus grands généraux romains, **Pompée** et **César**, s'affrontent. César, vainqueur, devient dictateur en 49 av. J.-C. Les rivalités entre généraux débouchent sur des guerres civiles. Ainsi, Octave, fils de César, victorieux d'Antoine (son lieutenant), met fin à la République en devenant le premier **empereur romain** en – 27.

Je comprends comment faire

➤ pour interpréter des schémas de reconstitution

1. J'observe les documents. Il s'agit de dessins reconstituant l'organisation d'un camp romain dans l'Antiquité.

2. J'analyse l'organisation de l'armée. Sur le champ de bataille, les légionnaires les plus jeunes, les plus agiles, se trouvent immédiatement derrière l'infanterie, c'est-à-dire les troupes qui assurent l'occupation et la défense du terrain. La cavalerie, les soldats à cheval, protège les fantassins. Le camp est difficilement attaquable : il est fortifié et protégé par un fossé.

→ **J'en conclus** que les victoires des armées romaines s'expliquent par une **organisation et une discipline remarquables**.

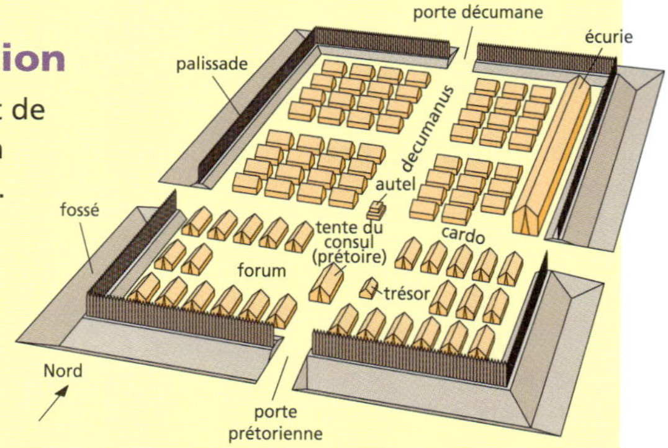

Camp de légionnaires à l'époque de César

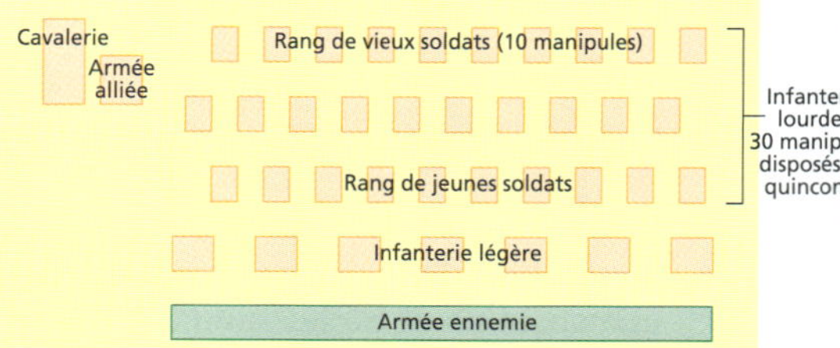

Organisation de la légion romaine sur le champ de bataille

OBJECTIF
Comprendre la puissance de Rome.

Je m'exerce

1 ★ **À partir de la reconstitution des fortifications devant Alésia, explique la victoire de Jules César en répondant aux questions suivantes.**

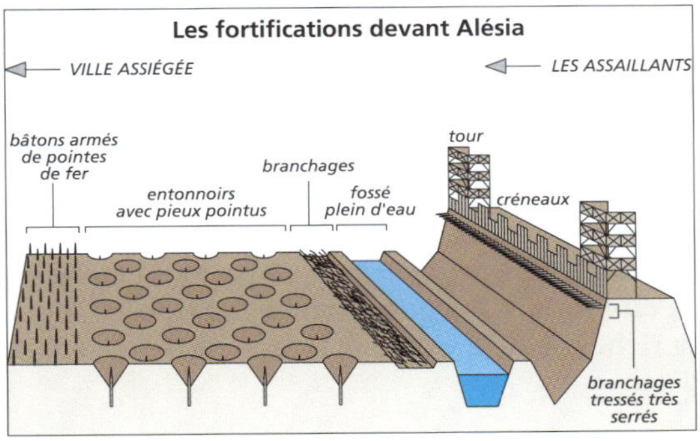

a. À quoi servent les tours ?

....

....

b. Quels sont les obstacles à franchir avant d'atteindre la ville assiégée ?

....

....

c. Pourquoi les pieux pointus sont-ils de plus en plus resserrés quand on arrive de la ville ?

....

....

d. À ton avis, Vercingétorix avait-il des chances de gagner ? Justifie ta réponse.

....

....

....

....

2 ★★ **Lis le texte attentivement et réponds aux questions.**

Vercingétorix prend la tête de l'insurrection

« Vercingétorix, Arverne,... enrôle des miséreux dans les campagnes... réunit cette troupe... et l'exhorte à prendre les armes pour la liberté de la Gaule. À l'unanimité, on lui confie le commandement... Il exige des otages, ordonne qu'un grand nombre de soldats lui soit amené sans délai. Il fixe quelle quantité d'armes chaque peuple doit fabriquer... et joint une sévérité extrême dans l'exercice du commandement. Pour une faute grave, c'est la mort par le feu et par toutes sortes de supplices ; pour une faute légère, il faut couper les oreilles au coupable ou crever les yeux, et il le renvoie chez lui afin qu'il serve d'exemple. »

Commentaire de la Guerre des Gaules, livre 7, IV, J. César.

a. Qui est l'auteur de ce texte ?

....

b. Selon César, comment Vercingétorix se comporte-t-il pour être obéi ?

....

....

....

c. Ce texte te semble-t-il un témoinage incontestable ?

....

....

....

3 ★★★ **Observe la carte et complète la légende.**

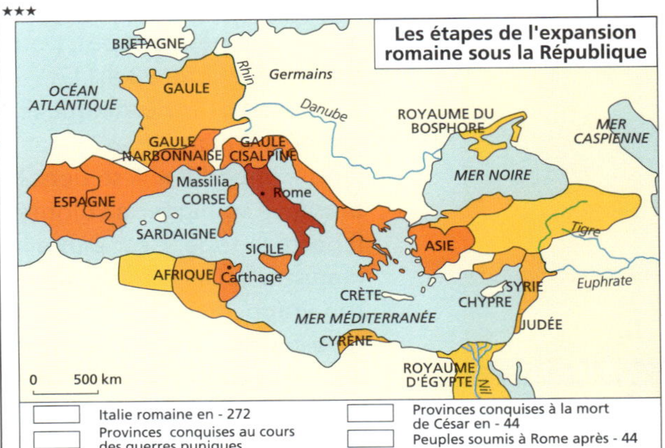

Histoire

13 L'Empire romain

Histoire

Je retiens l'essentiel

• En – 27, Octave met fin aux guerres civiles et devient empereur sous le nom d'Auguste. Il cumule tous les pouvoirs (l'armée, la religion, il édicte les lois). Il peut même désigner son successeur. C'est un pouvoir **absolu**.

• Les empereurs s'attachent surtout à consolider les frontières de l'Empire (les **limes**). L'organisation de l'Empire (divisé en provinces dirigées par un gouverneur nommé par l'empereur) assure la paix intérieure (**la paix romaine**) et l'essor de l'économie. Défrichements et drainages permettent des cultures variées dans toutes les provinces (Gaule, Espagne). L'exploitation des mines, la fabrication de produits de luxe assurent une intense activité commerciale. Les échanges avec l'Extrême-Orient et l'Afrique sont considérables. La Méditerranée est très fréquentée : blé, huile et vin sont stockés dans des amphores que transportent les bateaux. La construction de villes (selon un plan géométrique de part et d'autre du ***cardo*** – l'avenue Nord-Sud – et du ***decumanus*** – avenue orientée Est-Ouest –, dont l'intersection est le forum) traduit la richesse de la vie. Rome, capitale de plus d'un million d'habitants, devient un modèle.

• La société est très hiérarchisée. La bourgeoisie municipale habite de grandes demeures (***domus***), administre la cité. La langue latine se répand, mais l'art officiel est un mélange d'art grec et d'art romain (**art gréco-romain**). Une loi d'Hadrien (117-138) autorise les paysans les plus pauvres à exploiter les terres laissées en friche.

Je comprends comment faire

➤ pour étudier une statue

1. Je définis le document.
Il s'agit d'une statue, une sculpture en ronde-bosse, c'est-à-dire dont on peut faire le tour. Elle représente Trajan en train de faire un discours. On peut voir cette statue au musée d'Ostie (station balnéaire de Rome).

2. Je présente Trajan.
Il est né en Espagne en 53 après J.-C.
Il remplit toutes les magistratures de la carrière des honneurs. Choisi par l'empereur Nerva, son père adoptif, pour lui succéder, il est empereur de 98 à 117.

3. **J'observe l'attitude** que le sculpteur a donné à Trajan.
Il est « **impérial** ». Il se tient bien droit et son bras levé souligne sa volonté de dominer.
Il porte la toge, c'est-à-dire la robe des magistrats. La cuirasse ouvragée qu'il a sous sa toge rappelle qu'il est le chef des armées.

→ **Je conclus** que cette statue est un **hommage à un empereur romain conquérant** et, sans doute, un des **meilleurs administrateurs de l'Empire**.

Statue de Trajan. Musée d'Ostie, Italie.

OBJECTIF
Comprendre l'organisation de l'Empire romain.

Je m'exerce

1 Observe cette pièce de monnaie et réponds aux questions.

★

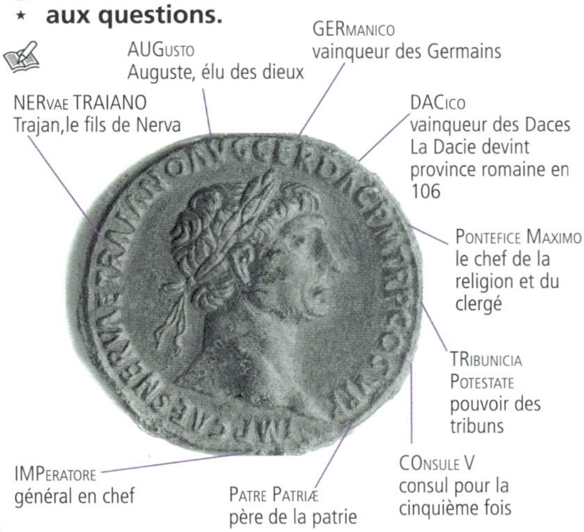

Monnaie en bronze à l'effigie de l'empereur Trajan (53-117)

a. Retrouve toutes les fonctions de Trajan.

b. Pourquoi l'effigie de l'Empereur figure-t-elle sur les pièces de monnaie ?

2 Lis le menu et réponds aux questions.

★

1er service : GUSATATIO
– huîtres, palourdes, mauviettes
– poularde aux asperges
– tulipes de mer noires ou blanches
2e service : PRIMA CENA
– spondyles, moules, orties de mer
– côtelettes de chevreuil et de sanglier
– pâtés de poulet
– becfigues en sauce aux asperges
– murex et pourpres
3e service : ALTERA CENA
– tétines de truie au naturel et en ragoût
– hure de sanglier
– poitrine et cols de canard rôti
– canards sauvages fricassés
– rôtis de lièvre et de poulet
4e service : MENSÆ SECUNDÆ
– crème de farine
– gâteau de Vicence

D'après Macrobe.

a. Ce menu te semble-t-il équilibré ?

b. Pourrais-tu commander n'importe lequel de ces plats dans un restaurant aujourd'hui ?

3 Observe bien la carte et réponds aux questions.

★★

Le commerce dans l'Empire romain au IIe s. ap. J.-C.

a. Quelles sont les marchandises produites à l'intérieur de l'Empire ?

b. Quelles sont les marchandises importées ?

c. Avec quels pays, l'Empire romain fait-il du commerce ?

4 Lis le texte attentivement et réponds aux questions.

★★

Les embarras de Rome

« … Le riche peut se faire porter, au-dessus des têtes, sa large litière. Il progresse rapidement dans la foule qui s'ouvre devant lui. Moi, le flot qui me précède fait obstacle à ma hâte : la foule pressée qui me suit me comprime les reins. L'un me heurte du coude, l'autre me pousse avec une poutre. Mes jambes sont pleines de bleus. Une énorme chaussure cloutée de soldat m'écrase le pied et un clou reste enfoncé dans mon orteil.

La nuit, …des vases fêlés et ébréchés tombent des fenêtres… Il ne manque pas de gens pour vous dépouiller… Il arrive que surgisse un bandit qui joue du couteau… »

Satire III, Juvénal.

a. Quels sont les inconvénients de la vie à Rome dans la journée ?

b. Quels sont les dangers des sorties nocturnes ?

c. À ton avis, Juvénal nous brosse-t-il un tableau réel ou exagère-t-il ?

Histoire

14

La Gaule romaine

Histoire

Je retiens l'essentiel

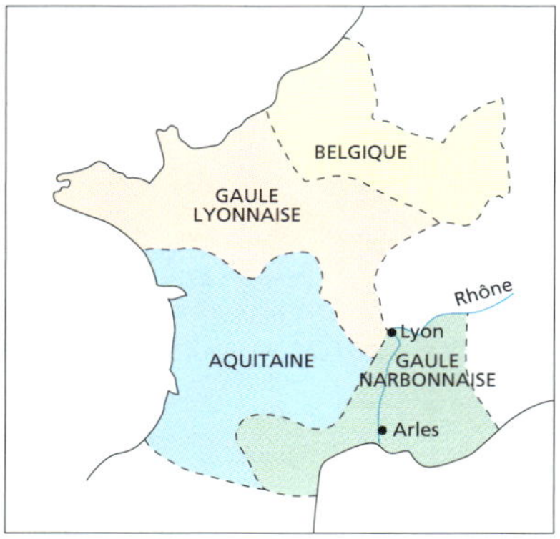

• Une fois conquise, la Gaule est divisée en quatre provinces. Lyon (*Lugdunum*, fondée en 43 av. J.-C.) en est la capitale politique et religieuse. Le réseau urbain est développé. Les villes sont bâties et organisées selon le modèle des villes romaines (forum, théâtre, thermes, amphithéâtre, aqueduc...). Hormis une **cohorte urbaine** à Lyon, il n'y a pas de **légion** (armée) stationnée en Gaule. La **paix romaine** permet le développement de l'économie : agriculture (pratiquée sur de grands domaines), artisanat (céramique et travail des métaux). Les échanges commerciaux s'intensifient entre Rome et les provinces gauloises. Les notables gaulois participent à la vie de la cité, latinisent leur nom et adoptent le genre de vie des Romains (langue, religion). Dans les campagnes, la romanisation est difficile. Les habitants gardent leurs habitudes celtes, mélangeant dieux celtes et dieux romains. Ce mélange d'éléments romains et celtes crée une civilisation originale : la **civilisation gallo-romaine**.

• Mais l'Empire est menacé de toutes parts. La paix romaine s'achève. L'**anarchie** s'installe aux IIe et IIIe siècles. En 395, pour faciliter la défense du territoire, l'empereur Théodose partage son Empire entre ses deux fils. Dorénavant, il existe un **Empire romain d'Orient**, avec Constantinople pour capitale, et un **Empire romain d'Occident**. En 476, l'empereur romain d'Occident est renversé par un chef germanique. Il ne reste plus que l'Empire romain d'Orient.

Je comprends comment faire

➤ pour analyser un bas-relief

1. Un **bas-relief** est une **sculpture dont on ne peut pas faire le tour.** Les motifs sont sur un fond uni et en faible saillie.
2. **J'observe le bas-relief.** Il associe les deux civilisations : celte (Cernunnos) et romaine (Mercure et Apollon). Il a été réalisé entre – 100 et + 100. On peut le voir au musée de Reims.
3. **J'analyse la composition du bas-relief.** Le dieu celte est au milieu, ce qui est la preuve que les Gaulois adoptent les dieux romains. Le dieu gaulois est assis et tient un enfant dans ses bras, ce qui est normal puisqu'il s'agit du dieu de la fécondité. Il apparaît plus massif. Il est plus imposant et porte la barbe. Mercure et Apollon sont debout et le regardent.

→ **J'en conclus** que **la Gaule n'est pas tout à fait romanisée.**

Autel de Cernunnos. Bas-relief découvert à Reims en 1837, rue Vauthier-le-Noir. Époque gallo-romaine, Ier s. ap. J.-C., nº inventaire 978.20189. Coll. Musée St-Rémi, Reims.

OBJECTIF

Comprendre la romanisation de la Gaule.

1 **Regarde bien cette vue aérienne d'Arles et réponds aux questions.**
★

A ____________

F ____ T ______

a. Indique dans quelle partie de la Gaule se trouve Arles. (Tu peux t'aider de la carte précédente.)

b. Quels édifices romains reconnais-tu ? Indique leur nom dans les cases prévues.

2 **Lis ce texte et réponds aux questions.**
★★

L'empereur Claude vient de faire entrer des jeunes Gaulois au Sénat romain, il justifie sa décision : « Voyez tous ces brillants jeunes gens qui sont devant vos yeux ! Il n'y a pas de raison de regretter de les voir sénateurs. Si l'on considère que pendant dix ans les habitants de la Gaule chevelue ont tenu en haleine par la guerre le divin Jules, qu'on oppose à cela cent années de fidélité inébranlable. Ce sont eux, qui, quand mon père Drusus soumettait la Germanie, assurèrent à ses arrières une paix sans inquiétude. »

D'après les *Tables claudiennes*, Lyon, 48 ap. J.-C.

a. Qui est le « divin Jules ? »

....

b. Quels sont les arguments utilisés par Claude pour justifier l'entrée des Gaulois au Sénat ?

....

....

....

3 **Raye les affirmations fausses.**
★★

a. L'ancien nom de Lyon est *Lugdunum*.

b. Un aqueduc est une construction en pierres qui, grâce à une succession de ponts, de tunnels et de syphons, permet à une ville d'être ravitaillée en eau.

c. Vercingétorix a battu Jules César à Alésia.

d. Nîmes était la capitale des provinces gauloises.

e. Lyon fut fondée en 43 après Jésus-Christ.

f. Les Gaulois refusent de prier les dieux romains.

4 **Observe ce bas-relief et réponds.**
★★

Scène de halage sur la Durance. Bas-relief du I-IIe s. ap. J.-C., trouvé à Cabrières d'Aygues (Vaucluse), Musée Calvet, Avignon.

a. Rappelle ce qu'est un bas-relief.

....

....

b. Quel moyen de transport est utilisé ici ?

....

c. Comment la barque est-elle actionnée ?

....

....

d. Dans cette barque, il y a des tonneaux. C'est une invention gauloise. En arrière, il y a d'autres récipients.

Comment s'appellent-ils ?

....

Quelle est leur origine ?

....

Je retiens l'essentiel

• **Les Évangiles** (une partie du **Nouveau Testament** rédigé entre 70 et 95) nous apprennent que Jésus parcourt la Palestine accompagné des douze **apôtres** (ses disciples). Par des **paraboles** (comparaison pour faire comprendre une idée), il fait passer son message et proclame la « bonne nouvelle » (résurrection éternelle). Vu par certains comme le **Messie** (envoyé de Dieu), il mécontente de nombreux juifs et inquiète les Romains. Il est arrêté et jugé par Ponce Pilate, puis crucifié en l'an 30.

• Après sa mort, ses disciples continuent son œuvre en fondant des **communautés de chrétiens** (églises). Les empereurs romains font persécuter les chrétiens monothéistes. Mais la nouvelle religion progresse. En 313, par l'édit de Milan, Constantin accorde la liberté religieuse et, en 392, Théodose ne reconnaît que la seule religion chrétienne.

Je comprends comment faire

➤ pour mettre en relation un texte et une image

L'entrée de Jésus à Jérusalem

« Quand ils approchèrent de Jérusalem [...], Jésus envoya deux disciples en leur disant : "Rendez-vous au village [...] vous trouverez à l'attache, une ânesse avec son ânon ; détachez-les et amenez-les moi..." Les disciples amenèrent l'ânesse et l'ânon. Puis, ils disposèrent sur eux leurs manteaux et Jésus s'assit dessus. Alors, les gens étendirent leurs manteaux sur le chemin, coupaient des branches aux arbres et en jonchaient le chemin... Quand il entra dans Jérusalem, toute la ville fut agitée. "Qui est-ce ?" disait-on, et les foules disaient : "C'est le prophète Jésus, de Nazareth en Galilée". »

Évangile selon Matthieu, 21, 1-10, d'après la Bible de Jérusalem.

1. Une **enluminure** est l'illustration en couleurs d'un document. C'est un synonyme de « miniature ». Un **codex** est un ensemble de feuilles cousues et reliées. Au VIe siècle, les feuilles étaient des parchemins, c'est-à-dire des peaux.

Codex Purpureus : L'entrée du Christ à Jérusalem. Enluminure, VIe s. Rossano, Italie.

2. Je lis les titres et les dates. Les deux documents n'ont pas été exécutés à la même époque. Je peux lire le texte dans la Bible. C'est un extrait de *l'Évangile selon Matthieu*, un des 12 apôtres. Il a donc été écrit entre 70 et 80. L'enluminure date du VIe siècle, elle a été réalisée bien après la mort de Jésus.

3. J'étudie le texte. Il s'agit d'un témoignage sur Jésus. Il relate un épisode de sa vie : son entrée dans Jérusalem.

4. J'étudie l'enluminure. Jésus est à gauche. On retrouve des éléments relatés par Matthieu. Il chevauche un âne, des hommes étalent un tissu : le manteau dont parle Matthieu. Au deuxième plan, à droite, des hommes apportent des branches. Jésus est bien habillé, son manteau semble en tissu d'or, ce qui n'est pas en accord avec la pauvreté qu'il professait, et une auréole entoure sa tête.

→ **Je conclus** que **l'auteur de l'enluminure a respecté l'Évangile selon Matthieu**, mais **il a embelli l'image de Jésus**.

OBJECTIF

Comprendre le rôle de Jésus dans le développement du christianisme.

Je m'exerce

1 ★ **Lis attentivement la frise et réponds aux questions.**

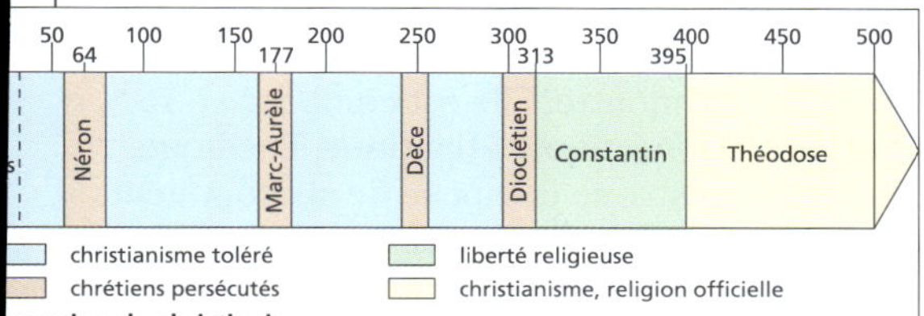

xpansion du christianisme

a. Le christianisme s'est-il développé de façon régulière dans l'Empire romain ?

....

b. Quels empereurs ont été hostiles aux chrétiens ? Leur politique a-t-elle réussi à faire oublier le christianisme ?

....

....

....

c. À partir de quand les chrétiens peuvent-ils pratiquer leur religion sans être inquiétés ?

....

2 ★★ **Observe cette carte et réponds aux questions.**

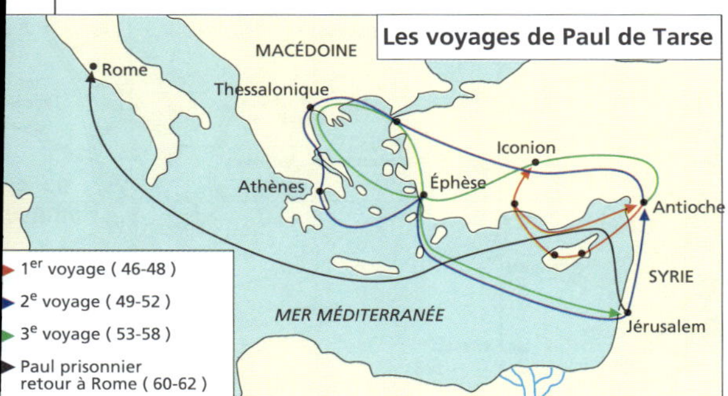

a. Combien de voyages Paul de Tarse a-t-il effectué ? ....

b. D'après la carte, pourquoi le christianisme s'est-il développé en premier dans les provinces orientales de l'Empire ?

....

....

3 ★★ **Complète le texte.**

Les É.............., écrits au cours du premier siècle de notre ère par Matthieu, Marc, Luc et Jean, nous permettent de connaître la vie de J............... Ces textes constituent une partie du N.............. T............... Les a.............. étaient les disciples de Jésus. C'est P.............. de T.............. qui a fondé les é.............. où se retrouvent les chrétiens pour prier.

Le christianisme est une religion qui ne croit qu'en un seul Dieu. C'est une religion m.............. Pour que le peuple comprenne ses idées, Jésus utilisait des comparaisons, les p...............

4 ★★★ **Lis le texte attentivement et réponds aux questions.**

« Nous, les Empereurs, avons résolu d'accorder aux chrétiens et à tous les autres la liberté de pratiquer la religion qu'ils préfèrent. Il nous a paru que c'était un système très bon et très raisonnable de ne refuser à aucun de nos sujets le droit de suivre la religion qui lui convienne le mieux. De cette manière, la Divinité suprême, que chacun de nous honorera désormais librement, pourra nous accorder sa faveur et sa bienveillance accoutumées. »

Extrait de l'édit de Milan.

a. En quelle année l'édit de Milan a-t-il été signé ?

b. Comment s'appelait l'empereur qui a signé cet édit ?

c. Que représente l'édit de Milan pour les chrétiens ?

d. Cet édit ne s'adresse-t-il qu'aux chrétiens ?

e. Relève les expressions qui traduisent la liberté religieuse.

f. Pourquoi Constantin accorde-t-il la liberté religieuse ?

1

La planète Terre

Géographie

Je retiens l'essentiel

• La Terre est un astre qui n'émet pas de lumière, c'est donc une planète. C'est une boule, aplatie aux pôles, de 12 720 km de diamètre et de 40 000 km de circonférence. Elle tourne autour du Soleil en 365 jours un quart (ce qui explique les années bissextiles) et sur elle-même en 24 heures autour d'un axe qui relie les pôles et dans le sens inverse des aiguilles d'une montre. Elle est composée à 75 % d'espaces maritimes : cinq océans (Antarctique, Arctique, Atlantique, Pacifique, Indien) et une multitude de mers. L'espace terrestre se compose de six continents (Asie, Afrique, Amérique, Antarctique, Europe, Océanie [l'Australie et de très nombreuses îles]).

• Pour se repérer sur la Terre, on détermine la **latitude** et la **longitude** du lieu.
La latitude est donnée par des lignes imaginaires, les **parallèles**, parallèles à l'équateur. Il y a 90 parallèles dans chaque hémisphère numérotés de 0 (pour l'équateur) à 90° Nord ou Sud. Le 45° parallèle de latitude Nord passe en France, à quelques kilomètres au nord de Valence. La longitude est indiquée par les méridiens, lignes imaginaires qui joignent les deux pôles. Les **méridiens** sont comptés de 0° à 180° Est ou Ouest par rapport au méridien origine de Greenwich (petite localité dans la banlieue de Londres).
Pour déterminer la position d'un lieu, il faut connaître à la fois sa latitude et sa longitude. Ainsi, Paris a pour coordonnées 48° N et 2° E.

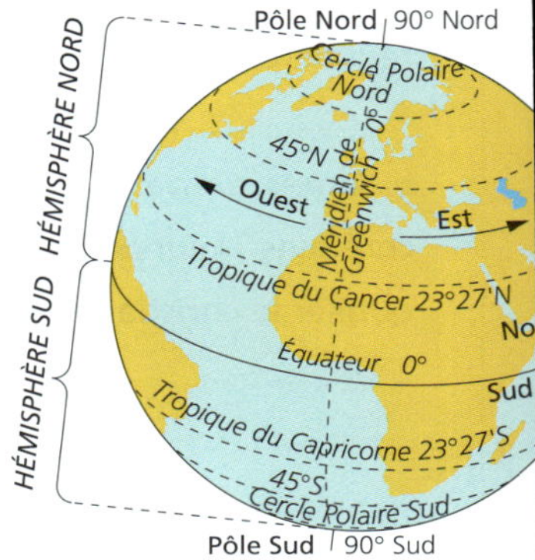

Je comprends comment faire

➤ pour calculer la distance entre deux points sur une carte

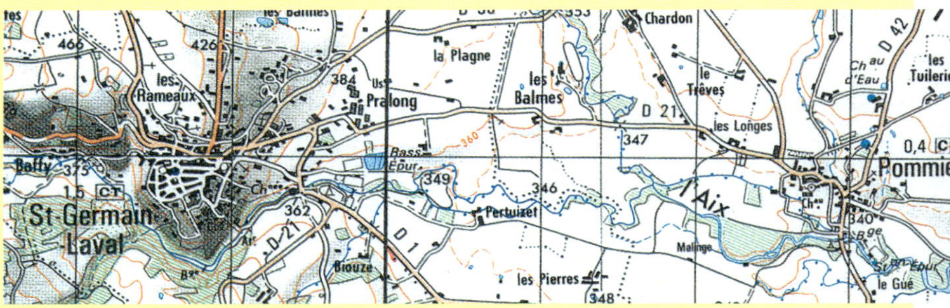

1. Pour dessiner une carte, on **détermine une échelle,** c'est-à-dire qu'on réduit toutes les dimensions. Les échelles les plus couramment utilisées par les géographes et les voyageurs, sont celles au 1/50 000e et au 1/25 000e : ce sont les cartes bleues et oranges éditées par l'IGN (Institut Géographique National).
2. Pour trouver la distance entre deux points sur une carte, **je mesure la distance** entre ces deux points sur la carte et **je multiplie** la valeur trouvée par le dénominateur de l'échelle. Par exemple, 5 cm sur une carte au 1/10 000 équivalent à 5 x 10 000 = 50 000 cm ou 500 mètres en réalité. Sur la carte de Feurs au 1/50 000, 8 cm séparent Pommiers de Saint-Germain-Laval. Les deux localités sont donc en réalité distantes de 8 x 50 000 = 400 000 cm ou 4 km.

OBJECTIF

Apprendre à se repérer sur la Terre.

Je m'exerce

1 ⋆ **Lis ce texte et retrouve les villes dont le nom est souligné sur un Atlas. Pour chacune d'elles, indique la latitude et la longitude.**

J'ai décidé de visiter le monde. Je pars de Paris, fais une escale à <u>Saint-Pétersbourg</u> où je visite le musée de l'Ermitage et le palais des tsars ; puis je m'envole pour <u>Verkhoïansk</u> en Sibérie. Mais il fait trop froid. Je repars en direction de <u>Pékin</u>, où je visite la Cité interdite. Puis, j'atterris à <u>Tokyo</u>. Mais il y a trop de monde dans les rues et je préfère partir en Australie ; il paraît qu'il y a plus de kangourous que d'hommes ! Je me plais bien à <u>Rockhampton</u>, mais les vacances s'achèvent. Il faut songer à rentrer. Auparavant, je m'arrête à <u>San Francisco</u> ; je passe par <u>Potosí</u>, une des villes les plus hautes du monde en Bolivie, et <u>São Paulo</u>. Je survole l'Atlantique, j'atterris à <u>Boué</u> au Gabon, puis à <u>Marrakech</u> au Maroc où je flâne dans le souk. Je fais une ultime escale à <u>Nice</u> avant d'atterrir à Roissy et de rentrer chez moi.

2 ⋆ **La carte étant à l'échelle 1/50 000, calcule la distance entre Sainte-Agathe-la-Bouteresse et Saint-Étienne-le-Molard.**

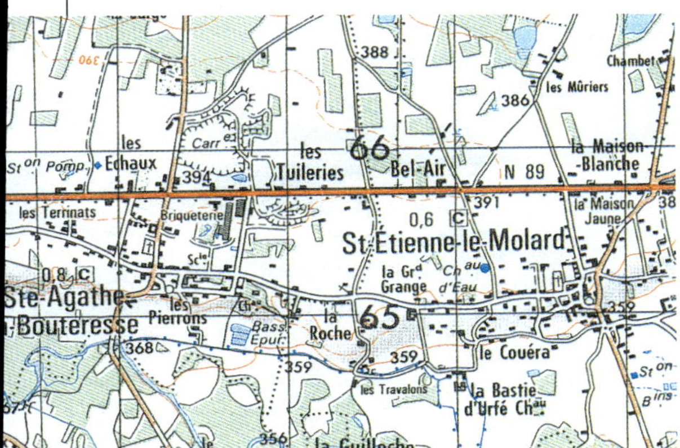

....

3 ⋆ **Nomme les points cardinaux indiqués par l'extrémité de chacune des branches de la rose.**

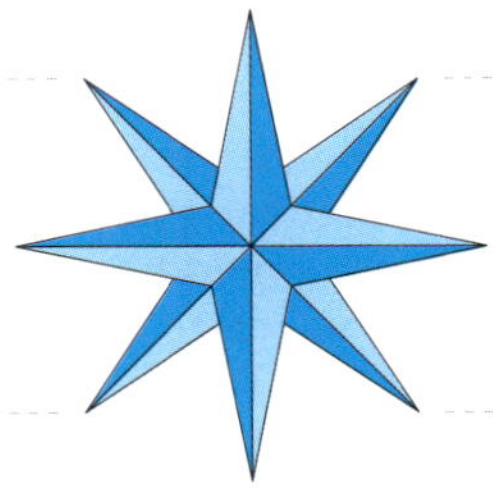

4 ⋆⋆ **Quelles sont les coordonnées des villes A, B, C, D ?**

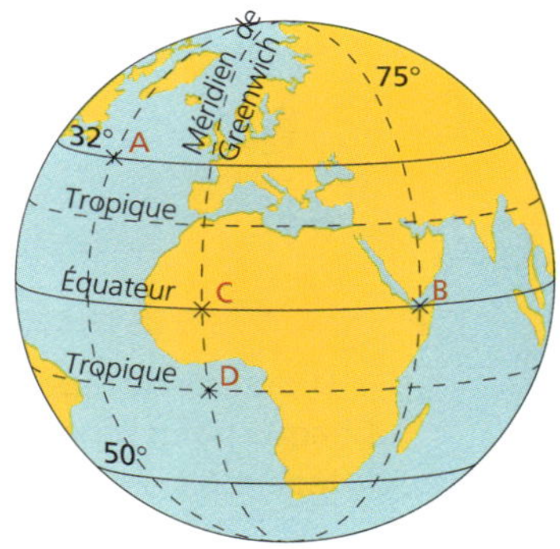

5 ⋆⋆ **Réponds par vrai (V) ou faux (F).**

a. La latitude est la position d'un lieu par rapport à l'équateur. ......

b. La longitude s'exprime par rapport aux parallèles. ......

c. Les méridiens indiquent la longitude. ......

d. Il y a 180 parallèles dans chaque hémisphère. ......

e. Greenwich est le nom du méridien origine. ......

f. La Terre est découpée en deux hémisphères : un de chaque côté de l'équateur. ......

2

Les hommes sur la Terre

Géographie

Je retiens l'essentiel

• La Terre est peuplée d'environ **5,7 milliards d'hommes** qui sont inégalement répartis dans l'espace. Les grands foyers de peuplement se situent dans l'hémisphère Nord, tout particulièrement le long des côtes. Les déserts, chauds ou froids, les hautes montagnes et les régions équatoriales sont très peu peuplés.

• La **densité** moyenne, c'est-à-dire le nombre d'habitants par kilomètre carré, est faible, mais elle cache de très nombreuses inégalités.
44 % des hommes vivent dans une ville (**citadins**). Certaines villes ont une banlieue très étendue, on parle alors d'**agglomération**. Parfois, plusieurs agglomérations se rejoignent et forment une **mégalopole**. C'est le cas aux États-Unis, entre Boston et Washington (l'agglomération s'étire sur 700 km) ou au Japon, entre Tokyo et Kita-Kyushu. Les plus grandes agglomérations se trouvent dans l'hémisphère Nord (entre le 50° et le tropique du Cancer) et le long des côtes, près des grandes embouchures des fleuves ou au bord d'un fleuve (Rio de Janeiro, New York, Londres, Tokyo, Calcutta, Paris...). Certaines sont bâties en altitude, comme Mexico, construite à 2000 m, qui abrite 23 millions d'habitants.

• Pour calculer la densité de population d'un lieu, **je divise le nombre d'habitants par la surface**. Ainsi, l'Allemagne, ayant une superficie de 356 755 km^2 et une population de 81 700 000 habitants a une densité moyenne de
81 700 000 : 356 755 = 229 hab./km^2.

Je comprends comment faire

➤ pour lire une carte de répartition de la population

1. Une carte de répartition de la population utilise souvent le système des points. **Chaque point représente un nombre d'habitants,** dont la valeur est précisée dans la légende. Lorsque la population est très importante, les points sont tellement serrés qu'on ne les distingue plus, ils forment « une tache » colorée.

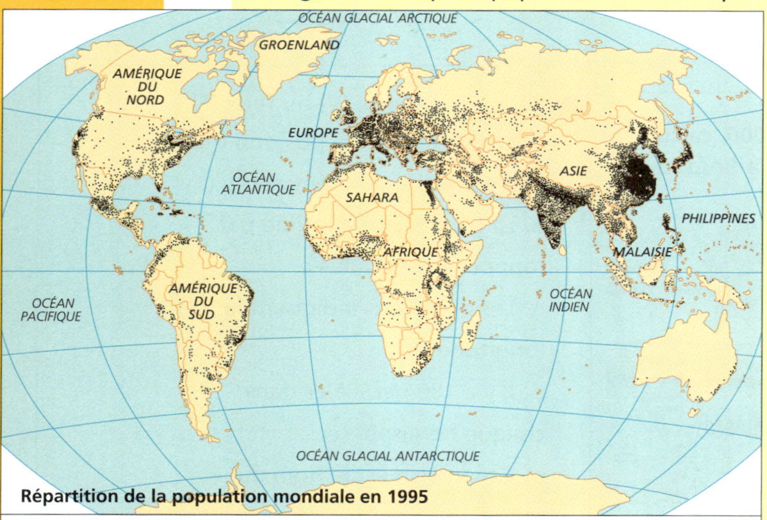

Répartition de la population mondiale en 1995

· = 500 000 habitants

2. J'observe la carte et lis son titre. Elle indique les grands foyers de peuplement dans le monde.

3. J'observe la légende. Elle précise qu'un point représente 500 000 personnes.

4. Je « décortique » la carte. L'hémisphère Nord est beaucoup plus peuplé que l'hémisphère Sud.
L'Asie est le principal foyer de peuplement. Il existe des foyers secondaires : l'Europe du Nord-Ouest, la côte du golfe de Guinée, le Nord-Est américain et la côte brésilienne.

→ **Je conclus** que la population est **inégalement répartie** à la surface de la Terre.

OBJECTIF

Comprendre les inégalités de peuplement.

Je m'exerce

1 ★ **Observe la carte de la répartition de la population africaine et réponds aux questions.**

chaque point représente 500 000 habitants
villes de plus de 5 millions d'habitants
villes de plus de 1 million d'habitants
0 1000 km

a. Combien d'hommes chaque point représente-t-il ?
b. La population est-elle également répartie ?
c. Où se trouvent les régions les plus peuplées ?
d. Où se trouvent les régions les moins peuplées ?
e. Situe ces régions par rapport à l'équateur et aux tropiques, aux océans, aux mers, aux fleuves et aux lacs.

2 ★★ **Attribue un mot à chacune de ces définitions.**

a. Nombre d'habitants par km^2 = ...

b. Habitants des villes = ...

c. La ville et sa banlieue = ...

d. Plusieurs agglomérations qui se rejoignent = ...

3 ★★ **Complète ce texte.**

Je vis en France, donc dans l'h.................. Nord. C'est l'hémisphère le plus peuplé. Comme 44 % des humains, je suis c.................., puisque j'habite une ville de 250 000 habitants. C'est une ville de province, dont la b.................. s'étire de plus en plus. Il y a d'ailleurs plusieurs années que les transports en commun desservent non plus la ville, mais aussi l'a.................. Dans la journée, la d.................. de population est très élevée : les bureaux, les banques, les lycées, les administrations et toutes les grandes boutiques se trouvent dans le centre-ville et attirent beaucoup de monde. Nous nous plaignons parfois des difficultés de circulation et de stationnement. Que dirions-nous si nous habitions une de ces m.................. où des millions de gens se retrouvent chaque jour ?

4 ★★★ **Calcule la densité de population des États suivants.**

Pays	Population	Superficie (en km^2)	Densité
Allemagne	81 700 000	356 755	....
Belgique	10 200 000	30 521	....
Chine	1 220 000 000	9 596 000	....
Espagne	39 100 000	504 782	....
États-Unis	261 000 000	9 529 000	....
France	58 100 000	549 192	....
Italie	57 700 000	301 255	....
Pays-Bas	15 500 000	33 938	....
Royaume-Uni	58 600 000	244 046	....
Suède	8 900 000	449 964	....

3

Les conditions de vie sur Terre

Géographie

Je retiens l'essentiel

• Les **conditions climatiques** ne sont pas partout favorables à la vie humaine. Certaines régions du globe sont **répulsives**. Ce sont :
– les régions **équatoriales**, chaudes et humides, où pousse une forêt très dense et où pullulent les insectes qui transmettent des maladies graves ;
– les régions **chaudes et sèches**, comme le Sahara ou le désert du Kalahari, où le manque d'eau empêche la végétation de pousser (paysage de steppe), rend l'agriculture très difficile, et où la chaleur favorise la déshydratation ;
– les régions **très froides,** où la végétation est limitée aux mousses et aux lichens (toundra) et où les communications sont impossibles.

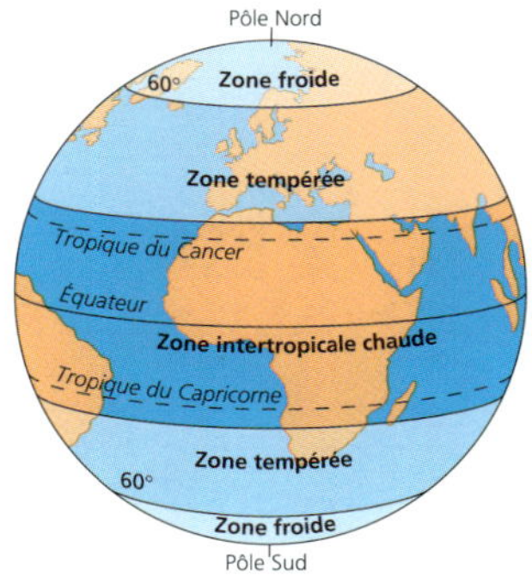

• Le **relief** est parfois un obstacle à l'installation de l'Homme. Les hommes vivent essentiellement dans les plaines et les bassins, le long des fleuves, c'est-à-dire là où l'agriculture est possible et les communications aisées.
Dans les pays tempérés, les hautes montagnes n'attirent pas la population. Parfois cependant (c'est le cas des Andes), les conditions climatiques sont meilleures en altitude que le long des côtes. Il fait moins chaud, l'humidité est plus régulière et ce sont les montagnes qui sont les plus peuplées.

Je comprends comment faire

➤ pour lire un graphique climatique

1. Un graphique climatique indique l'**évolution des températures et des précipitations** sur une année pour une ville donnée. Les températures sont représentées par une courbe en rouge, et l'échelle – exprimée en degrés Celcius (°C) – est notée à gauche du graphique. Les précipitations représentées par des colonnes bleues sont exprimées en mm et données sur la partie droite du graphique. Elles correspondent au volume des précipitations tombées chaque mois. La régularité est plus importante que la quantité.

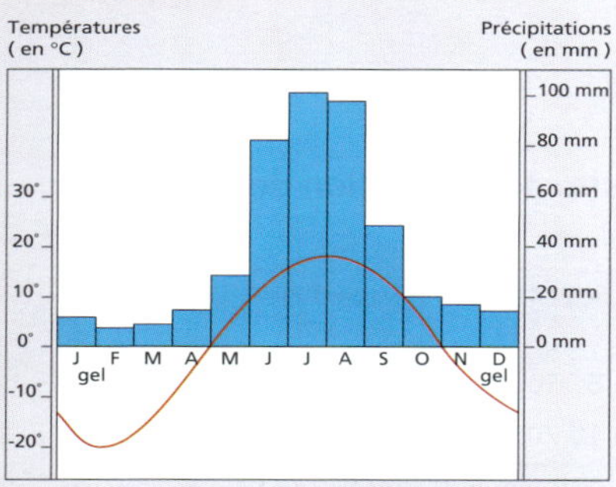

Graphique climatique d'Irkoutsk en Sibérie.

2. **J'observe le graphique** d'Irkoutsk.
La ville se trouve en Sibérie, donc dans la partie la plus froide de la Russie.
3. **J'observe la courbe des températures.**
Elle montre que les températures sont négatives de janvier à avril et en novembre et décembre. Février, le mois le plus froid, a une température moyenne de - 20°. Le mois le plus chaud, juillet, a une température de + 15°. C'est-à-dire que l'amplitude thermique, ou différence de température entre le mois le plus chaud et le mois le plus froid, est + 15 – (– 20) = + 35°. C'est énorme.
4. **J'observe ensuite la répartition des précipitations.** C'est en été, quand il fait le plus chaud, que les précipitations sont les plus abondantes. 100 mm en juillet contre 50 en février… C'est normal. En hiver, il fait trop froid, il ne peut pas pleuvoir. Il neige.
→ **Je conclus** que le climat d'Irkoutsk est un **climat très rude** qui ne facilite pas la vie quotidienne de la population.

OBJECTIF

Comprendre les facteurs de la répartition des hommes.

Je m'exerce

1 ⋆ **Construis le diagramme climatique des deux villes indiquées en respectant l'échelle : 10 mm représentent 10° et 20 mm de précipitations. De quels types de climats s'agit-il ?**

	NICE		ST-LOUIS DU SÉNÉGAL	
MOIS	TEMP.	PRÉCIP.	TEMP.	PRÉCIP.
janvier	8°	68 mm	22°	1 mm
février	9°	61 mm	22°	1 mm
mars	11°	73 mm	22°	0 mm
avril	13°	73 mm	22°	0 mm
mai	17°	68 mm	22°	1 mm
juin	20°	35 mm	26°	7 mm
juillet	23°	20 mm	28°	44 mm
août	23°	27 mm	28°	161 mm
septembre	20°	77 mm	29°	97 mm
octobre	16°	124 mm	28°	29 mm
novembre	11°	129 mm	26°	2 mm
décembre	8°	107 mm	23°	3 mm

Nice
- Été chaud, hiver doux
- Amplitude thermique : ....
- Sécheresse estivale
- Climat ....

Saint-Louis
- Chaud toute l'année
- Amplitude thermique : ....
- Sécheresse hivernale
- Climat ....

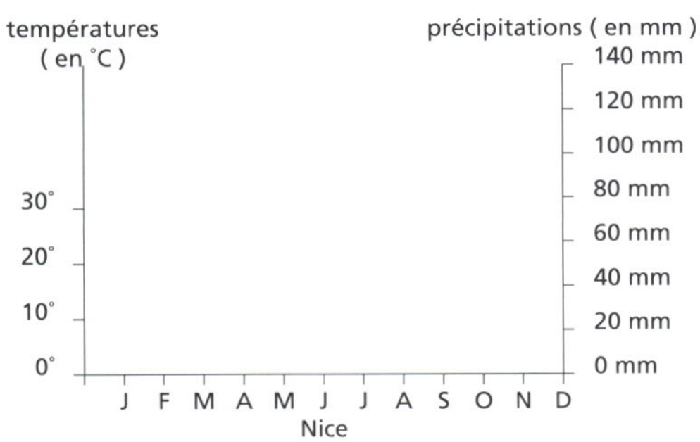

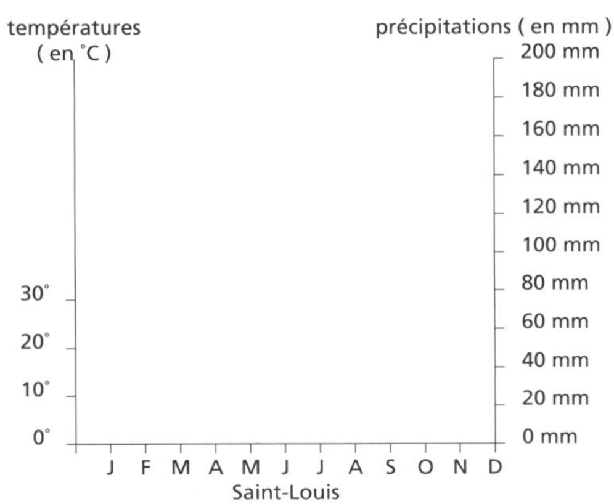

2 ⋆⋆ **Parmi les propositions suivantes, barre les mots en italique qui ne conviennent pas à la définition donnée.**

a. La *savane / brousse,* composée d'herbes basses et espacées, est typique des régions tropicales.

b. La garrigue et le maquis sont les deux types de paysages qu'on trouve dans les régions méditerranéennes. *Le maquis / La garrigue* est composé(e) de buissons très denses, difficilement pénétrables. *La garrigue / Le maquis* est composé(e) d'herbes odorantes comme le thym, le romarin, et de chênes verts.

c. L'épaisse forêt de conifères qui pousse en Sibérie s'appelle la *toundra / taïga.*

d. Dans le désert, la densité de population est *faible / importante.*

3 ⋆⋆⋆ **Lis le texte attentivement et réponds aux questions.**

« La plaine s'agitait comme une mer en fureur par un jour de tempête ; des vagues de sable déferlaient les unes sur les autres au milieu d'une poussière intense ; une immense colonne venait du Sud-Est en tournoyant avec une extrême rapidité ; le soleil disparaissait derrière un nuage opaque ; les grains de sable fin glissaient avec la facilité de molécules liquides, et cette marée gagnait peu à peu... Le Simoun. »

Cinq semaines en ballon, Jules Verne.

a. À quoi Jules Verne compare-t-il le Sahara lorsque souffle le simoun ? Révèle les mots qui le justifient. ....

....

b. Que provoque le vent ? ....

....

c. Justifie les faibles densités de population enregistrées au Sahara.

....

....

....

4 Les inégalités de développement

Géographie

Je retiens l'essentiel

• La Terre comptait 2,5 milliards d'habitants en 1950 et environ 5,7 milliards en 1996. Certains États ont un **accroissement naturel** (différence entre le taux de natalité et le taux de mortalité) très fort ; le **taux de natalité** est souvent supérieur à 35 ‰, alors que le **taux de mortalité** ne cesse de baisser (progrès médicaux, meilleures conditions de vie et d'alimentation). C'est la situation des pays en voie de développement. D'autres États ont un faible taux de natalité. La population n'augmente guère. C'est la situation des pays industrialisés au niveau de vie élevé. Une population peut augmenter aussi grâce aux **flux migratoires**, c'est-à-dire grâce à l'arrivée d'**immigrants**.

• Les richesses sont inégalement réparties à la surface du globe. Une trentaine d'États, les **vieux pays industrialisés,** fabriquent et vendent 85 % de ce qui est produit et vendu dans le monde. Leurs habitants disposent d'un **PNB** (produit national brut) supérieur à 5000 dollars par habitant et par an. Les États les plus pauvres, qui ont un **PNB** inférieur à 4000 dollars par habitant et par an, se trouvent principalement dans la zone intertropicale et constituent les **pays en voie de développement** (P.V.D.). Certains États, les pays les moins avancés (P.M.A.), n'assurent même pas 500 dollars par an à chacun de leurs habitants.

Je comprends comment faire

➤ pour construire et analyser un histogramme

PNB et densité de population dans quelques États (données 1993 en dollars, *Images économiques du monde*)

États	PNB/an/habitant	densité	États	PNB/an/habitant	densité
Japon	31 450	336	Mexique	3 750	48
États-Unis	24 750	28	Brésil	3 020	19
Allemagne	23 560	229	Afrique du Sud	2 900	36
France	22 360	106	Russie	2 350	9
Australie	17 730	2,5	Chine	490	127
Arabie Saoudite	7 780	9	Mali	300	8
			Inde	290	283

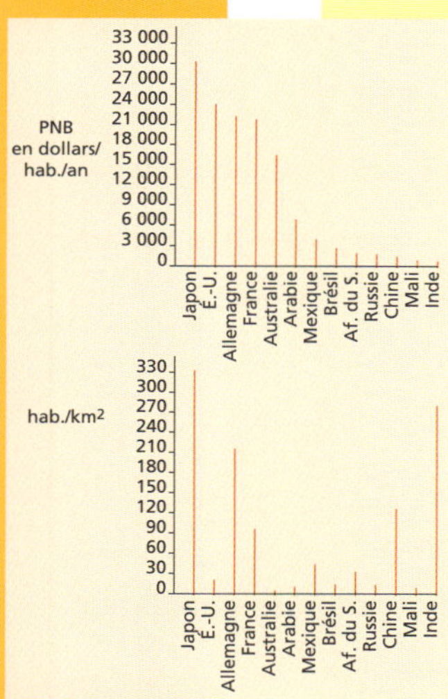

1. Un **histogramme** est un **graphique** construit à partir de données chiffrées.
Il permet de comparer la valeur d'un même élément dans des endroits différents.

2. **J'observe l'histogramme et lis son titre.**
Il m'indique qu'il s'agit du PNB et de la densité de population de quelques États du monde. Le PNB correspond aux richesses produites par les États à l'intérieur et à l'extérieur du pays. Il est noté en dollars pour tous les pays, ce qui permet la comparaison.

3. **J'analyse l'histogramme.**
Pour chaque pays, je dispose de deux colonnes. Je « classe » les États selon le PNB : plus de 15 000 dollars, entre 7 000 et 15 000 et moins de 7 000.
Je constate alors que quatre cas apparaissent : des États riches et peuplés (Japon, Allemagne, France), des États riches et peu peuplés (États-Unis, Australie, Arabie Saoudite), des États pauvres et peuplés (Chine et Inde), des États pauvres et peu peuplés (Russie, Mali).

→ **J'en déduis** que les pays les plus peuplés ne sont pas nécessairement les plus pauvres.

OBJECTIF

Comprendre les inégalités de richesse.

Je m'exerce

1 ⋆ **Compare les deux cartes : celle du PNB / habitant / an en Asie du Sud-Est et celle de la densité de population. Réponds ensuite aux questions.**

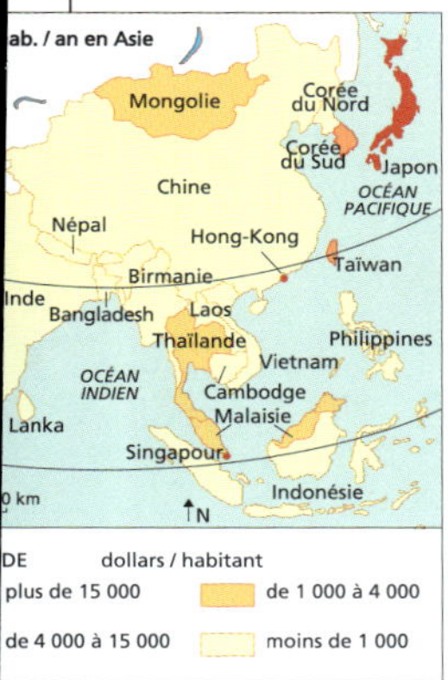

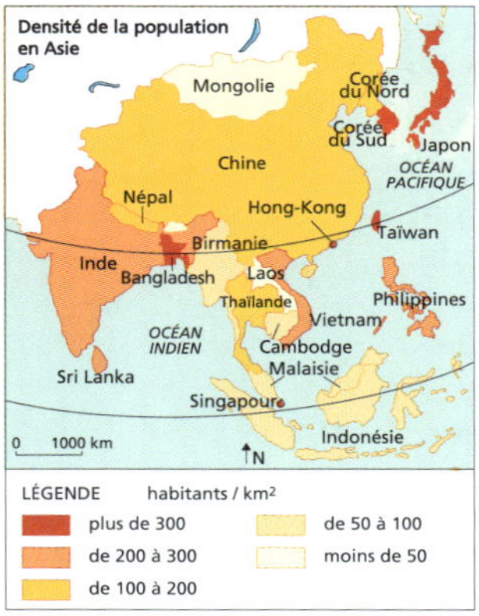

a. Dans quel hémisphère se situe le plus grand nombre d'États d'Asie ?

....

b. Tous les États d'Asie sont-ils très peuplés ?

....

c. Tous les États d'Asie sont-ils pauvres ?

....

Cite un État très riche.

....

d. Sur le fond de carte ci-dessous, colorie en rouge un pays très riche et très peuplé, en jaune un pays très pauvre et très peuplé, en vert un pays très pauvre et peu peuplé.

2 ⋆⋆ **Complète ce texte.**

L'a.................... n.................... est la différence entre le taux de natalité et le t.............. de m.............. Le taux de natalité est très élevé dans les p.............. en v.............. de d...................., mais il diminue. Les richesses produites par un pays à l'intérieur et hors de ses frontières s'appelle le p.............. n.................... b...............

3 ⋆⋆ **Lis le texte attentivement et réponds aux questions.**

« Les migrations vers l'Amérique latine ont contribué pour près des deux tiers à la formation de sa population actuelle. Depuis le XVIe siècle, les migrations ont représenté environ 23 millions de personnes. Il s'agit des Blancs venus d'Europe qui se sont installés sur les côtes d'Argentine et du Brésil, mais aussi des Noirs d'Afrique amenés comme esclaves dans les plantations de canne à sucre.
Le reste de la population est formé par les descendants des Indiens qui peuplaient l'Amérique avant l'arrivée des Européens. »

Géographie de la population mondiale, d'après D. Noin.

a. D'où viennent les principaux habitants d'Amérique latine ? ....

b. Comment appelle-t-on ces déplacements de population ? ....

c. Où se sont installés les nouveaux arrivants ? Pourquoi ? ....

d. Les conditions de vie sont-elles les mêmes pour tous les migrants ? ....

5 Les métropoles mondiales

Géographie

Je retiens l'essentiel

Les grandes villes s'étendent de plus en plus et constituent des **métropoles**.

• **Les métropoles européennes** (Paris, Londres, Lyon, Rome...) offrent une multitude de services à la population et s'organisent autour du centre-ville. Ce sont de très vieilles villes construites selon un plan bien ordonné. Les **banlieues** qui s'étirent sur une cinquantaine de km sont facilement en relation avec le centre grâce au métro, au train (RER, train express régional), aux autoroutes. Dans la lointaine banlieue, paysages urbains et ruraux se mêlent. La ville « grignote » la campagne. On parle de **mitage** de la campagne ou de **rurbanisation**.

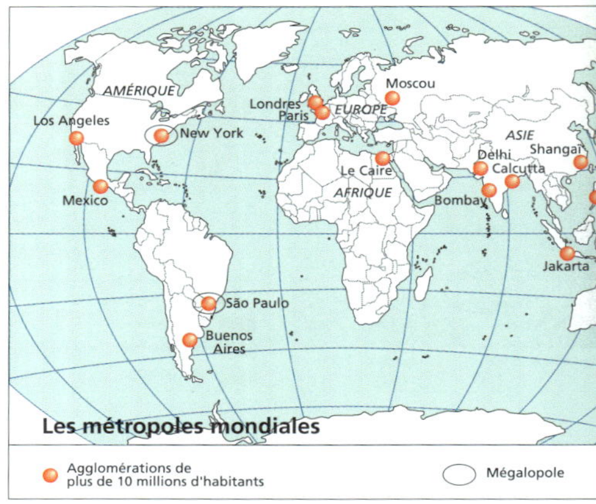

• **Les métropoles des États-Unis** n'ont pas de centre historique. L'histoire du pays est trop récente (fin du XVIIIe siècle). Mais elles sont organisées de façon concentrique autour du **CBD** (Central Business District ou quartier des affaires).

• **Les métropoles des P.V.D.** sont organisées autour du centre des affaires. C'est un quartier moderne, très actif, qui jouxte la vieille ville aux rues étroites et tortueuses (pour lutter contre la chaleur). Aux portes de la ville, ce sont des constructions spontanées faites avec des matériaux de récupération (les **bidonvilles**) sans eau, sans électricité. Une population déshéritée y habite sans hygiène et sans sécurité.

Je comprends comment faire

➤ pour lire un paysage

1. Un **paysage** est une **vue d'ensemble** depuis un point donné. Il existe plusieurs types de paysages (urbain, rural, touristique, de montagne...).
2. **J'observe la photographie et lis son titre.** São Paulo est la plus grande agglomération du Brésil, pays d'Amérique du Sud. C'est un paysage urbain.
3. **J'analyse le paysage.** Au premier plan, les favelas (ou bidonvilles). Ce sont des habitations faites de matériaux de récupération. Il n'y a ni hygiène ni sécurité. C'est une population déshéritée qui habite ces quartiers. Au deuxième plan, en arrière du mur, il s'agit d'un quartier résidentiel de maisons individuelles. La population qui y vit est relativement aisée. Au fond, au troisième plan, ce sont des immeubles très modernes. Ils abritent bureaux, sièges sociaux d'entreprises et appartements pour employés.

São Paulo.

→ **Je conclus** que cette photographie montre **la dualité du Brésil**, État en plein développement économique, où **richesse et pauvreté se côtoient.**

OBJECTIF

Comprendre l'organisation des villes.

Je m'exerce

1 Observe ces paysages et réponds aux questions.
★

Un exemple de rurbanisation en France : Ablis / Yvelines (Ile-de-France).

a. Où se trouve le vieux village sur la photo A ?
b. À quoi le reconnaît-on ?
c. Quels éléments permettent d'employer le terme de rurbanisation ?

Une ville d'Amérique du Sud : Rio de Janeiro.

d. Quels types de constructions voit-on au second plan sur la photo B?
e. Que traduisent ces immeubles ?
f. Comment s'appellent les constructions au premier plan ?
g. Pourquoi les appelle-t-on ainsi ?
h. Est-ce le même type de population qui vit dans ces deux quartiers ?

2 Étudie ces graphiques. Compare l'évolution des deux agglomérations.
★★
Calcule l'accroissement de la population des deux villes entre 1937 et 1992 pour Le Caire, et entre 1940 et 1990 pour New York. Quelle ville a eu l'augmentation la plus forte ?

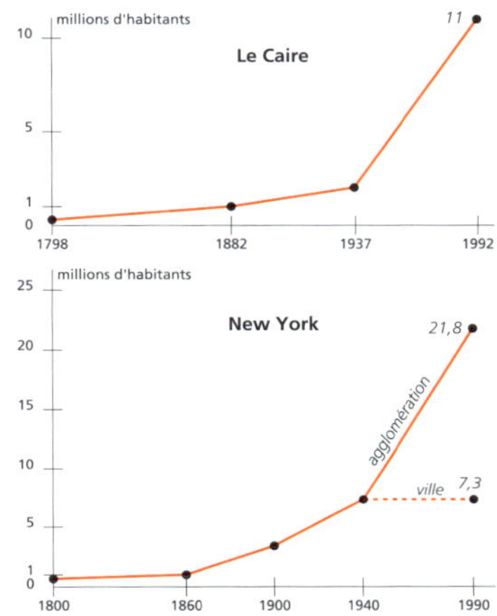

3 Lis ce texte et réponds aux questions.
★★

Favelas au Brésil, *ciudades perdidas*[1] au Mexique, *bustees* ou *slums*[2] en Inde sont ce que nous appelons bidonvilles.
À la limite de la ville, les pauvres « campent » au-delà du ravin, de la rivière, du port, de la gare. Le bidonville s'installe là où personne ne veut construire : fonds de carrière (Téhéran), pentes de 30 % (Rio et Caracas), aridité (Cúcuta en Colombie), ou encore marais, proximité d'un fleuve qui déborde périodiquement, ou d'une usine polluante et toxique. Sur pilotis ou plantées au sommet de montagnes de détritus, ces implantations anarchiques ne bénéficient d'aucune infrastructure.

Info n° 2, août-septembre 1989, d'après *Médecins sans frontières*.

1 *ciudades perdidas* = cités perdues.
2 *bustees* ou *slums* = taudis.

a. Dans quelles parties du monde se trouvent les villes citées dans le texte ?
b. À quel type de pays appartiennent-elles ?
c. Pourquoi l'auteur dit-il que les pauvres « campent » ?
d. Où se développent les bidonvilles ?
e. L'environnement te semble-t-il agréable ?

Je retiens l'essentiel

• Les **littoraux industrialisés** se trouvent surtout au Japon, en Europe et en Amérique du Nord. Ils ont été aménagés pour recevoir des navires de plus en plus grands et exporter facilement et rapidement les produits manufacturés. Parfois, au Japon en particulier, on a **poldérisé**, c'est-à-dire gagné des terrains sur la mer. La concentration des usines crée des nuisances : fumées, pollution des eaux des fleuves et de la mer.

• Les **littoraux touristiques** attirent de plus en plus de monde et doivent procéder à des aménagements : ports de plaisance, terrains de camping, construction d'hôtels ou de résidences. Le long des rivages méditerranéens, la forêt est menacée par les incendies et, en été, se pose le problème du ravitaillement en eau, car le climat méditerranéen est marqué par une importante sécheresse estivale.

Je comprends comment faire

➤ pour associer une photographie et une carte

1. J'observe la carte et lis son titre.
Il s'agit des localisations industrielles au Japon.

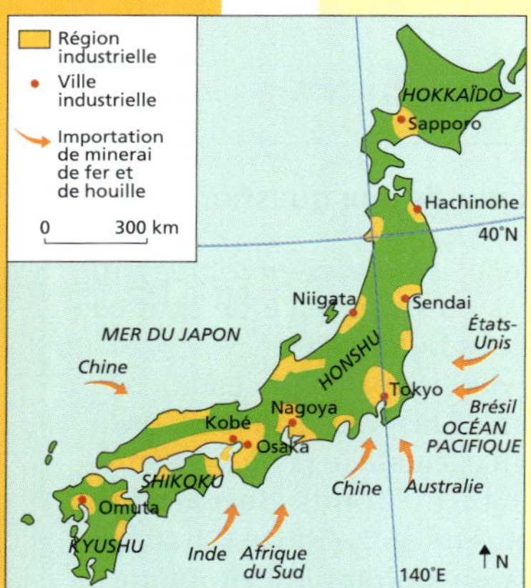

Les localisations industrielles au Japon

2. J'analyse la carte. Les régions industrielles se trouvent le long des côtes. Elles sont plus nombreuses au sud. Le Japon doit importer la houille et le fer nécessaires à son industrie. Ils arrivent dans les ports de la façade pacifique, ce qui est une des explications des localisations des industries. Une autre raison est que cette partie du littoral offre des sites bien protégés.

3. J'observe et j'analyse la photographie. Il s'agit de Kobé, le principal port au sud du Japon dans une baie bien protégée. Le Japon est un des sept pays les plus riches et les plus industrialisés de la planète. La ville s'étend au pied de la montagne, coincée entre elle et la mer. L'habitat y est très dense. Au fond, on aperçoit la partie industrielle. Il s'agit d'une île artificielle. La **poldérisation** ne semble pas terminée. En haut à gauche, on note un espace en cours d'asséchement avec une nappe d'eau au milieu. Plus loin, sur l'île, se trouvent le port de commerce et ses entrepôts. On peut observer aussi des immeubles très modernes : bureaux de grandes sociétés de commerce et de fabrication, ateliers de production. L'île est reliée à la ville par un pont qu'on voit au troisième plan.

→ **Je conclus** que le Japon **a su s'adapter aux contraintes de son environnement**, mais **la concentration des activités dans l'espace provoque des nuisances importantes.**

Port industriel de Kobé au Japon.

OBJECTIF
Comprendre l'aménagement des façades littorales.

Je m'exerce

1 ** **Complète le texte en utilisant les mots suivants :** *CBD – agglomération – banlieue – rurbanisation – polders – tourisme – industrialisation.*

L'.............................. marseillaise a connu un fort développement de sa ....
La création du grand complexe « industrialo-portuaire » de Fos-Marseille, en 1965, a permis à des pétroliers géants d'accoster. Mais il ne fut pas nécessaire de construire de vastes .... comme au Japon, des digues et des bassins de radoub ont suffi. L'industrie du pétrole a servi de base à une .... plus diversifiée. L'arrivée d'ouvriers de l'est de la France a entraîné un mouvement de .... Les calanques ont été préservées et, à côté de l'industrie, une importante activité liée au .... s'est développée. Le centre de Marseille, véritable ...., a dû s'adapter. Mais aujourd'hui, à la suite de multiples mutations de l'activité industrielle, l'agglomération marseillaise a perdu quelques habitants.

2 ** **Lis le texte attentivement et réponds.**

> Les constructions se sont multipliées de façon anarchique, détruisant le charme et le pittoresque des petits ports et des paysages côtiers. Les touristes cherchaient le calme. Ils sont replongés dans les mêmes tracas de circulation, de ravitaillement et de bruit que dans la ville qu'ils ont fuie. L'évacuation des déchets et des eaux usées posent souvent de gros problèmes.

Quels inconvénients majeurs représente le tourisme ?

3 *** **Examine la photo aérienne de la plage Richelieu et de l'île des Loisirs au Cap d'Agde. Observe l'extrait de la carte du Cap d'Agde au 1/50 000 et réponds aux questions.**

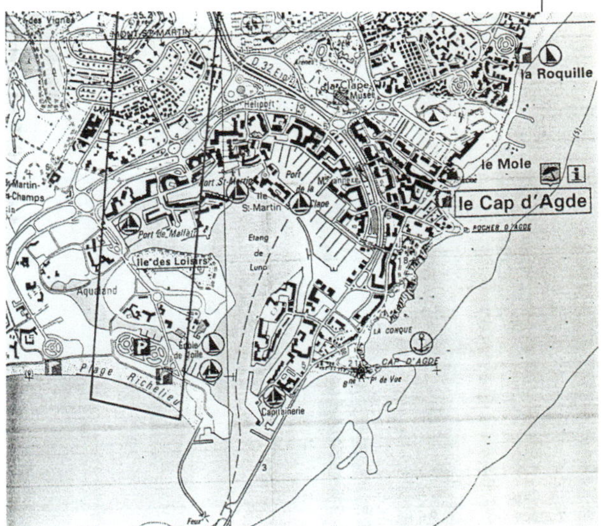

a. Relève les éléments qui indiquent que la station a été spécialement aménagée pour les touristes.
b. Quels types de logements reconnais-tu ?
c. Pourquoi le tourisme s'est-il développé sur les bords de la Méditerranée en France ?
d. Sur la carte, retrouve l'île des Loisirs et la plage Richelieu et colorie-les.
e. Relève ensuite le nombre total des ports de plaisance indiqués sur la carte et nommes-en deux.

Je retiens l'essentiel

• En Europe, les **paysages ruraux** sont variés. La vie s'est organisée autour du village (l'église et quelques maisons). On parle d'**openfield**, si les champs n'ont pas de clôture (sud du Bassin parisien) et de **bocage**, s'ils sont délimités par des haies (Bretagne). En Europe, le nombre des agriculteurs diminue. Pour faciliter la mécanisation, les terres sont **remembrées** (regroupées par suppression des haies) et l'agriculture est de plus en plus spécialisée.
Dans les campagnes méditerranéennes, la culture en **terrasses** permettait de lutter contre l'érosion des pentes. Aujourd'hui, on met les plaines littorales en valeur, soit en les **irrigant** (huerta espagnole), soit en les **drainant** (asséchant). La transhumance ou la remue (montée des animaux dans les alpages en été) est de moins en moins fréquente. La **garrigue** (végétation clairsemée de plantes odorantes) et le **maquis** (végétation très dense composée d'arbustes) envahissent de nouveau les terrasses abandonnées.

• En Amérique du Nord, les parcelles sont très vastes et malgré le développement de la **polyculture** (plusieurs plantes), la **monoculture** (une seule plante) est encore très pratiquée, ce qui donne des paysages très monotones. C'est une **agriculture intensive**, très mécanisée, qui utilise beaucoup d'engrais et donne de très gros rendements. Mais elle n'emploie que très peu de main-d'œuvre (on parle parfois d'une « agriculture sans bras ») : c'est une **agriculture commerciale** (***agribusiness***).

Je comprends comment faire

➤ pour analyser un paysage rural

Domaine viticole à Sète : production de Listel.

Un paysage rural montre surtout des champs et parfois quelques fermes.

1. **J'observe la photographie et lis son titre.** Il s'agit d'un domaine viticole, donc d'une exploitation agricole qui produit du vin. C'est une production de vin de qualité, puisqu'il s'agit de *Listel* dit aussi « vin de pays des Sables » à cause de la nature sableuse du terrain sur lequel poussent les vignes.
2. **Je situe l'espace étudié.** Le domaine est situé aux portes de la ville de Sète, dans le sud de la France sur les bords de la Méditerranée qu'on voit à droite de la photographie. À gauche, l'eau qu'on aperçoit est celle de l'étang de Thau.
3. **J'analyse la photographie.** Au premier plan, je vois les vignobles protégés par des haies d'arbres. Le vent est parfois violent et froid s'il s'agit du mistral. Au second plan, les hangars et les chais de la coopérative viticole sont disposés perpendiculairement à la mer. Ils partagent l'exploitation en deux parties. Au fond, on aperçoit la ville.

→ **Je conclus** qu'il s'agit d'une **agriculture intensive**.

OBJECTIF
Comprendre l'organisation d'un paysage rural.

Je m'exerce

1 Lis le texte et retrouve les conséquences de l'arrachage des haies.
★★

Arrachage des haies et remembrement en Bretagne.
Le bocage associait des haies et des talus qui freinaient l'écoulement des eaux venues du champ voisin. Les eaux s'infiltraient au niveau du talus et la terre déplacée (par la pluie) était piégée derrière le talus. Les arbres diminuaient la quantité d'eau dans le sol, diminuaient la vitesse du vent, favorisaient le maintien de la vie animale (oiseaux, rats, surmulots...). En Bretagne, plus de 60 000 km de haies et de talus ont été détruits et environ 5 millions d'arbres ont disparu.
La disparition du bocage aggrave les risques d'inondation. Les opérations de remembrement et d'arrachage des haies ont eu pour effet de favoriser le ruissellement des eaux en surface et de rendre ainsi les crues des rivières plus brutales et plus fréquentes [...].

France, milieux et environnement,
d'après Y. Veyret et G. Hugonie,
La Documentation photographique n° 7027, 1995.

a. Comment s'appelle la politique qui consiste à regrouper des terres après avoir arraché les haies ? ....

....

b. Pourquoi l'arrachage des haies peut-il provoquer des inondations dans les vallées bretonnes ? ....

....

c. Pour quelles raisons a-t-on mené cette politique ? ....

....

2 Complète ce texte.
★★★ Les t.................. méditerranéennes étaient, il y a quelques décennies encore, couvertes de cultures de vigne, de fleurs, d'oliviers. Aujourd'hui, les campagnes se vident. La g.................. recouvre une grande partie des plateaux du Languedoc. Le promeneur peut y ramasser du thym et du romarin sauvages, qui donneront un goût inégalé à la cuisine régionale. La culture c.................. de la vigne, des fleurs et des arbres fruitiers est devenue possible partout. La plaine de la Crau, trop sèche, a été i.................., les régions marécageuses ont été a.................. On n'entend plus les clochettes des moutons et des brebis qui quittaient la vallée au mois de juin pour rejoindre les a .... Le berger ne conduit plus son troupeau sur les chemins de la t.................. Lorsqu'ils quittent la vallée, c'est en camion.

3 Observe l'illustration et réponds aux questions.
★★★

Irrigation aux États-Unis.

a. Les champs ont-ils tous la même forme ?
b. Examine les deux champs au milieu de la photographie. Quelles formes ont-ils ? Peux-tu expliquer ces formes ?
c. Le vent a-t-il un pouvoir d'érosion plus fort ou moins fort que sur un champ rectangulaire ?
d. Pourquoi pratique-t-on l'irrigation ?
e. Quel est l'intérêt d'une irrigation circulaire ?

Je retiens l'essentiel

• En **Asie**, les régions agricoles sont les deltas. Il y fait chaud, les pluies sont abondantes (**mousson**), les sols sont fertiles et très humides ; ce sont les conditions idéales pour pratiquer la culture du riz. Les parcelles sont petites, limitées par des petites digues et reliées à un petit canal qui permet de réguler le débit du fleuve. C'est une culture intensive qui demande un travail minutieux (préparer la rizière, semer dans les pépinières, surveiller le niveau de l'eau, **repiquer**, récolter, battre le riz). Les paysans sont donc très nombreux.

• En **Afrique**, deux systèmes coexistent : un système traditionnel autour des villages et un système moderne développé par les **colons** au siècle dernier. Traditionnellement, la culture **sur brûlis** (on met le feu à un champ avant la saison des pluies pour que les cendres améliorent le sol) et les jardins autour des cases assurent les **cultures vivrières** (mil, sorgho, igname, manioc, haricots consommés par la population). Les outils sont rudimentaires (houe, daba) et les rendements faibles. Les travaux des champs sont guidés par la saison des pluies et mobilisent tout le village. À l'inverse, sur de grands espaces et avec des moyens de production moderne, les **plantations** (coton, arachide, café) pratiquent les cultures d'exportation ou **agriculture commerciale** (les productions sont vendues à l'étranger).

Je comprends comment faire

➤ pour présenter l'organisation d'un espace agricole

1. Un **espace agricole** est un ensemble d'éléments, champs, fermes, routes, hangars... disposés les uns par rapport aux autres en fonction de l'usage que l'homme en fait.

Un village malien.

2. **J'observe la photographie et lis son titre.**
Il s'agit d'un village du Mali, en Afrique occidentale, dans la zone tropicale sèche. Il s'agit d'un paysage agricole de la savane.

3. **J'analyse la photograpie et repère les éléments essentiels.**
Au centre de la photographie, les maisons sont des cases regroupées. Le village a une forme presque circulaire. Tout autour, les champs cultivés ont déjà été récoltés. Ils sont limités par des haies d'herbe sèche. À l'arrière-plan, on remarque le début de la savane. À gauche, on voit l'arrivée d'une route qui semble traverser le village.

→ **Je conclus** qu'il s'agit d'un **paysage traditionnel africain**.

OBJECTIF

Comprendre les contraintes de la zone intertropicale.

Je m'exerce

1 ** **Complète le tableau et rédige un texte de quatre à cinq lignes expliquant la succession des activités agricoles en Afrique.**

JANVIER	FÉVRIER	MARS	AVRIL	MAI	JUIN	JUILLET	AOÛT	SEPTEMBRE	OCTOBRE	NOVEMBRE	DÉCEMBRE
Saison sèche			Saison des pluies							Saison sèche	
			B........	S........	Travaux dans les champs					R........	

....

....

....

....

....

2 ** **Parmi ces produits, quels sont ceux qui font l'objet d'une culture d'exportation et ceux qui font l'objet d'une culture vivrière ? Mets une croix dans la bonne case. Rappelle d'abord la définition de la culture vivrière et de la culture d'exportation.**

Culture vivrière = ...

....

....

Culture d'exportation = ...

....

....

Production	Culture vivrière	Culture d'exportation
le manioc		
le coton		
le riz		
le sorgho		
l'igname		
le café		
le haricot		

3 *** **Observe ces deux documents et réponds aux questions.**

Repiquage du riz à Bali.

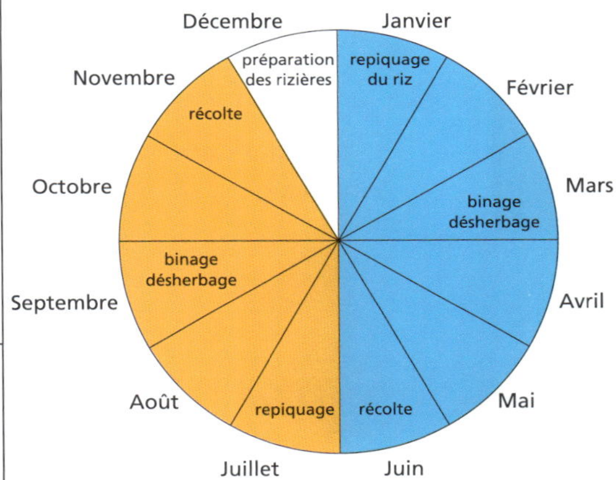

Calendrier annuel de l'utilisation d'une rizière

a. Pourquoi repique-t-on le riz au mois de juillet ? ....

....

....

b. Combien fait-on de récoltes ? ....

c. Décris les parcelles.

....

....

....

d. Comment les paysans sont-ils habillés ?

....

....

Je retiens l'essentiel

• Les **déserts chauds** sont formés par des **dunes** de sable (**ergs**), des déserts de cailloux (**regs**) et des montagnes. Ils sont parcourus par des cours d'eau intermittents (**oueds**). Les précipitations sont rares et très irrégulières, le vent violent provoque des tempêtes de sable. La population est **nomade**. Les **oasis** (rares points d'eau où l'agriculture est possible) ont fixé les hommes. Le désert du Sahara est en pleine mutation (exploitation du gaz naturel et du pétrole). De grandes villes se développent en plein cœur du désert (Tamanrasset, Hassi Messaoud...).

• Les **déserts froids** sont peuplés d'Esquimaux. Environ 46 000 Inuits vivent au Groenland et mènent une vie adaptée aux très basses températures (– 20°, – 30°), au **blizzard** (vent glacial) et à la longue nuit polaire. En été, la **banquise** se fractionne en énormes icebergs qui dérivent. Chasse et pêche sont les principales activités. L'agriculture est impossible. Mais le Groenland change. Les **igloos** sont peu à peu délaissés pour de confortables maisons. Les villes se développent (extraction de minerais et conserveries de poisson).

Je comprends comment faire

➤ pour mettre deux photographies en relation

1. **Je lis le titre des deux photographies.** Il s'agit de l'oasis de Ghardaïa dans le Sahara algérien dans son ensemble et de quelques parcelles cultivées.

2. **J'analyse la photo A.** Au premier et au troisième plans, on observe des maisons accolées. Elles ont les murs blancs ou de couleur claire pour lutter contre la chaleur. Entre les deux et en arrière-plan, les arbres – des palmiers – sont nombreux, ce qui est la preuve de la présence de l'eau. Le palmier offre de l'ombre, assure l'humidification de l'air (un arbre respire et transpire) et donne de l'huile et des dattes. La couleur des terres fait penser à du sable et nous indique que nous sommes dans un endroit privilégié du désert.

L'oasis de Ghardaïa en Algérie.

3. **J'analyse la photo B.** Elle montre une parcelle de l'oasis. On observe la fragmentation des terrains pour que l'irrigation, assurée par le canal central, soit la plus complète possible. Dans cette partie irriguée, la terre n'est pas du sable. Elle est rouge et porte de jeunes palmiers et quelques autres plantes. Le paysan est bien couvert. Il se protège ainsi contre la déshydratation sous l'effet de la chaleur.

→ **Je conclus** que l'oasis est un **endroit privilégié** au milieu du désert.

OBJECTIF
Comprendre l'organisation de milieux arides.

Je m'exerce

1 Observe la carte et réponds aux questions.
★

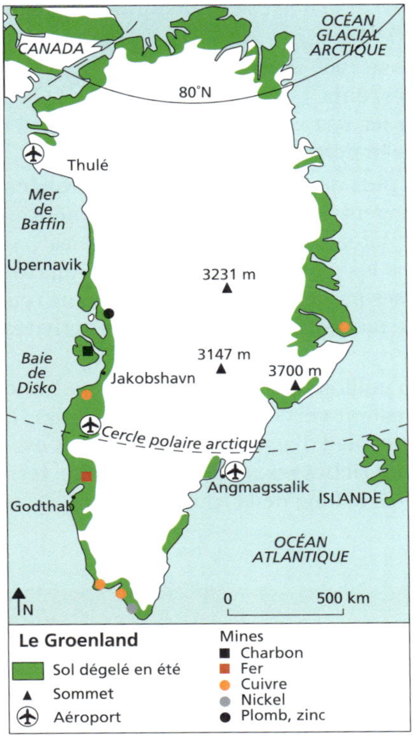

a. Quelle est, en latitude, la position du Groenland ?
b. À quel type de climat est-il aux prises ?
c. Quelles sont les richesses minières contenues dans le sous-sol ?
d. Où se situent les principales mines ?
e. Où se situent les principales villes ?

2 Retrouve sur la photographie les éléments qui montrent que l'être humain s'est adapté à des conditions climatiques excessives.
★

Ilulissat au Groenland.

3 Complète ce texte par les mots appropriés :
★★ *aride – sable – densité – dunes – erg – irrigation – nomades – oasis – oued – sirocco – tempête – reg.*

En quittant Tunis, nous sommes bien rapidement face à un paysage nouveau. La végétation devient plus rare, sauf lorsque l'.............. a permis le développement de plantations d'orangers. Les villages sont plus espacés. La montagne et ses minerais marquent l'horizon. Il a très certainement plu récemment, car l'on peut suivre sans difficulté le tracé d'un .... grâce aux quelques touffes d'herbes qui jalonnent le fond. Après Djerba, en direction du sud, du Sahara, le paysage devient de plus en plus désolé. Ce n'est pas encore un désert de sable, mais un .... Les Tunisiens exploitent ici plusieurs mines, cependant les habitants sont regroupés dans l'.............. de Tozeur, hâvre de verdure au milieu de la désolation. La route devient plus incertaine, moins visible, elle est encore recouverte par le sable apporté par la .... de .... de la semaine précédente. Les .... de sable sont de plus en plus imposantes, regroupées en .... Le vent, le ...., qui souffle toujours dans la même direction leur a donné la forme d'un croissant de plusieurs dizaines de mètres de haut. La .... de population est presque nulle dans ce milieu particulièrement .... Seuls quelques .... osent s'aventurer.

Géographie

10 Les hautes montagnes et la forêt dense

Je retiens l'essentiel

- Dans les hautes montagnes, la vie est difficile. L'oxygène et l'air manquent. La température diminue (0,6 °C tous les 100 m) et la neige se transforme en glace. Les tremblements de terre sont fréquents.
- **L'Himalaya, « le toit du monde »,** dépasse 7000 m (8846 m à l'Everest).
Les pentes raides sont creusées par des **torrents**. Le Tibet, plateau situé à 4000 m d'altitude, est peu peuplé (5 hab/km²). Sur les terrasses, les Tibétains élèvent des yacks et cultivent du riz, du thé, du blé, de la pomme de terre.
- **Les Andes, haute montagne tropicale** (plus de 6000 m d'altitude, marquées par des glaciers et des volcans en activité), longent la côte pacifique de l'Amérique du Sud. Entre 2000 et 4000 m, l'***altiplano*** (le plateau) a fixé les hommes et les activités. Le climat y est plus sain que dans les plaines littorales ou en Amazonie. Les **Amérindiens** ont aménagé des **terrasses** sur les flancs de la montagne (culture de maïs et de pommes de terre, élevage de moutons et de lamas). Les activités, adaptées à l'altitude sont **étagées**.
- La **forêt amazonienne** couvre environ 6 millions de km², abrite une multitude d'insectes et animaux variés. Les arbres restent verts toute l'année ; les plus hauts atteignent 50 m et empêchent la lumière du soleil d'arriver au sol. La forêt est **défrichée** : exploitation de bois précieux, de richesses minières et gain de terres cultivables distribuées aux paysans installés le long de la route qui la traverse (la **transamazonienne**).

Je comprends comment faire

➤ pour lire une image satellite

Vue satellite de la forêt amazonienne.

Une **image satellite** n'est pas une photographie. Elle est réalisée grâce à un satellite qui enregistre le rayonnement émis ou réfléchi par la Terre. Le rayonnement dépend de la couleur, de la composition du sol, de son humidité, de la nature et de l'importance des plantes, des constructions. Les couleurs enregistrées ne correspondent pas aux couleurs réelles.

1. **Je situe l'image dans l'espace.** Ici, il s'agit d'un secteur de la forêt amazonienne. Sous les climats tempérés, la végétation change au cours de l'année, le rayonnement n'est donc pas le même. Ici, nous sommes près de l'équateur. Il n'y a pas de saison. La végétation est luxuriante en permanence.
2. **J'analyse l'image.** Le rouge vif indique la forêt. Le rouge foncé désigne la végétation des zones humides. En vert bleuté, ce sont les espaces défrichés ou, éventuellement, des brousssailles. Les traits blancs correspondent aux chemins, aux routes.

→ **Je conclus** que **les défrichements** sont importants dans la forêt amazonienne. Certains scientifiques pensent que ces défrichements **peuvent modifier le climat de la planète**.

OBJECTIF

Comprendre les milieux.

1 Observe la photographie et réponds aux questions. ★★

Vue de Sarangkot sur l'Himalaya (Népal).

a. De quelle montagne s'agit-il ? ....

....

b. Combien de plans détermines-tu sur cette photographie ? ....

c. Quelle partie est habitée ? ....

....

d. Quelle partie est vide d'hommes ? ....

....

e. Comment l'homme a-t-il aménagé cette haute montagne ? ....

....

....

2 Lis le texte attentivement et réponds aux questions. ★★

« Le pourtour du lac Titicaca est une des régions les plus peuplées des Andes. Les champs et les terrasses héritées des Incas sont encore cultivés jusqu'aux sommets les plus abrupts, couverts de fèves, des fleurs mauves et blanches des pommes de terre ou d'épis de quinoa, une céréale forte en protéine.

Le Monde, 16 juin 1990.

a. Que cultivent ces Indiens ?

b. Comment ont-ils aménagé les pentes de la montagne ? Pourquoi ?

3 Lis ce texte, observe la photographie, puis réponds aux questions. ★★★

Les Indiens Quechoua vivent au Pérou à 4500 m d'altitude. Ils sont exposés quotidiennement au froid et à une faible quantité d'oxygène. Ils portent des vêtements protecteurs efficaces. Leur corps s'adapte aux contraintes, leur température interne s'abaisse à 36° environ. Ils se sont adaptés au milieu. Ils ont une forte capacité thoracique : leurs poumons plus développés peuvent emmagasiner plus d'air. Leur muscle cardiaque est plus développé. Mais la vie dans ces milieux sains a fait disparaître certains anticorps qui permettent de faire face aux maladies tropicales. Les Indiens Quechoua sont donc plus facilement malades dans les milieux chauds et humides des basses terres d'Amazonie.

In *Sciences naturelles et montagnes*, d'après J. Bittel, G. Savourey et R. Deloince, Éditions du CTHS, 1993.

Village de Pisac au Pérou.

a. Pourquoi la vie est-elle difficile dans les Andes péruviennes ?

b. Quels sont les produits proposés par ces marchands ?

c. Comment sont-ils habillés ?

d. Peux-tu trouver l'orientation des maisons par rapport au soleil ?

e. Quelle description peux-tu faire des maisons ?

1

L'environnement et la répartition des êtres vivants

Sciences de la vie et de la Terre

Je retiens l'essentiel

• On distingue dans notre environnement :
– des **composantes minérales** (roches, eau, atmosphère gazeuse) ;
– des **êtres vivants** (animaux, végétaux), en relation les uns avec les autres et avec leur support ;
– des **manifestations de l'activité humaine.**

• Dans notre environnement, les **conditions de la vie** et la **répartition des êtres vivants** varient localement. Les êtres vivants y occupent un **milieu** lorsque les caractéristiques de celui-ci correspondent à leurs exigences plus ou moins strictes.
Leur répartition peut dépendre :
– de la présence ou de l'absence d'un **sol** ;
– de **l'eau disponible**, y compris dans l'atmosphère, le sol et le sous-sol ;
– de la **température** et de l'**éclairement**.

Je comprends comment ça fonctionne

➤ De quoi se compose notre environnement proche ?

• Dans un jardin, je découvre des **traces d'êtres vivants** (feuilles mortes, plumes ou fientes [crottes] d'oiseaux, tortillons de vers de terre…), **des traces de l'activité humaine** (route, maison, matériaux de construction…), de la **matière minérale** (flaque d'eau, gouttes de rosée, cailloux…).

• **Je classe** mes découvertes dans un tableau à quatre colonnes :

Animaux	Végétaux	Activité humaine	Planète Terre
Vers de terre	*Feuilles*	*Brique*	*Eau*
....	....	....	....
....	....	....	....

• **Je repère l'emplacement des traces de vie** de chaque être vivant.
Exemple : feuilles d'arbres en partie mangées par des chenilles, coccinelles sur une plante portant des pucerons, ver de terre dans le sol humide…

• Je repère dans mon environnement proche un petit jardin. J'y compte le nombre d'animaux que j'y trouve en un temps donné (15 minutes environ) :
– après une forte pluie ;
– après plusieurs jours de sécheresse et de chaleur.
La répartition des animaux dans l'environnement varie en fonction de causes locales comme par exemple la présence d'eau ou la température.

OBJECTIF
Repérer les composantes d'un milieu.

Je m'exerce

1 Observe et réponds.
★
Dans un parc, on a trouvé les éléments suivants :

branches mortes – escargot – grains de sable – fleur – mouche – araignée – flaque d'eau – pucerons – nuages – vent – guêpe – graines – chêne – bordures d'allée en ciment.

a. Souligne en rouge ce qui est animal, en vert ce qui est végétal, en noir les traces de l'activité humaine, en bleu ce qui appartient à la planète Terre.

b. Ordonne ces éléments dans un tableau à quatre colonnes.

2 Entoure, sur le dessin, en bleu les éléments appartenant au « non-vivant », en rouge ceux appartenant au « vivant » et en jaune les marques d'activité humaine.
★

3 Pour chacun de ces jardins, dresse un tableau comme pour celui de l'exercice 1, puis propose une ou des explications pour les différences observées.
★★

4 Observe ce document et réponds.
★★★

Dans un jardin, en soulevant de vieilles pierres, on découvre un groupe de cloportes. On ne les retrouve nulle part ailleurs dans le jardin (ni sous les arbres, ni sur les feuilles…).

a. Propose d'abord une explication pour cette localisation très précise des cloportes, puis une manipulation pour vérifier si ton explication est la bonne.

b. Si possible, fais la manipulation.

2 Les variations du peuplement d'un milieu

Je retiens l'essentiel

• L'occupation du milieu dépend des **variations climatiques** au cours des saisons. Ces variations sont liées aux :
– **déplacements des animaux** ;
– **alternances de formes** chez les **espèces végétales** (plantes annuelles et vivaces) et **animales** (larves et adultes).

• L'Homme influe sur le peuplement des milieux : son influence est **directe** (déboisement, chasse, pêche) ou **indirecte** (pollution, engrais, constructions..).

Je comprends comment ça fonctionne

➤ Comment varie le peuplement d'un milieu ?

• En fonction des **conditions climatiques** (température, éclairement) et **alimentaires** (disparition de certains végétaux à certaines saisons), des animaux se déplacent, parfois sur de très longues distances. Ainsi, les hirondelles qui peuplent nos régions au printemps et en été se rassemblent en septembre pour un voyage qui les mènera en Afrique (Côte d'Ivoire, Nigéria, Cameroun…) : c'est la **migration**.
• D'autres animaux, comme le hérisson, profitent des mois d'été pour se nourrir abondamment, puis passent l'hiver dans une sorte de vie ralentie, au cours de laquelle leur organisme fonctionne « au ralenti » pendant de longues périodes : c'est l'**hibernation**.
• Enfin, certains animaux, tels le moineau, ont une forme de vie qui varie peu en fonction des saisons.
• De nombreux papillons ne sont adultes que quelques jours ou semaines (temps de la reproduction sexuée). Les œufs donnent des chenilles **(larves)** dont le mode de vie permet à l'espèce de passer toute la mauvaise saison.
• Certaines plantes, comme le haricot, se sont développées au printemps et en été, elles ont libéré leurs graines, puis fanent et meurent dès l'automne : ce sont les **plantes annuelles**.
D'autres par contre, comme le chêne ou la jonquille, restent présentes en hiver, parfois sous forme d'organes enfouis dans le dol (bulbe de jonquille) ou d'organes apparents (pissenlits) : ce sont les **plantes vivaces**.

→ L'Homme peut avoir une **action destructrice** sur un milieu. Ainsi, les filets de pêche industrielle, tendus sur des kilomètres, peuvent piéger des dauphins et autres mammifères marins qui, ne pouvant plus remonter respirer à la surface, meurent asphyxiés. Mais il peut aussi avoir une **action favorable** en créant, par exemple, des réserves naturelles où les animaux et végétaux vont se développer et se reproduire en liberté.

OBJECTIFS

Identifier les composantes du milieu et des êtres vivants qui influencent le peuplement.

S'informer sur l'action de l'Homme dans le peuplement des milieux.

Je m'exerce

1 ★ On cherche à savoir ce qui provoque au printemps la germination des graines, et donc le retour de la plante à la vie active. Deux hypothèses (solutions possibles) sont retenues :

1. l'allongement de la durée des jours ;
2. l'augmentation de la température.

À l'aide des éléments ci-dessous, schématise les expériences à réaliser pour tester chacune de ces hypothèses.

Pot rempli de terre humide

Graines

Cache noir

Dispositif de chauffage

2 ★★ **Propose une explication au départ des hirondelles pour l'Afrique en automne. Décris en quelques lignes une expérience permettant de tester cette explication.**

3 ★★ **Réponds aux questions suivantes.**

a. Sous quelle forme les plantes annuelles passent-elles l'hiver ?

b. Que reste-t-il des plantes vivaces pendant la mauvaise saison ?

4 ★★★ **Observe ces documents et réponds aux questions.**

→ sens d'écoulement de la rivière

Des prélèvements ont été réalisés dans la rivière avant et après sa traversée du village. On a aussi dénombré les insectes présents dans un rayon de 10 km autour du village. Les résultats sont donnés sur le graphique suivant.

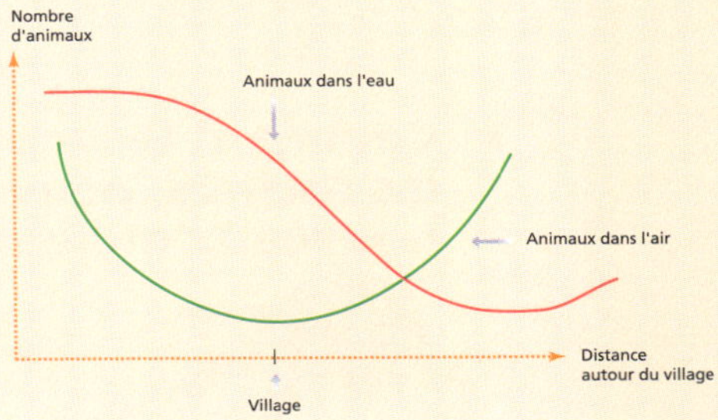

a. Comment varie la population des animaux aquatiques ?

b. Comment varie la population des animaux dans l'air ?

c. Propose une explication.

5 ★★★ **À partir des données de l'exercice précédent, propose une ou des installations que l'être humain pourrait mettre en place pour compenser les effets nuisibles qu'il cause.**

3 Le peuplement d'un milieu par les animaux et les végétaux

OBJECTIFS

- Identifier les formes et les modes de dispersion des êtres vivants.
- Distinguer dispersion et peuplement.

Je retiens l'essentiel

- Animaux et végétaux peuplent les milieux grâce à la **reproduction**.

Le **peuplement d'un milieu** est assuré :
– chez les **animaux**, grâce au déplacement des individus et à la reproduction ;
– chez les **végétaux**, soit par des formes de dispersion avec des **graines** provenant de la fleur (plantes à fleurs), ou des **spores** (plantes sans fleurs), soit par des **organes spécialisés** ou **non spécialisés**.

Je comprends comment ça fonctionne

Comment les plantes sans fleurs se reproduisent-elles et envahissent-elles le milieu proche ?

- Chez les **plantes sans fleurs**, grâce aux spores, éléments microscopiques, les plantes peuvent être dispersées sur des distances considérables.

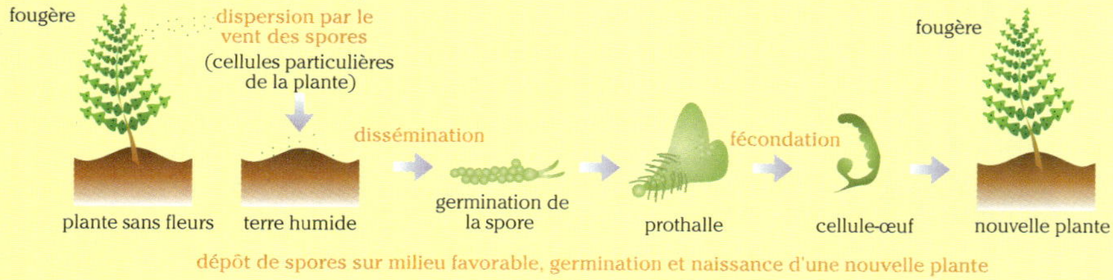

- Chez les **fougères,** la tige est souterraine et porte le nom de **rhizome.** Chaque année, le rhizome s'allonge dans le sol. On a ainsi l'impression que le pied de fougère s'est déplacé d'une année à l'autre : c'est la multiplication végétative.

Comment les moules, animaux qui vivent fixés sur les rochers, peuvent-elles s'installer dans de nouveaux milieux ?

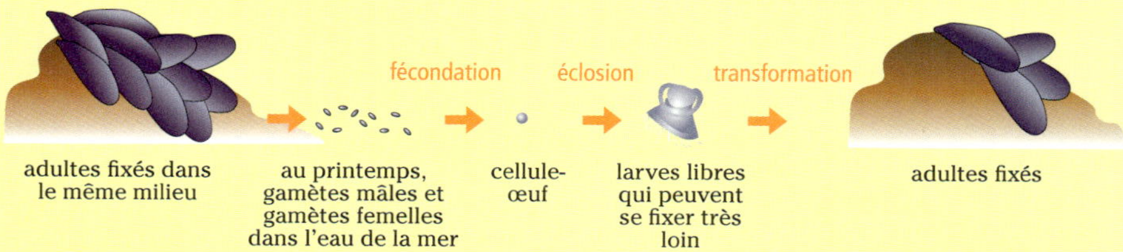

Comment les plantes à fleurs se dispersent-elles ?

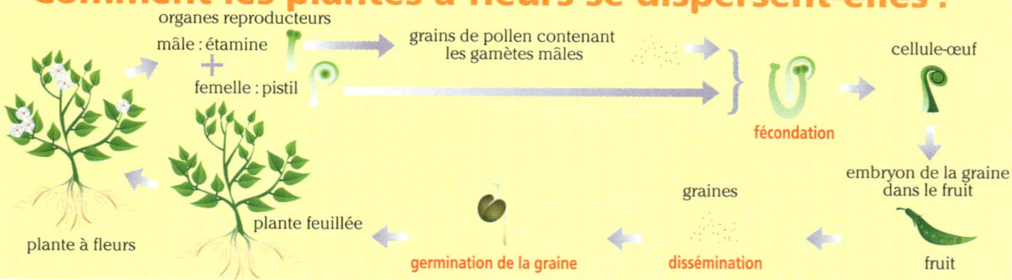

Je m'exerce

1 ★ **À l'aide des informations portées sur le document ci-dessous, calcule le nombre de nouveaux pieds de fougère qui peuvent se former à partir du pied d'origine.**

Pied de fougère comportant habituellement 5 feuilles.

Feuille de fougère comportant 18 lobes.

Lobes de fougère contenant chacun 16 amas de sporanges.

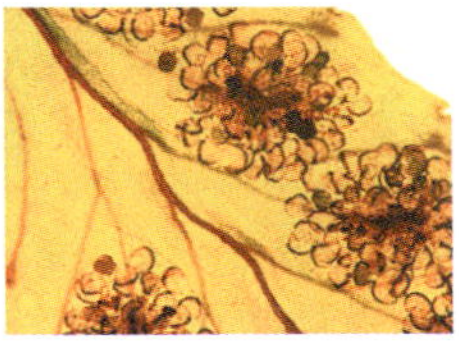

Grossissement microscopique d'amas contenant chacun 80 sporanges.

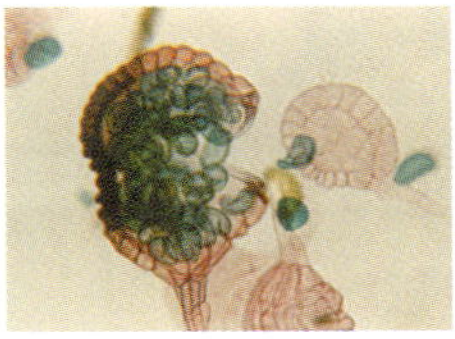

Grossissement microscopique d'un sporange contenant 64 spores.

2 ★★ **Lis ce texte et réponds aux questions.**

On a laissé se gâter un fruit… Au bout d'une dizaine de jours, on remarque à sa surface des petits êtres blanchâtres, d'1 à 2 millimètres de longueur, qui se déplacent lentement. Quelques jours plus tard, des dizaines de petites mouches envahissent la pièce, tandis que les êtres observés sur le fruit disparaissent.

Donne un nom général à ces petits êtres nés sur les fruits. Précise comment cette espèce de mouche peut se disperser et s'installer dans de nouveaux milieux.

3 ★★ **Lis ce texte et réponds.**

Dans un jardin dont la pelouse a été négligée d'année en année, le trèfle prend une place envahissante. En observant de plus près, on remarque que les différents pieds de trèfle sont reliés par des tiges aériennes qui courent sur le sol.

Décris en une phrase le rôle de ces tiges pour la plante.

....

....

4 ★★★ **Lis ce texte, puis mets une croix en face des affirmations correctes.**

Les escargots sont des animaux qui vivent de trois à six ans. Ils possèdent à la fois des organes reproducteurs mâles et femelles. Pourtant, ils doivent s'accoupler pour que les gamètes mâles de l'un fécondent les gamètes femelles de l'autre. Dix jours après l'accouplement, chaque escargot pond ses œufs dans un trou qu'il a creusé dans le sol. Douze jours après sortent les jeunes escargots.

a. Le déplacement des adultes joue un rôle important dans le peuplement du milieu par les escargots. ❑

b. Le déplacement des jeunes joue un rôle important dans le peuplement du milieu par les escargots. ❑

c. La dimension du milieu joue un rôle important dans le peuplement du milieu par les escargots. ❑

d. La reproduction joue un rôle important dans le peuplement du milieu par les escargots. ❑

e. La pluie joue un rôle important dans le peuplement du milieu par les escargots. ❑

Je retiens l'essentiel

- En fonction de ses **choix d'aménagements** et de ses **besoins alimentaires et industriels**, l'Homme **agit** sur l'environnement.

- Il peut procéder par exemple :
– à des **modifications topographiques** ;
– à des **prélèvements de matériaux utiles** ;
– à des **modifications de la flore et de la faune** ;
– à des **rejets de déchets**.

Je comprends comment ça fonctionne

➤ Comment l'Homme agit-il sur l'environnement ?

Coupe schématique d'une mine de charbon dans le bassin houiller du Nord-Pas-de-Calais.

- Jusqu'au début du XVIIe siècle, la région du Nord-Pas-de-Calais offre **un paysage rural** (campagne parsemée de villages et quelques grandes villes). La **forêt** y est largement représentée.
- Vers 1850, le **développement de l'industrie** et la découverte du **charbon** vont profondément modifier le paysage. Les arbres sont abattus pour soutenir les galeries des mines et empêcher les effondrements. Autour des puits miniers, des villes nouvelles sont construites pour loger les mineurs. Le charbon est exploité pour l'**énergie** (chaleur) qu'il peut fournir aux industries et aux particuliers. Les **déchets** (roche non combustible) sont remontés à la surface où ils constituent des sortes de collines : les **terrils**.
- De nos jours, il ne reste rien des anciennes forêts de cette région, le paysage est devenu **urbain** (ville). Certaines galeries minières se sont effondrées ; en surface, l'eau de pluie s'est accumulée formant des **lacs** peu profonds. L'exploitation du charbon a cessé, seuls les terrils témoignent du passé dans le paysage.

OBJECTIF
Repérer les modifications de l'environnement dues aux actions de l'être humain.

Je m'exerce

1 ★ **Dans les exemples suivants, souligne en vert les actions de l'Homme qui protègent l'environnement, et en rouge celles qui sont nuisibles.**

a. La forêt des Landes est la plus grande forêt de France. Elle est surtout peuplée de pins qu'on coupe dès qu'ils sont assez grands pour servir à l'industrie.

b. Les branches, trop fines pour être employées dans l'industrie du meuble, permettent de fabriquer du papier.

c. La fabrication du papier utilise d'énormes quantités d'eau à laquelle on ajoute des produits chimiques qui blanchissent le papier. Cette eau est ensuite rejetée dans les rivières.

d. Chaque arbre abattu est immédiatement remplacé.

e. Dans le Midi, l'imprudence de certains touristes est à l'origine d'incendies qui détruisent chaque année des surfaces considérables de forêt.

f. Dans le sud de la France, l'État encourage (et parfois oblige) les propriétaires de terrains à débroussailler, c'est-à-dire à couper régulièrement toutes les plantes basses au ras du sol.

2 ★★ Il n'est pas rare qu'une autoroute traverse une forêt. Quel beau paysage pour l'automobiliste sur la route des vacances ! **Donne trois effets nuisibles d'un tel aménagement.**

....

....

....

....

....

3 ★★ **Explique la raison de l'aménagement décrit ci-dessous, et précise s'il est favorable ou défavorable à l'environnement. Justifie ta réponse.**

Autour de la région parisienne, la plus grande partie des forêts – où autrefois les rois et seigneurs aimaient à chasser le grand gibier, comme le cerf – a aujourd'hui disparu. Elle est remplacée par de vastes étendues cultivées (blé, maïs…).

4 ★★★ **Propose une explication au changement dans l'aménagement du milieu décrit dans le document ci-dessous et une conséquence sur le peuplement animal de ces régions.**

Depuis des siècles, la Vendée, la Bretagne et la Normandie sont des régions où l'on cultivait différentes plantes utiles à l'alimentation humaine, dans des champs de taille moyenne, séparés par des haies. Depuis quelques dizaines d'années, les haies disparaissent, et les champs deviennent immenses.

....

....

....

....

....

SVT

5 La diversité des êtres vivants

Je retiens l'essentiel

• Les **êtres vivants** sont très divers. Certains critères (certaines caractéristiques) permettent de les **grouper en espèces** et de les **classer**.

• Une **même espèce** regroupe, sous le même nom, des êtres vivants qui **se ressemblent** et **peuvent provenir les uns des autres.**

• Les êtres vivants d'**espèces différentes** peuvent être groupés selon divers **critères**. Certains de ces critères permettent de les situer dans une classification. On peut ainsi reconnaître :
– des **animaux vertébrés** : Poissons, Batraciens, Reptiles, Oiseaux, Mammifères ;
– des **animaux invertébrés** : Mollusques, Vers, Arthropodes (Insectes, Arachnides, Crustacés, Myriapodes), Echinodermes.
– des **végétaux à fleurs** ;
– des **végétaux sans fleurs** : Fougères, Mousses, Algues, Lichens, Champignons.

• Tous les êtres vivants, animaux et végétaux, sont constitués de **cellules**. Certains sont formés d'une seule cellule, d'autres – les plus nombreux – en possèdent un très grand nombre.
→ **La cellule est l'unité des êtres vivants ; elle possède une membrane, un noyau et des cytoplasmes.**

Je comprends comment ça fonctionne

➤ Comment classe-t-on les animaux ?

Il faut d'abord les observer, puis constituer pour chacun d'eux une « **carte d'identité** » la plus précise possible.

• On peut, par exemple, classer les animaux vertébrés ainsi.

Clé de détermination

L'animal a une colonne vertébrale et des os ou des arêtes : c'est un Vertébré

- La peau porte des poils. La femelle a des mamelles. → MAMMIFÈRE
- La peau porte des plumes. → OISEAU
- La peau porte des écailles soudées. → REPTILE
- La peau est nue. → BATRACIEN
- La peau porte des écailles non soudées. → POISSON

➤ À quel groupe appartient une plante ?

La plante est-elle verte ? OUI → A-t-elle des tiges et des feuilles ? OUI → A-t-elle des nervures ? OUI → A-t-elle des fleurs ? OUI → PLANTE À FLEURS

- La plante est-elle verte ? NON → CHAMPIGNON
- A-t-elle des tiges et des feuilles ? NON → ALGUE
- A-t-elle des nervures ? NON → MOUSSE
- A-t-elle des fleurs ? NON → FOUGÈRE

OBJECTIF
Observer et élaborer une classification des êtres vivants en fonction de caractères communs.

Je m'exerce

1 ★ **Observe ces groupes d'animaux et réponds aux questions. (Tu pourras t'aider du manuel de classe, de dictionnaires ou de tout autre document pour obtenir une description des animaux.)**

a. Cherche l'intrus en soulignant l'animal qui n'est pas à sa place.

b. Écris une courte phrase pour justifier ton choix.

c. Nomme le groupe des animaux restants pour chaque série.

Série 1 : Anguille, Ver de terre, Boa, Python	**Série 4 :** Escargot, Limace, Lombric, Bigorneau
Série 2 : Tortue, Lapin, Lièvre, Ours	**Série 5 :** Baleine, Dauphin, Phoque, Manchot
Série 3 : Requin, Merlan, Morue, Dauphin	**Série 6 :** Grenouille, Crapaud, Hérisson, Rainette

2 ★★ **Lis ce texte et réponds à la question.**

Les catalogues spécialisés proposent chaque année au grand public de nouvelles variétés de roses. Celles-ci sont obtenues en prenant les éléments reproducteurs mâles d'une variété pour les déposer sur les organes reproducteurs femelles d'une autre variété. Les horticulteurs donnent à toutes ces nouvelles plantes obtenues le nom de roses.

Ces plantes mâles et femelles de départ appartiennent-elles à la même espèce ? Justifie ta réponse.

3 ★★ Les biologistes se sont mis d'accord pour définir des caractères communs aux êtres vivants de telle sorte qu'on les range dans la même espèce.

Pour les êtres vivants ci-dessous, bâtis une classification basée sur d'autres caractères : donne un nom ou une description pour chaque groupe, et places-y les êtres vivants correspondants.

Merle – chien – truite – grenouille – escargot – tulipe – ver de terre – cheval – rouge-gorge – moineau – cafard – limace – renard – sapin – scarabée – mille-pattes – pissenlit.

4 ★★★ **Sur les photos, place des flèches montrant une cellule, une membrane, un noyau, le cytoplasme. (Tous ces éléments ne sont pas visibles sur chaque photo.)**

Grossissement microscopique avec colorant d'épiderme d'écaille d'oignon.

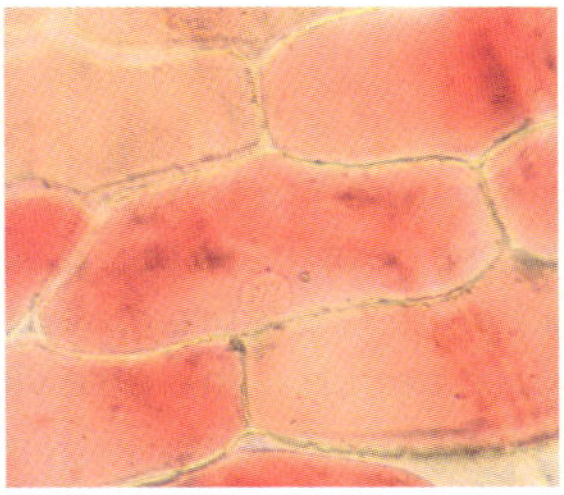

Grossissement microscopique avec colorant de paramécies.

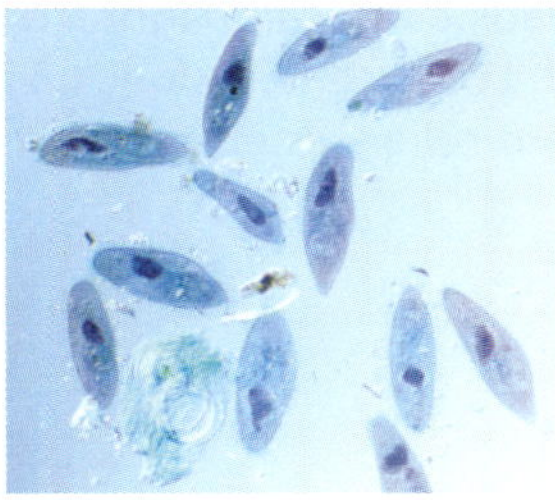

Grossissement microscopique avec colorant d'un tissu animal.

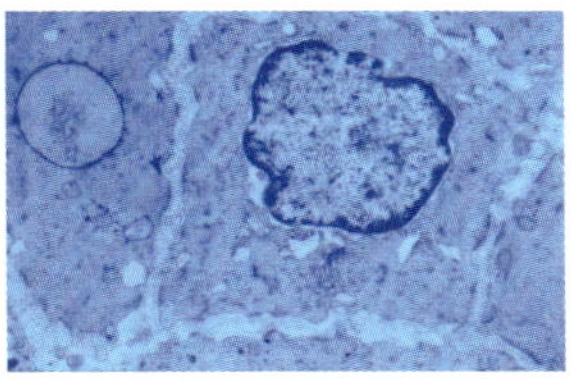

6

Sciences de la vie et de la Terre

L'interdépendance alimentaire des êtres vivants

Je retiens l'essentiel

- Pour leur nutrition, les êtres vivants dépendent les uns des autres et des substances minérales du milieu.
- Les diverses espèces constituent les maillons de **chaînes alimentaires** organisées en réseau.
- Tous les êtres vivants sont **producteurs de matière** appelée **matière organique**. Tout être vivant produit sa propre matière à partir de celle qu'il prélève dans le milieu.
- Les végétaux chlorophylliens sont des **producteurs primaires**. Tous les autres êtres vivants sont des **producteurs secondaires**.
- L'élevage et l'agriculture modernes doivent satisfaire les besoins et les goûts de la population. L'éleveur et le cultivateur doivent gérer leur **exploitation de manière rationnelle**, en considérant l'évolution de la demande des consommateurs : ils ne sont pas seulement producteurs.

Je comprends comment ça fonctionne

➤ Comment une chaîne alimentaire se met-elle en place ?

- Le **blé**, végétal chlorophyllien, produit la matière qui le constitue à partir d'eau, de sels minéraux et de dioxyde de carbone (gaz carbonique) en présence de lumière. Il ne prélève donc dans le milieu que de la **matière minérale.** Pour cette raison, il est dit **producteur primaire.**
- Le **campagnol** (petit mammifère ressemblant à la souris et vivant dans les champs) se nourrit de blé, d'eau et des sels minéraux qui y sont dissous. Il produit alors sa propre matière à partir de matière minérale et de matière fabriquée par un autre être vivant (le blé). Pour cette raison, il est dit **producteur secondaire**.
- Ce campagnol, à son tour, sera mangé par un faucon (oiseau rapace fréquent dans les campagnes). Le **faucon** consomme donc de l'eau, avec des sels minéraux et du campagnol, donc de la matière produite par un autre être vivant. Le faucon est donc lui aussi un **producteur secondaire**.

On peut relier ces êtres vivants par des flèches signifiant « **est mangé par** » :

Blé → **Campagnol** → **Faucon**

Producteur primaire — Producteur secondaire — Producteur secondaire

→ On forme ainsi une chaîne alimentaire. Chacun des êtres vivants qui la constitue est un maillon de la chaîne.

→ Certains êtres vivants appartiennent à plusieurs chaînes alimentaires. Lorsque plusieurs chaînes alimentaires se recoupent, on dit qu'il se forme un **réseau alimentaire**.

OBJECTIFS

- Schématiser un réseau et des chaînes alimentaires.
- Mettre en évidence la production de matière par les êtres vivants.

Je m'exerce

1 ★ **Donne une définition de *producteur primaire* et *producteur secondaire*.**

producteur primaire :

....

....

producteur secondaire :

....

....

2 ★ **Dans la liste ci-dessous, souligne en vert les producteurs primaires, en rouge les producteurs secondaires. (Tu peux t'aider du manuel de classe, du dictionnaire ou de tout autre document pour connaître la nourriture des différents êtres vivants.)**

grenouille – gland (fruit du chêne) – musaraigne – escargot – herbe – grive – merle – cerise – buse – chouette – puceron – – coccinelle.

3 ★ **Complète la phrase suivante.**

Au point de départ de toute chaîne alimentaire, il y a un .... ;

tous les autres sont des ....

4 ★★ **Relie les êtres vivants de l'exercice 2 par une flèche signifiant « est mangé par ». Change de couleur pour chaque chaîne alimentaire que tu formes.**

5 ★★ **Lis le texte suivant et réponds.**

> À la fin du siècle dernier, pour la consommation alimentaire de l'Homme, on a introduit en Australie quelques élevages de lapins, animaux jusqu'alors inexistants sur ce continent. Certains animaux se sont échappés, se sont reproduits au point d'envahir de vastes régions et de devenir une véritable catastrophe par les dégâts qu'ils causaient aux cultures.

Utilise les connaissances acquises dans l'étude des chaînes alimentaires pour expliquer cette extraordinaire multiplication du nombre de lapins.

6 ★★★ **Lis ce texte et réponds aux questions.**

> On mesure la quantité de nourriture apportée chaque jour à de jeunes vaches de masse moyenne 200 kg. On mesure aussi chaque jour la masse moyenne des jeunes vaches.
>
> Le 1er jour, on donne 3 kg d'orge à la vache : sa masse augmente de 0,4 kg.
>
> Le 2e jour, on donne 3,4 kg d'orge à la vache : sa masse augmente de 0,6 kg.
>
> Le 3e jour, on donne 3,9 kg d'orge à la vache : sa masse augmente de 0,8 kg.
>
> Le 4e jour, on donne 4,4 kg d'orge à la vache : sa masse augmente de 1 kg.

a. Présente ces résultats sous forme de tableau.

b. Écris une phrase qui compare la quantité de matière consommée et l'augmentation de masse de l'animal.

c. Propose une explication pour la différence observée.

7 ★★★ **Pour chacune des affirmations suivantes, indique si elle est vraie (V) ou fausse (F).**

a. Tous les êtres vivants produisent de la matière. ....

b. Seuls les végétaux chlorophylliens consomment de la matière minérale. ....

c. Un prédateur est un animal qui capture des proies pour les manger et qui, lui, est protégé des autres êtres vivants. ....

d. Tout être vivant fait partie d'un réseau alimentaire. ....

e. Une chaîne alimentaire ne peut pas avoir de fin, puisque tout animal est consommé par un autre. ....

f. Une chaîne ou un réseau alimentaire sont limités à une zone géographique. ....

8 ★★★ **Justifie par une courte phrase chacun de tes choix dans l'exercice précédent.**

7

Sciences de la vie et de la Terre

Les besoins alimentaires des animaux et des végétaux

OBJECTIFS

Observer des traces de l'alimentation des animaux.

Mettre en évidence les besoins alimentaires d'une plante verte.

Je retiens l'essentiel

- On appelle régime alimentaire ce que mange principalement un animal.
- Quel que soit leur régime alimentaire, les animaux se nourrissent toujours de **matière minérale** et de **matière provenant d'autres êtres vivants**, animaux ou végétaux.

- Au contraire, les plantes vertes – **végétaux chlorophylliens** – n'ont besoin que **de matière minérale** pour se nourrir, à condition de recevoir de la **lumière**.

Je comprends comment ça fonctionne

➤ Sous quelle forme la matière minérale se présente-t-elle ?

- La **matière minérale** constitue la planète Terre. L'**eau** est une matière minérale particulièrement abondante sur notre planète. Elle contient des matières dissoutes, appelées **sels minéraux**.
- Si on laisse lentement s'évaporer de l'eau du robinet, dans un bocal couvert par un linge fin pour éviter la poussière, on remarque, après évaporation, un dépôt blanc grisâtre dans le fond et sur les parois du bocal : ce sont des sels minéraux. Ils étaient pourtant invisibles dans l'eau du robinet qui paraissait parfaitement transparente : **les sels minéraux sont dissous dans l'eau.**
- Si dans un verre, on met un peu de sel de cuisine, si on ajoute de l'eau et si l'on mélange, alors le sel se dissout dans l'eau qui devient peu à peu parfaitement transparente. Ce n'est qu'en la goûtant qu'on peut retrouver la trace du sel.
- Le **gaz carbonique** ou **dioxyde de carbone** est un gaz qui fait partie de l'air qui nous entoure : la matière minérale peut être un **gaz**, un **liquide** ou un **solide**.

Je m'exerce

1 ★ **Relève, sur une bouteille d'engrais liquide pour plantes, le nom de quelques sels minéraux.**

....

....

....

....

2 ★ **Donne la principale source de matière minérale consommée par les animaux.**

....

....

....

....

3 ★ **Lis ce texte et réponds.**

On cultive des tournesols (on extrait l'huile de leurs graines) sur deux champs voisins. Les deux champs sont arrosés de la même façon. Mais dans le champ B, on ajoute des engrais à l'eau d'arrosage. La production est exprimée dans le tableau ci-dessous.

Champ A : arrosé par de l'eau seule	**Champ B :** arrosé par de l'eau + engrais
Production : 3 tonnes graines par hectare	**Production :** 3,5 de tonnes de graines par hectare

Rédige une phrase résumant l'information contenue dans ce tableau.

....

....

....

4 ★ **Donne la définition de *régime alimentaire*.**

....

....

....

5 ★★ **Souligne en rouge les animaux qui se nourrissent principalement de matière animale, en vert ceux qui se nourrissent principalement de matière végétale et en noir ceux qui se nourrissent à la fois de matière animale et de matière végétale.**

cheval – chien – lapin – renard – ours – souris – papillon – araignée – chat – hamster – loup – Homme – lion – vache – rat – mite – brochet – moustique – tortue terrestre – mouche – carpe.

6 ★★ **Schématise une expérience montrant que la lumière est nécessaire à l'alimentation des plantes chlorophylliennes.**

7 ★★★ **Lis ce texte et réponds aux questions.**

Au XVIIe siècle, un biologiste plante un saule (arbre) dans un pot contenant 90,99 kg de terre. La masse du saule est alors de 2,3 kg. Il arrose régulièrement la terre avec de l'eau sans sels minéraux. Au bout de cinq ans, il déplante l'arbre. Sa masse est alors de 76,8 kg, tandis que la masse de terre dans le pot est de 90,84 kg.

a. Complète ce tableau à l'aide des données du texte.

	Masse de la terre	Masse de l'arbre
Au moment de la plantation		
Cinq ans plus tard		

b. Explique en quelques lignes les résultats obtenus.

....

....

....

....

....

Je retiens l'essentiel

- Un sol est composé :
  – de restes d'êtres vivants : excréments ou cadavres animaux, débris de végétaux morts (feuilles, branches…) ;
  – de matière minérale provenant des roches du sous-sol.

Un sol est peuplé de très nombreux êtres vivants appartenant à des groupes très divers et ayant une taille très variable. Celle-ci peut aller de plusieurs centimètres (escargot, ver de terre, mille-pattes…) à quelques millimètres (insectes, araignées, acariens…), et même atteindre des dimensions microscopiques (algues, champignons, bactéries…).

- De très nombreux animaux du sol se nourrissent de la matière organique contenue dans celui-ci : ce sont des **décomposeurs**. Ils la digèrent et rejettent des excréments sous forme de **matière minérale**. Cette matière minérale est alors à nouveau disponible pour l'alimentation des végétaux.
- Comme à la surface, des relations alimentaires s'établissent entre les êtres vivants du sol. Des **réseaux trophiques** se constituent.

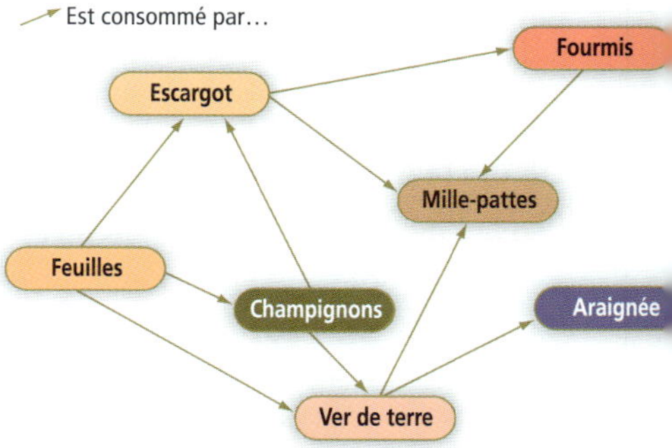

• Un exemple de réseau trophique dans le so

Je comprends comment ça fonctionne

- Dans une petite quantité de terre de jardin (un bol) que j'étale sur une feuille de papier blanc, je sépare à l'aide d'une loupe et d'une petite aiguille, les constituants provenant d'êtres vivants, les éléments minéraux (débris de roches) et éventuellement les êtres vivants eux-mêmes.
- En Inde, des chercheurs ont dispersé, dans des fossés creusés dans des plantations de théiers (arbustes dont les feuilles, hachées et placées dans de l'eau chaude, donnent le thé) un mélange de fumier (paille et excréments animaux), de vers de terre et de petits morceaux de bois.
  Ils ont obtenu une production de feuilles de théier 2,5 fois plus importante qu'avec les méthodes habituelles de culture.
  Explication : les vers de terre, par les galeries qu'ils creusent, aèrent le sol et facilitent le développement des racines des théiers. Ils consomment la matière organique (bois et fumier) et rejettent de la matière minérale directement utilisable par les arbustes pour leur alimentation et leur croissance.
- Certaines sociétés se sont spécialisées dans l'élevage des vers de terre qu'elles vendent aux particuliers qui souhaitent améliorer les cultures dans leur potager ou leur jardin d'ornement. Elles recommandent l'achat d'1 kg de vers de terre pour une famille de 4 à 5 personnes disposant de 200m^2 de pelouse.
- Application au tri sélectif des déchets ménagers : il consiste à séparer les déchets biodégradables (papier, déchets alimentaires…), décomposés par les êtres vivants du sol et qui peuvent donc être accumulés dans des décharges. D'autres déchets (verre, métal) peuvent être réutilisés après traitement par l'industrie, tandis que d'autres enfin, doivent être détruits (nombreux plastiques, piles).

OBJECTIFS

Découvrir des êtres vivants du sol.
Établir la notion de décomposeur.
Construire un réseau trophique entre des êtres vivants du sol.

Je m'exerce

1 ★ **Dans le texte ci-dessous, souligne les expressions qui montrent que les vers de terre sont une aide précieuse pour le cultivateur :**

> Les vers de terre préfèrent les sols frais, humides, riches en débris végétaux. Ils vivent dans des galeries qu'ils creusent dans le sol en avalant la terre qu'ils rejettent derrière eux sous forme de tortillons. On en compte jusqu'à 2 à 4 millions par hectare. Les galeries aèrent le sol, séparent les grains de terre les uns des autres, facilitant le développement des racines. Au passage, les vers de terre se nourrissent de débris végétaux avalés, et participent à la décomposition de la matière organique. Leurs rejets (excréments) forment de la matière minérale utilisable par les plantes.

2 ★★ On a dressé la liste des déchets trouvés dans la poubelle d'une famille.
Dans la liste ci-dessous, surligne en vert ce qui est biodégradable, en bleu ce qui peut être utilisé par l'industrie, en rouge ce qui devra être détruit.

Pain rassis ;
pot de yaourt en plastique ;
marc de café ;
canette de soda en métal ;
épluchures de légume ;
bouteilles en plastique ;
journaux ;
fruit gâté ;
barquette plastique ayant contenu de la viande ;
piles usagées ;
tontes de gazon ;
chaussettes de laine usagées ;
mouchoirs en papier.

3 ★★ **Souligne le décomposeur dans le texte suivant :**

> Certaines fourmis, nommées Atta, sont incapables de digérer les morceaux de feuilles mortes qu'elles récoltent à la surface du sol. Elles transportent ces débris dans des salles aménagées dans la fourmilière. Des champignons poussent sur ces morceaux de feuilles, les fourmis « cultivent » soigneusement ces champignons dont elles se nourrissent.

4 ★★★ Des feuilles mortes se sont déposées sur le sol de la forêt en automne. Quelques semaines plus tard, on constate en les retournant qu'elles sont couvertes de filaments blancs de champignon. À la fin de l'hiver, il ne reste que les nervures des feuilles.

a. **Écris une phrase expliquant ce qu'est devenue la matière organique des feuilles.**

b. **Le champignon est donc un :**

5 ★★★ De nombreux produits de traitement utilisés en agriculture et en jardinage détruisent les insectes et autres petits animaux nuisibles aux cultures. Leur emploi est maintenant règlementé et il est conseillé d'en limiter l'usage.
Écris une phrase justifiant ce conseil.

9 L'élevage ou la culture au service de l'alimentation humaine

Sciences de la vie et de la Terre

Je retiens l'essentiel

• L'Homme **élève des animaux** et **cultive des végétaux** pour se procurer des aliments :
– un animal est élevé pour la viande, le lait, les œufs qu'il fournit ;
– un végétal est cultivé pour ses fruits, ses graines, ses tubercules.

• Le produit d'un élevage ou d'une culture répond à un ou plusieurs des **besoins en aliments** de l'Homme : matières grasses, sucres rapides (sucres des fruits par exemple), sucres lents (qui n'ont pas forcément un goût sucré et que l'on trouve dans les pommes de terre ou le riz, par exemple), protéines (abondantes dans la viande et le poisson par exemple). Le nom général de glucide regroupe les sucres rapides et les sucres lents.

Je comprends comment ça fonctionne

➤ À quel besoin alimentaire répond l'élevage de poules et de poulets ?

• Les poules pondent des **œufs**, même sans l'accouplement avec un coq.
Les œufs sont recueillis chaque matin pour être conditionnés (emballés) puis commercialisés le plus rapidement possible.
En plus de l'eau et des sels minéraux, les œufs contiennent des substances nutritives appelées **protéines** (en moyenne 6,6 g), matières grasses ou **lipides** (6,5 g) et **glucides** (0,4 g) (valeurs données pour un œuf de 60 g).

• La **viande du poulet** est pour la plus grande partie constituée par les muscles (exemple : la cuisse). Dans 100 g de cuisse de poulet, il y a 20 g de protéines et 13 g de matières grasses.
Les lipides (matières grasses) sont facilement mis en évidence par la tache caractéristique qu'ils laissent sur le papier. Fais la manipulation avec un peu de beurre ou de margarine.
Les protéines, lorsqu'elles sont chauffées, prennent en masse solide : c'est ce qu'on observe pour le blanc d'œuf quand on cuit un œuf sur le plat.

➤ À quel besoin alimentaire correspond la culture de la pomme de terre ?

• La « pomme de terre » qu'on mange est en fait une petite partie de la plante : c'est un **tubercule**, une racine particulière, grosse et plus ou moins arrondie. Elle contient, en plus de l'eau et des sels minéraux, une part importante de glucides (19 g), des protéines (2 g) et des lipides (0,1 g) (valeurs données pour 100 g de pomme de terre).

➤ D'un point de vue alimentaire, qu'est-ce qu'un haricot vert ?

• Lorsqu'on coupe en longueur un haricot vert frais, ou même en boîte, on constate qu'il se sépare en deux parties contenant des petits éléments ovales : ce sont des **graines**. Contenant des graines, le haricot vert est donc un **fruit**.
Dans le langage courant, on le range parmi les **légumes**, car il accompagne le plat principal. Le mot fruit est plutôt réservé aux desserts.

OBJECTIFS

- Identifier le ou les produits tirés d'un élevage ou d'une culture.
- Relier vocabulaire courant et termes scientifiques.
- Identifier les principaux constituants des aliments de l'Homme, et relier leur apport alimentaire à la culture ou à l'élevage.

Je m'exerce

1 * **Pour chacun des aliments de la liste 1 ci-dessous, associe à l'aide d'une flèche le terme scientifique correspondant dans la liste 2.**

Liste 1	Liste 2
steak haché •	• racine
salade •	• fleur
carotte •	• feuille
pomme de terre •	• graine et fruit
chair de crabe •	• muscle
haricot blanc •	
râble de lapin •	
chou-fleur •	
chou rouge •	
jambon •	
tomate •	
raisin •	
poisson •	

2 ** **Pour chacune des informations suivantes, indique si elle est vraie (V) ou fausse (F).** (Attention, il y a un piège !)

a. Pour une bonne gestion de son exploitation, l'éleveur ou l'agriculteur fait un choix précis des races (animaux) ou variétés (végétaux) qu'il produit. ...

b. Pour une bonne gestion de son exploitation, le cultivateur doit utiliser toujours plus d'engrais. ...

c. L'exploitant agricole a tout intérêt à se spécialiser dans un seul type de production. ...

d. Grâce aux engrais, aux aliments industriels pour le bétail, on peut cultiver ou élever n'importe quoi n'importe où ou presque. ...

e. L'étude des pratiques traditionnelles d'élevage et de cultures régionales est utile aux exploitants dans leurs pratiques modernes. ...

f. En élevage, le choix d'une bonne alimentation permet d'augmenter presque indéfiniment la production. ...

3 ** **Utilise les informations précédentes pour expliquer en une phrase l'intérêt pour l'Homme de consommer des aliments variés.**

4 ** **En observant les constituants du lait, explique en une phrase pourquoi le lait est l'aliment par excellence des nourrissons.**

5 ** **Cite au moins quatre aliments provenant de l'élevage de la vache ou du bœuf.**

6 *** **Pour chacune des affirmations suivantes, indique si elle est vraie (V) ou fausse (F).**

a. En France, les vaches sont élevées pour la production de lait. ....

b. L'élevage des poules « en batterie », c'est-à-dire en grand nombre sur un espace réduit, a été inventé pour le bénéfice des industriels. ....

c. Les œufs que nous consommons auraient pu être des poussins. ....

d. Les poissons restent parmi les seuls animaux que l'Homme laisse se développer librement dans la nature. ....

e. Dans la culture du blé ou du maïs, il y a un grand gaspillage de matière nutritive, puisque seuls les grains sont récoltés pour l'alimentation humaine. ....

f. L'Homme élève ou cultive tous les êtres vivants qui peuvent servir à son alimentation. ....

7 *** **Justifie par une courte phrase chacun de tes choix dans l'exercice précédent.**

SVT

Je retiens l'essentiel

• Élevage et culture nécessitent une maîtrise de la reproduction, des apports nutritifs et des conditions appropriées.
Les individus mis en élevage ou en culture sont obtenus par **reproduction sexuée** (animaux, végétaux) ou par **multiplication végétative** (végétaux).
Des **apports nutritifs** sont nécessaires (aliments de composition connue, engrais). Ils dépendent des besoins de l'animal ou du végétal.
La production requiert des conditions **physico-chimiques** particulières (température, éclairement, oxygénation, humidité).

• Des **améliorations quantitatives et / ou qualitatives** de la production sont obtenues en agissant sur :
– la reproduction ;
– les conditions d'élevage ou de culture ;
– les apports nutritifs.
Ces conditions favorisent la **croissance** et une **production optimale**.

Je comprends comment ça fonctionne

Comment agir sur le nombre d'individus produits ?

• Dans les rivières, sur des milliers de cellules-œufs de poissons tels que la truite, formées au hasard des rencontres des gamètes mâles et femelles, seul un faible pourcentage deviennent des truites adultes. Les autres seront consommés par d'autres animaux.
• Dans une pisciculture, la fécondation en bac, réalisée par un technicien, est très efficace. Les œufs, puis les jeunes, se développent dans un milieu protégé, contrôlé et favorable.
Un très fort pourcentage atteint l'âge adulte et est commercialisé ou lâché en rivière.

Comment agir sur le type du produit animal ?

Substances nutritives	Poule à viande	Poule pondeuse
Protéines	220	190
Lipides	12	14
Calcium (calcaire)	11	40

Les valeurs sont exprimées en grammes par kilogramme d'animal.

• Il suffit de varier l'alimentation fournie aux animaux.
– Chez les poules à viande, l'apport en protéines (élément qui intervient dans la production de muscles) est augmenté.
– Chez les poules pondeuses, on favorise l'apport de calcium (calcaire) qui est un constituant de la coquille d'œuf.

Comment agir sur le type du produit végétal ?

• Les tomates sont cultivées en serre. Les racines se développent dans un matériau industriel : la **laine de roche**. Un ordinateur règle en permanence l'apport d'eau et de sels minéraux dans la laine de roche, et contrôle la quantité de lumière et de gaz carbonique dans la serre.
En éliminant la terre, on élimine tout risque de contamination et donc de maladies. En contrôlant le gaz carbonique, la lumière et les apports nutritifs, on permet une production rapide de fruits nombreux et d'excellente qualité.

OBJECTIF
Mettre en relation production alimentaire, besoins de la population, qualité des produits obtenus et conséquences sur l'environnement.

Je m'exerce

1 ★ **Lis ce document et réponds aux questions.**

Deux lots de poules sont élevées dans des conditions différentes : le lot A reçoit uniquement l'éclairement naturel du jour tandis que le lot B est soumis à un éclairement artificiel de 16 heures par jour à longueur d'année. La production d'œufs par ces poules est indiquée dans le tableau suivant.

	Lot A	**Lot B**
Période de production	(éclairement naturel) Diminution d'octobre à janvier	(éclairement artificiel) Production continue et élevée
Nombre d'œufs par poule et par an	200	300 à 320

a. Compare la production d'œufs dans les deux cas. Rédige une phrase.

....

....

....

....

b. Donne un avantage et un inconvénient de l'élevage sous éclairage artificiel.

....

....

....

....

2 ★★ **Observe ce graphique qui montre la production d'un champ de maïs en fonction de la quantité d'engrais apportée avec l'eau d'arrosage (quantités non chiffrées).**

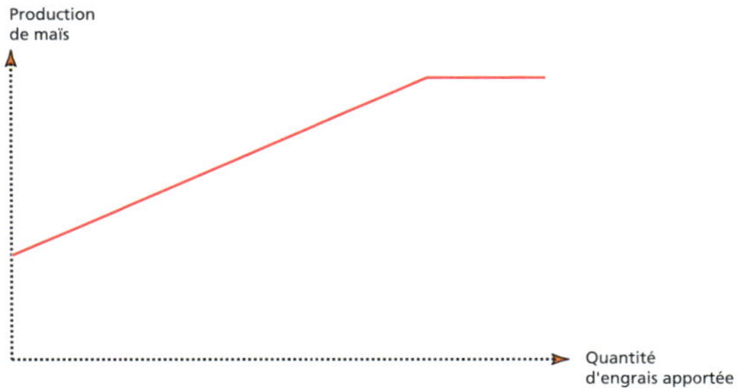

a. En une phrase exprime la variation de la production de maïs en fonction de la quantité d'engrais apportée.

....

....

b. Sachant que ces engrais sont fournis avec l'eau d'arrosage, que celle-ci s'enfonce dans la terre et rejoint les rivières, explique pourquoi on demande de plus en plus souvent aux agriculteurs de diminuer les quantités d'engrais qu'ils utilisent.

....

....

3 ★★★ **Lis ce texte et réponds aux questions.**

Il devient rare dans les exploitations agricoles de laisser un taureau s'accoupler avec les vaches. Dans des centres spécialisés, les taureaux et vaches sont élevés et sélectionnés. Seuls certains d'entre eux seront conservés pour la reproduction. On prélève leurs éléments reproducteurs (gamètes mâles) pour les introduire dans les organes reproducteurs de vaches, elles aussi sélectionnées. C'est l'**insémination artificielle**.

a. Donne les deux principaux produits alimentaires fournis par les vaches.

....

b. Selon le produit recherché, précise le caractère qui sera retenu chez les individus parents dans l'espoir qu'il soit transmis au veau.

....

....

4 ★★★ **Donne trois avantages de l'élevage industriel par rapport à l'élevage traditionnel (animaux en liberté).**

....

....

....

Je retiens l'essentiel

- Certains aliments proviennent d'une **transformation opérée par l'Homme**.
- Les aliments produits sont issus de la transformation d'une **matière première animale** ou **végétale**.
- Ces aliments procurent à l'être humain une ou plusieurs **composantes** de son alimentation.

Je comprends comment ça fonctionne

Comment le pain est-il fabriqué ?

1. Les **grains de blé**, débarrassés de leur enveloppe, sont écrasés finement en une poudre blanche : la **farine**. Le boulanger y ajoute de l'**eau**, du **sel**, de la **levure** (champignons microscopiques), puis mélange le tout dans une grande cuve : le **pétrin**.
2. Il laisse ensuite la **pâte reposer** à température douce. Les champignons microscopiques que sont les levures transforment une petite partie de la farine en dégageant du **gaz carbonique**. Celui-ci fait des bulles emprisonnées dans la pâte.
3. Le boulanger façonne des portions de pâte de masse déterminée en fonction de la forme du pain qu'il veut obtenir.
4. La **cuisson à four chaud** tue les levures fait sécher et dorer la surface du pain.

→ Le pain apporte à l'être humain les **protéines** et les **glucides du blé**, ainsi que des **sels minéraux**.

Que peut-on faire avec le lait ?

- Quand on laisse reposer du lait, une couche superficielle se forme : c'est la **crème**.

En battant vigoureusement cette crème, on sépare l'eau des lipides qui la composent et on obtient le **beurre**.

- En faisant prendre en masse (coaguler) les protéines du lait, on obtient les **yaourts** et les **fromages**.

Le type de transformation subie par le lait est directement lié à la composition du produit obtenu, comme le montre ce tableau.

Aliment	Composition en grammes pour 100 grammes d'aliments			
	Eau	Lipides	Protéines	Glucides
Lait	88	3,7	3,4	4,9
Yaourt	80	1,5	5	4,5
Camembert	55	23	20	1
Crème fraîche	60	30	3	4
Beurre	10	82	1	0

OBJECTIFS

S'informer sur la transformation de matière première dans un but alimentaire.

Mettre en relation matière première et produit consommable.

Je m'exerce

1 ★ **En utilisant le tableau présentant la transformation du lait, classe les produits obtenus du moins gras au plus gras.**

2 ★ **En utilisant toujours ce même tableau, donne le nom du composant responsable de la consistance plus pâteuse des fromages par rapport aux autres produits.**

3 ★ Quelle que soit son appellation, le pain a toujours la même composition de base : eau, sel, farine, levure.
Repère chez le boulanger quelques types de « pains spéciaux » et demande leur particularité.

4 ★★ **Dans une grande surface, cherche trois produits provenant de la transformation du maïs et trois produits provenant de la transformation de pommes de terre.**

Produits provenant de la transformation du maïs :

Produits provenant de la transformation de pommes de terre :

5 ★★ **Dans le tableau présentant le lait et les aliments qui proviennent de sa transformation, précise celui qui est le plus complet et le plus équilibré pour l'alimentation humaine.**

6 ★★ **Dans la liste suivante, souligne en rouge les aliments qui proviennent d'une transformation de matière première animale et en vert ceux qui proviennent de la transformation de matière première végétale.**
Huile – beurre – corn-flakes – chocolat – vin – pâté – biscuits – bonbon – sucre – boudin noir.

7 ★★ **Recherche la matière première à l'origine des aliments suivants.**

a. pâté de tête :
b. rillettes :
c. foie gras :
d. compote :
e. crème glacée :
f. sorbet :
g. confiture :
h. chocolat :
i. andouille :

8 ★★★ **Les rayons de supermarché proposent une variété de plus en plus grande de produits dérivés du lait.**
Cite cinq exemples et explique cette multiplication des produits.

12

L'utilisation des micro-organismes dans l'alimentation humaine

Sciences de la vie et de la Terre

Je retiens l'essentiel

- L'Homme maîtrise la production et l'utilisation des **micro-organismes** (microbes) nécessaires à la fabrication de certains de ses aliments.
- Au cours de la fabrication de certains aliments, des micro-organismes sélectionnés transforment le produit d'origine, par **fermentation**, dans des conditions physico-chimiques particulières.
- L'amélioration de la production est obtenue :
  – par un **choix des micro-organismes employés** ;
  – par l'**amélioration de la qualité des matières premières** ;
  – par un meilleur **respect des règles d'hygiène**.

Je comprends comment ça fonctionne

➤ Quelle est la relation entre le choix d'un micro-organisme et un produit alimentaire ?

- Ce sont ces organismes microscopiques qui, par la transformation qu'ils opèrent, sont responsables du produit fini.
C'est ce qui explique la saveur différente de plusieurs yaourts nature.

➤ Quelle est l'action du micro-organisme choisi pour faire un yaourt ?

- Dans la fabrication du yaourt, le lait est utilisé comme aliment par les micro-organismes. En échange, les micro-organismes produisent des substances qui transforment le lait : c'est la **fermentation**.

➤ Pourquoi faut-il respecter les règles d'hygiène ?

- De très nombreux micro-organismes sont capables de se développer en utilisant le lait comme matière première. Certains d'entre eux peuvent causer des troubles digestifs parfois graves chez la personne qui les consommerait. Les industries de fabrication de yaourts sont donc de véritables laboratoires, où des **règles d'hygiène** très strictes permettent de s'assurer de l'absence de microbes nuisibles.

➤ Dans quelles conditions se développent les micro-organismes ?

- Le développement et l'activité des micro-organismes est maximal aux alentours de 50 °C. C'est à cette température que sont portées les cuves contenant le lait à transformer. C'est pour la même raison que le boulanger veille à maintenir une température élevée dans le laboratoire où il fait reposer la pâte avant la cuisson.

OBJECTIFS

- Distinguer microbe utile et microbe nuisible, hygiène et biotechnologies.
- S'informer sur la spécificité des micro-organismes dans l'industrie agro-alimentaire.

Je m'exerce

1 ★★ **Utilise les informations précédentes et celles du chapitre 11 pour trouver l'origine des trous dans la mie de pain.**

2 ★★ Le vin est produit par la fermentation du jus de raisin.
Donne l'origine des bulles dans le vin de Champagne.

3 ★★ Le jus de pomme et le cidre ont tous deux la même origine : des pommes écrasées pour en extraire le jus.
Explique pourquoi le cidre est pétillant, alors que le jus de pomme ne l'est pas.

4 ★★ Pour la fabrication de la plupart des fromages, le micro-organisme responsable de la fermentation est soigneusement sélectionné et introduit dans le lait.
a. **Donne un avantage de cette sélection.**
b. **Explique pourquoi le public n'est jamais autorisé à visiter une fromagerie.**

5 ★★★ **Propose une explication à la pratique suivante.**

> Autrefois, il était courant d'aller « chercher son lait à la ferme ». Il était conseillé de s'y rendre vers 18 heures le soir, juste après la traite des vaches. De retour à la maison, on le faisait immédiatement bouillir pendant quelques minutes, alors que sa consommation n'était prévue que pour le petit déjeuner du lendemain.

6 ★★★ **Lis ce texte et réponds.**

> Les boîtes de lait portent souvent l'indication UHT pour ultra haute température. Ce lait a la particularité de pouvoir se conserver plusieurs semaines. Pour cela, le lait passe dans un couloir à haute température pendant un temps très bref, puis il est injecté dans des boîtes scellées.

Précise le rôle de ce passage à très haute température.

7 ★★★ **Lis ce texte et réponds.**

> Abandonné à l'air libre, un verre de lait se gâte rapidement. Des masses blanches se forment dans un liquide clair. Le lait a caillé. Cette transformation est tout à fait comparable à celle qui donne le yaourt. Pourtant, un tel lait caillé a un goût aigre et est impropre à la consommation.

Explique ce fait en quelques phrases.

8 ★★★ Le froid est connu pour être un bon moyen de conservation des aliments.
Explique pourquoi dans la fabrication du yaourt ou des fromages, le lait est dans un premier temps porté à une température voisine de 40 à 50 °C.

9 ★★★ Pour confectionner un pain « à la maison », une mère de famille a soigneusement mélangé, comme indique la recette, la farine, l'eau, le sel et la levure. Elle a obtenu une pâte qu'elle a façonné en boule, puis l'a mise au four à température convenable pendant le temps recommandé. À la sortie du four, sa déception fut grande de voir une sorte de galette sans forme et cassante.
Quelle erreur a-t-elle commise ?

Anglais

1

Be, There is/There are, This/That

OBJECTIFS
- Savoir utiliser *be*.
- Traduire « il y a ».
- Savoir utiliser les démonstratifs.
- Maîtriser le vocabulaire des vêtements.

Grammar

Be

- ***Be* renseigne sur ce que l'on est (âge, nom, nationalité).**
- **Conjugaison du verbe *be* au présent**

Forme affirmative pleine (et contractée)	Forme interrogative	Forme négative
I am (I'm)	*Am I?*	*I am not (I'm not)*
You are (You're)	*Are you?*	*You are not (you aren't)*
He, she, it is (he, she, it's)	*Is he, she, it?*	*He, she, it is not (isn't)*
We are (we're)	*Are we?*	*We are not (we aren't)*
You are (you're)	*Are you?*	*You are not (you aren't)*
They are (they're)	*Are they?*	*They are not (they aren't)*

- La forme contractée ne s'emploie pas dans une réponse affirmative.

Is Kevin in the bathroom? Yes, he is. *Is it your new address? No, it isn't.*

- Voici quelques expressions qui se construisent avec *be* en anglais :

I'm twelve.	J'ai douze ans.	*I'm fine.*	Je vais bien.
I'm hungry/thirsty.	J'ai faim / soif.	*I'm cold/hot.*	J'ai froid / chaud.

There is/There are

- ***There is/There are* servent à parler de ce qu'il y a.**

There is a bike in the garage.
Il y a un vélo dans le garage.

There are two bikes in the garage.
Il y a deux vélos dans le garage.

There is est suivi d'un singulier. *There are* est suivi d'un pluriel. Si le premier mot de la liste est au singulier, on emploie *there is.*
There is a blue pen, three red pens and two pencils.

This/That

- ***This* et *that* servent à désigner une personne ou un objet : ce sont des démonstratifs.** Ils ont des formes différentes au singulier et au pluriel.

this chair ➜ *these chairs* — *This* et *these* désignent ce qui est proche de nous.
that flower ➜ *those flowers* — *That* et *those* désignent ce qui est éloigné de nous.
This is a rose and that is an apple tree.

Vocabulary

Clothes

Exercises

1 **Complète en employant le verbe *be*.**
* **N'utilise pas de contraction.**

a. The teacher .... American.
b. We .... tourists.
c. My friends .... always early.
d. My German friend .... always late.
e. I .... thirteen.

2 **Donne des réponses brèves aux questions**
* **posées.**

a. Is Paul at school? No, ...
b. Are you hungry? Yes, ...
c. Is Sarah in the garden? Yes, ...
d. Is this your name? Yes, ...
e. Are her parents at home? No, ...

3 **Complète avec *there is* ou *there are*.**
**

a. .... twenty students in my class.
b. .... champagne in your glass.
c. .... a present for you on the table.
d. .... a lot of books on the shelf.

4 **Regarde attentivement ce dessin. Décris ce**
** **que tu vois en utilisant *there is* ou *there are*.**

Pour le faire, utilise les mots suivants :
poster – teacher – chair – blackboard – book.

a. There is ....
b. There are ....
c. ....
d. ....
e. ....

5 **Comment dirais-tu que... ?**
**

a. Ta sœur Mary a très faim et soif.
b. Il a douze ans.
c. Il fait chaud dans ta chambre.
d. Il y a un chien et deux chats dans la voiture.

6 **Mets ces phrases au pluriel.**
**

a. This is your book. ....
b. That's my name. ....
c. This is Jack's shoe. ....

7 **Mets ces phrases au singulier.**
**

a. Those flowers are expensive.
b. These pictures are Allison's.
c. I don't like those birds.

8 **Que porte ce drôle de singe? Complète la**
** **phrase.**

This strange monkey is
wearing a green ....,
a .... shirt,
an orange ....,
blue .... and black s.........

cap

coat

belt

2 L'article, le nom

Grammar

L'article

L'article se place devant le nom et le détermine.

• L'article **indéfini** existe sous deux formes au singulier : ***a*** devant une consonne, devant un **y** et un **u** prononcé [ju] ➜ *a cup, a rose, a yard, a unit* ; ***an*** devant un mot commençant par une voyelle et un **h** muet (non prononcé) ➜ *an umbrella, an egg, an hour.*
L'article indéfini n'a pas de forme pluriel : *a poster* ➜ Ø *posters*.
Il se place devant les noms de métiers : *Jessica's father is a dentist.*

• L'article **défini** ***the*** est invariable.
the boy ➜ *the boys* *the girl* ➜ *the girls* *the pencil* ➜ *the pencils*
The se prononce de deux manières : [ðə] devant un nom commençant par une consonne, un **y** ou un **u** prononcé [ju] ➜ *the* [ðə] *ball, the yellow car* ; [ði:] devant un nom commençant par une voyelle ➜ *the* [ði:] *umbrella.*
On n'emploie pas *the* devant certains noms : les langues (*She teaches English.*), les repas (*Come for lunch.*), les activités humaines (jeux, sports, matières scolaires ➜ *I play golf.*), les jours, mois et saisons (*I visit my grandmother on Saturday.*), les pays (*I love Italy.*) sauf *the United States*.

Le nom

Le nom désigne une personne, un animal, une chose.

• Les **dénombrables** = ce que l'on peut compter. Ils peuvent se mettre au pluriel :
a car ➜ *cars* *a dog* ➜ *dogs*
La plupart des dénombrables prennent un ***s*** au pluriel qui se prononce [s] ou [z].
Certains dénombrables forment leur pluriel en ***es*** comme quelques mots terminés par *o* (*tomatoes, potatoes,* mais *pianos*), les mots terminés par une consonne et *y* (*babies, ladies, stories*) et les mots terminés par *s, x, sh, ch* (où le *es* se prononce [ɪz] ➜ *boxes, buses, brushes, matches*).

• Les **indénombrables** = ce que l'on ne peut pas compter. Ils ne peuvent pas se mettre au pluriel : *water, sugar, time, money.* Les pluriel irréguliers : man ➜ men, woman ➜ women, child ➜ children, foot ➜ feet, tooth ➜ teeth, mouse ➜ mice.
Cas particuliers : *people*, toujours suivi d'un verbe au pluriel, ne prend pas d'*s* quand il signifie « des gens », « du monde » (*There are a lot of people in the store.* Il y a beaucoup de monde dans le magasin.), et *hair* toujours suivi d'un verbe au singulier (*His hair is dirty.* Ses cheveux sont sales.).

Vocabulary

Jobs

butcher — grocer — greengrocer — policeman — postman — baker — hairdresser — floris[t]

doctor

dentist

nurse

Anglais

OBJECTIFS
- Tout savoir sur l'article et le nom (formation, pluriel).
- Maîtriser le vocabulaire des métiers.

Exercises

1 **Complète avec *a, an* ou Ø (pas d'article).**
★
a. She wants to buy ...... yellow hat.
b. Is Peter ...... painter? No, he's ...... architect.
c. There are ...... dogs in the garden.
d. She is ...... American journalist.
e. The meeting is in ...... hour.

2 **Mets ces mots au pluriel, puis place-les dans la bonne colonne.**
★★
mother – bus – baby – car – window – match – potato – boy – bag – box

Pluriels en *-s*	Pluriels en *-es*
....	....
....	....
....	....
....	....
....	....
....	....

3 **Place ces mots dans la bonne colonne.**
★★
sugar – glass – book – bread – money – computer – milk – time – orange – water – chair – salt

Dénombrables	Indénombrables
....	....
....	....
....	....
....	....
....	....
....	....

4 **Souligne l'article *the* lorsqu'il se prononce [ðiː].**
★★
the article – the magazine – the shop – the university – the umbrella – the hour – the zoo – the English – the clock.

5 **Que vois-tu ? Compte et écris.**
★★

a. I can see ....
b. I can see ....

c. There are ....
and ....
d. I can see ....

e. I can see ....

f. There are ....

6 **Construis les questions et les réponses sur le modèle suivant.**
★★★
Ex : Arthur/architect/teacher
Is Arthur an architect?
No, he isn't. He's a teacher.
a. Helen/model/secretary
b. Ben/doctor/dentist
c. Sam and Simon/painters/policemen

7 **Complète cette grille des métiers et tu découvriras un autre mot dans la colonne bleue.**
★★★
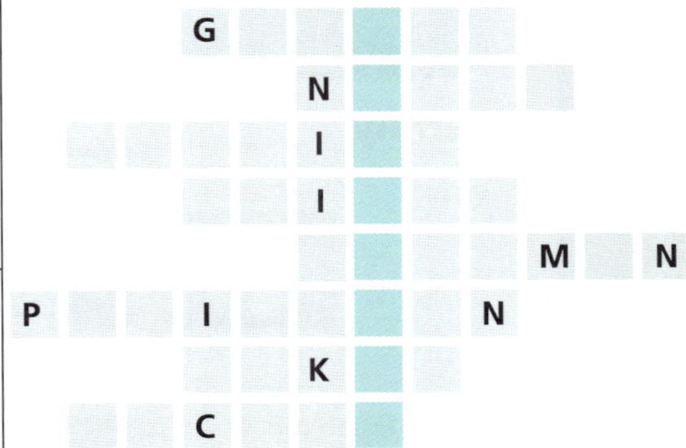

Le mot mystère est : ....

Anglais

Grammar

Have got

- *Have got* **sert à parler de ce que l'on possède.**

Forme affirmative : *I/you/we/they have got* — *he/she/it has got*
Forme interrogative : *Have I/you/we/they got?* — *Has he/she/it got?*
Forme négative : *I/you/we/they have not got* — *He/she/it has not got*
Forme contractée : *I've got, I haven't got* — *He's got, he hasn't got*
Marny has got a new stereo. *Has he got a dog?* *My cousins haven't got a car.*
Attention à ne pas confondre les formes contractées de *have* **et de** *be* **à la troisième personne du singulier :** *He's got a car. He's thirsty.*

How many/How much

- ***How many***, suivi d'un nom **pluriel**, interroge sur le **nombre**.

How many pages are there in the book? Combien y a-t-il de pages dans le livre ?

- ***How much***, suivi d'un **indénombrable**, interroge sur la **quantité**.

How much money do you want? Combien d'argent veux-tu ?
Il interroge aussi sur le prix. *How much is it?* Combien cela coûte-t-il ?

Some/Any

- Pour exprimer une **quantité non définie ou vague** on utilise ***some*** et ***any***. Ils s'emploient devant les indénombrables (ce que l'on ne peut compter) et les dénombrables pluriel.
- On emploie ***some*** dans les phrases **affirmatives** (*There is some tea in the cup. – There are some postcards on the table.*) et dans les phrases **interrogatives** où l'on attend une réponse affirmative, c'est-à-dire lorsque l'on sait qu'il y a ce que l'on demande, ou lorsque l'on fait une offre (*Can I have some bread please? – Would you like some coffee?*).
- On emploie ***any*** dans les phrases **négatives** contenant ***not*** (*There aren't any biscuits on the plate. He hasn't got any money.*) et dans les phrases **interrogatives** lorsque l'on ne sait pas s'il y a ce que l'on demande (*Have you got any milk? – Are there any tomatoes in the basket?*).

Vocabulary

Family

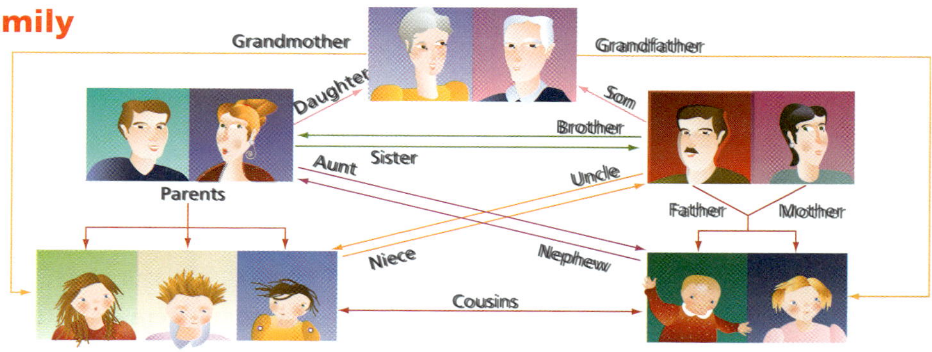

eat

drink

sleep

OBJECTIFS
Savoir exprimer la possession et la quantité.
Maîtriser le vocabulaire de la famille et quelques verbes d'action.

Exercises

1 Observe cet arbre généalogique et trouve de qui il s'agit.
★

a. She has got five grandchildren. ~~five~~ Mary
b. She has got two nieces. Sue
c. He has got three nephews. Ben
d. He has got three sons. Brian
e. She has got two daughters. Carol

2 Pour chacune des phrases suivantes, indique s'il s'agit du "s" de *has* ou de *is*? Coche la bonne case.
★★

	has	is
a. She's got a lot of animals.	❑	❑
b. She's very tired.	❑	❑
c. He's working in the garden.	❑	❑
d. He's got a new tennis racket.	❑	❑

3 Pose des questions sur les mots soulignés. Utilise *how much* et *how many*.
★★

a. Patricia has got <u>a lot of work</u>.
b. Fred has got <u>four sisters</u>.
c. John's parents have got <u>two cars</u>.
d. I've got <u>a lot of bread</u>.
e. We've got <u>five apple trees</u> in the garden.

4 Comment demanderais-tu à Ben... ?
★★

a. S'il a un ordinateur.
b. Combien de frères et de sœurs il a.

5 Complète les phrases suivantes avec *some* ou *any*.
★★

a. There are ...some... toys on the floor.
b. There aren't ...any... glasses on the table.
c. Would you like ...any... tea?

6 À partir des dessins, forme les questions et les réponses comme dans l'exemple donné.
★★★

Ex : Are there any sweets in the box?
No, there aren't any. There are some biscuits in the box.

a. Are there any posters on the wall?
b. Is there any butter on the plate?
c. Is there any champagne in the bottle?
d. Are there any books in the bag?

7 Cette grille contient neuf mots que tu viens d'étudier. Les trois lettres restantes te permettront de compléter le mot mystère.
★★★

D	A	U	G	H	T	E	R
F	A	T	H	E	R	A	S
D	N	I	E	C	E	U	O
N	C	O	U	S	I	N	N
A	M	O	T	H	E	R	R
R	N	E	P	H	E	W	E
G	U	N	C	L	E	N	H
G	R	A	N	D	M	O	T

Le mot mystère est : – – – T

dream

read

speak

Anglais

4

L'adjectif, la comparaison, les adverbes

Anglais

OBJECTIFS

- Savoir utiliser les adjectifs et leur comparatifs. ainsi que les adverbes.
- Maîtriser le vocabulaire du corps et quelques adjectifs courants et leur contraire.

Grammar

L'adjectif

- **L'adjectif est un mot qui accompagne le nom et en précise le sens.** Attention, en anglais, il peut être **épithète** en se plaçant avant le nom (*I like your red bag.*) ou **attribut** (*This book is interesting.*).
- L'adjectif est **invariable**. *The boy is tall.* *The girl is tall.* *The teachers are tall.*
- Les **adjectifs de nationalité** prennent une **majuscule**. *I speak English.*

La comparaison

- Le **comparatif d'égalité** se forme en mettant ***as*** de chaque côté de l'adjectif.
Exercise 2 is as easy as exercise 5. L'exercice 2 est aussi facile que l'exercice 5.
Paul isn't as tall as Jim. Paul n'est pas aussi grand que Jim.

- Le **comparatif de supériorité** se forme en mettant pour les :
– adjectifs courts : adjectif court + *er* + *than* *My dress is shorter than yours.*
Attention : *big* ➜ *bigger* *fat* ➜ *fatter* *happy* ➜ *happier* *funny* ➜ *funnier*
– adjectifs longs : *more* + adjectif long + *than* *Jane is more beautiful than Sue.*
Attention, certains adjectifs ont des comparatifs irréguliers :
good ➜ *better* *bad* ➜ *worse* *This restaurant is better than that one.*

Les adverbes

- **L'adverbe est un mot qui accompagne un verbe pour en préciser le sens.**
Les adverbes de **manière** se forment en ajoutant ***-ly*** à l'adjectif.
Paul drives slowly.
Attention : *happy* ➜ *happily* *comfortable* ➜ *comfortably*
Well et ***very much*** sont des adverbes. Ils se placent après le complément.
Well est l'adverbe qui correspond à l'adjectif ***good***. *He dances well.*
Very much signifie **beaucoup**. *I like chocolate very much.*

Vocabulary

The Face, The Body

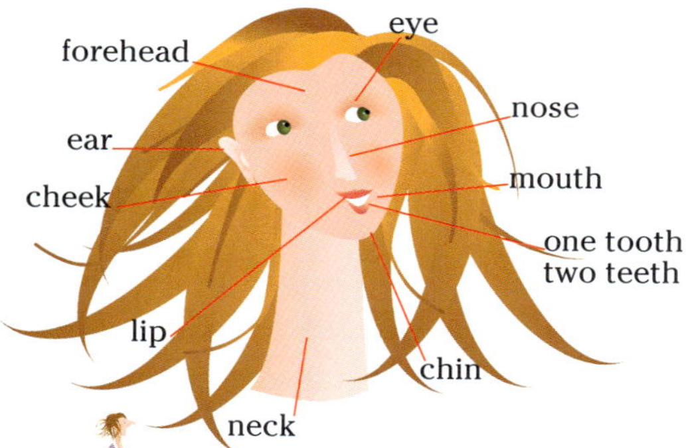

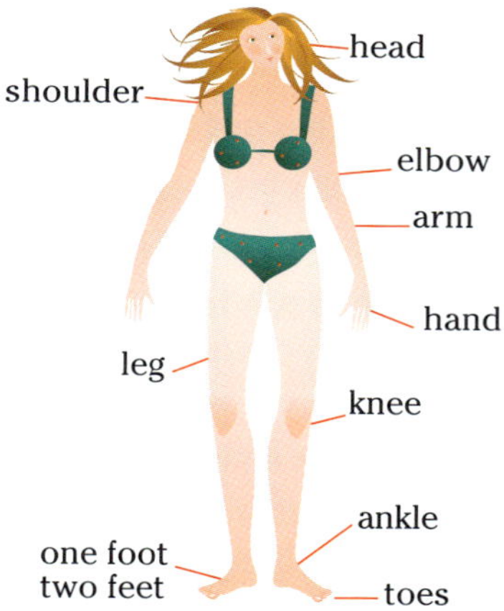

Exercises

1 ★ **Forme des phrases avec les mots fournis dans le désordre.**

a. expensive/her/is/dress/new/.

b. teacher/my/English/interesting/is/.

c. are/shoes/dirty/your/.

2 ★★ **Écris le contraire des adjectifs pour compléter la grille.**

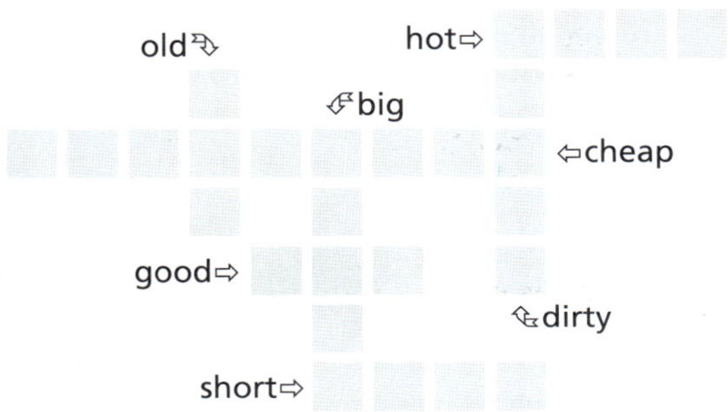

3 ★★ **Construis des phrases avec les éléments donnés.**

Ex : Peter/tall/Paul/. Peter is taller than Paul.

a. Your bag/heavy/my bag/.

b. California/hot/Canada/.

c. Jane/small/Allison/.

d. My room/clean/yours/.

e. Michael/happy/Jonathan/.

4 ★★ **Transforme ces adjectifs en comparatifs.**

easy → .... big → ....

good → .... bad → ....

5 ★★ **Transforme ces adjectifs en adverbes.**

quick → .... simple → ....

happy → .... good → ....

6 ★★★ **Regarde les prix sur les étiquettes. Complète les phrases en utilisant *as... as*, *-er... than* ou *more... than* et les adjectifs *cheap* et *expensive*.**

a. The tomatoes are .... the potatoes.

b. The apples are .... the oranges.

c. The bananas are .... the carrots.

d. The bananas are .... the apples.

e. The potatoes are .... the carrots.

7 ★★★ **Comment dirais-tu que... ?**

a. Ben parle très bien anglais.

b. Ton père conduit lentement.

c. Tu aimes beaucoup Londres.

8 ★★★ **Complète les phrases suivantes avec un élément du visage ou du corps.**

a. I can smell flowers with my ....

b. I can touch my nose with my ....

c. I can eat ice cream with my ....

d. I can see with my ....

e. I can walk and dance with my ....

f. I can hear with my ....

Anglais

5 La possession, *Whose*

Grammar

On peut exprimer les **relations entre les personnes** et la **possession** de différentes manières en anglais.

La possession

• **Les déterminants possessifs** sont toujours suivis d'un nom (mais ne s'accordent pas avec ce nom). *My pen – Your pen – His/her/its pen – Our pen – Your pen – Their pen*

His name is Tom. This is ***his*** *watch.*

Her name is Julia. This is ***her*** *watch.*

À la troisième personne du singulier, on choisit ***his*** (masc.), ***her*** (fém.) ou ***its*** (neutre) : *his name* (le nom du garçon) ; *her name* (le nom de la fille) ; *its name* (le nom d'un animal ou d'un objet).

• **Le cas possessif**

Henry's computer

My father's car

La possession est exprimée au singulier par ***'s*** suivi d'un nom sans déterminant. Le possesseur est placé en premier.
Au pluriel, le ***s*** du cas possessif disparaît mais l'apostrophe demeure. *The tourists' cameras*
Lorsque le pluriel est **irrégulier**, on emploie *'s*. *The children's toys*

Whose

• ***Whose*** **sert à interroger sur l'appartenance.**
Whose jacket is this? It's Joe's jacket. À qui est cette veste ? C'est la veste de Joe.
On peut aussi répondre : *It's Joe's. It's his jacket.*

Vocabulary

Everyday Objects

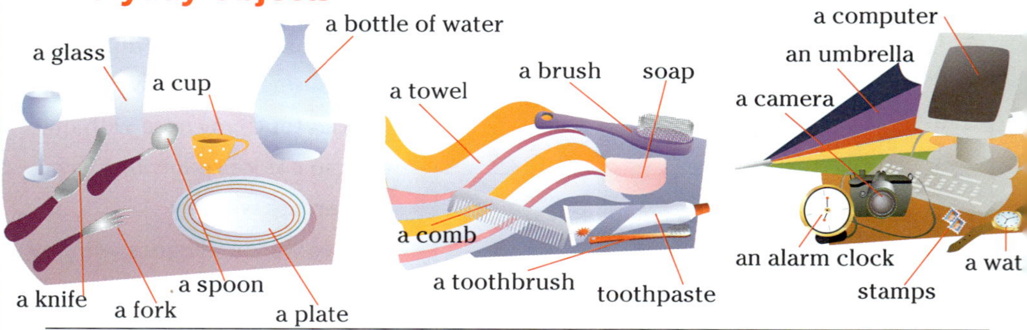

Anglais

OBJECTIFS
- Savoir reconnaître les déterminants et le cas possessif.
- Savoir utiliser *whose*.
- Maîtriser le vocabulaire des objets de la vie courante et les couleurs.

Exercises

X

1 Complète les phrases suivantes avec un déterminant possessif. ★

a. Jonathan is my friend. ...His... father is German but ...her... mother is American.

b. I like Paula but I don't like .... sister.

c. This is Allison and Jessica's room. It's .... room.

d. We would like to invite you to .... country house.

/5

2 Réponds aux questions comme dans l'exemple donné. ★★

Ex : Whose glass is it? (Brian)
It's Brian's glass. It's his glass.

a. Whose scarf is it? (Samantha)

b. Whose shoes are they? (Mr Simmons)

c. Whose racket is it? (Raphael)

d. Whose dogs are they? (my cousins)

3 Donne une réponse négative et complète. ★★

Ex : Is it Sally's car? (Helen)
No, it isn't. It's Helen's.

a. Is it Mr and Mrs Simpson's house? (the Browns)

b. Is it Colleen's coat? (Britney)

c. Are they your friend's shoes? (Brian)

d. Is it Elton's umbrella? (Cathy)

4 Construis les questions et les réponses sur le modèle suivant. ★★

Ex : Pamela/father
Whose father is he? He's Pamela's father.

a. Karen/baby

b. The girls/toys

c. Jessica/dictionary

d. The children/bikes

5 Comment demanderais-tu... ? ★★

a. À qui sont ces lunettes ?

b. À qui est ce transistor ?

c. À qui appartient cette veste ?

6 Comment dirais-tu que... ? ★★

a. Ton ami est le frère de Mike.

b. Ta mère est la cousine de Pierre.

c. Tu aimes John mais pas son frère.

7 Remplace les mots soulignés par des déterminants possessifs. (Il peut y avoir deux réponses possibles.) ★★

a. I like my cousin's car.

b. Look at my parents' new video.

c. Allison always plays with Fred's sister.

d. Where is my friend's bike?

8 Les mots soulignés ont été mélangés. Remets-les à la bonne place pour que les phrases aient un sens. ★★★

a. I brush my teeth with a camera.

b. I cut my steak with a spoon, I eat my yoghurt with a fork and I eat potatoes with a knife.

c. When it rains I take my computer.

d. I take pictures with a bottle.

e. I fill my watch with water when I go for a picnic.

f. After school I usually play on my umbrella.

6 Le présent progressif

Grammar

• Pour parler d'une **action qui est en train de se dérouler** on emploie le **présent progressif** (également appelé **présent continu** ou **présent *be* +*ing***).
Look! Jane is playing tennis.
Regarde ! Jane joue au tennis.

• La phrase **se construit** ainsi :
Sujet + auxiliaire ***be*** + base verbale + ***ing*** [+ complément]
Jane *is* *playing* *[tennis].*

• Forme **affirmative** :

I am working	*We are working*
You are working	*You are working*
He/she/it is working	*They are working*

• Forme **interrogative** : auxiliaire ***be*** + sujet + base verbale + ***ing***.
Is *he* *working?*

• Forme **négative** : sujet + auxiliaire ***be*** + négation + base verbale + ***ing.***
He *is not (isn't)* *working.*

• Pour les **réponses brèves**, on reprend le sujet sous forme de pronom personnel et l'auxiliaire ***be*** : *Is Mary cooking? Yes, she is.*
Are your friends listening to music? No, they aren't.

• Le présent progressif sert à **poser des questions** sur des **actions qui se déroulent en ce moment.**
What is she doing? She's working.
Where are they going? They're going to the cinema.

Vocabulary

The House

Anglais

OBJECTIFS
- Savoir utiliser le présent progressif.
- Maîtriser le vocabulaire de la maison.

Exercises

1 ★ **Mets les phrases suivantes à la forme interrogative, puis à la forme négative.**

a. Peter is making a cake.

b. His parents are painting the garage.

c. The English tourists are taking pictures.

2 ★★ **Dis ce que chacun est en train de faire. Écris la question et la réponse.**

a. What is he doing?

He's ……………………………………

b. ……………………………………?

……………………………………

c. ……………………………………?

……………………………………

d. ……………………………………?

……………………………………

3 ★★ **Donne des réponses brèves aux questions suivantes.**

a. Are you reading? Yes, ……………

b. Is Matthew painting his room? No, ……………

c. Are his brothers playing in the garden? Yes, ……………

d. Are you and your cousin watching TV? No, ……………

4 ★★ **Comment dirais-tu que… ?**

a. Rachel nettoie ta chambre.

b. Ton père est en train de réparer ton vélo.

c. Tu regardes la télévision maintenant.

5 ★★ **Mets le verbe entre parenthèses au présent simple ou au présent progressif.**

a. He …………………… the train every day at eight. (take)

b. Look! Amanda …………………… TV. (watch)

c. We …………………… at seven in the morning. (get up)

d. …………………… you …………………… tea in the morning? (drink)

e. …………………… you …………………… tea now? (drink)

6 ★★ **Mets les phrases suivantes à la forme interrogative, puis à la forme négative.**

a. Jessica is speaking on the phone.

b. Allison likes skiing.

7 ★★ **Complète les phrases suivantes.**

a. Where do you sleep? I sleep in my bedroom ~~ou est ton lit ? Mon lit est dans~~

b. Where do you have dinner? I dinner in my the kitchen

c. Where do you watch TV? I TV in the living-room

d. Where do you cook? I cook in the ~~kitchen~~ bedroom

e. Where does your mother plant flowers? She ~~is~~ ~~to~~ plant flowers in the garde

f. Where does your father park his car? He park his car dans the garage

g. Where do you have a bath? I ……………

armchair

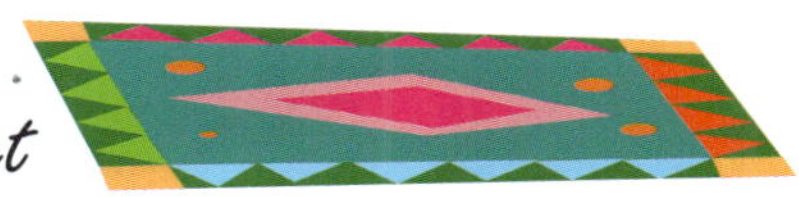
carpet

curtains

Anglais

Grammar

Le présent simple

- Le présent simple sert à **décrire des actions habituelles, à parler de vérités, de faits permanents, de généralités.**

I get up at seven every day. *The sun shines in summer.* *He loves me.*

- À la forme **affirmative** on utilise la base verbale à toutes les personnes.

I play tennis — *We play tennis*
You play tennis — *You play tennis*
He/she/it plays tennis — *They play tennis*

Attention, il ne faut pas oublier d'ajouter un ***s*** à la troisième personne du singulier.

- Pour former les formes **interrogative** et **négative,** il faut utiliser ***do*** ou ***does*** à la troisième personne du singulier.

Forme interrogative	Forme négative
Do I play tennis?	*I do not (don't) play tennis*
Do you play tennis?	*You do not (don't) play tennis*
Does he/she/it play tennis?	*He/she/it does not (doesn't) play tennis*
Do we play tennis?	*We do not (don't) play tennis*
Do you play tennis?	*You do not (don't) play tennis*
Do they play tennis?	*They do not (don't) play tennis*

- Pour former une **réponse brève**, on reprend le sujet sous forme de pronom personnel et l'auxiliaire.

Do you like orange juice? Yes, I do.
Does Paul work on Saturday? No, he doesn't.

Les adverbes de fréquence

- *Often* (souvent), *sometimes* (quelquefois), *always* (toujours), *never* (jamais), *usually* (habituellement) sont des adverbes de fréquence. Ils se placent **avant le verbe, mais toujours après *be*.**

The teachers are always angry because Peter never does his homework and usually speaks during the lesson.

Vocabulary

Days, Months

OBJECTIFS

- Savoir utiliser le présent simple et les adverbes de fréquence.
- Maîtriser le vocabulaire du temps et de l'environnement.

does doesn't
he she it

Exercises

1 Complète avec *do* ou *does*.
★
a. ...Do... your friend drink tea?
b. I ...do... not live here.
c. ...Do... her parents give her pocket money?
d. Helen ...does... not smoke.
e. ...Do... you like chocolate cakes?

2 Mets ces phrases à la forme interrogative, puis à la forme négative.
★
a. It often rains here.
b. My cousins live in New York.
c. I like my dog.

3 Trouve la réponse brève correspondant à chacune de ces phrases.
★
a. Does it rain in London? Yes, ...
b. Do the teachers give you a lot of exercises? Yes, ...
c. Do you like cheese? No, I don't
d. Does your father play golf? No, ...

4 Mets le verbe entre parenthèses soit au présent simple soit au présent progressif.
★★
a. Gilbert never .... at night. (drive)
b. The baby .... (sleep)
c. Lilian .... to the market on Sundays. (go)
d. Grandpa .... TV. (watch)
e. He often .... dinner. (cook)

5 Place l'adverbe au bon endroit dans la phrase.
★★
a. They go to school by bus. (often)
b. Brian helps me. (never)
c. I am late. (never)
d. My parents get up very early. (always)

6 Comment dirais-tu que… ?
★★
a. Tu ne joues jamais au tennis.
....
b. Ton oncle ne regarde jamais la télévision.
....
c. Il pleut toujours dans ta ville.
....

7 Regarde le calendrier et réponds aux questions suivantes.
★★
a. What is the sixth month of the year?
b. What is the third month of the year?
c. What is the eleventh month of the year?
d. What is the ninth month of the year?

8 Complète cette grille avec des noms de jours. Quel jour est dans la colonne bleue ?
★★★

8 Les mots interrogatifs

Anglais

OBJECTIFS
Savoir utiliser le bon mot interrogatif pour poser des questions.
Maîtriser le vocabulaire des animaux et de la ville.

Grammar

• Comme son nom l'indique, le mot interrogatif sert **à interroger, à poser des questions.**

• ***Wh- questions***

What interroge sur les choses, sur l'action. — *What is this? What is she reading?*
Who interroge sur une personne. — *Who is Paul?*
Whose interroge sur l'appartenance. — *Whose book is it?*
When interroge sur le temps. — *When does he work?*
Where interroge sur le lieu. — *Where do you play tennis?*
Why interroge sur la cause. — *Why are you late?*

• **Question avec *how***

How interroge sur le comment des choses, sur la manière et sur l'âge.
How can I go to the station? *How are you?* *How old is Ben?*
How much, how many (voir leçon 3).

• Si le pronom interrogatif est accompagné d'une **préposition,** il faut la rejeter en fin de question, **après le verbe**.
What is Vincent listening to? — Qu'est-ce que Vincent écoute ?
What are you waiting for? — Qu'est-ce que tu attends ?
What is he looking at? — Qu'est ce qu'il regarde ?

Vocabulary

Animals

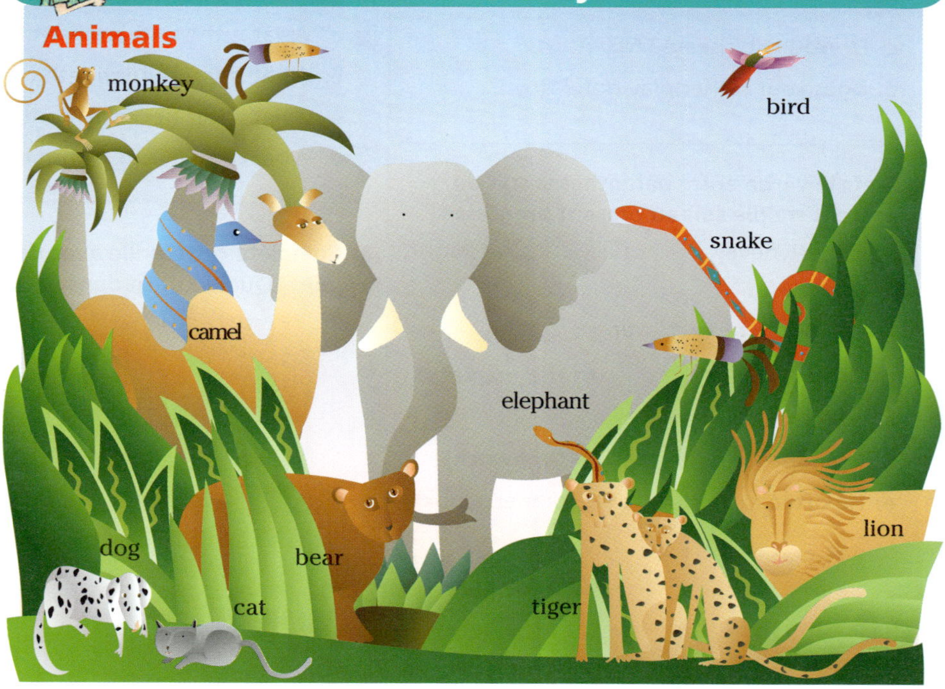

Exercises

1 **Ajoute le mot interrogatif manquant, les réponses t'aideront.** **

a. .... is he? He's 18.

b. .... are you studying? At the library.

c. .... are you studying? History and geography.

d. .... is Tom? He's fine.

e. .... car is it? Benjamin's.

2 **Pose des questions sur les mots soulignés.** **

a. Ken is <u>15</u>. ....

b. Pat is <u>driving her car</u>.

....

c. These flowers are <u>my mother's</u>.

....

d. I'm leaving <u>next Monday</u>.

....

e. Stuart lives <u>in Manchester</u>.

....

3 **Forme des questions à l'aide de ces mots dans le désordre.** **

a. are/ books/whose/these/?

....

b. the/is/man/behind/your/who/car/?

....

c. brothers/got/you/how/many/have/?

....

4 **Trouve les questions correspondant aux réponses données.** **

a. ....

– I've got two dogs.

b. ....

– He is leaving at five.

c. ....

– Margaret lives near the station.

d. ....

– Mr Thomson is my art teacher.

5 **Ajoute la préposition manquante.** **

a. What are you looking............?

– The garden.

b. Who are you waiting ....?

– My mother.

c. What is he listening ....? – The radio.

d. Where do you come............? – London.

e. What are you playing ....?

– My computer.

6 **Comment demanderais-tu… ?** **

a. Où il travaille.

b. Quel est son âge.

c. Combien de livres il lit (en ce moment).

7 **Utilise les lettres du panier pour compléter ces noms d'animaux.** **

a. _ I _ _ R

b. _ I O _

c. _ _ A R

d. M _ _ K _ _

e. _ I _ D

f. _ N _ K _

g. C _ _ _ L

zebra crossing

shops

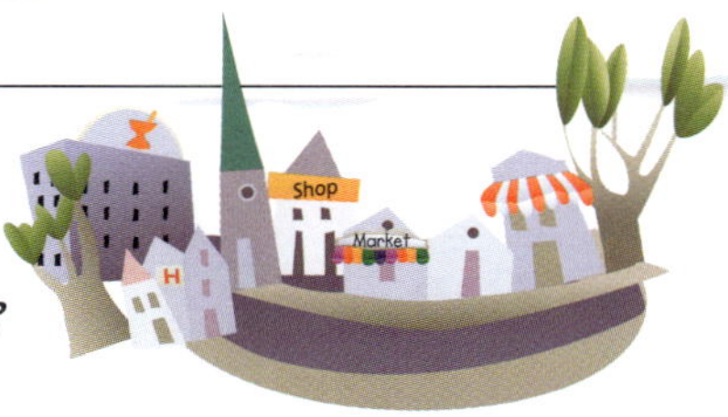

Grammar

Pour parler de l'avenir, on peut utiliser plusieurs constructions différentes.

- ***Be going to* + base verbale**

Forme affirmative	**Forme interrogative**	**Forme négative**
I am going to paint	*Am I going to paint?*	*I am not going to paint*
You are going to paint	*Are you going to paint?*	*You are not going to paint*
He/she/it is going to paint	*Is he/she/it going to paint?*	*He/she/it is not going to paint*
We are going to paint	*Are we going to paint?*	*We are not going to paint*
You are going to paint	*Are you going to paint?*	*You are not going to paint*
They are going to paint	*Are they going to paint?*	*They are not going to paint*

L'auxiliaire ***be*** se conjugue au présent. ***Going to*** et la **base verbale** sont **invariables**. Cette expression sert à exprimer une **action qui va se dérouler dans un futur proche, ce qu'on a l'intention de faire** et sert aussi à **prédire un événement.**

Look! She's going to dive. Regarde ! Elle va plonger.
I'm going to cook. Je vais cuisiner. = J'ai l'intention de cuisiner.
It's going to rain. Il va pleuvoir.

- ***Be* + base verbale + *ing* (présent progressif)**

Le présent progressif peut servir à **exprimer le futur** lorsque le **sujet est un être animé** et que la phrase contient un **complément de sens futur.**

Peter is coming at seven. Peter vient à sept heures.
I'm leaving next Tuesday. Je pars mardi prochain.
She's taking the plane tomorrow. Elle prend l'avion demain.

- Pour les **réponses brèves**, on utilise le pronom personnel sujet et l'auxiliaire *be*.

Are they going to visit the museum? *Yes, they are./No, they aren't.*
Is Mary going to take her car? *Yes, she is./No, she isn't.*
Is Frank leaving at two? *Yes, he is./No, he isn't.*

Vocabulary

Food

English

French

German

OBJECTIFS
Savoir exprimer le futur.
Maîtriser le vocabulaire de la nourriture et des nationalités.

Exercises

1 Regarde ce qui est inscrit sur l'agenda de
* cette maman et écris ce qu'elle va faire en
5 phrases.

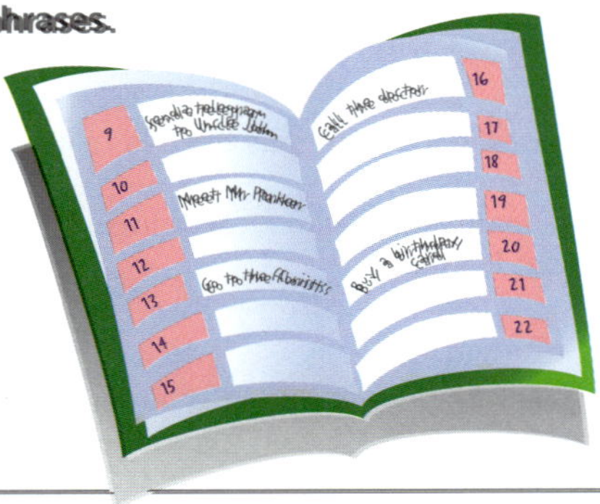

2 Utilise les éléments donnés pour construire
* une question et sa réponse.
Ex : Jack/ski/yes → Is Jack going to ski?
Yes, he is.

a. Benjamin/play tennis/yes

b. Matthew/go to the disco/no

c. Jessica and Allison/clean their room/yes

3 Donne des réponses brèves.
* a. Is it going to rain? No, ...

b. Is Bill going to repair your car?

Yes, ...

c. Are your cousins leaving tomorrow?

Yes, ...

4 Ces phrases sont-elles au futur (F) ou au
** présent (P) ? Coche la bonne case.

	F	P
a. She is going to the park.	❑	❑
b. She is going to go to the supermarket.	❑	❑

5 Regarde les dessins et dis ce que ces gens
** vont faire. Tu peux t'aider des mots suivants :
climb up – throw – a ladder

a. The policeman ....

b. The fireman ....

c. The acrobat ....

d. The baseball player ....

6 Donne les deux formes possibles du futur à
** partir des éléments fournis.
Ex : Brian/sign the contract/tomorrow
– Brian is going to sign // is signing the contract tomorrow.

a. Sam/go to the swimming pool/tomorrow

b. Her friends/take the train/at eight

7 Regarde attentivement le dessin en page
*** de gauche et écris ce que tu peux prendre
pour le petit déjeuner et pour le dîner.

a. For breakfast, I can have ....

b. For dinner, I can have ....

8 Qu'aimes-tu prendre à tes repas ? Écris-le
*** en quelques phrases.
Breakfast – Lunch – Dinner

Italian

Spanish

American

Anglais

10 Can/Can't, Must/Mustn't

OBJECTIFS

- Savoir reconnaître et utiliser les modaux.
- Maîtriser le vocabulaire des loisirs et quelques verbes d'action.

Grammar

- ***Can*** et ***must*** sont **des auxiliaires modaux.** Ils servent à modifier le sens des verbes qu'ils accompagnent. Ils peuvent exprimer **la capacité, l'obligation, l'interdiction.**
- **Règles générales.**

Ils sont suivis d'un verbe à l'infinitif **sans *to*.** *She can swim.*
Ils ont la même forme à toutes les personnes. Il n'y a donc **pas d'*s*** à la troisième personne du singulier du présent. *He must go now.*
Ils se conjuguent **sans *do*** aux formes interrogative et négative. À la forme interrogative, l'auxiliaire modal passe devant le sujet.
Can you speak Spanish? *I can't drive.*

- ***Can*** exprime :

– la **capacité physique** ou **intellectuelle** (traduit souvent par « savoir »)
I can play the piano. Je sais jouer au piano.
She can carry her bag. Elle peut porter son sac.
– la **permission** *Can I smoke?* Est-ce que je peux fumer ?
– la **demande polie** *Can you pass me the salt?* Peux-tu me passer le sel ?

- ***Can't*** exprime :

– l'**incapacité**
I can't speak German. Je ne sais pas parler allemand.
– l'**impossibilité**
I can't come tonight. Je ne peux pas venir ce soir. = C'est impossible, je suis déjà pris.
– l'**interdiction**
You can't watch TV now. Tu ne peux pas regarder la télévision maintenant.

- ***Must*** exprime :

– l'**obligation**
You must clean your room. Tu dois nettoyer ta chambre.
– l'**interdiction**
You mustn't smoke here. Vous ne devez pas fumer ici. = C'est interdit.

- Pour les **réponses brèves** aux questions introduites par *can* ou *must*, on reprend l'auxiliaire modal et le sujet sous forme de pronom personnel.

Can she swim? Yes, she can. *Can Paul come? No, he can't (cannot).*
Must Sarah go to bed? Yes, she must.

Vocabulary

Hobbies

run

walk

swim

Exercises

1 **Complète les phrases suivantes avec *can, can't, must, mustn't.***
★★
a. The table is heavy. I .... carry it.
b. It's late. You .... go to bed.
c. She lives in Madrid. She .... speak Spanish.
d. I'm tired. I .... help you.
e. We are in a hospital. You .... smoke here.
f. Your exam is tomorrow. You .... work.
g. .... you give me a pencil, please?
h. Children, come here! You .... walk on the grass.

2 **Mets ces phrases à la forme interrogative, puis à la forme négative.**
★★
a. Paul can watch television in the evening.
b. She must call the doctor.

3 **Donne des réponses brèves.**
★★
a. Can John play the flute? No, ...
b. Can you swim? Yes, ...
c. Must they get up at seven? No, ...
d. Must you wear a jacket? Yes, ...

4 **Construis la question et la réponse comme dans l'exemple donné.**
★★
Ex : Frank/play tennis at five/go to the doctor's
Can Frank play tennis at five? No, he can't. He must go to the doctor's.
a. Bernie/go out/do his homework
b. Wendy and Peter/watch TV/help their Mum

5 **À quelles notions correspondent ces phrases ? Relie chaque phrase à la notion qu'elle exprime à l'aide d'une flèche.**
★★

a. I can't carry it.	• interdiction
b. He can swim fast.	• permission
c. You mustn't smoke.	• capacité
d. I must learn my lesson.	• impossibilité
e. Can I go out tonight?	• obligation

6 **Comment dirais-tu que… ?**
★★
a. Ta mère sait parler trois langues.
....
b. Tu dois prendre le train demain matin.
....
c. Il ne peut pas sortir avec vous.
....

7 **Que font ces cinq amis le dimanche?**
★★

a. Karen ....
b. Keith..
c. Katlyn..
d. Kimberly..
e. Kevin..

11

Les nombres, la date et l'heure

Anglais

OBJECTIFS

- Savoir utiliser les nombres et formuler le temps qui passe.
- Maîtriser quelques prépositions de lieu et verbes d'action.

Grammar

Les nombres

- Les **nombres cardinaux** sont employés comme déterminants. Ils représentent une **quantité précise**.

1 *one*	6 *six*	11 *eleven*	16 *sixteen*	30 *thirty*	60 *sixty*
2 *two*	7 *seven*	12 *twelve*	17 *seventeen*	31 *thirty-one*	70 *seventy*
3 *three*	8 *eight*	13 *thirteen*	18 *eighteen*	32 *thirty-two*	80 *eighty*
4 *four*	9 *nine*	14 *fourteen*	19 *nineteen*	40 *forty*	90 *ninety*
5 *five*	10 *ten*	15 *fifteen*	20 *twenty*	50 *fifty*	

100 *a/one hundred* — 200 *two hundred* (pas de ***s***)

120 *one hundred and twenty* — 215 *two hundred and fifteen* (ajouter ***and***)

- Les nombres **ordinaux** servent **à classer, à donner un rang** (premier, deuxième...). On ajoute ***th*** aux nombres cardinaux.

1st first	*6th sixth*	*11th eleventh*	*20th twentieth*
2nd second	*7th seventh*	*12th twelfth*	*30th thirtieth*
3rd third	*8th eighth*	*13th thirteenth*	*32nd thirty-second*
4th fourth	*9th ninth*	*14th fourteenth*	*50th fiftieth*
5th fifth	*10th tenth*	*15th fifteenth*	*100th hundredth*

La date

On écrit *December 31st, 1999*.

On dit *December the thirty-first, nineteen ninety-nine* ou *the thirty-first of December, nineteen ninety-nine*.

L'heure

What time is it? Attention, en anglais on annonce **les minutes avant les heures.**

It's eight o'clock.

It's half past eight.

It's five past eight.

It's twenty-five to eight.

It's twenty past eight.

It's a quarter to eight.

Vocabulary

Prepositions

- *John is sitting behind Ben.*
- *Ben is sitting between John and Vincent.*
- *Vincent is sitting in front of Ben.*
- *Sarah is sitting near Vincent.*
- *The child is sitting on his father's shoulders.*
- *The boy is under the seat.*

open

close

catch

Exercises

1 **Écris ces nombres en toutes lettres.**
* 28 – 91 – 13 – 128 – 220 – 88

2 **Écris ces nombres en chiffres.**
*
a. fifty-three: ....
b. seventeen: ....
c. one hundred and eighty: ....

3 **Écris ces dates en chiffres.**
*
a. nineteen eighty-two: ....
b. seventeen eighty-nine: ....
c. eighteen seventy-three: ....

4 **Écris les dates suivantes en toutes lettres.**
**
1776 – 1921 – 2000

5 **Lis l'heure puis place les aiguilles correctement.**
**
a. It's half past eleven.
b. It's ten to twelve.
c. It's a quarter past two.
d. It's twenty past ten.
e. It's twenty-five past six.

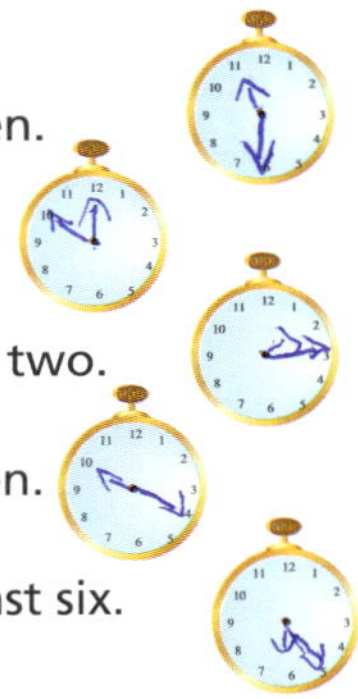

6 **Regarde ces montres et écris l'heure.**
**

a.

b.

c. d. e.

7 **Observe bien ce calendrier. Complète les phrases.**
***
a. Jane's birthday is on ....
b. Paul's birthday is on ....

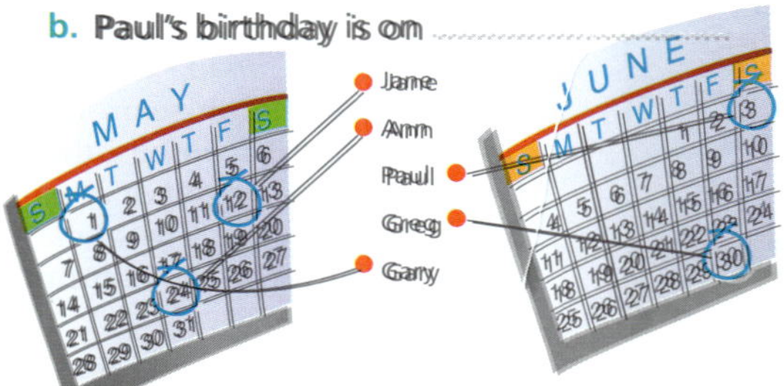

c. Greg's birthday is on ....
d. Ann's birthday is on ....
e. Gary's birthday is on ....

8 **Complète avec la préposition qui convient.**
***

a. Betty is in front of the tree.
b. Allison is near Jessica.
c. Jessica is between Allison and Matthew.
d. Matthew is near Jessica.
e. Bill is .... the wall.

dance

fall

jump

Anglais

12

Le prétérit simple

Anglais

Grammar

Le prétérit sert à parler d'un événement passé.

- Prétérit de ***be.***

– Forme **affirmative**. *I was, you were, he/she/it was, we were, you were, they were.*
My sisters were in Italy last week.

– Forme **interrogative**. Pour construire la forme interrogative on fait passer l'auxiliaire avant le sujet. *Was he at school yesterday?*

– Forme **négative**. Pour construire la forme négative on place ***not*** après l'auxiliaire.
We weren't on holiday last week.

- Pour les **réponses brèves**, on utilise le pronom personnel sujet et l'auxiliaire.
Were they happy? Yes, they were. *Was he tired? No, he wasn't.*

- Prétérit des **verbes réguliers.**

On ajoute ***-ed*** à la base verbale à toutes les personnes.
play ➜ *played* *open* ➜ *opened* *like* ➜ *liked*
Attention: le ***-ed*** doit se prononcer [ɪd] lorsque la base verbale se termine par [t] ou [d]. paint ➜ painted decide ➜ decided
Les formes **interrogative** et **négative** se construisent avec l'auxiliaire ***did***.
Did he repair your car yesterday? *I didn't make my bed this morning.*
Attention, le verbe est à **l'infinitif sans *to*** car c'est ***did*** qui prend la marque du prétérit.

- Prétérit des **verbes irréguliers.**

Certains verbes ont un prétérit irrégulier qui est le même à toutes les personnes. Il faut les apprendre par cœur.
take ➜ *took* *give* ➜ *gave* *see* ➜ *saw* *make* ➜ *made* *speak* ➜ *spoke*
I saw Larry yesterday.

– Forme **interrogative**. *Did you see Larry yesterday?*

– Forme **négative**. *I didn't see Larry yesterday.*

Vocabulary

Means of Transport

train

bus

tube

taxi

bicycle

lorry

car

autumn

spring

OBJECTIFS

Savoir utiliser le prétérit simple.

Maîtriser le vocabulaire des moyens de transports et des saisons.

Exercises

1 ★ **Mets les verbes entre parenthèses au prétérit.**

a. Yesterday Melissa .... very late. (work)

b. My father .... a cake. (make)

c. I .... so tired last night. (be)

d. She .... him very much. (love)

e. We .... to Berlin in August. (go)

f. You .... time for shopping. (have)

g. Helen .... me a nice card. (give)

2 ★★ **Mets ces phrases à la forme interrogative, puis à la forme négative.**

a. His brother went to the concert yesterday.

b. We were late this morning.

3 ★★ **Donne des réponses brèves.**

a. Did you open the door? Yes, ...

b. Was it difficult? No, ...

c. Did the teacher repeat the lesson? Yes, ...

4 ★★ **Regarde bien ces dessins et réponds comme dans l'exemple donné. Utilise les verbes entre parenthèses.**

Ex : (watch, play) I didn't watch TV. I played tennis.

a. (go)

b. (listen, wash)

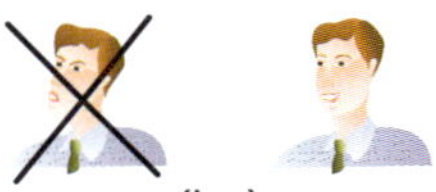

c. (be)

5 ★★ **Comment dirais-tu que... ?**

a. Tu as visité Rome l'été dernier.

b. Ton frère était malade hier.

6 ★★★ **Relie le ballon contenant l'infinitif au ballon contenant le prétérit irrégulier correspondant.**

buy — saw — kept — fall — write — bought — sat — keep — sit — began — fell — wrote — see — begin

7 ★★★ **En reliant les points de 0 à 32, tu découvriras un moyen de transport. Écris son nom.**

_ _ _ _ _ _ _ _ _ _

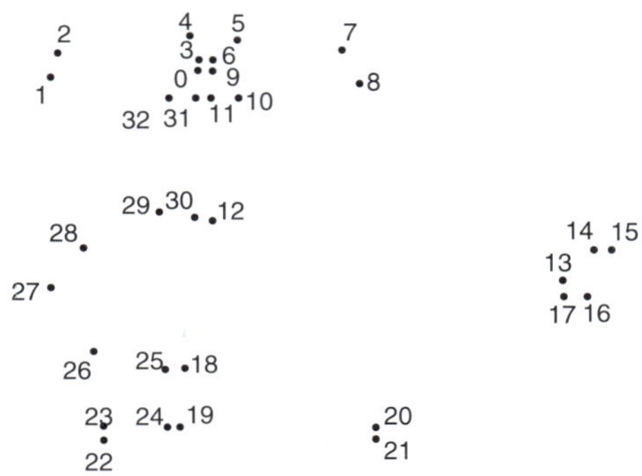

summer

winter

Chapitre 1 page 5

1 Ulysse – L'intérieur du cheval – Ulysse, Ménélas et trente soldats grecs – Agamemnon et toute l'armée grecque – Les Troyens – ils – ils.
2 un jardin – l'homme – qu' – toutes sortes d'arbres – l'homme – l' – le – le – à l'homme – ce commandement – manger – de tous les arbres.
3 Ils sont tous sujets.
4 a. J'en veux. b. Je les lui donne. c. Les chats se méfient d'eux. d. Les parents les y autorisent.
5 b., d., e. (les livres que).
6 m' : pronom personnel COD du verbe *attrister* – une rivière : Gn sujet du verbe *couler* – en : pronom personnel COI du verbe *parler* – l' : pronom personnel COD du verbe *voir* – qu' : pronom relatif COD du verbe *faire* – la : pronom personnel COD du verbe *pourrir*.

Chapitre 2 page 7

1 Par un jour d'hiver (CC de temps) – pour aller chercher (CC de but) – Quand il eut ramassé le bois et chargé le traîneau (CC de temps) – chez lui (CC de lieu) – tout de suite (CC de temps) – pour se réchauffer (CC de but) – un peu (CC de manière) – d'abord (CC de temps) – ainsi (CC de manière) – là (CC de lieu) – y (CC de lieu).
2 Un jour – y – presque entièrement – immédiatement.
3 Les compléments circonstanciels de temps : Préposition + GN : à minuit – au cours de ces dernières années. Adverbe : aujourd'hui. Préposition + Infinitif : Avant de manger cette huître. Subordonnée circonstancielle : quand les premières pluies sont arrivées.
Les compléments circonstanciels de lieu : Préposition + GN : vers les pays chauds. Pronom personnel : y. Préposition + pronom : chez moi. Pronom relatif : où.
4 Les compléments circonstanciels de cause : Préposition + GN : en raison des conditions météorologiques – Avec ses doigts gelés. Subordonnée circonstancielle : Puisque tu marches lentement. Indépendante coordonnée : car le chat n'est pas très loin.
Les compléments circonstanciels de manière : Préposition + GN : avec plaisir. Adverbes : rapidement – lentement.
5 a. Hier, le professeur n'a pas vu l'heure dans la cour. b. Le coureur arrive sur la ligne, en levant les bras. c. Ce matin, le cyclone approche rapidement des côtes. d. Charlotte joue souvent de l'harmonica, dans sa chambre. e. La soucoupe volante s'immobilise lentement dans le champ.
6 a. COD, CC. b. CC, COD. c. COD, CC. d. CC, COD. e. CC, CC.

Chapitre 3 page 9

1 L'assemblée de [Corinthe] – le royaume [des Perses] – dans tous les grands sanctuaires [de la Grèce] – des traces [de souvenirs]
2 Protée – Sounion – le chef du gouvernement – Athènes.
3 [Tous ces récits] [où se mêlaient la vérité et la légende]. – [les officiers du roi] [que la conquête de la Perse avait enrichis] et [qui avaient reçu [quelque gouvernement]] [dont ils auraient aimé jouir en paix, pour être moins ardents à tenter l'aventure].
4 pavés : nom commun complément du nom *tas*. – Chanvrerie : nom propre complément du nom *rue*. – digne : adjectif qualificatif épithète du nom *lutte*. – Troie : nom propre complément du nom *muraille*. – épuisés : adjectif qualificatif apposé au nom *hommes*. – qui n'avaient plus que quelques coups à tirer : sub. relative complément de l'antécédent *hommes*. – la tête ou le bras bandé dans un linge souillé et noirâtre : GN apposé à *hommes*.
5 (Propositions) : a. ..., dormir. b. ..., pays des Caraïbes, ... c. ..., réussir. d. ..., délégué de classe, ... e. ..., capitale de la Grèce, ...
6 Adjectifs épithètes : large – sombre – vieux – bon – vieilles – vieux – engageants. Adjectif attribut du sujet : ouvert.

Chapitre 4 page 11

1 est pourvue – n'ont pas été apportées – a été donné – est disposé – a été scellée.
2 a. Des bijoux ont été fabriqués par l'artisan. b. Une porte secrète est dissimulée par un rideau. c. Les coupes seront remplies par les esclaves dès le début du banquet. d. Les hiéroglyphes furent déchiffrés par Champollion. e. Les travaux d'écriture du pharaon furent accomplis par les scribes.
3 a. Tous ses camarades apprécient Julie. b. Tous les élèves de 3e ont organisé des rencontres de volley. c. Le réchauffement du climat provoquerait peut-être les cyclones. d. Le vent dispersa vite les nuages. e. Tous les élèves respecteront ce professeur.
4 Il faut à la fois souligner et entourer : fut – passa – semblait – couraient – ruisselait – avaient disparu.
5 fleurs, gondoles : compl. d'agent du verbe *couvrir*. – Venise : compl. de lieu de *faire la haie*. – canon : compl. du nom *coup*. – navires : compl. du nom *canon*. – d'un même mouvement : compl. circ. de manière du verbe *s'élever*.
6 a. Les wagons sont tirés par la locomotive. b. Les radars détectent le missile. c. Un débat suivra le film. d. Les animaux sont accablés par la chaleur. e. Le canal a été traversé par une foulque.

Chapitre 5 page 13

1 PC – PC – PS – PC – PS – PS – PS.
2 quand on est un chien trouvé : sub. circ. de temps. – D'abord, on ne fait pas de manières : principale. – C'est la Poivrée : principale. – qui glapit : sub. relative. – La Poivrée a une voix terriblement aiguë : indépendante. – Ses mots rebondissent contre les murs de la cuisine : principale. – où ils se mêlent aux tintements de la vaisselle : sub. relative. – Trop de bruit : phrase nominale indépendante. – Le chien n'y comprend rien : indépendante. – Le chien se contente d'aplatir

ses oreilles et d'attendre : principale. – que ça passe : sub. complètive. – Le chien en a entendu d'autres : indépendante.
3 Où campait Darius : sub. relative compl. de l'antécédent *endroit*. – que Darius faisait dévaster à mesure par des troupes légères : sub. relative compl de l'antécédent. – Parce que la fumée était très dense : sub. circ. compl. circ. de cause du verbe *former*. – quand il arriva au Tigre : sub. circ. compl. circ. de temps du verbe *franchir*. – parce que le gué était extrêmement profond et le courant fort rapide : sub. circ. compl. circ. de cause du verbe *franchir*.
4 Renart, / auquel tout moyen de fuite était interdit,/ sent /qu'il ne peut éviter le sort / dont on le menace/ qu'en s'humiliant devant son redoutable ennemi/. Il tombe à genoux, la queue entre les jambes, / et dit d'un ton suppliant :/ « Oncle, il est usage en cour de barons d'offrir et prendre l'amende de /ce qu'on a méfait./ Vous pensez / que j'ai méfait/ dites donc /quelle amende vous exigez de moi,/ et Dieu aidant, je vous satisferai. »
5 a. Je pars à la plage que tu m'as montrée hier (relative). b. Votre magnétoscope que vous vouliez jeter est réparé (relative). c. Sais–tu que le film Titanic a battu les records d'entrée ? (conjonctive). d. Je crois que le programme d'Histoire de la classe de 6e est passionnant (conjonctive). e. Le sanglier a chargé les chasseurs qui le poursuivaient (relative).

Chapitre 6 page 15

1 J' – qu' – Elle – c' – il – qui – me – m' – m' – m' – m' – s'.
2 (Propositions) : elles – Il – celui–ci – il – il.
3 a. des miens. b. les leurs. c. le tien. d. les leurs. e. les nôtres. f. les tiennes. g. le vôtre.
4 Pronoms personnels : il – y – les. Pronoms relatifs : qui – dont.
5 Pronoms relatifs : qu' – qui – qui – que – que. Conjonction de subordination : qu'il avait vu.
6 (Propositions) : Celui–ci – cet enfant – ce petit voleur – ce dernier – l'enfant – le vaurien.

Chapitre 7 page 17

1 La divine – Circé aux cheveux bouclés – la terrible déesse.
2 a. Une veuve. b. La fille aînée et la cadette. c. Une veuve et la fille aînée. d. La cadette.
3 Darius : il – il – grand roi – Il. Alexandre : conquérant.
4 (Propositions) : ce vieil homme – ce rôdeur – l'homme – cet individu – ce solitaire – ce cœur simple.
5 (Propositions) : Pierre est un musicien. Cet homme sait jouer de tous les instruments. Pierre est un très grand artiste.

Chapitre 8 page 19

1 Au soir – Aussitôt – Ensuite – Puis – encore.
2 En effet – En outre – Cependant – Enfin – donc.
3 (Propositons) : En effet – mais – Ainsi – car – et – Or.
4 (Propositions) : Aussitôt – Plus tard – encore – et.
5 Seigneurs, c'est d'une chose grave et sérieuse que j'ai à vous entretenir. Que chacun écoute avec grande attention. Je vais vous dire comment vous allez faire. Il faut, en effet, que vous sachiez que le Graal, vase d'or dans lequel a été recueilli le sang du Christ quand Longrin l'a percé de sa lance, a été transporté en Bretagne. Il vous faut donc partir à sa recherche. Il ne pourra toutefois être trouvé que par le meilleur chevalier du monde.

Chapitre 9 page 21

1 Pharaon (quitta, publia) – Il (établissait) – qui (obligeaient) – Chaque pêcheur et chaque chasseur (devaient).
2 Pensait (Daniel) – se mouvaient (qui) – luisait, allumait (soleil) – était (Le sable de la plage) – reflétaient (qui).
3 a. suis. b. participent. c. rêve. d. joue. e. paraissez.
4 a. offre. b. transmets. c. fera. d. plaisent, concernent e. skie.
5 qui – je – Elle – j' – Ses cheveux blonds – elle – une petite flamme d'ironie – Son visage doré par le vent de la mer – je – le nez droit, les lèvres pleines.
6 nourrissait – s'agissait – étaient – étaient pas préparés – pouvaient pas savoir – avaient – hérissaient – raidissaient – prenaient – jaillissait.

Chapitre 10 page 23

1 Le participe passé conjugué avec l'auxiliaire *être* : revenus. Les participes passés conjugués avec *avoir* : dit – embrassé – mouché – dit – dit.
2 a. Les joueurs sont rentrés victorieux. b. Les forêts ont été ravagées par l'incendie. c. Ces tasses sont décorées à la main. d. Ces oiseaux sont partis vers des pays plus chauds. e. Des élèves sont invités par leurs correspondants anglais.
3 a. a perdu. b. ont mis. c. as vus. d. a plantées. e. avez-vous achetée. f. a-t-elle choisis. g. avez-vous invités.
4 Françoise est restée seule. Elle a attendu un long moment. Quand elle a été sûre que les Jaouen étaient au lit, elle a saisi au portemanteau son imperméable, l'a boutonné étroitement à cause du vent. La main sur la poignée de la porte, elle a hésité encore, a regardé…
5 a. Nous les avons plantés. b. Elle l'a reçue. c. L'artiste les a vendues. d. Julie les a croqués. e. Pierre l'a attendue. f. Pascal l'a achetée. g. Daniel les a pêchés.
6 a. trouvé, rapportée b. vendu, rassemblée. c. attrapé d. expulsé e. préparés.

Chapitre 11 page 25

1 Elle (vêtue, coiffée) – fraîcheur (ravissante) – elle (enroulée) – traits (tirés) – humeur (méchante).
2 a. de folles amours. b. des petites orgues c. des grands cris de douleur. d. des épées en fer e. Ces coffrets en or.
3 a. Des bocaux remplis de bonbons. b. De grandes étendues vaseuses et herbues. c. Des journaux quotidiens. d. Des grosses baleines bleues. e. Des choux rouges et frisés.

4 rouges – charbons incandescents – longue – grise – emmêlées – sales et élimés – lourdes – fers – poignets – chevilles.
5 humble chaumière – prairies baignées – eau salée – belles terres grasses – récoltes lourdes – riches vallées – coteaux féconds.
6 a. Les jours de pluie, les bottes de paille b. Les jours de grand froid, une superposition de bonnets c. sa part de bagages d. des témoignages de tendresse e. Son manque d'attention, les branches du sapin f. un panier à provisions.

Chapitre 12 page 27

1 a – à – ont – a – à – as – On – a – ont.
2 a. se. b. Ceux, ces. c. se, ce, ceux, ce, ceux, se.
3 a. Qu'en. b. quant, s'en. c. s'en, sans. d. Quand, sans.
4 est – et – ses – à – s' – est – et.
5 Adjectifs possessifs : ses – leur (chat). Adjectifs démonstratifs : Ces – Ces. Pronom personnel : leur (nom). Conjonction de coordination : et. Interrogatif : Où.
6 ses – ses – ses – ses – on.
7 a. Ces informations sont à prendre avec réserve. b. Ils ont oublié leurs vêtements. c. Pour leur anniversaire, ses amis leur ont offert des jeux d'ordinateur. d. Ces fleurs se sont fanées .Ils ne leur ont pas laissé assez d'eau. e. Nous avons des frères qui sont au CP. f. Ils sont les premiers qui ont obtenu le bac dans leur village.

Chapitre 13 page 29

1 Nous faisions – Nous voyions – Nous appuyions – Nous commencions – Nous criions – Nous jouions – Nous associions – Nous bégayions – Nous bénéficiions – Nous courions.
2 Je nageais – Je commençais – Je créais – Je délogeais – Je dénonçais.
3 Je changeai – Nous vînmes – Vous vîtes – Ils tinrent – Tu pus.
4 a. Nous dûmes. b. Il put. c. Vous dîtes. d. Ils firent. e. Tu crus.
5 fut – prirent – regagnèrent – s'avançait – comprenait – était – avait – comprenait – mirent.
6 se balançait – râlait, étouffait, criait – avais – était – pouvait – se précipitait – luttait – rampaient.
7 se débanda – ce fut – fléchit – se fêla – se hâta – se précipita – emprunta – sauta – se mit – il tâcha – il la rappela – il l'insulta – il se cramponna – fut.

Chapitre 14 page 31

1 Imparfait : voyait. Passé simple : réussit – grésilla – hennit – piaffa – haleta – gloussa – cracha – disparut. Présent : fait.
2 Passé simple (actions bornées dans le temps et actions principales) : erra – vit – amena – retomba – aperçut – entendit. Imparfait (description arrière-plan) : se brisaient – avait.
3 Présent de vérité générale : c'est – passez – dégotez – retrouvez – contient.
4 voulait – fit – pouvait – paraissait – revint -désirait.
5 Imparfait (action qui dure, arrière-plan) : restait – voyait – se contractaient – mettait. Présent de vérité générale : qui se ferme. Plus-que-parfait (pour marquer l'antériorité par rapport au passé) : avait remarquées – avait observés.

Chapitre 15 page 33

1 je quitte – je parte – soit mort – je voie – tu promettes.
2 a. ailles. b. fassiez. c. nous prenions. d. ils viennent e. vous apportiez.
3 Que je crie – Que je paie – Que je nettoie – Que j'oublie – Que je voie.
4 a. je croie. b. tu sois. c. Il coure. d. ils veuillent.
5 a. Indicatif b. Subjonctif c. Subjonctif d. Indicatif.
6 a. que je voie. b. que tu rougisses. c. qu'ils croient. d. que vous veniez. e. que nous soyons.
7 a. Supposons que tu suives... b. qu'il aille... c. que nous lisions... d. que vous couriez... e. qu'ils fassent.
8 (Propositions) : Il faut que le délégué soit le lien entre les élèves et les profs. Il faut que le délégué montre l'exemple. Il faut que le délégué facilite les amitiés dans la classe. Il faut que le délégué parle aux profs des problèmes de certains camarades en restant discret.

Chapitre 16 page 35

1 Les verbes au conditionnel : serait vu – se jetteraient – donnerait – happerait – n'aurait pas. Les verbes à l'imparfait qui marquent une condition : quittait – osait.
2 a. dormirait b. étais, ferais. c. avais travaillé. d. avions gagné.
3 a. Je crierais, j'aurais crié. b. Tu viendrais, tu serais venu(e). c. Elle dirait, elle aurait dit. d. Nous ferions, nous aurions fait. e. Je commencerais, j'aurais commencé. f. Vous pourriez, vous auriez pu. g. Ils boiraient, ils auraient bu h. Elles mangeraient, elles auraient mangé i. Il courrait, il aurait couru.
4 a. Je savais que tu finirais par acheter une moto. b. Les oiseaux se taisaient car ils savaient que la tempête éclaterait bientôt. c. Il disait qu'hier il n'avait pas eu le temps de ranger sa chambre, mais qu'il le ferait demain. d. Les Anciens pensaient que le dieu des Enfers pèserait leur âme quand ils arriveraient devant lui.
5 a. Supposition. b. Concordance des temps. c. Condition.
6 (Propositions) : Si c'était un animal, ce serait un chat. Si c'était une fleur, ce serait un chardon de montagne. Si c'était une pierre, ce serait une émeraude.

Chapitre 17 page 37

1 Passé simple : comprit – fit – ordonna. Plus-que-parfait : avait commis – avait aveuglé. Imparfait : risquait – restait.
2 a. aura jeté, s'immobilisera b. aura attrapé, cessera c. achèterai, aurai essayées d. aurons dépassé, serons.

3 a. se fut levé. b. rangeai. c. eut fait, mit. d. revint.
4 vivait – faisait – payait – renvoyait – avaient retrouvé – étaient parvenus.
5 Passé composé : suis avancé – a mis – a tourné – suis sorti – ai descendu – ai couru. Plus-que-parfait : avais couru.
6 aller – Je suis allé – **J'étais allé** – **Je serai allé** – **Je fus allé**.
prendre – **Tu as pris** – Tu avais pris – **Tu aurais pris** – **Tu eus pris**.
faire – **Il a fait** – **Il avait fait** – **Il aurait fait** – Il eut fait.
dire – Nous avons dit – **Nous avions dit** – **Nous aurons dit** – **Nous eûmes dit**.
7 Plus-que-parfait : avait affirmé. Présent : existent – achètent. Passé composé : ont représentées – sommes venus. Conditionnel : aimerais. Futur antérieur : aurons fini. Futur : jetterons.

Chapitre 18 page 39

1 obtenir, acquérir – vouloir, désirer – pâle, blême – serein, tranquille.
2 (Propositions) : a. un camarade. b. une maison. c. du bruit. d. la télévision.
3 gracieux, disgracieux – laid, beau – petit, grand – immerger, émerger – immigrer, émigrer.
4 injuste – illogique – imbuvable – invraisemblable – impossible – jeune – laid – méchant – rapide – pauvre – raide.
5 a. allusion. b. infectée. c. imminent. d. lagune. e. sceptre.
6 Pierre est ancien élève. Il est grand, maigre, mou. Ses cheveux noirs, raides, sont courts. Il ne rit jamais et écoute très attentivement les professeurs. Pierre est un très bon élève, et il n'a jamais de drôles d'idées pour faire rire toute la classe.
7 a. astres, fortune. b. facile à couper, doux c. atmosphère, musique/morceau. d. congédier, dire merci.
8 vie – grande – réveillé – s'habituer – sombre – se contentait.

Chapitre 19 page 41

1 L'île d'Éole – pays – pic – sommet – cité – bas des falaises – sable – montagne.
2 Champ lexical de la couleur : vert clair – plus foncés – de toutes les nuances imaginables – roses – bleues – jaunes – rouges. Champ lexical de la forme : en carrés – en triangles.
3 Champ lexical de la tempête : glacial – des arbres rares malmenés par la tempête – un vent fou – ses tourbillons.
4 ses goûts d'indépendance – ne me parlez pas mariage – garder mon libre arbitre et circuler à ma fantaisie.
5 Champ lexical de la maladie : administra – médecine – ragaillardir – langueur – foie – rate – poumon, respire mal – soupir.
administra = donna – séné = médicament à base de plante – administration = prise – médicine purgative = qui lutte contre la constipation – ragaillardir = remettre en forme – langueur = abattement.
6 (Propositions) : frites – bonbons – caramels – choux à la crème – fruits...
7 (Propositions) : Aujourd'hui, je suis assez grand(e) pour être plus autonome. Je peux rentrer seul(e) du collège en étant très prudent(e). J'aimerais avoir la liberté d'inviter des camarades. Si je joue avec eux ou si je bavarde, je regarderais moins la télévision. Enfin, j'aimerais mon indépendance financière. Si vous me donniez de l'argent de poche, je pourrais gérer mon budget comme je veux...

Chapitre 20 page 43

1 a. annuel. b. commercial. c. ventru. d. empoté. e. familial.
2 <u>Sur</u>monter – <u>re</u>lire – <u>em</u>porter – <u>dé</u>jouer – <u>im</u>porter.
3 <u>Dur</u>able – <u>pharmacie</u>n – <u>gourmand</u>ise – <u>violon</u>iste – <u>chaufferet</u>te.
4 a. lent. b. courageuse. c. élégant. d. vrai. e. brillant.
5 Lundi – lunaison – alunir.
6 (Propositions) : demande – cuisine – fait – poissonnier – soupière – rigolo – explication – don.
7 Camp (décamper, campement) – campagne (campagnard) – capital (capitale, décapiter)
8 Anti = contre – inter = entre – rétro = arrière – trans = à travers – extra = hors de – pré = avant.
9 (Propositions) : boiser – déboiser – reboiser – boiserie – boisé.
10 a. campagne. b. vie. c. confort. d. raison.
11 défavorable – immoral – illisible – irresponsable – désespoir – déloyal – illégal – malhonnête – malhabile – mécontent.

Chapitre 21 page 45

1 a. alphabétique b. polythéistes c. polychromes d. chronomètre e. icônes.
2 a. Biblio = le livre. b. Bio= la vie. c. Graphi = écrire d. Micro = petit.
3 a. diurne. b. novembre. c. omnivore. d. décennie. e. omnipotent.
4 *perire* = mourir, périr – *currere* = courir – *videre* = voir – *tenere* = tenir.
5 Je suis perdu, je suis assassiné ! Où courir, où ne pas courir ?
6 Géographie : science qui étudie la surface de la terre – Orthophoniste : qui corrige les défauts de prononciation – Télévision : permet de recevoir des images de loin – Aquarium : qui contient de l'eau pour abriter des poissons – Hydraulique : qui fonctionne à l'aide d'eau – Bibliophile : qui aime les livres – Philippe : qui aime les chevaux.
7 a. la peau. b. le nez, la gorge et les oreilles. c. les enfants. d. les yeux.

Chapitre 22 page 47

1 m'ont ravi ma valeur – mon époux – s'il prenait soin de ma vie – me harcèlent et ruinent ma maison – ils pressent mon mariage – mais je trame des ruses.

2 a. navet = mauvais film. b. du toupet = de l'aplomb c. tu crânes = tu te vantes ; mais t'es pas cap = tu n'es pas capable. d. Il m'a collé une claque = Il m'a donné une gifle. e. Il sort d'où, ce bouffon = D'où vient cet individu ?
3 a. Tintin. b. Obélix. c. un professeur d'EPS (sport). d. un enfant. e. un médecin/docteur.
4 a. un poissonnier b. un ami. c. des élèves. d. des nageurs.
5 a. Je n'irai pas (gram.). b. Ta sœur ne sera jamais une bonne élève (gram.). c. Veux–tu jouer avec nous ? (gram.). d. Marc rit doucement au lieu de travailler (lexical). e. Cette eau est mauvaise (lexical).
6 stupéfia – le vieillard – se frangeaient – grandit – n'usait.

Chapitre 23 page 49

1 « Une, deux, trois » dirent les fossoyeurs.
2 Les passages de discours : « Oh ! le pauvre petit ! » – « Allons, Dolfi, viens te changer ! » – « Oh ! ces enfants ! Quelles histoires ils font pour rien ! » s'exclama l'autre dame. « Au revoir madame Hitler. ». Les passages de narration : tout le reste du texte.
3 « Les loups sont à nos trousses, Bill ! » dit l'homme qui ouvrait la marche. « Le gibier se fait rare. », répondit son compagnon. « Voici des jours que je n'ai pas vu la moindre trace de lapin. »
4 a. Le professeur explique : « Les leçons doivent être apprises par cœur. » b. Maman demande : « Quelqu'un a-t-il laissé un message pour moi ? » c. Il répéta : « Je suis innocent. » d. Sophie se demande : « Serai-je assez tenace pour gagner ce tournoi ? »
5 a. Le médecin dit que cet enfant sera vite guéri. b. Il affirme qu'il sera très vite de retour. c. Les élèves hurlaient dans les tribunes que les sixièmes étaient les plus forts. Ils allaient gagner. d. Il demandait où elle était allée hier.
6 Il se dit que s'il ne va pas chercher la tribu de ce grand chef, il sera tué par ses ennemis qui viennent de tous côtés avec des lances. Il se dit qu'il voit pourquoi le grand chef a fait semblant de ne pas le voir. Il se dit qu'il a eu peur que ses ennemis soient cachés dans la brousse et le voient lui donner un message. C'est pourquoi il lui a tourné le dos, afin de laisser à la sage et merveilleuse enfant la terrible image qui lui montre les dangers.

Chapitre 24 page 51

1 fenêtre – féodal – fer – férir – fermement – fermer.
2 a. hommage b. longtemps c. message d. patte.
3 a. masc. b. fém. c. masc. d. fém. e. masc. f. fém. g. fém. h. fém.
4 a. éveiller = se réveiller ; être attentif. b. immeuble = bâtiment ; qui ne peut être déplacé c. planche = pièce de bois plate ; la scène au théatre ; un tableau... d. soif = avoir besoin d'eau ; avoir un désir impatient. e. supérieur = qui est au-dessus ; un directeur.
5 a. explicite. b. adjectif. c. tacite. d. (Proposition) : En lecture, le sens caché d'un texte est le sens implicite.

6 a. C'est la prononciation du mot. b. Interjection ; substantif = nom commun ; homonyme.
7 Dénicha = trouva – massette = jonc – avions résolu = avions décidé – communiqua = fit passer.

Chapitre 25 page 53

1 a. Louise Moillon. b. Corbeille de prunes, corbeille de fraises. c. 0,44 x 0,58 m. d. En France, au Musée des Augustins, à Toulouse.
2 a. Une jeune femme avec un panier autour de son bras. À ses côtés, deux jeunes filles qui sont entre le premier et le second plan. b. On aperçoit en arrière-plan une foule composée principalement d'hommes coiffés d'un haut-de-forme et d'un parapluie, ainsi qu'une femme un peu plus âgée que l'on aperçoit sur le devant. c. Les éléments de couleur chaude qui ressortent sont le panier au premier plan dans un ton jaune-orangé, le cerceau, les cheveux blonds et le chapeau jaune de l'enfant, ainsi que les cheveux roux de la jeune femme de gauche qui attirent notre regard sur son visage.
3 a. Ce passage de la couleur plus foncée à la couleur plus claire rend la femme qui cueille des fleurs de plus en plus légère. Le peintre veut donc donner un effet de légèreté. b. Le passage des couleurs chaudes aux couleurs froides donne l'impression d'un mouvement de gauche à droite.

Chapitre 26 page 55

1 sale – tire-bouchonné – taché – graisseuse – crottées – le négligé de sa personne – une barbe de plusieurs jours – des couches de crasse derrière les oreilles.
2 Le portrait physique du Silène : un vieux satyre qui ne payait pas de mine – gros – lourd – bedonnant – à la face rubiconde – son extérieur engageant.
Le portrait moral : sa valeur intellectuelle et morale – bon et gai.
3 Portrait physique général, puis portrait moral. Les verbes sont à l'imparfait. C'est une fausse sévérité qui cache une grande tendresse.
4 (Propositions d'un portrait moral) : Il est gai et bon enfant. Il aime jouer de la flûte en gardant ses troupeaux. Mais il est un peu vantard, il affirme souvent qu'il est le meilleur.
5 Vérifier la grille proposée :
– je vais du général au particulier ou du particulier au général (forme ovale du masque, détails avec utilisation de matériaux : coquillages, perles et terre cuite) ;
– j'utilise des verbes au présent ou à l'imparfait ;
– j'utilise des adjectifs de forme et de couleur (ocre, bleu, nacré, noir, marron, strié, dégradé de couleurs) ;
– j'utilise le champ lexical du visage (sourcil, yeux mi-clos, bouche, chevelure, coiffe) ;
– je montre si le personnage est sympathique, antipathique, mystérieux et je parle de l'impression (mystère, parole condamnée ou parole rare et secrète).

Chapitre 27 page 57

1 a. En 1815. b. À Digne. c. M. Charles-François-Bienvenu Myriel. d. issu d'une famille parlementaire e. le narrateur.

2 a. Noël 1815. b. À Combenègre, dans le haut Périgord. c. un enfant. d. issu d'une famille de métayers. e. le narrateur = le personnage principal.

3 En ce temps-là, le Ciel vivait sur la Terre. D'ailleurs, en bons voisins, le Ciel et la Terre se rendaient de menus services. Ses fils, les Nuages, tourbillonnaient et roulaient au ras du sol, s'accrochant aux branches d'acacias. Sa fille, la Pluie, adorait arroser le monde du haut des grands palmiers et son plus grand plaisir était de se mêler aux eaux joyeuses du fleuve.

4 Narrateur = le personnage principal. Les indications de lieu : une petite maison de campagne au bord de la Seine. Les indications de temps : l'été dernier – tous les soirs – au bout de quelques jours.

5 Ellen – Anne-Marie. Ce sont deux petites filles qui sont amies.

6 Vérifier : le narrateur = je ; le temps avec en alternance passé simple et imparfait ; l'arrivée d'un personnage et la présentation de ce personnage (un lion ou un autre animal).

Chapitre 28 page 59

1 La phase initiale du récit : Les deux partis ennemis se faisaient face, de chaque côté de la rivière, et s'invectivaient, incitant l'adversaire à prendre l'initiative de l'attaque.
L'élément modificateur : Le chef pawnie ne fut pas long à découvrir que l'habile Maltoree était plutôt satisfait de voir traîner les choses en longueur.
Le début de la première péripétie : Il changea ses plans en conséquence et s'éloigna de la rive afin d'engager les Sioux, plus nombreux à traverser. Le défi ne fut pas accepté et les Loups furent obligés de chercher un autre moyen pour arriver à leurs fins.

2 Premier récit : A, D. Second récit : C, B.

3 Les personnages sont Ysengrin et Renart. Renart a tendu un piège à Ysengrin qui a dû fuir les chiens.

4 Montrer la surprise d'Anne. Les deux filles se disputent, puis se réconcilient.

5 Garder les temps du passé. Bien distinguer discours et narration. Inventer un obstacle à l'achat de la marmelade, et un moyen de surmonter l'obstacle.

6 Garder les temps du passé, le narrateur au « je ». Durand ne fait rien faire à son élève. Il boit beaucoup. Il est dénoncé par d'autres serviteurs.

Chapitre 29 page 61

1 Les expressions qui évoquent les ancêtres d'Ulysse : a. et c. Les expressions qui évoquent une qualité d'Ulysse : b., d. et e. Principale qualité : ce personnage est très rusé.

2 C'est un personnage très laid. Il est surnommé : « C'est Quasimodo, le sonneur de cloches ! C'est Quasimodo le bossu de Notre-Dame ! Quasimodo le borgne ! » Il est comparé à un géant brisé et mal ressoudé ou à un cyclope. Il doit effrayer le lecteur.

3 Ulysse à l'*Odyssée* – Esméralda à *Notre-Dame de Paris* – Noé à la Bible – Énée à l'*Énéide* – Ysengrin au *Roman de Renart*.

4 Il y a trois personnages (Sherlock Holmes, le narrateur et le visiteur). Sherlock Holmes est détective. Le visiteur est mystérieux d'arriver à l'improviste par une nuit de tempête.

5 La légèreté de la petite fille explique son nom. L'opposant empêche la petite fille de voler.

6 Vérifie que tu as bien répondu à toutes les consignes.

Chapitre 30 page 63

2 a. natal, hautaines, capitaines, brutal. b. Ce sont des alexandrins ; ils comportent donc 12 pieds chacun.

3 a. En prose. b. Questions sur l'humanité. c. Ornement de vie = beauté ; poudroyer = faire de la poussière. d. Doré trésor des bois = l'écureuil a une fourrure dorée. e. L'écureuil symbolise la sagesse.

4 Commencer chaque vers par un possessif suivi du dernier mot du vers précédent, puis « ce n'est pas » + ce mot + « c'est » + nouveau mot.

5 a. En prose. b. Il décrit une fête foraine. c. Un escamoteur est un magicien. d. L'odeur de friture domine comme l'encens domine à l'église. e. Cette fête offre un plaisir de l'argent, un spectacle et de la nourriture. f. Une comparaison = comme un dieu = très haut dans le ciel, surélevé. g. L'impression qui domine est celle d'une foule en joie.

Mathématiques

Chapitre 1 page 65

1 a. 10 002 ; b. 100 023,012 ; c. 3 002 100 ; d. 30 403,08 ; e. 62,04.

2 b., d., e.

3 a. 8,064 ; b. 0,76000 ; c. 0,0650.

4 a. 5,02 ; b. 860,04 ; c. 9.

5 a. 0,58 ; b. 0,9 ; c. 0,78 ; d. 0,803.

6 a. 8 0 5 : 1 0 0 =
b. 6 3 : 1 0 =

7 a. 4,9 kg ; b. 0,12 L ; c. 750 L.

8 a. 6 900 g ; b. 100 billets ; c. 10 liasses.

9 520,080.

Chapitre 2 page 67

1 a. < ; b. > ; c. > ; d. <.

2 a. 25 ; b. L'arrondi ; c. 7 ; d. La troncature.

3 a. 158 ; b. 0,1 ; c. 58,2 ; d. 8,2.

4 40 ; 41 ; 42 ; 43 ; 44.

5 a. 318 millièmes ; b. 580/100.
6 a. 8,643 ; b. 864,3.
7 Le chiffre est 9.
8 316 m^2.
9 13,53.
10 Benoît.

Chapitre 3 page 69

1 a. 5 375,236 ; b. 2 736,9 ; c. 682,055.
2 a. 308,65 ; b. 776,77 ; c. 1 985,23.
3 Il y a deux solutions : 14,92 ou 145,08.
4 Christophe doit retrancher 664,38.
5 Un livre pèse 16,170 kg – 15,680 kg = 0,490 kg.
6 3,62 + 88 + 72,18 = 163,8.
7 81,05 €
8 AB = (1,32 m + 0,78 m) – 0,10 m = 2 m.
9 (272 € – 160,50 €) – 20,65 € = 90,85 €.
10 a. 140 km ; b. 178 km.
11 a. 1996 ; b. 33 ans ; c. 1967.

Chapitre 4 page 71

1 a. 410,26 ; b. 2,737 ; c. 333 938.
2 a. 148,720 ; b. 1 487,20 ; c. 0,148 720.
3

		3,	0	9
×			4,	1
		3	0	9
1	2	3	6	
1	2,	6	6	9

4 407 x 3,4 = 1 383,8 et 1 383,8 - 340 = 1 043,8.
5 2 700 : 100 = 27 et 27 x 230 = 6 210 g.
6 Multiplier un nombre par 8, c'est multiplier ce nombre par 7 et ajouter 1 fois ce nombre, car 8 = 7 + 1. Donc le nombre est 13,4.
7 0,800 x 14,85 = 11,88 €.
8 Il y a 11 intervalles. 11 x 1,5 = 16,5 m.
9 Plein, le camion pèse 8,350 t. Il passera.
10 Poids du colis : 2, 716 kg. Dépense : 63,66 €.

Chapitre 5 page 73

1 (29 x 405) + 14 = 11 759.
2 a. quotient 206 ; reste 3 ;
b. quotient 52,7 ; reste 4,1.
3 Laura.
4 a. ≃1,3 ; b. = 0,4 ; c. ≃5,7 ; d. = 24,25.
5 20 cartons ; 10 bouteilles.
6

	8	2	1	0	1	6	
–	8	0			5	1	3
	0	2	1				
	–	1	6				
			5	0			
		–	4	8			
			0	2			

7 La boîte du 1er lot coûte 1,33 €. La boîte du 2e lot coûte 1,40 €. C'est le 1er lot.
8 Il y a deux solutions : 23 ou 40 572.
9 a. 11 billets ; b. 55 €.

10
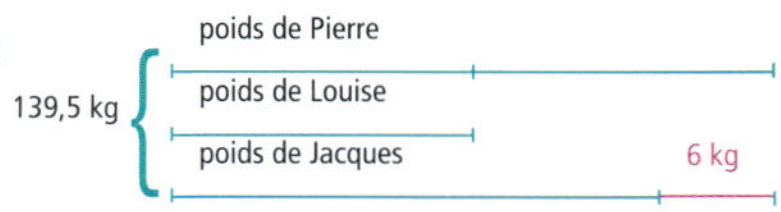

Louise pèse (139,5 + 6) : 5 = 29,1 kg.
Pierre pèse 58,2 kg et Jacques pèse 52,2 kg.
11 Le nombre d'abricots est un multiple de 6 et de 5, donc un multiple de 30 compris entre 50 et 80 : il y a 60 abricots.

Chapitre 6 page 75

1 0,7 et $\frac{7}{10}$; huit quarts et 2 ; quatre tiers et impossible ; 2, 4 et $\frac{12}{5}$; 2, 5 et $\frac{5}{2}$.
2 a. $\frac{3}{4}$; b. $\frac{3}{8}$; c. $\frac{1}{8}$.
3 a. 7 ; b. 1,2 ; c. $\frac{8}{3}$; d. 0,36 ; e. $\frac{11}{7}$; f. 0,01.
4 $\frac{2}{7}$.
5 a. 15 ; b. 6 ; c. 8 ; d. 100.
6 A $\frac{3}{4}$; B $\frac{5}{4}$; C $\frac{11}{4}$; D $\frac{14}{4}$.
7
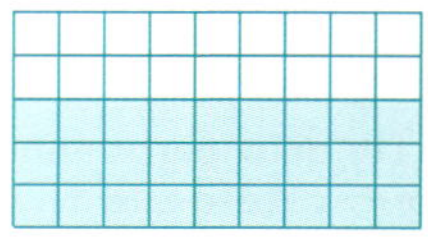

8 a. 7 m ; b. 5 m.
9 175 cL.
10 a. $\frac{2}{8}$ (ou $\frac{1}{4}$) ; b. $\frac{2}{8}$ kg = 0,250 kg ou 250 g.

Chapitre 7 page 77

1 a. $\frac{12}{8}$; b. $\frac{7}{10}$; c. $\frac{15}{2}$; d. $\frac{30,9}{68}$.
2 24 par 2, par 3 et par 4 ; 1340 par 2, par 5 et par 4 ; 645 par 3 et par 5.
3 a. $\frac{1}{3}$; b. $\frac{1}{2}$; c. $\frac{3}{5}$; d. $\frac{2}{3}$.
4 a. $\frac{14}{10} = \frac{7}{5}$; b. $\frac{8}{100} = \frac{2}{25}$; c. $\frac{25}{10} = \frac{5}{2}$.
5 a. $\frac{18}{2} = 9$; b. $\frac{352,8}{1} = 352,8$; c. $\frac{280}{14} = 20$; d. $\frac{80}{2} = 40$.
6 $\frac{50}{200} = \frac{1}{4}$.
7 a. ; c. $\frac{3}{12} = \frac{1}{4}$; d. $\frac{2}{8} = \frac{1}{4}$.
8 $\frac{6}{24} = \frac{1}{4}$.
9 $\frac{10}{2,5} = 4$ min.

Chapitre 8 page 79

1 a. 13,5 ; b. 360 ; c. ≃26 ; d. 0,35 ; e. ≃3.
2 a. 14 ; b. 7 ; c. 44 ; d. 20 ; e. 14 ; f. 49.

3 a. $\frac{5}{3}$; b. $\frac{11}{4}$.
4 a. $\frac{2}{6}$ ou $\frac{1}{3}$; b. 100 g.
5 2,5 m.
6 48 kg.
7 Il a mangé 15 gâteaux. Il en reste 5.
8 72 mL.
9 153 010 500 km^2.
10 9 chocolats ronds fourrés.

Chapitre 9 page 81

1 a. 36 ; b. 0 ; c. 49 ; d. 10 ; e. 20.
2 1 584 m^2.
3 a. 72,5 kg ; b. 61 kg ; c. 96,5 kg.
4 a. $\boldsymbol{x}$ = 4,6 ; b. $\boldsymbol{y}$ = 12 ; c. $\boldsymbol{t}$ = 5,5 ; d. $\boldsymbol{s}$ = 4,01 ; e. $\boldsymbol{a}$ = 2 ; f. $\boldsymbol{b} = \frac{10}{6}$.
5 a. 6 + [(8 - 2) x 4] = 30 ; b. 32 - [(7 x 2) + 8] = 10.
6 19,04 – [(3 x 1,70) + (2 x 1)] = 11,94. On trouve 11,94 €.
7 C'est d. et il reste 6 € à Pierre.
8 Maman a 34 ans et papa a 38 ans.
9

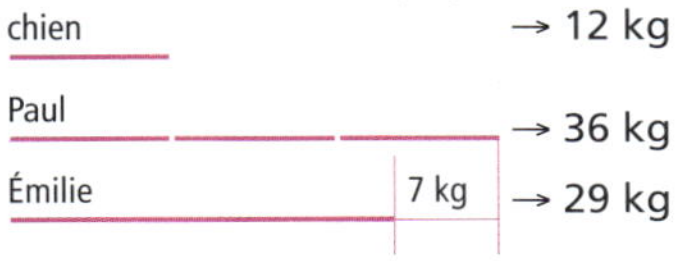

Chapitre 10 page 83

1 a. A → 2,8 ; B → 5,5 ; C → 3,2.
b. D → 1,35 ; E → 1,53 ; F → 1,28.
c. 1,7 proche de A ; 1,5 proche de E ; 1,42 proche de D.
2 a. F ; b. M ; c. D ; d. E ; e. J ; f. I.
3

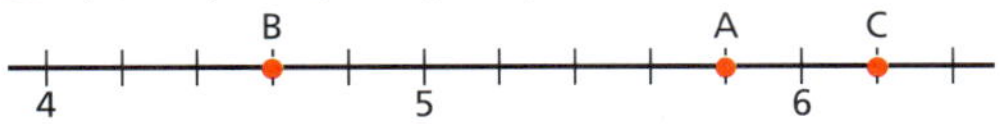

4 X → 50 ; Y → 120 ; Z → 60.
5

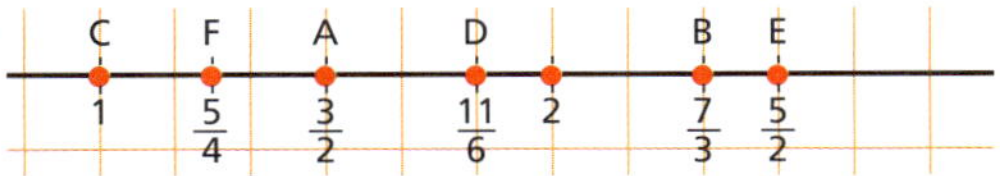

C → 1 ou $\frac{4}{4}$ et A → $\frac{3}{2}$ ou $\frac{6}{4}$.
Donc F est au milieu du segment AC.
6 a. Ali ; Mathieu (le double de Lou) ; Jeanne (le tiers de Mathieu) et Lou (le tiers d'Ali).
b.

: 9

OA	9	1
Taille	202,5	......

202,5 : 9 = 22,5.
Un segmet de 1 cm correspond à une taille de 22,5 cm.

Ali → 9 x 22,5 = 202,5 cm ;
Fatou → 8 x 22,5 = 180 cm ;
Mathieu → 2 x 67,5 = 135 cm ;
Lou → 3 x 22,5 = 67,5 cm ;
Jeanne → 2 x 22,5 = 45 cm.

Chapitre 11 page 85

1

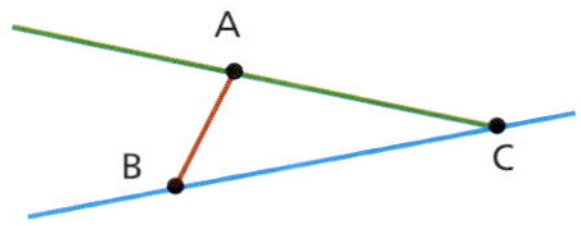

2

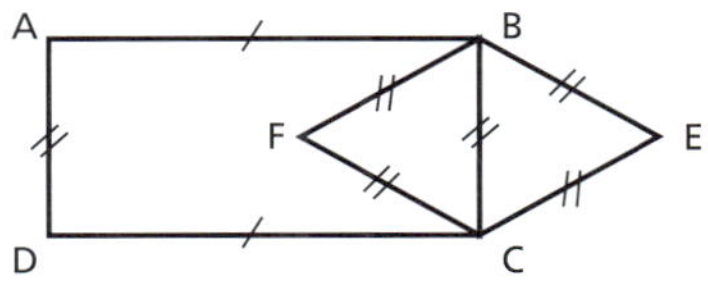

4 Les phrases vraies sont a. et c.
5 a. F ; b. Oui.

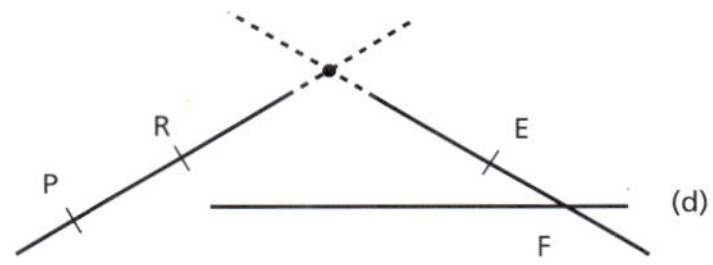

6

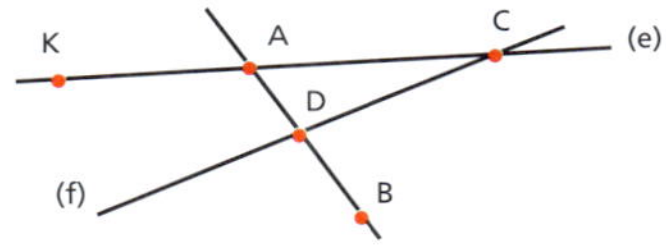

7

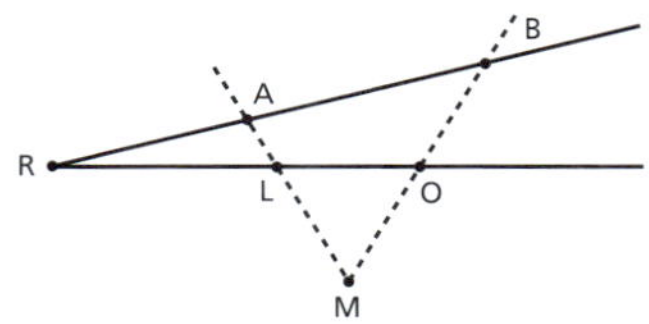

8 Dans le dessin de l'exercice n° 7, les points R, A, B, L, O et M représentent les 6 ballons. Il y a 4 alignements : R, A et B ; R, L et O ; A, L et M ; et B, O et M.

Chapitre 12 page 87

1 a. (a) et (b) ou (a) et (c) ; b. (b) et (c) ; c. (a) ; d. (c).
2 a. ⊥ ; b. //.
3 a. V ; b. V ; c. V ; d. F ; e. V.
4 a.

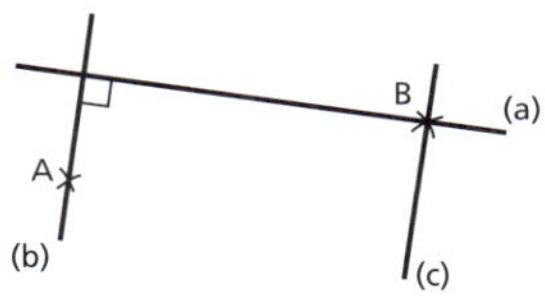

b. (a) ⊥ (c) ; c. Si deux droites sont parallèles, toute droite perpendiculaire à l'une est perpendiculaire à l'autre.

5 Un rectangle.

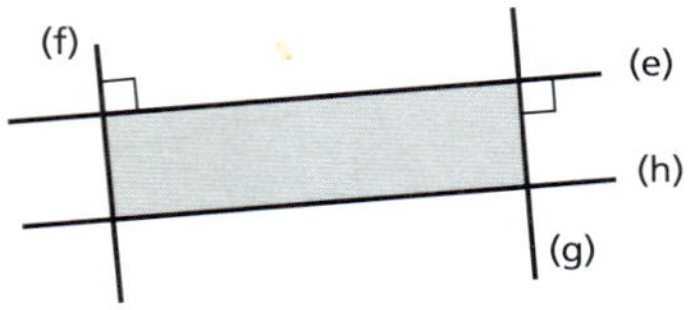

6

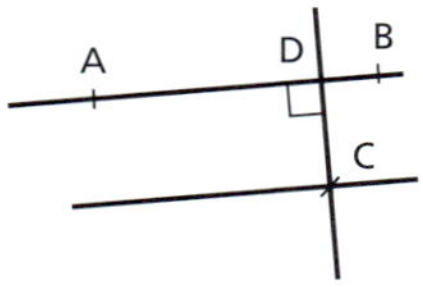

7 Dessine 3 points quelconques A, B et C. Construis la droite perpendiculaire à (BC) et passant par A. Cette droite coupe (BC) en H. Puis, construis la droite perpendiculaire à (AC) et passant par H. Cette droite coupe (AC) en K. Enfin, trace la parallèle à (BC) et passant par K.

8

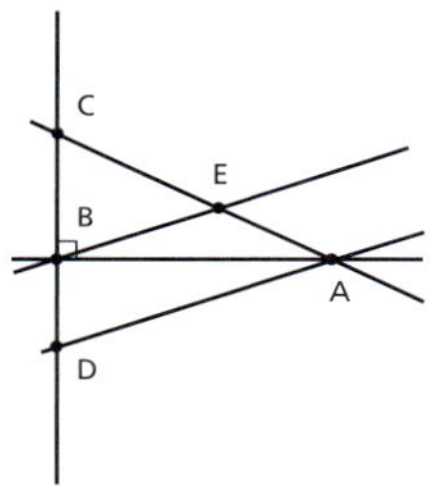

Chapitre 13 page 89

1 $\mathscr{C}$; diamètre ; A ; centre ; milieu ; rayon ; corde.
2 Le rayon de ce cercle est 2 cm. 4 : 2 = 2.
3 Il y a deux solutions :
cercle de centre E et cercle de centre F.

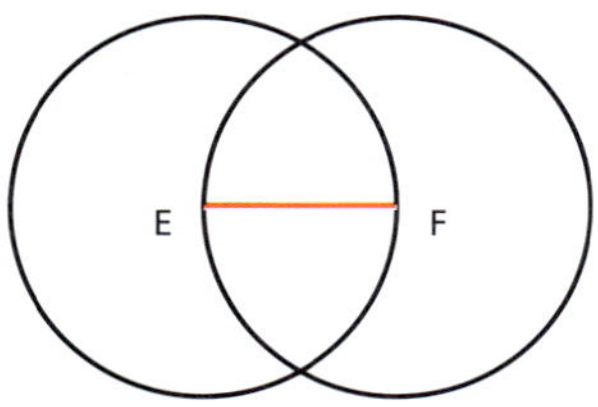

4 Il y a une infinité de solutions.

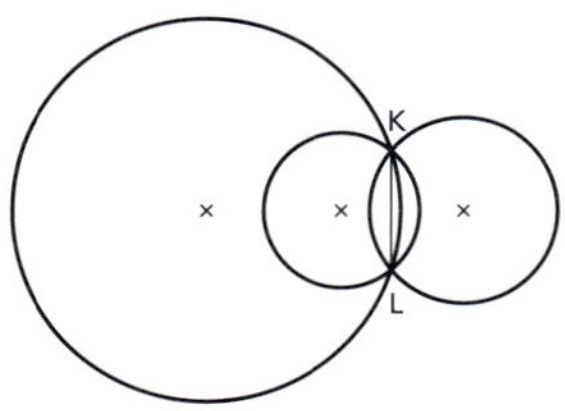

5 b. CA = 4 cm ; DB = 3 cm.

6 Les 2 cercles ont un point commun.

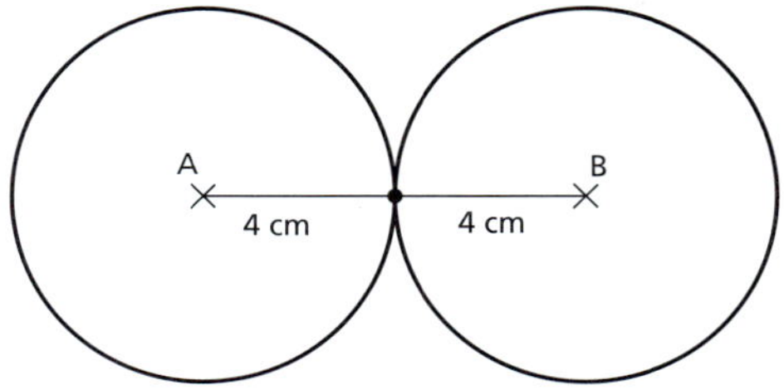

7 a.

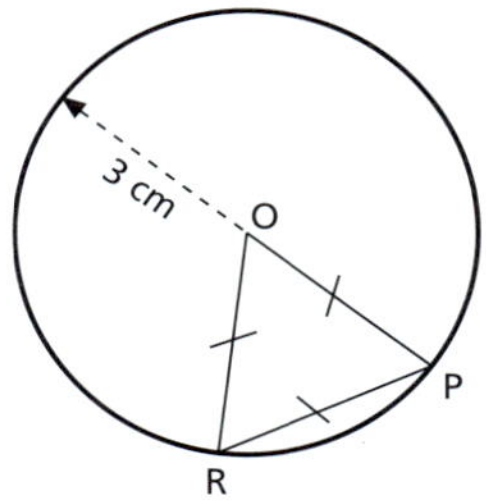

b. OPR est un triangle équilatéral.
8 a. 5., 3., 1., 4., 2.
b.

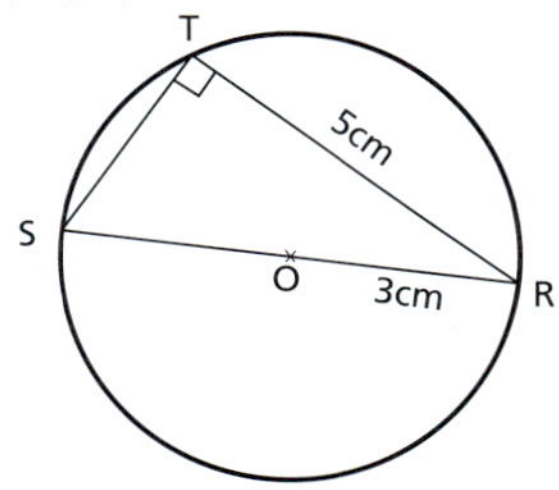

c. RTS est un triangle rectangle.
9

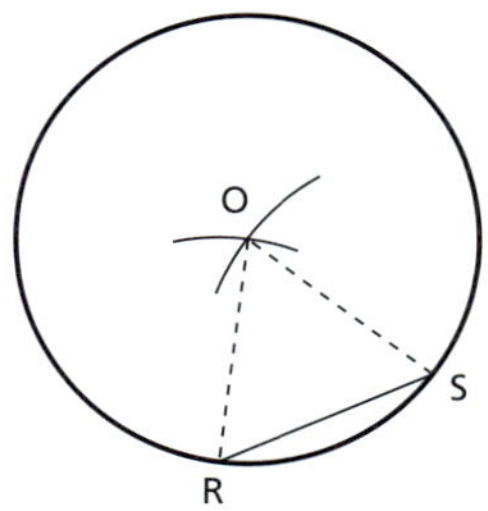

RO = SO = RS

Chapitre 14 page 91

2 a. V ; b. V ; c. F ; d. V.
3

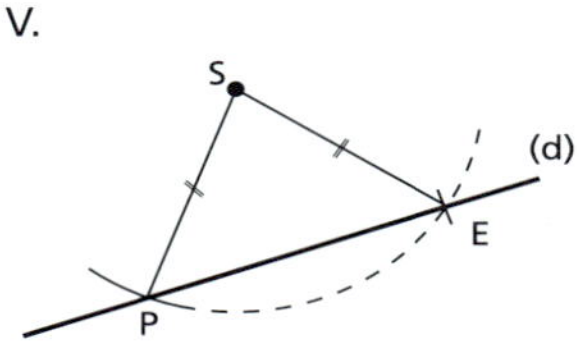

4

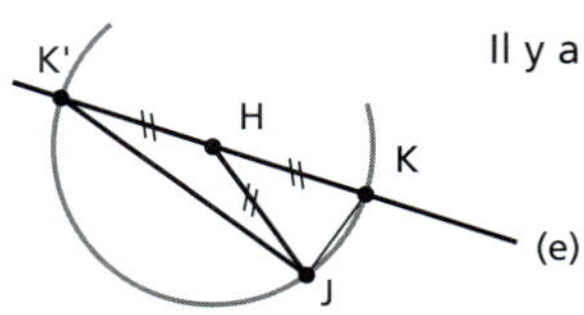

Il y a deux solutions.

Corrigés

5 a. 4 triangles rectangles (ABC, ABD, GFE, ADG) ;
b. Il y a 2 triangles isocèles (ABC, GDE).

6

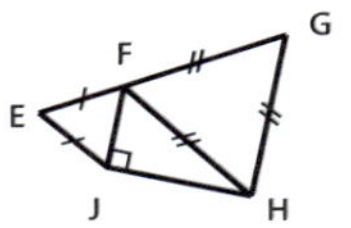

7 a. OEF isocèle ; b. OEO' équilatéral.

8 CAB est rectangle en A, car « si deux droites sont parallèles, toute droite perpendiculaire à l'une est perpendiculaire à l'autre ».

Chapitre 15 page 93

1 Léa.

2 Il y a 9 rectangles.

3

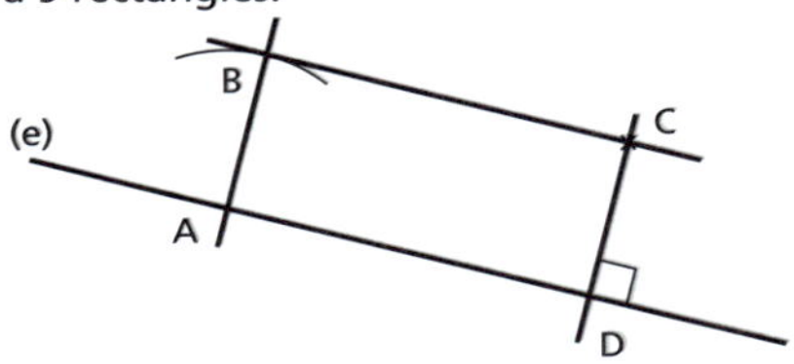

4 3 losanges : ABDF, BFED et BFDC.

5

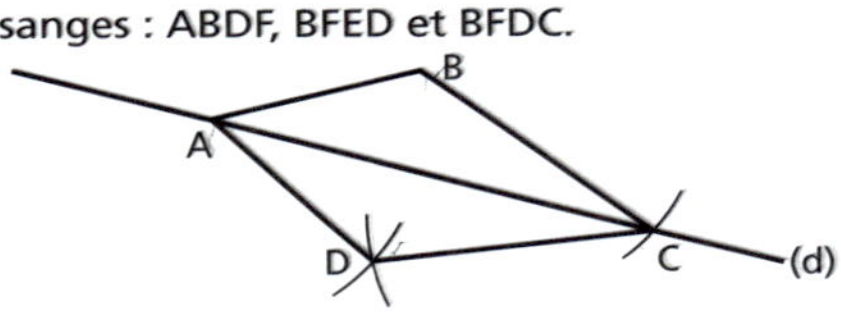

6

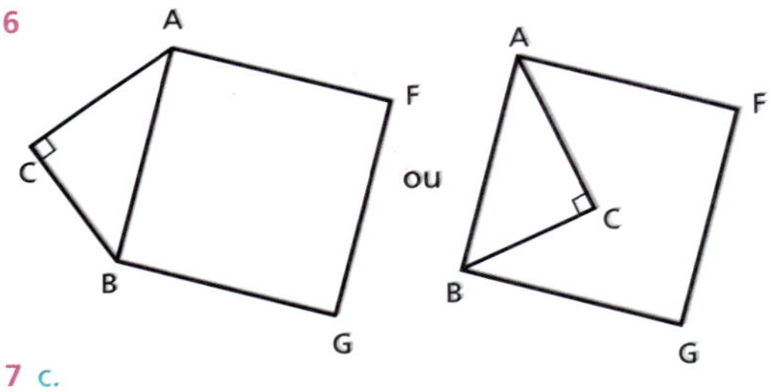

7 c.

8 a. losange ; b. carré ; c. rectangle.

9 ABCD est un carré, donc les côtés [AB] et [AD] sont égaux. ADFE est un losange, ses côtés [AD] et [EA] sont égaux. Par conséquent, [AB] et [EA] ont la même longueur. Le triangle EAB est isocèle en A.

Chapitre 16 page 95

3 a. [AC] ; b. ABC équilatéral ; ADC rectangle ;
c. triangle rectangle ADC.

4

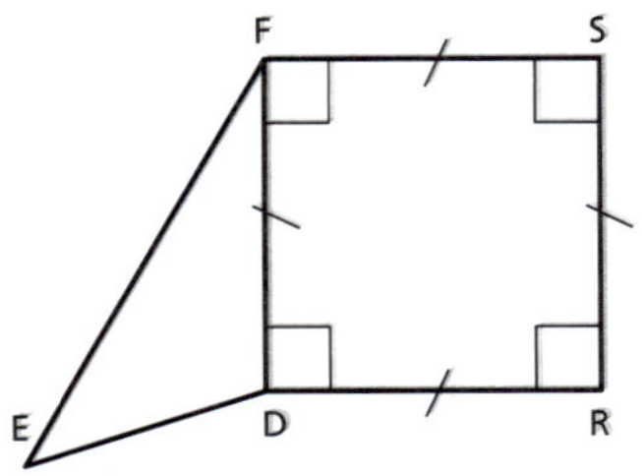

5 (d) et (d') sont parallèles.

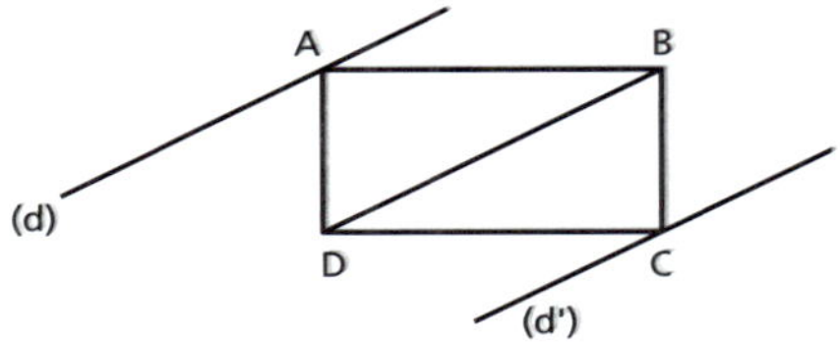

6 a. Thomas a nommé son rectangle RHDT au lieu de RHTD, comme demandé. Il a construit son triangle isocèle en O et pas en H.

b.

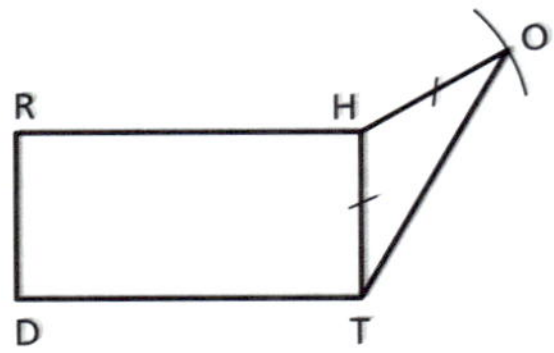

c. Dessine un rectangle RHDT. Trace la diagonale [HT]. Construis un triangle HTO isocèle en O.

7

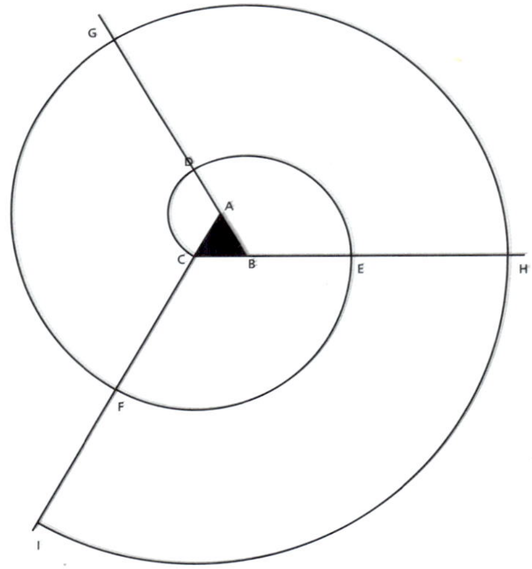

Chapitre 17 page 97

1

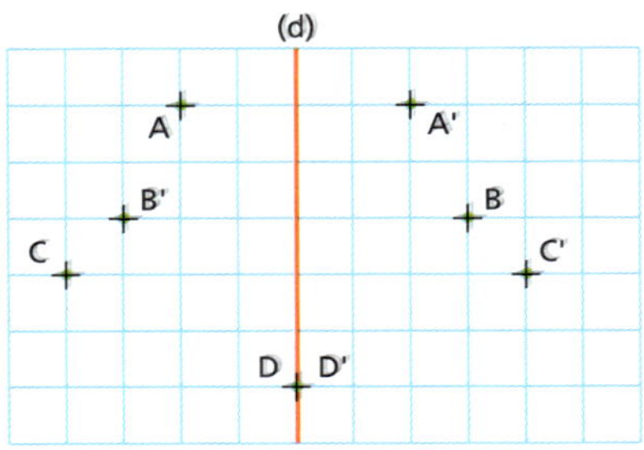

2

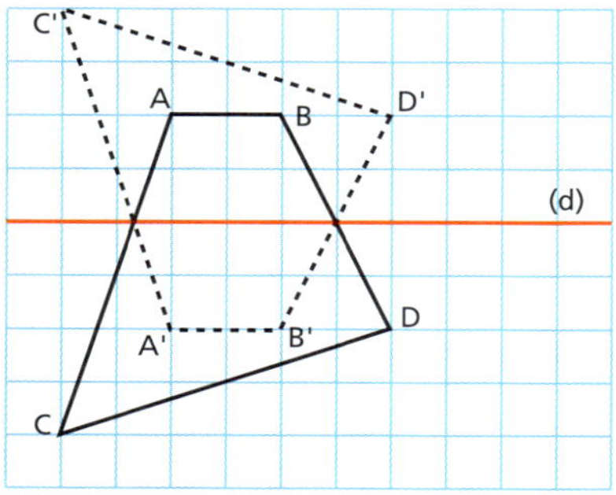

3

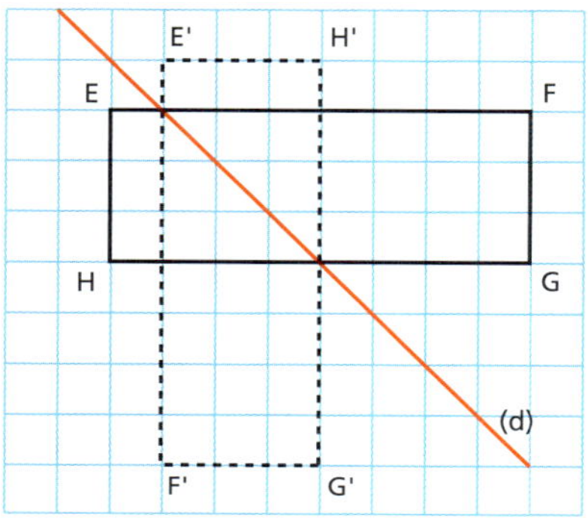

4 C'est un losange, car [AB] a pour symétrique [DB], donc AB = DB ; [AC] a pour symétrique[DC], donc AC = DC ; et comme AB = AC (triangle isocèle), alors AB = DB = AC = DC.

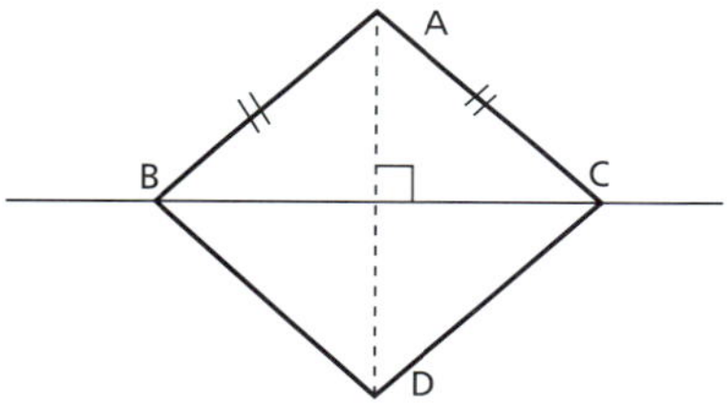

5 En observant bien la figure, on constate que : (OC) ⊥ (AB) et (OC) // (d), donc (AB) ⊥ (d). Il est ensuite facile de construire le symétrique des points A, O et B.

6

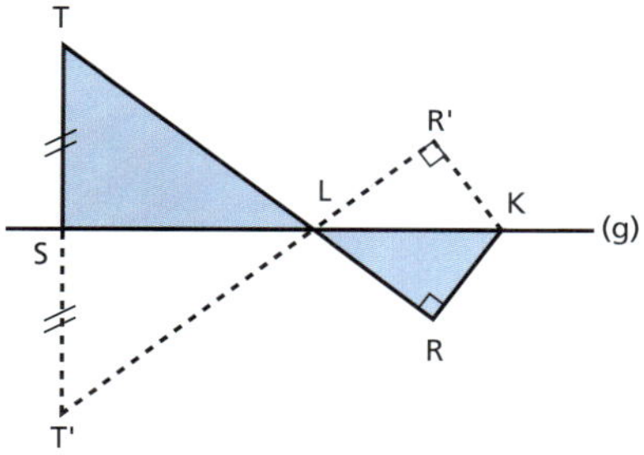

7 On trace dans l'ordre les droites 1, 2 et 3.

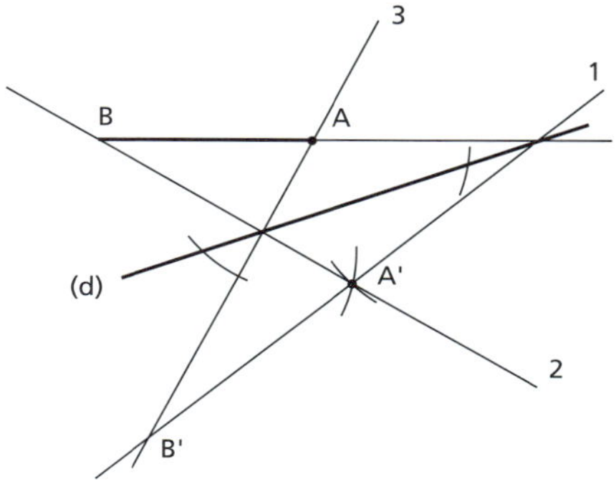

Chapitre 18 page 99

1 [EI], [GH], [JK].
2 a. V ; b. F ; c. F ; d. V ; e. V.
3 C'est un carré.
4 La médiatrice de [FH] est la droite (EG) qui représente un axe de symétrie du losange.
6

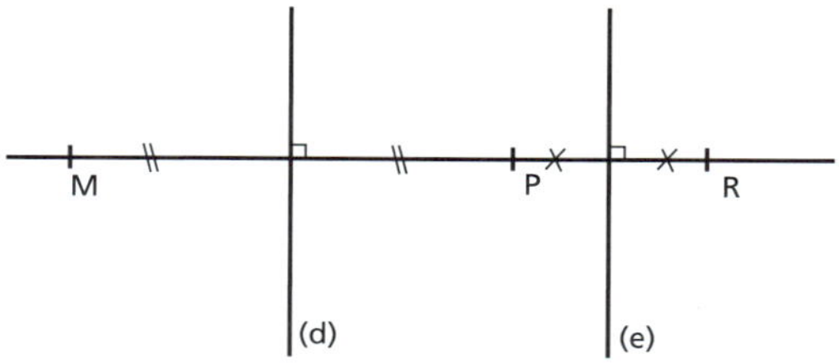

(d) et (e) sont parallèles car « si 2 droites sont perpendiculaires à une même droite, alors elles sont parallèles ».
7 À vue d'œil, la bissectrice et la droite (OC) semblent perpendiculaires. En réalité, elles ne le sont pas, car 112° : 2 = 56° et 56° + 33° = 89°, différent de 90°.
8 Non, car le point A n'est pas situé à la même distance des points B et C : AB ≠ AC.
9 a.

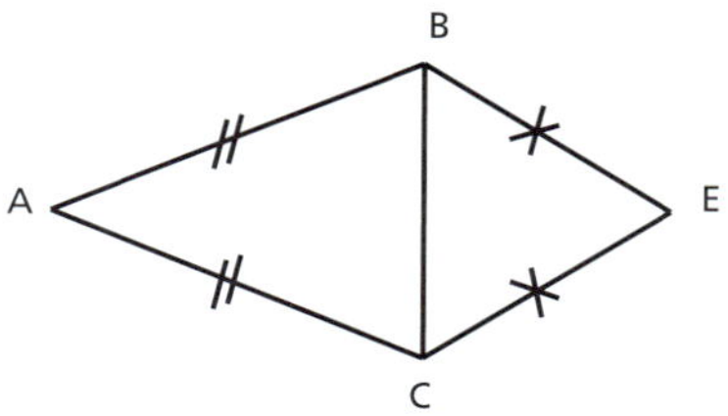

b. Les triangles ABC et EBC étant isocèles, leurs côtés sont « égaux » : AB = AC et EB = EC. Les points A et E étant à égale distance des extrémités de [BC], ils sont alors situés sur la médiatrice de [BC] qui est donc la droite (AE).

Chapitre 19 page 101

1 2 axes.

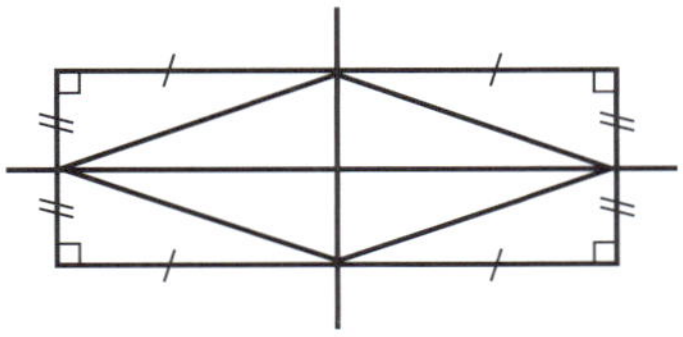

2 Les deux axes sont les diagonales.

3

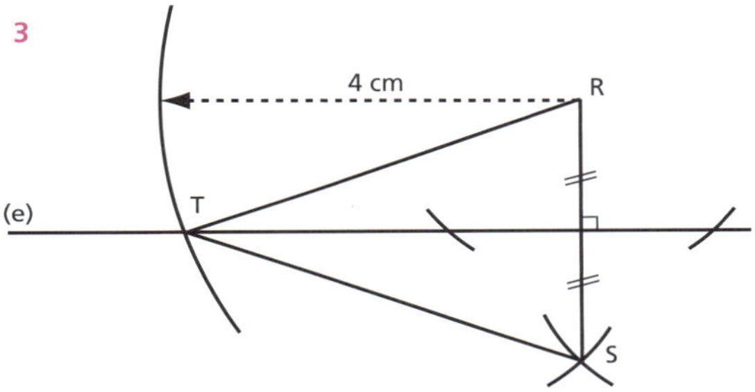

4

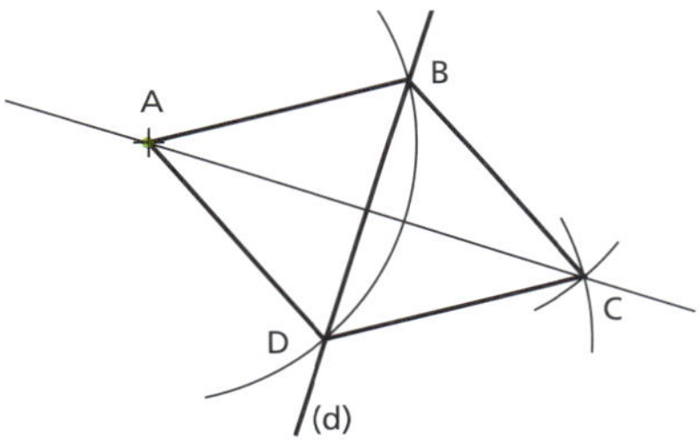

5

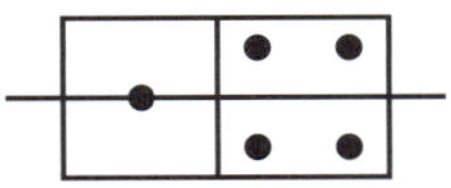

1 ax

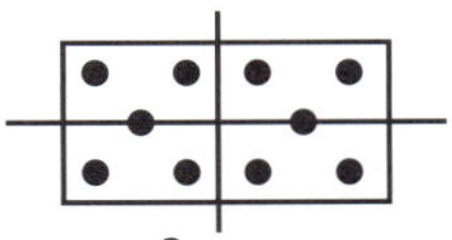

2 axes

6 3 axes.

7

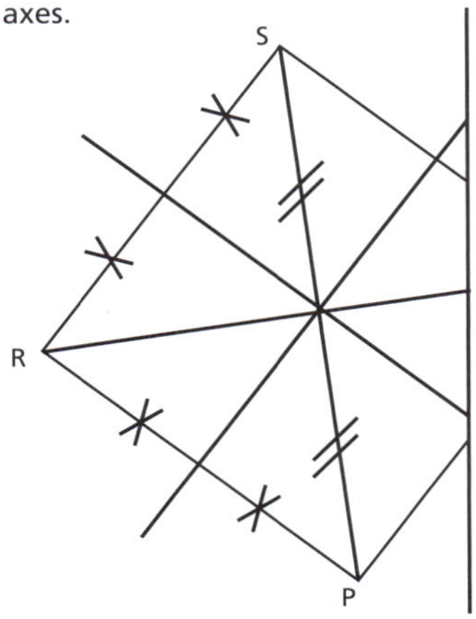

8

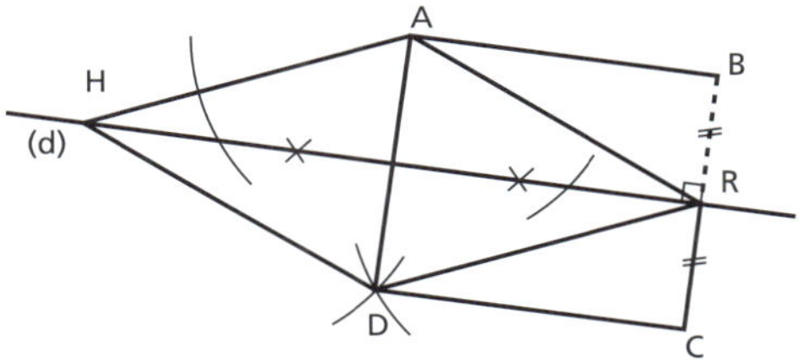

Chapitre 20 page 103

1 a. V ; b. V ; c. F ; d. F ; e. V ; f. F.

2 Le cube.

3 C'est un rectangle particulier : un carré de 4 cm de côté.

4 a. Non, car les arêtes cachées ne sont pas représentées.

b. et c.

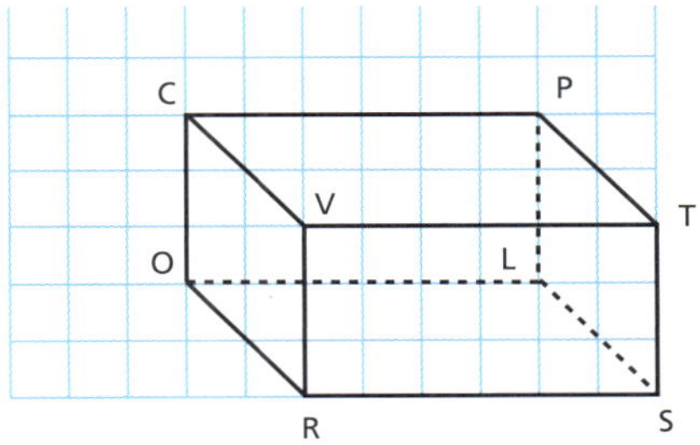

5 a.

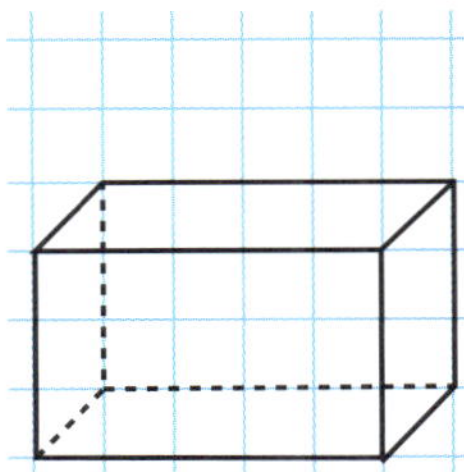

b.

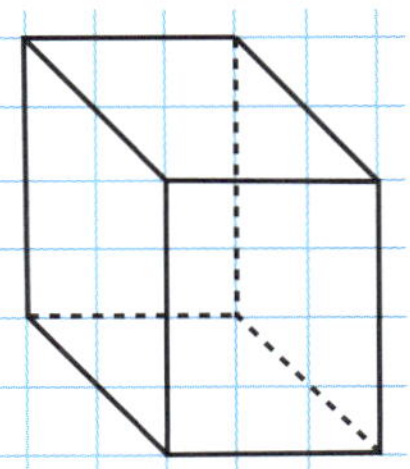

6 a.

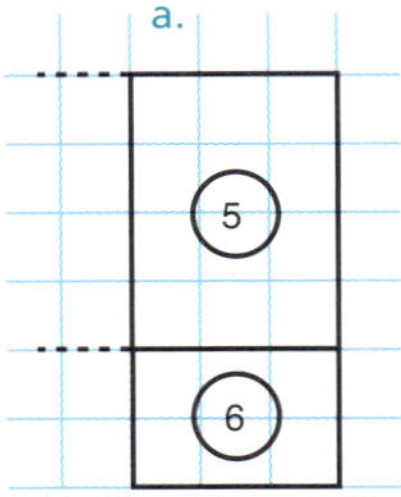

b.

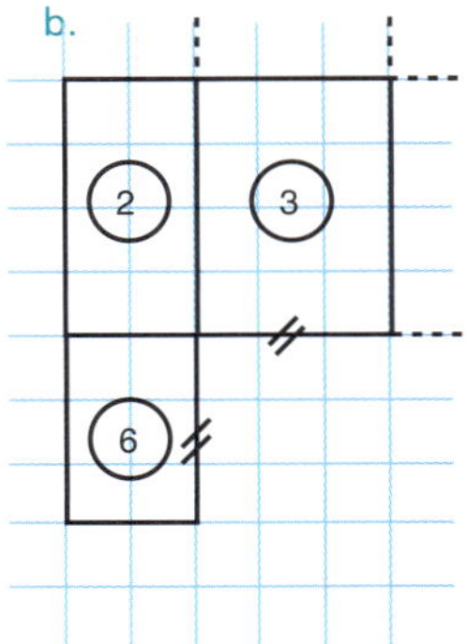

7 La face avant du cube est bleue.

Chapitre 21 page 105

1 a. 1 h 12 min; b. 1 min 25 s; c. 1 min 40 s; d. 2 j 10 h ; e. 1 h 28 min ; f. 1,2 s.
2 a. 10 h 47 min ; b. 9 h 18 min ; c. 9 h 17 min; d. 14 min 20 s ; e. 2 h 03 min 49 s.
3 a. les trains n°6103 et 6105; b. les trains n°6120 et 6124.
4 a. 6 h 48 min ; b. 7 h 48 min ; c. 7 h 50 min.
5 a. Abel ; b. Mario.
6 120 jours.
7 3 h 30 mim + 4 h 15 min = 7 h 45 min par jour. Durée hebdomadaire de travail = 35 h.
8 12 h 15 mim – (25 min + 10 min) = 11 h 40 min
9 a. 19 h 50 min ; b. 19 h 50 min – 15 h 50 min = 4 h ; c. 18 h 03 min + 4 h = 22 h 03 min.

Chapitre 22 page 107

1 a. 0,658; b. 950; c. 8,4; d. 6,43; e. 500; f. 2.
2 a. 1 022 km; b. 2 500 kg; c. 320,75 m; d. 250 hL; e. 8 757 t.
3 a. kg; b. km; c. L; d. cm; e. cL.
4 4,2 m; 1,7 m; 1 200 kg ou 1,2 t; 6,5 L; 100 km.
5 a. 10 kg; b. 10 mm; c. 10 hL; d. 100 m; e. 10 t; f. 0,01 L.
6 Longueur d'un chemin : 300 m + 200 m + 283 m = 783 m. x = 383 m et y = 315 m.
7 400 000 boîtes d'allumettes.
8
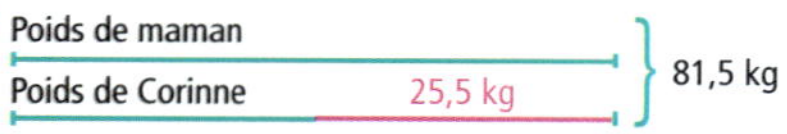

Corinne pèse 28 kg et maman 53,5 kg.

Chapitre 23 page 109

1 Rémi et Paul.
2 C'est sa largeur. Sa longueur mesure 350 m.
3 Périmètre du rectangle : (12,5 + 7,5) x 2 = 40 cm.
4 Oui, cela équivaut au périmètre du carré AREF : 4 x 12 = 48 m.

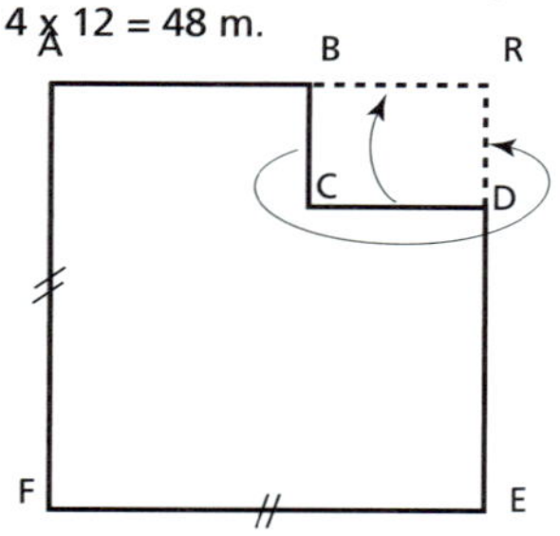

BC = RD et CD = BR

5 Périmètre du cercle : 5,5 x $\pi \simeq$ 17,3 m.
6 CA = 10,6 cm; BD = 24 – (2 x 10,6) = 2,8 cm.
7 C'est la figure B. $P_A = 14 + (\pi \times 7) \simeq 36$ cm et $P_B = (2 \times 10) + \frac{(\pi \times 10)}{2} \simeq 35{,}7$ cm.
8 P = 23,5 + 37 – (2 x 9) = 42,5 m.
9 Demi-périmètre = L + l = 86 : 2 = 43 cm. L = (43 + 7) : 2 = 25 cm et l = 25 – 7 = 18 cm.
10 P = 2 x (160 – 70) + (π x 70) $\simeq$ 400 m.

Chapitre 24 page 111

1 a. 3 820 cm²; b. 60 200 m²; c. 6,4 m²; d. 8 000 000 m²; e. 0,6 hm².
2 a. km²; b. hm²; c. m²; d. cm².
3 80 x 50 = 4 000 mm² ou 8 x 5 = 40 cm².
4 $\frac{6 \times 4{,}5}{2} = 13{,}5$ cm².
5 4,05 m.
6 Le terrain carré. Aire du rectangle : 50 x 20 = 1 000 m². Aire du carré : 35 x 35 = 1 225 m².
7 a. $4 \times \frac{(12 \times 16)}{2} = 384$ dm² ;
b. aire SVP = aire SVT – aire PVR = $\frac{9 \times 9}{2} - \frac{9 \times 6}{2} = 13{,}5$ dm².
8 Aire = 12 x 7 = 84 cm².
9 5 pots.
10 Oui. (82 – 3) x (50 – 3) = 3 713 cm².

Chapitre 25 page 113

1 a. 0,2 ; b. 15 200 ; c. 17 ; d. 8 000 000.
2 a. 4 500 ; b. 70 ; c. 1,5 ; d. 1 500.
3 a. 30 cubes ; 64 cm³ et 64 x 30 = 1 920 cm³ ; b. L = 20 cm, l = 8 cm, h = 12 cm et 20 x 8 x 12 = 1 920 cm³.
4 Volume : (2,5 x 2,5 x 2,5) x 4 = 62,5 dm³.
5 Volume : 60 x 25 x 1,5 = 2 250 cm³.
6 Volume du pavé droit : 1,584 dm³ = 1,584 L et 1,5 L < 1,584 L. L'eau ne va pas déborder.
7 Volume du cube : 5 x 4 x (6,4 - 6) = 8 cm³. Arête du cube = 2 cm, car 2 x 2 x 2 = 8.
8 Si on double les dimensions de la boîte, le volume est multiplié par 8 (car 2 x 2 x 2 = 8). On pourra donc ranger 6 x 8 = 48 sardines.

Chapitre 26 page 115

1 $\widehat{BAC}$.
2 a. aigu; b. droit; c. nul; d. obtus; e. plat.
3 a. 90°; b. 125°; c. 32°; d. 113°; e. On a 360°.
4 a. 32°; b. 90° - 32° = 58°; c. 90° + 32° = 122°.
5 $\widehat{SRT}$ = 112°.
6 $\widehat{xOz}$ = 32° + 58° = 90°. Donc $\widehat{xOz}$ doit être un angle droit, ce qui n'est pas le cas sur la figure.
7
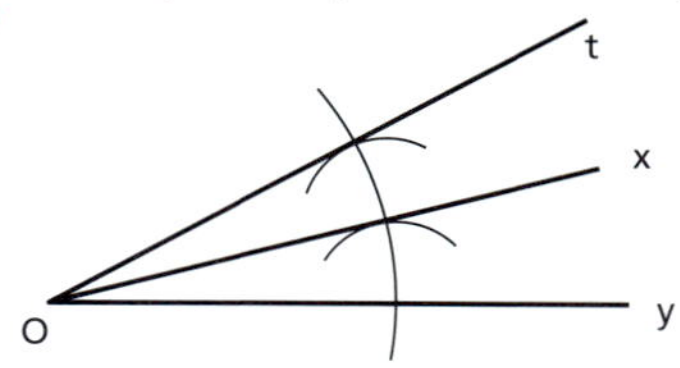

Chapitre 27 page 117

1 a. oui, x 4; b. non, car 2 x 0,5 ≠ 0; c. oui, x 3; d. non, car 0,8 x 10 ≠ 80.
2 a. 1re ligne : 30 et 50; 2e ligne : 1 et 1,5. b. x 5; x 0,2.
3 a. trois; b. 9; 15; 22,5; 12,6; c. oui, le coefficient de proportionnalité est 3.
4 Non, car 6 x 2 = 12 mois ou 1 an, mais 60 x 2 ≠ 100 €.
5 a. Non, car 1 x 6,5 = 6,5; 2 x 6,5 = 13, mais 3 x 6,5 ≠ 17; b. non.

6 a. Pour 13 personnes, car $\frac{3}{2} \times 9 = 13{,}5$;

b. Environ 3 pommes et demie, car $\frac{2}{3} \times 5 \simeq 3{,}3$.

7 a. Le nombre de tasses à café et la quantité de café ; oui ; il faut $\frac{100}{8} \times 3 = 37{,}5$ g de café ;

b. Le nombre de personnes et la durée ; non ; l'un des frères met lui aussi 20 minutes ;

c. La distance et la consommation d'essence ; oui ; elle consomme $\frac{6{,}5}{100} \times 300 = 19{,}5$ L ;

d. La durée et le nombre d'exercices ; non ; pas de solution, car la durée varie en fonction de la difficulté de l'exercice.

Chapitre 28 page 119

1 a. V ; b. F ; c. V ; d. F ; e. F.

2 29 élèves.

3 $\frac{30}{100} \times (10 \times 4) = 12$ carreaux à colorier.

4 10 garçons.

5 102 €.

6 a. 1,5 cm ; b. 2,7 cm ; c. P (ABCD) = 6 cm ; P du carré agrandi = 10,8 cm ;

d. Oui, car $6 \times \frac{80}{100} = 4{,}8$ et $4{,}8 + 6 = 10{,}8$ cm.

7 Non, car $80 \times \frac{20}{100} = 16$ et $80 + 16 = 96 \neq 100$.

8 1er cas : 837,90 € ; 2e cas : 944 € ; économie : 106,10 €.

9 Non, car $100\text{ €} \times \frac{200}{100} = 200$ € d'augmentation et 200 + 100 = 300 € (son prix triple).

10 $135 \times \frac{10}{100} = 13{,}5$ et $135 - 13{,}5 = 121{,}5$;

$121{,}5 \times \frac{10}{100} = 12{,}15$ et $121{,}5 + 12{,}15 = 133{,}65$.

C'est vrai. Il pèse maintenant 133,65 kg.

11 $8 \leq$ note $\leq 12 \rightarrow$ 15 élèves ; note $\simeq 12 \rightarrow 30\,\%$ et 9 élèves.

Chapitre 29 page 121

1 a. 2 carreaux ; b. 0,5 kg ou 1/2 kg ou 500 g.

c.

poids (kg)	3	3,25	3,5	4	4,5	5

2 Oui, car tous les points sont alignés sur une droite passant par l'origine.

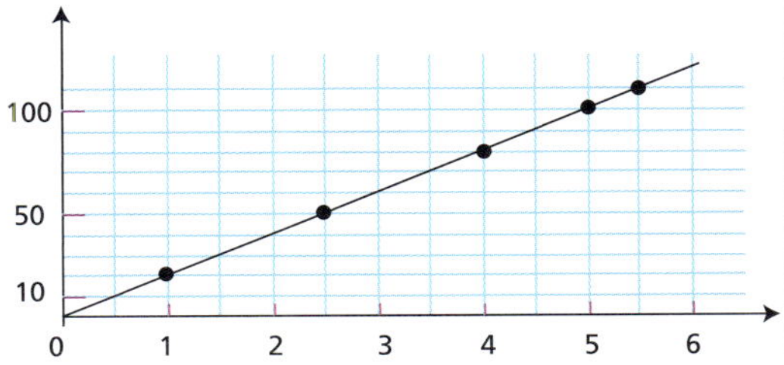

3 a.

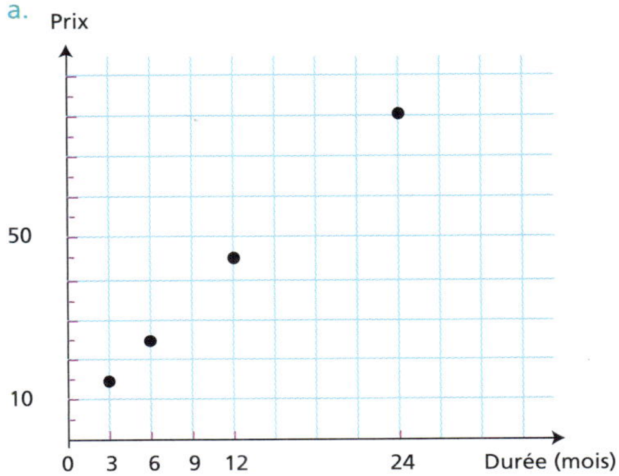

b. Non.

4 a. Oui, car tous les points sont alignés ; b. 7,5 € ;

c. $\frac{5}{20} \times 22 = 5{,}5$ € ; d. $\frac{20}{5} \times 4 = 16$ œufs.

5 a. 600 m ; b. 8 h 25 ; c. 5 min (de 8 h 05 à 8 h 10) ;

d. 300 m ; e. 100 m.

Chapitre 30 page 123

1 a. 14 élèves ; b. et c. 7 élèves.

2 a. 4 + 7 + 2 + 4 + 5 + 4 = 26 ; b. tennis ; natation ; c. 2.

3 Hauteur des bâtons : primaire → 6,5 cm ; collège → 3,4 cm ; lycée → 2,3 cm.

4 C'est le diagramme b.

5 a. Le pain ; b. Le beurre ; c. Oui, car 2 x 125 g = 250 g ;

d. 225 g de pommes de terre et 25 g de beurre.

Histoire

Chapitre 2 page 127

1 a. Dans les régions proches des côtes et des fleuves (besoin d'eau pour développer les cultures). b. Les plantes les plus anciennement cultivées : blé (–8000) et courge (–6900). c. Animaux domestiqués en premier : mouton (–9500), chèvre et porc (–7000). d. L'agriculture devient meilleure grâce aux outils de plus en plus adaptés au travail de la terre : houe, araire et meule.
2 a. La nourriture était variée : sardines, soupe d'amandes, cerf, sanglier, galettes d'avoine, lentilles, vesces, lardons. b. Les plats sont assaisonnés et parfumés : herbes parfumées, ail. Ils sont délicatement préparés : soupe à la source d'eau fraîche, viande rôtie à la broche. c. Non. La nourriture de l'Homme du paléolithique est assez variée : herbes, poissons, viandes, légumes et boissons aromatisées.

Chapitre 3 page 129

1 a. Les terres fertiles se trouvent le long du Nil, parce que les crues permettent le dépôt de limons. b. Parce que les conditions naturelles sont très contraignantes : chaleur excessive, manque de pluie et désert.
c.

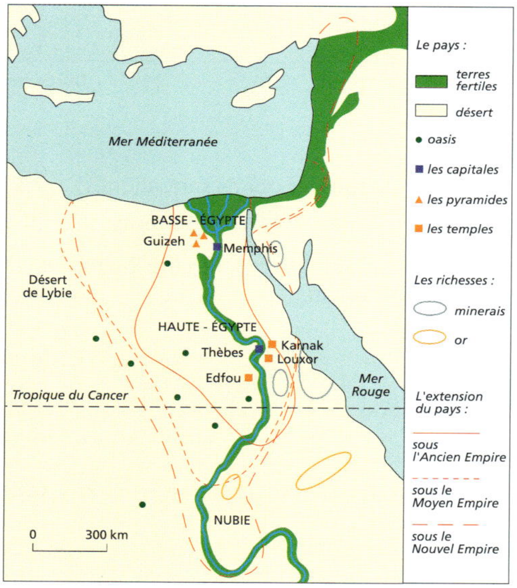

2 a.

juillet	août	sept.	octobre	nov.	déc.	janvier	février	mars	avril	mai	juin
inondations				"sortie de terre"					récoltes		
				limons déposés		semailles					

b. Les crues du Nil apportent les limons qui fertilisent la terre.
3 Soleil levant, éclaires, disque étincelant, rayons. Les bienfaits apportés : lumière, chaleur et vie, « souffle de vie »
4 a. delta. b. limons. c. crue. d. scribe. e. vizir.

Chapitre 4 page 131

1 a. Le défunt est introduit par Anubis. b. Thot, dieu des scribes enregistre la pesée. c. Horus conduit le défunt auprès d'Osiris. d. Derrière Osiris se tient sa femme, Isis.
2 Il faut rayer : a. (en Basse-Égypte). b. (parce qu'il est considéré comme un dieu, la barbe est un symbole de l'immortalité). d. (Le sanctuaire est la partie la plus secrète du temple. Seuls les prêtres et pharaons peuvent voir la statue du dieu.)
3 a. Hâpi est le dieu du Nil. b. Un hymne est un poème écrit en l'honneur d'un dieu ou d'un héros. c. Les Égyptiens chantent un hymne à Hâpi, parce que c'est un dieu. C'est aussi, pour eux, une façon de le remercier de leur apporter les crues du Nil et donc la possibilité d'avoir de bonnes récoltes.
4 a. Il ne présente que l'aspect négatif des métiers, leurs contraintes et les effets néfastes sur la santé et la vie des artisans. b. Parce qu'il ne veut pas que son fils devienne artisan. c. Scribe. d. C'est un métier noble, qui entraîne la considération de la société, car très peu de gens savent lire et écrire. Un scribe est en contact avec les dignitaires du pays. C'est très gratifiant.

Chapitre 5 page 133

1 a. Yahvé, c'est-à-dire Dieu. b. Les dix commandements s'adressent à Moïse et aux prophètes qui doivent les transmettre aux Hébreux. c. Souligner en rouge : 1, 2, 3, 6, 7, 8, 9, 10. Souligner en vert : 4, 5. d. Monothéiste. e. Les 5, 6, 7, 8, 9 et 10es commandements fixent les règles de la vie en société.
2 a. De la Bible, et plus particulièrement des Proverbes, un des chapitres du livre des Écrits. b. L'homme doit être travailleur, modeste et sage. Il doit écouter les conseils des anciens et les appliquer afin d'améliorer sa vie. Il doit éviter la paresse, le désir de s'enrichir sans réfléchir et le mépris pour ses parents, vieux et plus pauvres que lui. c. Un enfant doit être élevé de façon stricte. Il doit apprendre à être courageux, travailleur et respecter ses parents, ainsi que les règles de la vie en société. d. Le début de ce texte fait penser aux 4 et 5es commandements. Les deux dernières phrases du texte se rapprocheraient du 10e commandement.
3 a. Il s'agit d'un temple, donc d'un bâtiment religieux. b. On distingue trois parties : le porche, la grande salle et le Saint des Saints. Le Saint des Saints est surélevé par rapport aux autres parties. c. On trouve l'autel, des chandeliers et la table des offrandes. Une offrande est un don offert à Dieu. d. Non. Elle est cachée par un rideau. e. C'est le sacrifice d'un animal qui est entièrement brûlé.

Chapitre 6 page 135

1 Compléter la frise à la place des pointillés : Les Hébreux en Égypte – Exode – David – Salomon – Royaume d'Israël – Royaume de Juda – Domination

Perse – Domination Grecque – Domination Romaine – Diaspora.
2 a. Salomon régna de - 970 à - 930. b. Jérusalem est bâtie sur une colline entourée de vallées empruntées par des rivières, ce qui rend la ville difficilement attaquable, mais permet aux militaires de scruter l'horizon. c. À l'époque d'Hérode, la situation est très confuse. Les Romains dominent. Hérode craint une attaque de Jérusalem. Le temple a été détruit deux fois déjà. Il multiplie les forteresses pour une meilleure protection de la ville.
3 a. Les Égyptiens craignent que les Hébreux deviennent trop nombreux et trop puissants. b. Ils leur imposent des corvées, c'est-à-dire des travaux très pénibles, afin de les fragiliser. c. Non, le texte précise que les Hébreux continuent de se multiplier et de s'accroître.

Chapitre 7 page 137

1 a. Les montagnes et les hauts plateaux. b. Elles couvrent 80 % de la surface du pays. On les trouve très près du littoral. Le mont Parnasse atteint 2458 m et le mont Olympe 2917 m. c. Les plaines se trouvent le long de la côte. Elles sont étroites et séparées les unes des autres par de hauts plateaux. d. Parce qu'ils manquaient de place et de terres cultivables.
2 Définition de la cité : la cité est un petit État indépendant plus ou moins étendu. Elle est constituée de la ville fortifiée, bâtie autour de son acropole, et de la campagne environnante, qui lui fournit les fruits et les légumes. Compléter le plan avec les mots suivants à la place des pointillés : Acropole – Ville – Fortifications – Cultures. (On acceptera Campagne à la place de Cultures.)
3 colonies – métropole – commerce.
4 a. Troie se trouve en Asie Mineure. b. Le siège de la ville eut lieu vers 1230 avant J.-C. c. Ulysse et ses soldats font semblant de partir. Ils laissent un cheval de bois sur place et y cachent les soldats à l'intérieur. Son stratagème a réussi, puisque les Troyens traînent le cheval à l'intérieur des remparts. Les soldats n'ont plus qu'à sortir de leur cachette, une fois la nuit venue, et envahir la ville.

Chapitre 8 page 139

1 a. C'est un stratège. b. Il dirige l'armée et la politique extérieure de la cité. c. Il a été élu pour un an. En réalité, il sera élu 15 fois. d. L'assemblée des citoyens l'a élu. e. Il est casqué.
2 a. Au Ve siècle avant J.-C. b. L'Acropole. c. L'Agora. d. La Boulê – Les stratèges – Le tribunal.
3 a. L'Ecclésia. b. L'Héliée. c. La Boulê.
4 a. Régime politique dans lequel le pouvoir appartient au peuple. b. Homme libre, étranger, qui ne participe pas à la vie politique de la cité dans laquelle il vit, mais qui participe à sa défense et paie des impôts. c. Homme qui appartient à un propriétaire et n'a aucun droit.
5 a. Il faut être issu de parents grecs. b. Au cours des réunions de l'Ecclésia. c. Non. Il faut être citoyen et âgé de plus de 18 ans. d. 1 an.

Chapitre 9 page 141

1 a. À un cours de musique (cythare). b. À un cours de lecture ou de grammaire. c. Parce que c'est lui qui fera réviser les leçons. d. Que c'était une vie très raffinée.
2 Acropole – Pirée – ville – basse – Agora – gynécée – pédagogue – grammatiste – gymnase.
3 Il faut rayer : a. (les garçons seulement). b. (le pédagogue fait réviser les leçons). d. (ce sont les hommes qui font le marché). e. (ils sont polythéistes).
4 a. À un objet animé plus intéressant que les objets inanimés. b. En Grèce, les esclaves doivent obéir aux ordres des citoyens. Les machines ne pouvant pas obéir, seul l'homme peut exécuter un ordre.

Chapitre 10 page 143

1 a. et b.

c. Alexandrie – Alexandrie d'Arie – Alexandrie Prophtasia – Alexandrie du Caucase – Alexandrie d'Opiène – Alexandrie d'Arachosie – Alexandrie de Macarène – Alexandrie de Carmanie. d. 11 ans (de -334 à -323).
2 a. Ce texte est un extrait, traduit par Leconte de Lisle en 1865, de l'ouvrage intitulé *Les Perses* écrit par Eschyle (en 480 avant J.-C.). C'est le messager qui raconte. C'est donc un texte narratif. b. Ce texte donne plusieurs informations : le nombre des combattants, l'importance de la flotte, le courage et la volonté de gagner des Hellènes. – La bataille eut lieu le matin : « Dès que le jour eut illuminé la terre... », dit le messager. – Ils veulent à tout prix gagner parce qu'ils veulent préserver leur sécurité, protéger leur commerce vers le Pont-Euxin (la mer Noire). Ils veulent surtout conserver leur liberté, leur indépendance face aux Perses. Ils chantent pour se donner du courage. – Mots qui indiquent la puissance de la flotte perse : « torrent de l'armée persique », « multitude de nefs » – Les nefs grecques entourent les nefs perses et les éperonnent. Les Perses ne peuvent rien faire. c. Les Grecs.

Chapitre 11 page 145

1 a. On creuse une fosse qui sera le Forum. On trace les limites circulaires de la ville. On creuse un sillon qui recevra les fondations des murailles. On ménage des portes pour pouvoir entrer et sortir de la ville. b. On

prévoit des murailles pour se protéger des attaquants éventuels.

c.

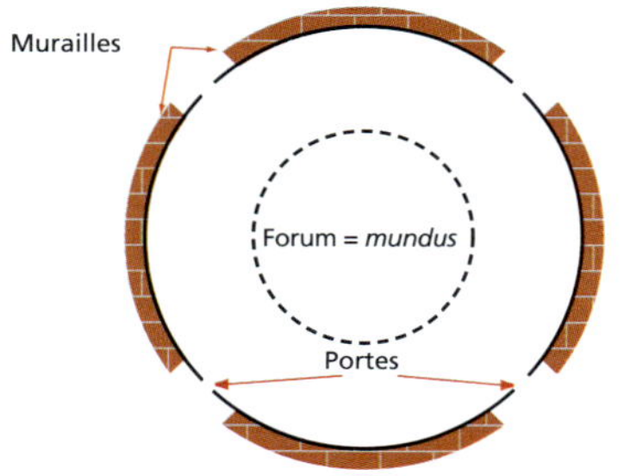

Limites de l'enceinte de la ville = *pomerium*

2 **Sept** collines dominent Rome. La ville est **longée** par le Tibre. Les cimetières, que les Romains appellent **nécropoles**, se trouvent à l'extérieur des fortifications, c'est-à-dire du ***pomerium***. Le Forum est une vaste place où les Romains aiment se retrouver.

3 a. Jupiter / Zeus b. Minerve / Athéna c. Apollon / Apollon d. Neptune / Poséidon.

Chapitre 12 page 147

1 a. Les tours permettent de faire le guet, de voir les assaillants arriver et donc de donner l'alerte. b. Avant d'arriver à la ville, il faut franchir un fossé plein d'eau et toutes sortes de pièges : branchages, pieux. c. Les pieux sont de plus en plus serrés pour empêcher toute progression de l'armée ennemie. d. Vercingétorix n'avait pas beaucoup de chance de gagner. L'armée romaine était très nombreuse.

2 a. L'auteur du texte est Jules César. b. Vercingétorix enrôle des paysans misérables et se montre d'une extrême sévérité. c. Ce texte ne peut pas être un texte objectif, puisque c'est un des chefs, Jules César, qui l'écrit. Et ce fut le vainqueur!

3

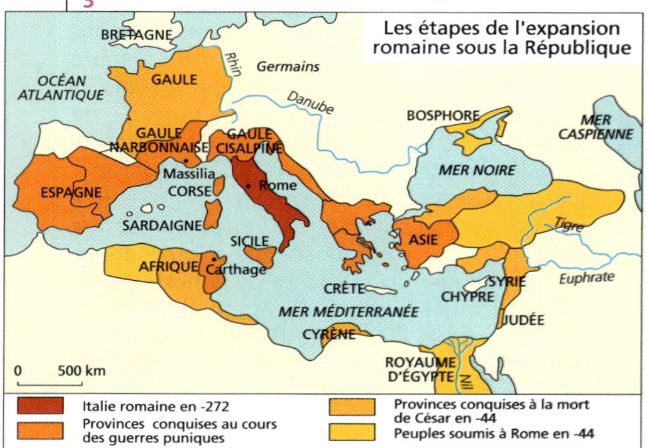

Chapitre 13 page 149

1 a. Trajan est empereur, élu des dieux, général en chef. Il a été père de la patrie, cinq fois consul (en tout, il le sera six fois), magistrat à Rome, chef de la religion et du clergé. b. Son effigie apparaît sur les pièces de monnaie, ce qui est une preuve de sa puissance et de la richesse du pays.

2 a. Le menu n'est pas très équilibré. b. Certains plats, comme les tétines de truie, ne sont plus servis aujourd'hui.

3 a. Les marchandises produites à l'intérieur du pays sont essentiellement des produits agricoles, mais aussi des métaux et du marbre. b. Les Romains importent des esclaves et des produits de luxe : soie, épices, parfums, pierres précieuses. c. L'Empire romain fait beaucoup de commerce avec la Chine, l'Inde et les pays d'Afrique.

4 a. Vivre à Rome n'est guère enthousiasmant. Les embouteillages empêchent de circuler dans la journée. b. La nuit, la ville est livrée aux bandits et aux tueurs. c. La description des embarras de la ville est probablement très exagérée.

Chapitre 14 page 151

1 a. Arles se trouve dans la Gaule Narbonnaise. b. Amphithéâtre (aujourd'hui appelé Arènes) – Forum – Théâtre.

2 a. Jules César. b. Les Gaulois sont « brillants ». Ils ont tenu tête à Jules César et ont prouvé leur fidélité aux Romains en combattant contre les Germains dans les armées romaines.

3 Il faut rayer : c. (Vercingétorix a capitulé à Alésia) d. (Lyon était la capitale des provinces gauloises) e. (Lyon fut fondée en 43 avant J.-C.) f. (les Gaulois adoptent les dieux romains).

4 a. Un bas-relief est une sculpture dont on ne peut pas faire le tour. Les motifs sont sur un fond uni et en faible saillie. b. Une barque. c. La barque est actionnée à la rame et tirée par les hommes. d. Les autres récipients sont des amphores et leur origine est grecque.

Chapitre 15 page 153

1 a. Non, le christianisme ne s'est pas développé régulièrement. b. Néron, Marc Aurèle, Dèce et Dioclétien ont été hostiles aux chrétiens. Leur politique a échoué. c. À partir de 313 et la signature de l'édit de Milan par Constantin.

2 a. Paul de Tarse a effectué trois voyages : un premier de 46 à 48, un deuxième de 49 à 52, et le dernier de 53 à 58. b. Il s'est développé d'abord dans la partie orientale parce que c'est la partie la plus éloignée de Rome.

3 Évangiles – Jésus – Nouveau Testament – apôtres – Paul de Tarse – églises – monothéiste – paraboles.

4 a. En 313. b. Constantin. c. La liberté de culte. d. Non. e. « liberté de pratiquer la religion qu'ils préfèrent », « droit de suivre la religion qui lui convienne le mieux », « la divinité suprême que chacun de nous honorera désormais librement ». f. Pour avoir la faveur et la bienveillance de la divinité suprême et assurer la paix civile dans l'Empire.

Géographie

Chapitre 1 page 155

1 Saint-Pétersbourg : 59,55°N et 30,15°E. – Verkhoïansk : 67,35°N et 133,27°E. – Pékin : 39,55°N et 116,25°E. – Tokyo : 35,42°N et 139,46°E. – Rockhampton : 23,23°S et 150,31°E. – San Francisco : 37,48°N et 122,24°O. – Potosí : 19,35°S et 64,45°O. – São Paulo : 23,32°S et 46,37°O. – Boué : 50,01°N et 3,42°E. – Marrakech : 31,38°N et 8°O. – Nice : 43,42°N et 7,15°E.

2 Distance entre Sainte-Agathe-la-Bouteresse et Saint-Étienne-le-Molard : 5 cm sur la carte. Donc, en réalité, 5 x 50 000 = 250 000 cm ou 2,5 km.

3 Dans le sens des aiguilles d'une montre : Nord-Est, Est, Sud-Est, Sud, Sud-Ouest, Ouest, Nord-Ouest.

4 A : 50°N et 32°O - B : 0° et 75°E - C : 0° et 0° - D : 25°S et 0°.

5 a. V b. F c. V d. F e. V f. V.

Chapitre 2 page 157

1 a. Un point représente 500 000 habitants. b. Non. La population est mal répartie. c. Les habitants se massent le long des littoraux, autour des lacs et dans les vallées du Nil et du Niger. d. Les habitants sont rares dans les déserts et dans la forêt équatoriale. e. Les densités les plus fortes se trouvent au nord et au sud des tropiques, le long des côtes occidentales et septentrionales. Dans les régions équatoriales, la population préfère vivre autour des lacs en altitude.

2 a. densité b. citadins c. agglomération d. mégalopole

3 hémisphère - citadin(e) - banlieue - agglomération - densité - mégalopoles.

4 Allemagne : 229. - Belgique : 334,2. - Chine : 127,1. - Espagne : 77,4. - États-Unis : 27,4. - France : 105,8. - Italie : 191,5. - Pays-Bas : 456,7. - Royaume-Uni : 240,1. - Suède : 19,8.

Chapitre 3 page 159

1 Nice : Amplitude thermique (23° - 8° = 15°), climat méditerranéen. - Saint-Louis : Amplitude thermique (29° - 22° = 7°), climat tropical.

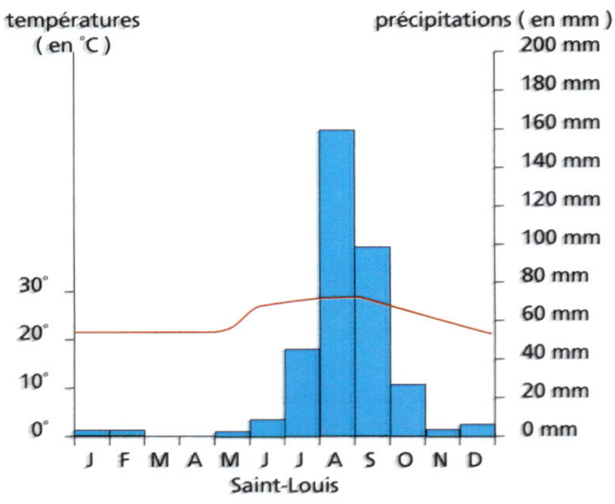

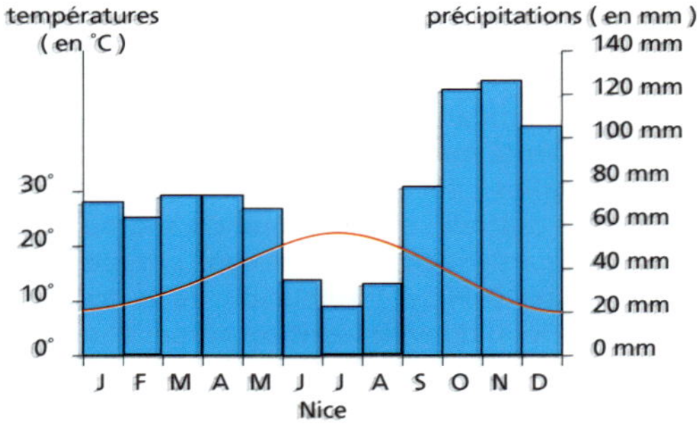

2 Il faut barrer : a. brousse b. garrigue, maquis c. toundra d. importante.

3 a. Jules Verne compare le simoun à une "mer en fureur". Les mots qui le prouvent : vagues, déferlaient, molécules liquides, marée. b. Le vent provoque une poussière intense qui obscurcit le ciel. c. La vie dans le désert est très difficile pour l'homme, mais aussi pour les animaux et les plantes.

Chapitre 4 page 161

1 a. La plupart des États d'Asie sont situés dans l'hémisphère Nord. b. La population est inégalement répartie (Indonésie, Mongolie...). c. Tous les États ne sont pas pauvres. Le Japon est très riche. d. Colorier par exemple : en rouge le Japon, en jaune le Bangladesh, en vert le Laos.

2 accroissement naturel - taux de mortalité - pays en voie de développement - produit national brut.

3 a. Les habitants viennent essentiellement d'Europe mais aussi d'Afrique noire. b. On appelle ces déplacements de population des mouvements migratoires. c. Les migrants se sont installés le long des côtes, parce qu'ils arrivaient par bateaux et qu'ils pouvaient faire du commerce avec d'autres pays. d. Tous les migrants n'avaient pas les mêmes conditions de vie : les Noirs étaient des esclaves.

Chapitre 5 page 163

1 a. Le vieux village se trouve au centre. b. On le reconnaît à son église, à son habitat serré, aux rues enchevêtrées autour de la place de l'église et aux bâtiments en vieille pierre grise. c. On peut parler de rurbanisation, parce que les maisons individuelles et la construction de lotissements par quartiers le long des voies de communication (maisons identiques en ligne) empiètent sur les terrains cultivés. d. Au second plan, on voit des immeubles modernes, des tours, des gratte-ciels. e. Ils traduisent la modernisation et l'enrichissement du pays. f. Au premier plan, les constructions qu'on aperçoit forment un bidonville. g. On utilise ce terme, parce que cet habitat est fait de matériaux de récupération (tôles, planches, bidons...). h. Ce ne sont pas les mêmes habitants : dans les immeubles modernes ce sont les gens aisés, dans le bidonville ce sont les plus pauvres.

2 Accroissement de la population du Caire entre 1937 et 1992 : 11 - 1,2 = 9,8 millions d'habitants. Accroissement de la population de New York entre 1940 et 1990 : 21,8 - 7,3 = 14,5 millions d'habitants. En 50 ans, la population de New York a donc beaucoup plus augmenté que celle du Caire.
3 a. Les villes citées dans le texte se trouvent en Amérique centrale, en Amérique du Sud ou en Asie. b. Elles appartiennent aux nouveaux groupes de pays industrialisés (NPI). c. L'auteur dit qu'ils "campent", parce que les bidonvilles sont constitués d'un habitat précaire comme les tentes. d. Les bidonvilles se développent près des gares, des marécages, des carrières... e. Ce ne sont pas des endroits très agréables. L'environnement est plutôt déprimant : "usine polluante et toxique", "montagnes de détritus"...

Chapitre 6 page 165

1 agglomération - banlieue - polders - industrialisation - rurbanisation - tourisme - CBD.
2 Les inconvénients du tourisme : la destruction des paysages, le bruit, les embouteillages, les difficultés de ravitaillement (en eau surtout) et la pollution, parce que les petites villes, surpeuplées en été, n'ont pas les structures nécessaires à l'évacuation des déchets et eaux usées.
3 a. Les éléments de l'aménagement de la station : les écoles de voile, les ports de plaisance, les aires de jeux et d'attraction (la grande roue), les piscines, les parkings... b. Les logements sont des marinas construites pour les touristes, sorte de résidences secondaires. c. Le tourisme s'est développé, parce que le climat est chaud et ensoleillé en été (mode du bronzage). e. Il y a 7 ports de plaisance, comme par exemple le port St-Martin, le port de Malfan ou le port de la Clape.

Chapitre 7 page 167

1 a. C'est la politique du remembrement qui consiste à regrouper les parcelles pour en faire de plus grandes. b. La haie freine l'écoulement des eaux qui s'infiltrent et sont pompées par les arbres. De plus, la haie retient la terre. c. La politique de remembrement a été menée pour permettre l'utilisation de machines agricoles de plus en plus puissantes (moissonneuses...).
2 terrasses - garrigue - commerciale - irriguée - asséchées - alpages - transhumance.
3 a. Les champs ont des formes différentes. b. Les deux champs ont des formes circulaires. C'est une forme originale qui permet de limiter l'érosion éolienne. c. Sur un champ rectangulaire, la violence du vent ne rencontre pas d'obstacle et peut donc entraîner les particules de terre. d. On pratique l'irrigation pour améliorer les rendements. e. L'irrigation circulaire est intéressante, parce qu'elle permet d'arroser la totalité du champ sans qu'il y ait de déperdition d'eau sur les côtés.

Chapitre 8 page 169

1 Dans le tableau : brûlis en avril, semailles en mai et récoltes en novembre. - À la fin de la saison, c'est-à-dire en mars et avril, les hommes mettent le feu à la savane (brûlis). Ensuite, quand les pluies ont commencé à tomber, ils ensemencent les champs enrichis par les cendres. Pendant la saison des pluies, ils entretiennent les champs, désherbent... Lorsque la saison des pluies est passée, au mois de novembre, ils récoltent leurs productions. Puis, ils laissent les champs au repos jusqu'au mois de mars.
2 Culture vivrière : production qui sert à l'alimentation de la population. - Culture d'exportation : production en vue de la commercialisation. - Cultures vivrières : le manioc, le riz, le sorgho, l'igname, le haricot. Cultures d'exportation : le coton, le riz, le café.
3 a. On repique le riz au mois de janvier et au mois de juillet, parce que la rizière est inondée. b. On fait deux récoltes : une en juin et l'autre en novembre. c. Les parcelles sont petites, ordonnées et rectangulaires, séparées par des petites digues en terre battue. Elles sont inondées. d. Les paysans sont vêtus très simplement, mais portent tous des vêtements légers aux couleurs claires pour réfléchir la chaleur. Certains portent des chapeaux pour se protéger des coups de soleil.

Chapitre 9 page 171

1 a. Entre le 60° et le 81° de latitude Nord. b. C'est un climat polaire. c. Les richesses minières : charbon, fer, cuivre, nickel, plomb, zinc. d. Les principales mines se trouvent à l'Ouest et au Sud près du littoral. e. Les villes se trouvent près des mines.
2 L'homme s'est adapté en construisant des maisons à petites fenêtres et à toits bas (pour laisser le moins possible passer le froid), aux couleurs chaudes (pour apporter un maximum de chaleur) et aux fondations de plaques cimentées pour faire face aux sols durs et de glace. Présence aussi d'électricité et donc de chaleur avec les pylônes électriques.
3 irrigation - oued - reg - oasis - tempête - sable - dunes - erg - sirocco - densité - aride - nomades.

Chapitre 10 page 173

1 a. Cette photographie a été prise dans l'Himalaya, plus précisément au Népal. b. On détermine trois plans : au premier plan, la montagne d'où a été prise la photographie ; au deuxième plan la vallée habitée (Sarangkot) ; au troisième plan la chaîne de hautes montagnes (dont l'Annapurna, plus de 8000 m d'altitude). c. La partie habitée est située au fond de la vallée entre les chaînes de montagne, où se sont fixés les hommes et les activités. d. Les hauts sommets (zone glaciaire) et les flancs de montagnes abruptes sont vides d'hommes. e. L'homme a aménagé la montagne en alignant habitats et cultures le long du cours d'eau. Au fond à gauche, on distingue des

champs en terrasses sur le flanc de la montagne. Il utilise toutes les parties plates pour l'agriculture.
2 a. Les Indiens cultivent des fèves, des pommes de terre et une céréale, le quinoa. b. Ils ont aménagé l'espace en terrasses, parce que la pente est trop forte. Les terrasses retiennent la terre et l'eau.
3 a. La vie est difficile dans les Andes à cause du froid et de la rareté de l'oxygène qui rend la respiration difficile et fragilise l'organisme en supprimant certains anticorps. b. Les marchands proposent des fruits et des légumes. c. Ils sont tous chaudement habillés, portent pantalons, pullovers, vestes et chapeaux. d. Les maisons ont les portes et fenêtres ouvertes sur l'est et le sud, face au soleil, et dos au flanc de montagne. e. Ces maison sont basses, à la façade recouverte de crépis blanc ou de couleur claire, parce que le soleil brûle à 4500m d'altitude. Elles donnent l'impression d'un niveau de vie peu élevé.

Sciences de la vie et de la Terre

Chapitre 1 page 175

1 Animal (en rouge) : escargot, mouche, araignée, pucerons.
Végétal (en vert) : branches mortes, fleurs, graines, chêne.
Activité humaine (en noir) : ciment.
Planète terre (en bleu) : grains de sable, flaque d'eau, nuages, vent.
2 non-vivant (en bleu) : arbres, flaque d'eau ; vivant (en rouge) : femme avec son landeau, chien, chat oiseau ; activité humaine (en jaune) : maisons, voitures, trottoirs, palissade en bois.
3 Le peuplement du milieu dépend de sa situation. Plus aéré et plus ensoleillé, le parc de la maison sans voisins est plus favorable à l'épanouissement des animaux et des végétaux.
4 Les cloportes vivent de préférence dans les endroits sombres.

Chapitre 2 page 177

1

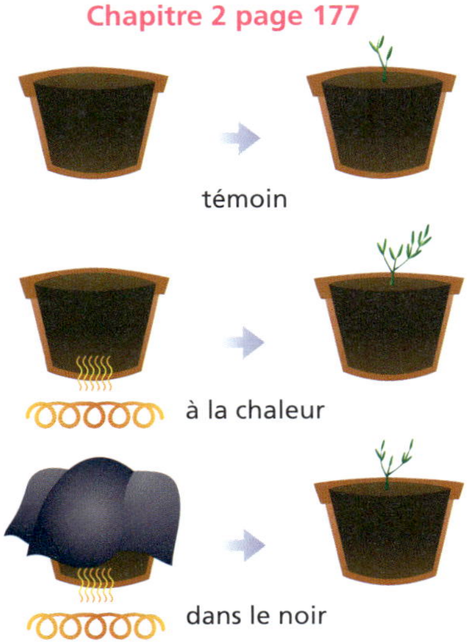

2 Par exemple, l'abaissement de la température. Dans de vastes volières, on place des hirondelles et on maintient une température d'été. On observe leur comportement.
Deuxième exemple : la diminution de l'éclairement. On maintient les hirondelles dans des volières éclairées comme en été.
Dernier exemple : la diminution de leur alimentation, car de nombreux insectes meurent à la fin de l'été. On peut élever des insectes et les fournir à volonté aux hirondelles.
Ces expériences ont été réalisées. Aucune ne donne de résultats significatifs. Il semble que plusieurs conditions de milieu (température, lumière, nourriture) et d'autres éléments encore mal connus interviennent dans ce comportement migratoire.
3 a. Les plantes annuelles passent l'hiver sous forme de graines.
b. Pendant la mauvaise saison, les plantes vivaces laissent des organes variés (feuilles chez le pissenlit, tronc et branches des arbres, racines de l'ortie...).
4 a. La population d'animaux aquatiques diminue après le passage de la rivière dans le village.
b. La population des animaux dans l'air est très faible dans une zone qui entoure le village.
c. Les rejets des eaux usées polluent la rivière, détruisant les végétaux dont se nourrissent les animaux aquatiques et tuant une bonne partie de ces animaux eux-mêmes.
Les fumées d'usines, des cheminées des maisons et les gaz d'échappement des véhicules envoient dans l'air des particules toxiques pour les animaux.
5 Installation d'une station d'épuration qui traiterait l'eau avant son rejet à la rivière.
Installation de filtres au niveau des cheminées d'usines pour limiter l'envoi de particules toxiques.
Emploi de carburants moins polluants par les véhicules (essence sans plomb).

Chapitre 3 page 179

1 5 feuilles x 18 lobes par feuille x 16 amas par lobe x 80 sporanges par amas x 64 spores par sporange, soit 7 372 800 spores, chacune pouvant donner une fougère.
2 Les mouches adultes ont pondu des œufs sur le fruit. Les œufs se sont développés en larves qui ont finalement, après d'importantes transformations,

donné naissance aux nouveaux adultes. Chez ces mouches, ce sont les adultes, par leur déplacement rapide et sur de grandes distances (vol), qui ont assuré la dispersion de l'espèce.

3 Ces tiges permettent la dispersion de la plante dans son environnement proche. Elles assurent le peuplement du milieu.

4 Affirmations correctes : a, b et d.

Chapitre 4 page 181

1 a. Action nuisible, car les grands arbres servent d'abri à de nombreuses espèces animales. De plus, leurs racines profondes s'enfoncent dans le sable et les empêchent d'être emportés par le vent.

b. Action nuisible, car en laissant les branches se décomposer sur place, elles participeraient à la formation d'un sol où pourraient vivre des animaux, tandis que ses composants permettraient aux arbres laissés en place de forcir.

c. Action nuisible, car les produits chimiques polluent les rivières et sont une menace pour les végétaux aquatiques et les animaux qui peuplent la rivière.

d. Action bénéfique, car si on observe comment varie l'aspect de la forêt sur une durée de 40 à 50 ans, on ne remarque pas de changement fondamental. Les populations végétale et donc animale sont conservées.

e. Action nuisible, car un simple mégot de cigarette peut être à l'origine de la destruction de toute une forêt.

f. Action bénéfique, car en cas d'incendie de forêt, ce sont les fines broussailles au ras du sol qui brûlent en premier et favorisent l'extension du feu.

2 1. Pollution par les gaz d'échappement des voitures.

2. Diminution de l'espace de liberté pour le grand gibier (cerfs, sangliers).

3. Mort de nombreux animaux (insectes, oiseaux) par collision avec les véhicules.

3 Le remplacement des forêts par des champs est directement lié à l'augmentation de la population des villes et donc à l'augmentation des besoins de surfaces cultivables servant à l'alimentation. Ce changement est défavorable, puisqu'il permet à la population des petits animaux des champs, déjà abondante, de se multiplier encore, tandis que disparaissent les grands animaux tels que les cerfs, chevreuils, etc.

4 L'agrandissement des champs permet l'accès à des machines de plus en plus grosses pour effectuer les travaux agricoles (arrosage, épandage d'engrais, récoltes). Une seule personne aux commandes de tels engins suffit pour accomplir ce travail.

Mais les haies servaient d'abri à une population animale nombreuse et variée, en particulier les oiseaux qui se nourrissaient des insectes nuisibles aux plantes cultivées. On est donc amené à remplacer l'action des oiseaux par un emploi de plus en plus important de produits chimiques appelés pesticides, qui se répandent dans la nature et la polluent.

Chapitre 5 page 183

1 Série 1 : famille des vertébrés → Ver de terre : invertébré
Série 2 : famille des mammifères → Tortue : reptile
Série 3 : famille des poissons → Dauphin : mammifère
Série 4 : famille des mollusques → Lombric : annélide
Série 5 : famille des mammifères → Manchot : Oiseau
Série 6 : famille des batraciens → Hérisson : mammifère

2 Toutes ces plantes appartiennent à la même espèce *rose*, puisqu'elles peuvent toutes se reproduire entre elles.

3 Exemple possible de classification :
Êtres vivants à pattes : merle, chien, grenouille, cheval, rouge-gorge, moineau, cafard, renard, scarabée, mille-pattes.
Êtres vivants sans pattes : truite, escargot, tulipe, ver de terre, limace, sapin, pissenlit.
Tu peux aussi faire les classements suivants :
Êtres vivants qui volent – Êtres vivants qui ne volent pas ; ou classification basée sur la couleur.
Tu remarqueras que ces classifications ne sont pas très intéressantes, car elles donnent peu de catégories, donc le classement est très limité. Dans certains cas (couleur), un même animal pourrait être rangé dans différentes catégories, ce qui revient à ne pas le classer.

4

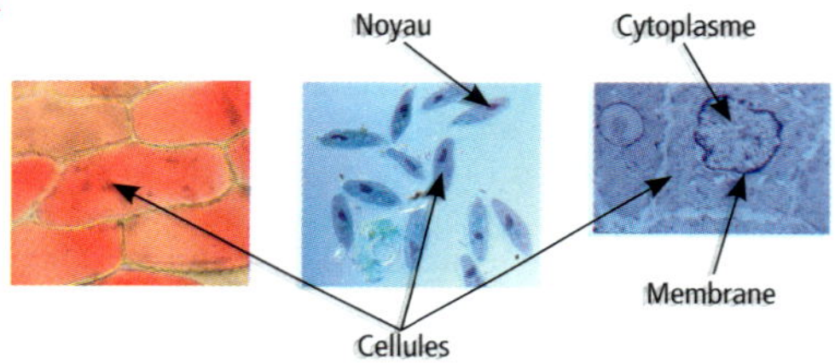

Chapitre 6 page 185

1 Un **producteur primaire** se nourrit exclusivement de matière minérale.
Un **producteur secondaire** se nourrit de matière minérale et de matière prélevée chez d'autres êtres vivants.

2 **Producteurs primaires** (en vert) : gland, herbe, cerise.
Producteurs secondaires (en rouge) : grenouille, musaraigne – escargot – grive – merle – buse – chouette – puceron – coccinelle.

3 Au point de départ de toute chaîne alimentaire, il y a un **producteur primaire** ; tous les autres sont des **producteurs secondaires**.

4

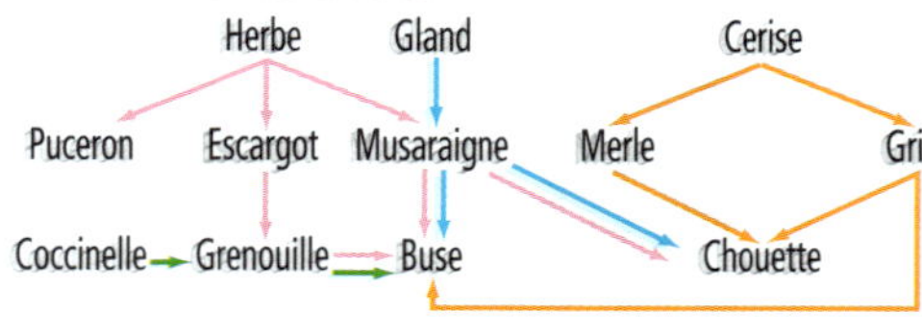

5 Comme il n'y avait pas de lapins en Australie avant que l'on en importe, ces animaux n'avaient pas de prédateur. C'est pourquoi ils ont pu se multiplier sans limites.

6 a.

	Quantité d'orge fournie	Augmentation de la masse de l'animal
Jour 1	3 kg	0,4 kg
Jour 2	3,4 kg	0,6 kg
Jour 3	3,9 kg	0,8 kg
Jour 4	4,4 kg	1 kg

b. Plus la vache absorbe de nourriture, plus sa masse augmente.
c. L'augmentation de la masse de l'animal est toujours inférieure à la masse d'aliments consommée. Seule une partie de la nourriture est utilisée par l'animal pour la production de sa propre matière.
7 a. V. b. F. c. F. d. V. e. F. f. V.
8 a. Les végétaux chlorophylliens produisent de la matière organique : c'est ainsi qu'ils fabriquent de nouveaux organes (racines, tiges, feuilles). Les animaux produisent de la matière organique à partir des aliments qu'ils consomment : c'est ainsi que la peau, les muscles, les os, etc., grandissent et se renouvellent tout au long de la vie de l'animal.
b. Les animaux consomment de la matière minérale, par exemple l'eau.
c. Exemple : une grenouille est un prédateur puisqu'elle capture des insectes, mais elle peut elle-même être la proie d'un serpent.
d. Tout être vivant a besoin de se nourrir pour assurer sa croissance et le fonctionnement de ses organes. Il est lui-même consommé par d'autres êtres vivants.
e. Quelques grands animaux n'ont pratiquement pas de prédateur connu. Exemple : la baleine, l'éléphant ou l'Homme.
f. Pour appartenir à un même réseau alimentaire, les êtres vivants doivent pouvoir se rencontrer. Ainsi, un réseau alimentaire composé d'êtres vivants d'une forêt ne peut pas recouper une chaîne alimentaire constituée d'animaux marins.

Chapitre 7 page 187

1 Phosphates, nitrate, sels de potasse...
2 Eau
3 L'apport d'engrais permet une augmentation de la production de graines de tournesol.
4 **Régime alimentaire** : ensemble des aliments que prend un animal pour se nourrir.
5 **Matière animale (en rouge)** : chien, araignée, chat, loup, lion, mite, brochet.
Matière végétale (en vert) : cheval, lapin, souris, papillon, hamster, vache, tortue terrestre, carpe.
Matière animale et végétale (en noir) : renard, ours, Homme, rat, moustique, mouche.
6

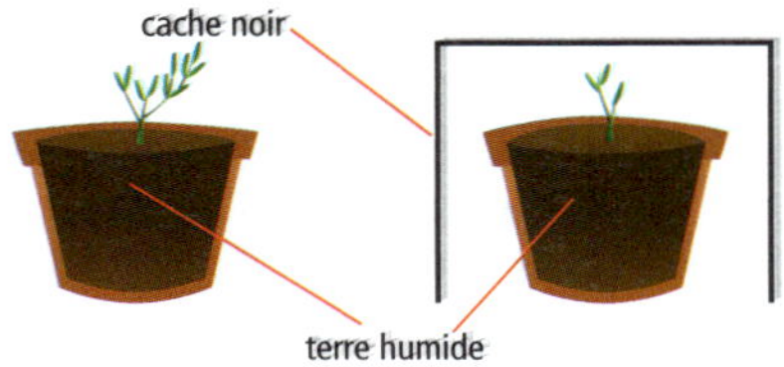

Au départ de l'expérience, les deux plantes sont choisies de même taille, avec le même nombre de feuilles. Le pot exposé à la lumière sert de référence pour comparer les résultats : c'est l'expérience témoin.

7 a.

	Masse de la terre	Masse de l'arbre
Au moment de la plantation	90,99 kg	2,3 kg
Cinq ans plus tard	90,84 kg	76,8 kg

b. Le saule a utilisé une partie des substances contenues dans la terre (sels minéraux) pour se nourrir.

Chapitre 8 page 189

1 [...] Les galeries aèrent le sol, séparent les grains de terre les uns des autres, facilitant le développement des racines. [...], les vers de terre [...] participent à la décomposition de la matière organique. Leurs rejets (excréments) forment de la matière minérale utilisable par les plantes.
2 Pain rassis ; pot de yaourt en plastique ;
marc de café ; canette de soda en métal ;
épluchures de légume ;
bouteilles en plastique ; journaux ; fruit gâté ;
barquette plastique ayant contenu de la viande ;
piles usagées ; tontes de gazon ;
chaussettes de laine usagées ; bouteilles en verre ;
mouchoirs en papier.
3 Champignons.
4 La matière organique des feuilles mortes a été comsommée par le champignon qui s'en est nourri. C'est un **décomposeur**.
5 Entrainé par les pluies, ces produits arrivent dans le sol où ils détruisent les décomposeurs : la chaîne de transformation de la matière organique est rompue et les déchets organiques s'accumulent.

Chapitre 9 page 191

1 Racine : carotte, pomme de terre.
Fleur : chou-fleur.
Feuille : salade, chou rouge.
Graine et fruit : haricot blanc, tomate, raisin.
Muscle : steak haché, chair de crabe, râble de lapin, jambon, poisson.
2 a. V. b. F (il faut tenir compte des besoins réels de la plante. Tout excès sera perdu, dispersé dans la nature, et polluera). c. V et F (vrai car en se spécialisant, l'exploitant connait mieux le produit et la meilleure manière de l'obtenir ; faux, car en cas de problème grave, il risque de tout perdre). d. F (il est beaucoup plus rentable et respectueux de l'environnement de tenir compte des particularités régionales). e. V. f. F (une exploitation est un ensemble, il faut tenir compte des possibiltés de reproduction des animaux, de l'espace nécessaire à chacun, du traitement des déchets qu'il produit...).

3 Les aliments consommés apportent des substances nutritives en proportions variées : certains sont riches en glucides (pomme de terre), d'autres en protéines (viandes). La variété de l'alimentation permet d'équilibrer les apports en ces différentes substances nutritives.
4 Le lait a une composition équilibrée en glucides, protéines, lipides. On dit souvent que c'est un aliment complet.
5 Entrecôte, lait, jarret, rumsteak, langue, tête, filet, etc.
6 a. V et F. b. F. c. F. d. F. e. F. f. F.
7 a. Certaine races de vaches sont élevées pour la production de lait, d'autres pour la viande. Ne pas oublier l'utilisation des sous-produits tels que la peau qui donne le cuir.
b. La demande de la population a évolué, et l'élevage traditionnel tel qu'il était pratiqué au siècle dernier ne pourrait suffire à satisfaire la demande des consommateurs.
c. Les poules pondent des œufs même s'il n'y a pas eu fécondation par le mâle, c'est-à-dire en dehors de tout mécanisme de reproduction.
d. De plus en plus nombreux sont les poissons que l'homme fait se reproduire dans des bassins spécialement équipés pour que les jeunes ne soient pas la proie d'autres animaux et aient le maximum de chances de parvenir à l'âge adulte: c'est la pisciculture.
e. Les tiges du blé, comme du maïs, qui représentent en masse la part la plus importante de la production, sont utilisées pour l'alimentation du bétail, donc serviront plus tard et indirectement à l'alimentation humaine.
f. De nombreuses espèces animales et végétales sont consommées uniquement en fonction d'habitudes régionales. Ainsi, les algues font largement partie de l'alimentation asiatique, mais sont « boudées » par les consommateurs européens.

Chapitre 10 page 193

1 a. Sous éclairage artificiel, la production est plus importante.
b. Grâce à un tel éclairement, on obtient une production plus importante d'œufs, répartie sur toute l'année.
L'inconvénient est que ce type d'élevage nécessite des installations spéciales et une consommation d'énergie coûteuse pour le producteur. Seul un élevage portant sur un très grand nombre de poules permet de rentabiliser les frais d'installation et de fonctionnement.
2 a. Plus la quantité d'engrais apportée est importante, plus la production est forte.
b. Les eaux de pluie entraînent les engrais dans le sol, vers les fossés et les rivières. Ils sont responsables de la pollution de bien des rivières, provoquant la mort des animaux, tandis que les végétaux aquatiques se développent parfois sans mesure. Il se crée un déséquilibre entre les végétaux et les animaux dans le milieu.
3 a. Les vaches fournissent essentiellement la viande et le lait.
b. Pour les bêtes destinées à la production de viande, on sélectionne des races ou des individus ayant une masse musculaire importante.
Les vaches qui produisent de grandes quantités de lait sont sélectionnées pour la reproduction, en espérant que le caractère de « bonne laitière » se transmettra aux veaux auxquels elles donneront naissance.
4 1. Alimentation sélectionnée et adaptée en qualité et en quantité aux besoins de l'animal.
2. Meilleures conditions d'hygiène, diminuant ainsi le risque de maladie.
3. Maîtrise de la reproduction, et donc du nombre de bêtes en fonction des possibilités d'accueil de l'exploitation.

Chapitre 11 page 195

1 Yaourt, lait, camembert, crème fraîche, beurre.
2 Protéines, car c'est le composant le plus important en quantité par rapport aux autres.
3 Pain de seigle : on ajoute de la farine de seigle (céréale) à la farine de blé.
Pain au son : une partie de l'enveloppe des grains de blé est conservée.
Pain aux noix : on ajoute des morceaux de noix dans la pâte (pain qui accompagne bien certains fromages).
Pain au lait : on ajoute un peu de lait à la pâte. La mie devient plus moelleuse.
Etc.
4 Maïs : Corn-flakes, Maïzena (pour lier les sauces), huile de maïs.
Pomme de terre : chips pour l'apéritif, fécule (pour lier les sauces), purée en flocons.
5 Le lait est le plus équilibré, puisque protéines, lipides et glucides y sont présents en proportions voisines.
6 **Matière première animale** (en rouge) : beurre, pâté, boudin noir.
Matière première végétale (en vert) : huile, corn-flakes, chocolat, sucre, vin, bonbon, biscuits.
7 a. porc. b. oie, volaille ou porc. c. oie ou canard. d. fruit. e. lait. f. fruit. g. fruit. h. fruit. i. porc.
8 Exemples : lait gélifié aromatisé (chocolat, café, caramel…), yaourt à boire, barres de chocolat enrichi en lait, yaourt aux fruits, glaces variées aromatisées, pâtes à tartiner…
But : Satisfaire une demande croissante de goûts nouveaux.

Chapitre 12 page 197

1 Les trous dans la mie de pain proviennent du dégagement de gaz carbonique lié à la fermentation par les levures.
2 Même origine que l'exercice précédent.
3 Le jus de pomme n'est pas fermenté. On détruit tous les micro-organismes par action de la chaleur avant de le mettre en bouteille. Le cidre, au contraire, est une boisson fermentée : les levures provoquent le dégagement de gaz carbonique, comme dans le champagne.

4 a. Du micro-organisme introduit dépend en partie la saveur du produit obtenu.
b. Une hygiène parfaite évitant tout apport de micro-organismes extérieurs est indispensable, car des micro-organismes autres que ceux que l'on a sélectionnés peuvent eux aussi provoquer la fermentation du lait, mais en donnant des produits différents, souvent impropres à la consommation, voire dangereux car pouvant provoquer des troubles graves chez le consommateur.
5 Autrefois, les conditions d'hygiène étaient moins strictes que maintenant. Dès sa sortie du pis de la vache, le lait, au contact avec l'air et les récipients, recevait une quantité de micro-organismes des plus divers. En faisant bouillir immédiatement le lait, on limitait leur multiplication, et on tuait par action de la chaleur ceux qui étaient déjà présents. C'était à l'époque le seul moyen d'empêcher le lait de « tourner ». Certains micro-organismes, soigneu-sement sélectionnés, sont utiles, mais très nombreux sont ceux qui sont nuisibles. C'est pourquoi les conditions d'hygiène sont de plus en plus strictes dans l'industrie alimentaire.
6 Le passage du lait pendant un bref instant à haute température (110 °C) tue les micro-organismes, sans modifier les composants du lait (lipides, glucides, protéines). Dépourvu de micro-organismes, ce lait ne fermente pas et se conserve longtemps.
7 Les levures sont des champignons microscopiques unicellulaires. Ils sont facilement transportés dans l'air qui nous entoure. En se déposant sur le lait, les levures trouvent un milieu favorable à leur développement : une fermentation commence. Mais toutes les levures ne donnent pas une fermentation favorable à la santé humaine : ce lait est devenu impropre à la consommation. C'est aussi ce qui explique que, pour fabriquer yaourts et fromages, on utilise des levures soigneusement sélectionnées et on travaille à l'abri de tout apport extérieur nuisible, dans des laboratoires.
8 C'est à une température voisine de 40 à 50° C que les micro-organismes se développent le plus rapidement. Cette étape est donc nécessaire à la multiplication des micro-organismes qui assureront la fermentation.
9 La personne a simplement oublié que les levures, champignons microscopiques, ont besoin de temps pour transformer une partie de l'amidon de la farine en gaz carbonique, responsable des trous dans la mie de pain et de la légèreté de celle-ci. Aprés avoir préparé la pâte, il fallait donc la laisser reposer une à deux heures à une température de 25 à 30° C pour faire « lever la pâte » avant de la mettre au four.

Anglais

Chapitre 1 page 199

1 a. is. b. are. c. are. d. is. e. am.
2 a. he isn't. b. I am. c. she is. d. it is. e. they aren't.
3 a. There are. b. There is. c. There is. d. There are.
4 a. b. c. d. e. There is a poster. There are six chairs. There is a teacher. There is a blackboard. There are three books.
5 a. My sister Mary is very hungry and thirsty. b. He is twelve. c. It's hot in my room. d. There is a dog and two cats in the car.
6 a. These are your books. b. Those are our names. c. These are Jack's shoes.
7 a. That flower is expensive. b. This picture is Allison's. c. I don't like that bird.
8 This strange monkey is wearing a green **skirt**, a **yellow** shirt, an orange **jacket**, blue **socks** and black **shoes**.

Chapitre 2 page 201

1 a. a. b. a, an. c. ∅. d. an. e. an.
2 **Pluriels en -s :** mothers, cars, windows, boys, bags.
Pluriels en -es : buses, babies, matches, potatoes, boxes.
3 **Dénombrables :** glass, book, computer, orange, chair.
Indénombrables : sugar, bread, money, milk, time, water, salt.
4 **Il faut souligner *the* pour :** the article, the umbrella, the hour, the English.
5 a. I can see three women. b. I can see two babies. c. There are four tomatoes and two potatoes. d. I can see four teeth. e. I can see two feet. f.There are three brushes.
6 a. Is Helen a model? No, she isn't. She's a secretary. b. Is Ben a doctor? No, he isn't. He's a dentist. c. Are Sam and Simon painters? No, they aren't. They're policemen.
7

			G	R	O	C	E	R			
					N	U	R	S	E		
	F	L	O	R	I	S	T				
			W	A	I	T	E	R			
					P	O	S	T	M	A	N
P	O	L	I	C	E	M	A	N			
			B	A	K	E	R				
	D	O	C	T	O	R					

Mot mystère : customer.

Chapitre 3 page 203

1 a. Mary. b. Sue. c. Ben. d. Brian. e. Carol.
2 a. has. b. is. c. is. d. has.
3 a. How much work has Patricia got? b. How many sisters has Fred got? c. How many cars have John's parents got? d. How much bread have you got? e. How many apples have you got in the garden?
4 a. Have you got a computer? b. How many brothers and sisters have you got?
5 a. some. b. any. c. some.
6 a. No, there aren't any. There are some pictures on the wall.b. No, there isn't any. There is some cake in the plate. c. No, there isn't any. There is some milk in the bottle. d. No, there aren't any. There are some balls in the bag.
7 **Les mots présents dans la grille :** Daughter, Grandfather, Niece, Cousin, Mother, Nephew, Uncle, Grandmother, Son.
Mot mystère : Aunt.

Chapitre 4 page 205

1 a. Her new dress is expensive. b. My English teacher is interesting. c. Your shoes are dirty.
2

		old⇘					hot⇨	C	O	L	D	
			N			⇦big		L				
E	X	P	E	N	S	I	V	E	⇦cheap			
			W		M			A				
		good⇨		B	A	D		N				
					L				⇦dirty			
				short⇨	L	O	N	G				

3 a. Your bag is heavier than my bag. b. California is hotter than Canada. c. Jane is smaller than Allison. d. My room is cleaner than yours. e. Michael is happier than Jonathan.
4 easier, bigger, better, worse.
5 quickly, simply, happily, well.
6 a. more expensive. b. more expensive than. c. as expensive as. d. cheaper than. e. as expensive as.
7 a. Ben speaks English very well. b. My father drives slowly. c. I like London very much.
8 a. nose. b. hand(s). c. mouth. d. eyes. e. feet/legs. f. ears.

Chapitre 5 page 207

1 a. His, his. b. her. c. their. d. our.
2 a. It's Samantha's scarf. It's her scarf. b. They're Mr Simmons' shoes. They're his shoes. c. It's Raphael's racket. It's his racket. d.They're my cousins' dogs. They're their dogs.
3 a. No, it isn't. It's the Browns'. b. No, it isn't. It's Britney's. c. No, they aren't. They're Brian's. d. No, it isn't. It's Cathy's.
4 a. Whose baby is it? It's Karen's baby. b. Whose toys are they? They're the girls' toys. c. Whose dictionary is it? It's Jessica's dictionary. d. Whose bikes are they? They're the children's bikes.
5 a. Whose glasses are they? b. Whose transistor is it? c. Whose jacket is it?
6 a. My friend is Mike's brother. b. My mother is Pierre's cousin. c. I like John but I don't like his brother/John's brother.
7 a. his/her. b. their. c. his. d. his/her.
8 a. a toothbrush. b. a knife, a spoon, a fork. c. umbrella. d. a camera. e. bottle. f.computer.

Chapitre 6 page 209

1 a. Is Peter making a cake? Peter isn't making a cake. b. Are his parents painting the garage? His parents aren't painting the garage. c. Are the English tourists taking pictures? The English tourists aren't taking pictures.
2 a. He's washing his socks. b. What is she doing? She's eating a lot of chocolates. c. What are they doing? They're pushing a car. d. What is she doing? She's dancing on the table/desk.
3 a. Yes, I am. b. No, he isn't. c. Yes, they are. d. No, we aren't.
4 a. Rachel is cleaning my room. b. My father is repairing my bicycle/bike. c. I'm watching TV now/at the moment.
5 a. takes. b. is watching. c. get up. d. Do you drink. e. Are you drinking.
6 a. Is Jessica speaking on the phone. Jessica isn't speaking on the phone. b. Does Allison like skiing? Allison doesn't like skiing.
7 a. I sleep in my bed. b. I have dinner in the dining-room. c. I watch TV in the living-room. d. I cook in the kitchen. e. She plants flowers in the garden. f. He parks his car in the garage. g. I have a bath in the bathroom.

Chapitre 7 page 211

1 a. Does. b. do. c. Do. d. does. e. Do.
2 a. Does it often rain here? It doesn't often rain here. b. Do your cousins live in New York? My cousins don't live in New York. c. Do you like your dog? I don't like my dog.
3 a. it does. b. they do. c. I don't. d. he doesn't.
4 a. drives. b. is sleeping. c. goes d. is watching. e.cooks.
5 a. They often go to school by bus. b. Brian never helps me. c. I am never late. d. My parents always get up very early.
6 a. I never play tennis. b. My uncle never watches TV. c. It always rains in my town/city.
7 a. June. b. March. c. November. d. September.

8

W	E	D	N	E	S	D	A	Y	
		S	A	T	U	R	D	A	Y
			M	O	N	D	A	Y	
T	H	U	R	S	D	A	Y		
T	U	E	S	D	A	Y			
F	R	I	D	A	Y				

Chapitre 8 page 213

1 a. How old. b. Where. c. What. d. How. e. Whose.
2 a. How old is Ken? b. What is Pat doing? c. Whose flowers are these? d. When are you leaving? e. Where does Stuart live?
3 a. Whose books are these? b. Who is the man behind your car? c. How many brothers have you got?
4 a. How many dogs have you got? b. What time is he leaving? c. Where does Margaret live?/Who lives near the station? d. Who is Mr Thomson?
5 a. at. b. for. c. to. d. from. e. on/with.
6 a. Where do you work? b. How old are you? c. How many books are you reading (at the moment)?
7 a. Tiger. b. Lion. c. Bear. d. Monkey. e. Bird. f. Snake. g. Camel.

Chapitre 9 page 215

1 a. She is going to call the doctor. b. She's going to buy a birthday card. c. She's going to go to the florist's. d. She's going to meet Mr Parker. e. She's going to send a telegram to Uncle John.
2 a. Is Benjamin going to play tennis? Yes, he is. b. Is Matthew going to go to the disco? No, he isn't. c. Are Jessica and Allison going to clean their room? Yes, they are.
3 a. it isn't. b. He is. c. they are.
4 a. Présent. b. Futur.
5 a. The policeman is going to stop the car. b. The fireman is going to climb up the ladder. c. The acrobat is going to walk on the rope (*corde*). d. The baseball player is going to throw the ball.
6 a. Sam is going to go/is going to the swimming pool tomorrow. b. Her friends are going to take/are taking the train at eight.
7 a. Breakfast : cereals, butter, toast, orange juice, jam, tea, coffee, bread, eggs, fruit. b. Dinner : bread, chicken, peas, potatoes, beans, cheese, orange juice.
8 Réponses libres : For breakfast, I usually have…

Chapitre 10 page 217

1 a. can't/cannot. b. must. c. must/can. d. can't/cannot. e. mustn't/must not. f. must. g. Can. h. mustn't/must not.
2 a. Can Paul watch television in the evening? Paul can't/cannot watch television in the evening. b. Must she call the doctor? She mustn't/must not call the doctor.
3 a. he can't/cannot. b. I can. c. they mustn't/must not. d. I must.
4 a. Can Bernie go out? No, he can't/cannot. He must do his homework. b. Can Wendy and Peter watch TV? No, they can't/cannot. They must help their Mum.
5 a. impossibilité. b. capacité. c. interdiction. d. obligation. e. permission.
6 a. My mother can speak three languages. b. I must take the train tomorrow morning. c. He can't/cannot go out with you.
7 a. Karen plays cards. b. Keith collects stamps. c. Katlyn plays the piano. d. Kimberly dances. e. Kevin plays tennis.

Chapitre 11 page 219

1 twenty-eight, ninety-one, thirteen, a/one hundred and twenty-eight, two hundred and twenty, eighty-eight.
2 a. 53. b. 17. c. 180.
3 a. 1982. b. 1789. c. 1873.
4 seventeen seventy-six, nineteen twenty-one, two thousand.
5 a. b. c. d. e.

6 a. It's half past twelve. b. It's a quarter to nine. c. It's twenty-five past four. d. It's seven o'clock. e. It's ten past five.
7 a. May 12th/May the twelfth. b. June 3rd/June the third. c. June 30th/June the thirtieth. d. May 24th/May the twenty-fourth. e. May 1st/May the first.
8 a. under. b. in front of. c. between. d. behind. e. on.

Chapitre 12 page 221

1 a. worked. b. made. c. was. d. loved. e. went. f. had. g. gave.
2 a. Did his brother go to the concert yesterday? His brother didn't go to the concert yesterday. b. Were we late this morning? We weren't late this morning.
3 a. I did. b. it wasn't. c. he/she did.
4 a. I didn't go to school. I went to the circus. b. I didn't listen to the radio. I washed the/my car. c. I wasn't angry. I was happy.
5 a. I visited Rome last summer. b. My brother was ill/sick yesterday.
6 **Relier les ballons :** fall/fell, sit/sat, see/saw, write/wrote, keep/kept, buy/bought, begin/began.
7 **Le moyen de transport :** Helicopter.

Corrigés

Aa

Bb

Cc

Dd

Ee

Ff

Gg

Hh

Ii

Jj

Index de l'Anglais

Les mots de vocabulaire renvoyant à des thèmes sont indiqués en **gras** dans cette liste.

Bibliographie

Les Dieux s'amusent, Castor poche, Flammarion : 5. La Bible, *Genèse 2, 7. 24* : 5. *Le Petit Prince*, Antoine de Saint-Exupéry, Gallimard : 5. *L'Enfant et la rivière*, Henri Bosco, Gallimard : 5, 15, 41, 51, 55. *Contes, La Clé d'or*, Grimm : 7. *La Reine des neiges*, H.C. Andersen : 7. *Contes et récits du temps d'Alexandre*, P. Grimal, Nathan : 9, 13, 17, 37. *Le Soleil d'Olympie*, Jean Séverin, Folio junior : 9, 21. *Les Misérables*, Victor Hugo : 9, 29, 57, 58. *Illuminations*, Arthur Rimbaud : 9. *Contes et légendes de l'Égypte ancienne*, M. Divin, Nathan : 11, 21. *Hypatia*, A. Zitelman, Medium poche : 11, 56. *L'Arlequin de Venise*, O. Weulersse, Livre poche jeunesse : 11. *L'Inconnu de la Proiselière*, Monique Ponty, Rageot : 13. *Cabot caboche*, Daniel Pennac, Nathan : 13, 35, 48. *Le Roman de Renart* : 13, 35, 56, 59. *L'Odyssée*, Homère, Classiques abrégés de L'École des loisirs : 15, 17, 31, 47. *Crime de papier*, R. Belfiore, Je bouquine, n°115, septembre 1995 : 15. *Mondo et autres histoires*, J.M.G. Le Clézio, Folio : 15. *Les Fourberies de Scapin*, Molière : 15. *Contes, Les Fées*, Charles Perrault : 17. *Contes japonais*, Miroslav Novak et Zlata Cerna, traduit par Gertrude Fritsch, Gründ : 18. *L'Odyssée*, Homère, traduction de Médéric Dufour, Flammarion : 19. *Fables*, Esope : 19. *Les Enchantements de Merlin, Les Chevaliers de la Table Ronde*, François Johan, Casterman : 19. *Celui qui n'avait jamais vu la mer*, J.M.G. Le Clézio, Gallimard : 21. *Croc-Blanc*, Jack London : 21, 39, 49. *Les Vacances du Petit Nicolas*, Sempé et Goscinny, Gallimard : 23, 43, 46, 58. *Sans atout et le cheval fantôme*, Boileau-Narcejac, Rageot : 23. *Verte*, Marie Desplechin, L'École des loisirs : 25. *Le Fantôme de Canterville et autres contes*, Oscar Wilde, Le livre de poche : 25. *Contes normands*, Guy de Maupassant : 25. *Les Lettres de mon moulin*, Alphonse Daudet : 27. *Le Bal autour du diamant magique*, Virgil Tanase, Gallimard : 27. *Boitelle*, Guy de Maupassant : 29. *Vingt mille lieues sous les mers*, Jules Verne : 29. *La Maison sans racines*, Andrée Chedid, Flammarion : 30. *La Potion magique de Georges Bouillon*, R. Dahl, Gallimard : 31. *Lapoigne et la fiole mystérieuse*, Thierry Jonquet, Nathan : 31. *Contes, La Princesse au petit pois*, H. C. Andersen : 31. *Le Poney rouge*, John Steinbeck, Gallimard : 31. *Le Fantôme de Canterbury*, Oscar Wilde, Folio junior : 35. *Vendredi ou la vie sauvage*, Michel Tournier, Folio junior : 35. *Légendes des lacs et rivières*, Bernard Clavel, Hachette : 37. *Le Pisteur*, Tom Brown, Flammarion : 37. *La dernière pluie, Pleine lune*, J. P. Andrevon, Nathan : 40. *Terre des hommes*, Antoine de Saint-Exupéry, Gallimard : 40. *Les Fleurs du mal*, Charles Baudelaire : 40. *L'Odyssée*, Homère, adapté par Henriette Bichonnier, Rouge et Or : 41. *La Maison qui s'envole*, Claude Roy, Folio : 41. *Histoires de la Préhistoire*, Jean-Luc Déjean, Hachette jeunesse : 41. *Contes et légendes mythologiques*, Émile Genest, Nathan : 41, 46, 55. *Aulularia*, Plaute : 45. *Dix-neuf fables de singes*, Jean Muzy, Flammarion : 46. *Des Grives aux loups*, Claude Michelet, Robert Laffont : 47. *Le Comte de Monte-Christo*, Alexandre Dumas : 49. *Le K*, Dino Buzzati, Hachette : 49. *Histoires comme ça*, Rudyard Kipling, Gallimard : 49. *Robert Junior, © 1999* : 50. *Dictionnaire Larousse Maxi débutants CE1-CM2*, © Larousse-Bordas, 1997 : 51. *Petit Robert de la langue française © 1983* : 51. *Eugénie Grandet*, Honoré de Balzac : 54. *Les Contes du chat perché, La Patte du chat*, Marcel Aymé, Gallimard : 54. *Lettres de mon moulin, La Chèvre de Monsieur Seguin*, Alphonse Daudet : 54. *Élise ou la vraie vie*, Claire Etcherelli, Denoël : 55. *Le Coq à la crête d'or*, M. Honaker, Rageot : 56. *La Fée robinet*, Gripari, Éd. de la Table ronde : 56. *Jacquou le Croquant*, Eugène Le Roy, Gallimard : 57. *Le Sorcier de Niamina et autres contes d'Afrique de l'Ouest*, Hachette jeunesse : 57. *Sur l'eau*, Guy de Maupassant : 57. *Compte les étoiles*, L. Lowry, L'École des loisirs : 57. *Le Lion*, Joseph Kessel, Folio : 57. *Contes*, Grimm : 58, 59. *Fabliaux du Moyen Âge, Estula*, traduction de Gilbert Rouger, Gallimard : 58. *15 histoires d'Indiens*, Gautier-Langereau : 59. *Le Pays où l'on arrive jamais*, A. Dhotel, Le Livre de poche : 59. *Le Mystère de la chambre jaune*, Gaston Leroux, Folio : 59, 60. *Journal d'un fou*, Gogol : 59. *Notre-Dame de Paris*, Victor Hugo : 61. *Les cinq pépins d'orange*, Conan Doyle, Hatier : 61. *Chansons et rondeaux*, Charles d'Orléans : 62. *Les Contemplations*, "Pauca meae" XIV, Victor Hugo : 62. *Le Parti pris des choses*, Francis Ponge, Gallimard : 62. *Romances sans paroles*, Paul Verlaine : 62. *Les Fleurs du mal, Le Chat*, Charles Baudelaire : 62. *Poésie*, Guillaume Apollinaire : 63. *Les Trophées*, José-Maria de Hérédia : 63. *Ballades françaises*, Paul Fort, Flammarion : 63. *Le Grand Cerf volant, Contes et chansons*, Gilles Vigneault, Seuil : 63. *Petits poèmes en prose*, Charles Beaudelaire : 63.

Table des illustrations

p. 52 haut : © Giraudon/1999 Succession Henri Matisse ;
p. 52 bas : © Art Resource-Giraudon/ADAGP, Paris, 1999 ;
p. 53 haut : © Giraudon ;
p. 53 bas gauche : © Giraudon ;
p. 53 bas droite : © Collection du Centre Georges Pompidou/Musée national d'Art Moderne/ADAGP, Paris, 1999 ;
p. 54 : © Lauros/Giraudon ;
p. 55 : © Huet M./Hoa-Qui ;
p. 131 : © Alinari/Giraudon ;
p. 132 : © Scala ;
p. 139 : © Alinari/Anderson/Giraudon ;
p. 141 : © Giraudon ;
p. 142 : © Alinari/Giraudon ;
p. 148 : © Scala ;
p. 149 : © Giraudon ;
p. 150 : © Musée St-Rémi, Reims ;
p. 151 gauche : © Jourdan F./Explorer ;
p. 151 droite : © Musée Calvet, Avignon ;
p. 152 : © Scala ;
p. 154 et 155 : Carte IGN Série Orange n° 2831 © IGN - Paris 1995 - Autorisation n° 90-9065 ;
p. 162 : © Mike Goldwater/Rapho ;
p. 163 haut : © Yann Arthus-Bertrand/ Altitude ;
p. 163 bas : © Gohier F./Explorer ;
p. 164 : © Yamashita S./Rapho ;
p. 165 haut : Roy P./Explorer ;
p. 165 bas : Carte IGN Série Orange n° 2645 © IGN - Paris 1993 - Autorisation n° 90-9065 ;
p. 166 : © Poux Philippe/Pix ;
p. 167 : © Gerster G./Rapho ;
p. 168 : © Yann Arthus-Bertrand/Altitude ;
p. 169 : © Giraudou L./Explorer ;
p. 170 A : © Raga J./Explorer ;
p. 170 B : © Christian Sappa/Rapho ;
p. 171 : © Staquet/Rapho ;
p. 172 : © CNES Disc Spot Image/Explorer ;
p. 173 haut : © Mattes R./Explorer ;
p. 173 bas : © Fiore S./Explorer ;
p. 175 : © Roberdeau F./Jacana ;
p. 179 haut gauche : © Grospas J. Y./Bios ;
p. 179 haut droite : © Lopez G./Bios ;
p. 179 milieu gauche : © Lorne P./Jacana ;
p. 179 milieu droite : © Gautier C./Jacana ;
p. 179 bas : © Ross K./Jacana ;
p. 181 : © Gilson F./Bios ;
p. 183 haut : © Peter Arnold Inc./Bios ;
p. 183 milieu : © Gautier C./Jacana ;
p. 183 bas : © Peter Arnold INC./Manfred Kage/Bios ;
p. 186 haut gauche : © Denis-Huot M. & C./Bios ;
p. 186 haut droite : © Halleux D./Bios ;
p. 186 bas gauche : © Nardin C./Jacana ;
p. 186 bas droite : © Thomas/Jerrican.

Coordination : Isabelle Quentin et Dominique Colombani
Édition : Gwenaëlle Ohannessian, Catherine Saguès, Jonathan Paterson et Vincent Biragnet
Correction : Marie-Hélène Crémer
Illustrations : Christiane Beauregard, Stéphane Jorisch et Jacques Perreault
Réalisation : Alain Lafon et Frank Dubiez
Conception graphique : Repères communication

Achevé d'imprimer par Loire Offset Plus à Saint-Etienne - FRANCE
Dépôt légal n° 88767 - Avril 2008

Les États du monde

Pays dont le nom n'est pas mentionné sur la carte :

1 - République tchèque
2 - République slovaque
3 - Hongrie
4 - Slovénie
5 - Croatie
6 - Bosnie Herzégovine
7 - Serbie
8 - Monténégro
9 - Macédoine
10 - Albanie
11 - Moldavie